달려가겠파

타패이 아네왛 る기

【티벳의 위대한 요기】

밀라레파

● 라마 카지 다와삼둡 —— 영역
● 에반스 웬츠 —— 편집
● 유기천 —— 옮김

정신세계사

편집자 W. Y. 에반스 웬츠 옥스퍼드의 예수 대학 문학석사, 문학박사, 이학박사. 저서로 《켈트 민족의 정령 신앙》, 편집한 책으로 《티벳 사자의 서》《티벳 밀교 요가》《티벳 해탈의 서》 등이 있다.

옮긴이 유기천 1978년에 서울대 약학과를 졸업한 후 지금까지 서양 점성학과 그 외의 정신 세계 분야를 연구해왔다. 1991년 이후 편집 저술하거나 번역한 책으로 《쿤달리니》《초감 각투시》《운명이 초법칙》《점성학이란 무엇인가》《점성학 첫걸음》《별들의 비밀》《영혼의 비밀》《신화와 점성학》《티벳 해탈의 서》《티벳 밀교 요가》《인간의 점성학》《영혼의 거울》《바다의 여사제》 등이 있다.

티벳의 위대한 요기
밀라레파

라마 카지 다와삼둡 영역하고, 에반스 웬츠 편집하고, 유기천 옮긴 것을 정신세계사 정주득이 2004년 12월 24일 펴내다. 편집주간 유기천, 편집부장 이상실, 정미화, 문시연이 편집을 성희찬 이 책의 꾸밈을 맡다. 정신세계사의 등록일자는 1978년 4월 25일(제1-100호), 주소는 03965 서울시 마포구 성산로4길 6 2층, 전화는 02-733-3134(대표전화), 팩스는 02-733-3144, 홈페이지는 www.mindbook.co.kr, 인터넷 카페는 cafe.naver.com/mindbooky이다.

2024년 9월 24일 박은 책(초판 제10쇄)

ISBN 978-89-357-0249-7 03220

◉ 밀라레파 성불도 ◉

◉ 부친의 별세와 남겨진 가족의 고난 ◉

1 아버지의 병환
2 아버지의 회복을 기원하는 승려들
3 점성가가 퇴파가의 미래를 예언함
4 아버지가 유언을 하고 세상을 떠남
5 아버지의 장례식
6 당고모와 당숙
7 가족이 당고모와 당숙을 위해 일함
8 아버지의 유언을 읽는 외삼촌
9 퇴파가의 가족을 폭행하는 당고모와 당숙
10 가족의 재산을 점유한 당고모와 당숙
11 어머니를 위로하는 외삼촌
12 닝마 선생님 밑에서 공부함

13 선생님과 함께 결혼식에 감
14 결혼식에서 돌아오며 노래부름
15 노래를 듣고 달려나와 아들을 때리는 어머니
16 흑마술을 배우도록 지시하는 어머니
17 땅의 절반을 팔아서 흑마술 수업료를 마련하는 어머니
18 떠날 준비를 하는 퇴파가와 그의 동행들
19 어머니의 당부
20 어머니와의 이별
21 티벳 중부의 위 · 쌍 지방으로 가는 길
22 악데에서 한 부자에게 조랑말과 염색원료를 팜
23 위에 도달하여 흑마술 스승을 찾는 젊은이들
24 점성가를 찾은 당고모

◉ 흑마술 수련과 복수 ◉

1 융튄 라마를 만나는 퇴파가와 그의 동지들
2 동지들과의 작별
3 돌아오는 길에 거름을 주워와서
　융튄 라마의 밭에 묻음
4 옥상에서 퇴파가의 작업을 바라보는 융튄 라마
5 스승이 준 망토를 반환하고 유효한 마법을
　가르쳐달라고 간청함
6 라마의 아들과 함께 늅쿨룽에 도착
7 늅의 라마를 만나는 두 사람
8 살생 마법에 성공하여 수호신들이
　35인의 머리를 가져옴
9 대화하며 예식장으로 향하는 하객들
10 전갈과 파충류로 가득한 뜰에서 날뛰는 망아지들
11 놀람과 고통 속에서 대화하는 당고모와 당숙
12 어머니에게 소식을 전하러 달려가는 여동생
13 깃발을 올리고 분노를 표출하면서 환호하는 어머니
14 어머니에게 당고모와 당숙의 음모를 알리는 하녀
15 퇴파가의 집 문전에 선 순례자
16 아들에게 편지를 전할 사람을 대접하는 어머니
17 등잔불로 미래를 점치는 어머니
18 순례자의 망토에 금화를 숨기는 어머니

19 아들로부터의 가짜 편지를 만들어
　외삼촌에게 주는 어머니
20 퇴파가에게 편지를 전달하는 순례자
21 어머니로부터의 편지를 읽는 퇴파가
22 순례자를 집안으로 인도하는 퇴파가
23 순례자를 대접하면서 망토를 벗게 만드는
　라마의 아내
24 그녀가 망토를 갖고 옥상으로 올라가 금화를 꺼냄
25 그녀가 퇴파가에게 금화를 건네줌
26 융튄 라마에게로 돌아옴
27 융튄 라마에게 우박폭풍에 관한 가르침을 청함
28 움막 안에서 실습에 성공함
29 동료와 함께 고향으로 가서 우박폭풍법 실행
30 마법이 효과가 없자 옷자락으로 땅을 치며 외침
31 큰 우박폭풍이 일어나 풍년을 망침
32 동료와 함께 동굴 속에 숨어서 불을 피움
33 사냥을 나왔다가 연기를 보고 퇴파가를 의심하면서
　마을로 달려가는 사람들
34 퇴파가의 동료를 공격하는 마을 사람들
35 개에게 다리를 물린 퇴파가

◉ 정법의 스승 마르파를 찾아서 ◉

1 여인숙에서 그릇을 얻어들고 잔칫집으로 향하는 동료
2 잔칫집에서 동료와 만나는 퇴파가
3 룡튄 라마에게로 돌아온 두 사람
4 죽어가는 신도를 방문한 융튄
5 돌아온 융튄
6 올바른 법에 대해 말하는 융튄
7 룅튄 라마의 아내를 만남
8 다른 제자와 함께 롱튄을 찾아감
9 롱튄을 만남
10 퇴파가를 족첸 교리에 입문시키는 롱튄
11 퇴파가가 이 명상법에 실패하자 그를 마르파에게
　　보내는 롱튄
12 마르파를 찾아서 걷는 퇴파가
13 마르파의 꿈속에 나타난 나로파

14 나로파의 지시에 따라 금강저의 녹을 닦는 마르파
15 승리의 깃발 위에 금강저를 세운 마르파
16 마르파에게 아침상을 가져오는 다메마
17 다메마의 꿈속에 나타난 산 위의 수정 성골함
18 도워룽으로 향하는 퇴파가
19 소치는 이들과 마르파의 아들을 만남
20 마르파와의 첫 만남
21 술을 권하는 마르파
22 퇴파가를 데리러 온 마르파의 아들
23 자신의 실체를 밝히는 마르파
24 퇴파가의 책들을 선반에 놓지 못하게 하는 마르파
25 먹을 것을 주면서 퇴파가를 보살피는 다메마
26 로닥 계곡에서 탁발하는 퇴파가
27 탁발한 식량과 구리그릇을 들고 돌아옴

◉ 스승의 시험과 그에 따른 고통 ◉

1 퇴파가를 발로 차서 집밖으로 몰아내는 마르파
2 마르파에게 구리그릇을 바침
3 마르파가 그릇을 점검하고 홀로 쳐서 소리를 냄
4 마르파가 그릇을 높이 들어 나로파에게 바침
5 마르파가 불당에서 녹인 버터를 구리그릇에 채움
6 마르파의 지시에 따라 목초지와 농경지에
　우박폭풍을 일으킴
7 우박폭풍을 일으킨 뒤 가르침을 청함
8 로닥의 산지 주민들 사이에 분쟁을 일으킴
9 분쟁으로 많은 사람이 죽음
10 다시 한 번 가르침을 청함
11 마르파에게 질타당한 퇴파가를 위로하는 다메마
12 다음날 아침 마르파가 찾아와 자기 아들을 위한 집을
　지으라고 지시함
13 동쪽 산마루에 둥근 건물을 지음
14 서쪽 산마루에 반달 모양 건물을 지음
15 북쪽 산마루에 삼각형 건물을 지음
16 등에 염증이 생겨 고통을 당하면서 가르침을 받도록
　도와달라고 다메마에게 애원함
17 퇴파가를 마르파에게 데려가는 다메마
18 퇴파가에게 기본 교리를 설명하는 마르파

19 마르파의 새로운 건축 지시에 임석하는 다메마
20 지을 건물의 경계와 형태를 설명하는 마르파
21 사각형 건물을 지음
22 마르파의 제자들이 운동삼아 큰 돌을 굴려옴
23 마르파가 그 돌을 빼내라고 명령함
24 마르파가 친척들을 물리치기 위해 유령 군대를 동원함
25 쌍롱의 메틴을 위한 뎀촉 만달라의 대관정
26 퇴파가를 때린 뒤 입문자 대열에서 쫓아내는 마르파
27 저녁에 그를 위로하는 다메마
28 다음날 아침 건물공사를 계속하도록 명하는 마르파
29 상뒤 대관정을 받는 쑤르퇸왕계
30 퇴파가에게 입문을 위한 예물을 건네주는 다메마
31 입문자 대열에서 발길질당하고 쫓겨남
32 저녁에 공양 음식을 주면서 위로하는 다메마
33 다음날 아침 건물공사를 계속하도록 명하는 마르파
34 부속 건물을 짓기 위해 흙을 지어나름
35 다메마에게 등의 염증들을 보여줌
36 다메마와 함께 마르파에게 가서 등의 염증들을 보여줌
37 퇴파가의 건강 악화를 마르파에게 설명하는 다메마
38 퇴파가가 휴식하는 동안 그의 상처를 돌보는 다메마

◉ 세 번 도망쳤다가 돌아옴 ◉

1 향로들 중앙에서 결가부좌한 마야부인
2 태자를 잉태하는 꿈을 꾸는 마야부인
3 점술가에게 해몽을 의뢰함
4 브라만 사제를 들고 인으로 돌아가는 마야부인
5 산토하는 마야부인
6 마야부인에게 도리천의 영상불들을 배웅
7 마야부인이 무우수 꽃을 꺾을 때에 탄생한 싯다르타
8 제석천과 대범천왕이 받드는 싯다르타
9 인동 사이에서 용이하고 세수시킴
10 다섯 왕이 아기 붓다를 찾는 마야부인
11 수승이 걸을 때마다 피어나는 것을 가리킴
12 붓다 탄생 이 사자들 곳에 펼림
13 붓다 들어옴
14 풀 주인에게 강정을 올리심
15 다시 돈에야 마야부인에게 찬양
16 마야부인에게 돌아가 돌아나는 마야부인
17 대애가 마야부인 대신 세자신하에게 도리 양류임

18 마야부인 방에서 나오면서 부인의 명성을
19 장종하는 대애이
20 싯다부로 자라를 찾아가서 올린 봉헌
21 싯다위 재자가 되지 못다의 이들을 돌봄
22 계제들의 모두도 빠졌는 짓다 붓다
23 붓다이 수양에서 싯다락를 얻다
24 싯다에게 나고피가 일곱 번째 만장이를 바침
25 상복 묶고 이후 고녀에게 장식품 주어 바림
26 싯다이 진물을 해탈 우승로 바림
27 싯다이 돌이 한 북자의 그 이름을 물음
28 들이도 묻은 새옷 차림을 중지장
29 싯다이 묻은 새옷 차림을 드시림
30 싯다에게 계구도록 찬양을 받은
31 꿈나무 동가시에 한 번 깊이 듬
32 동아기기를 찾아가 다마이의 짓자를 받들

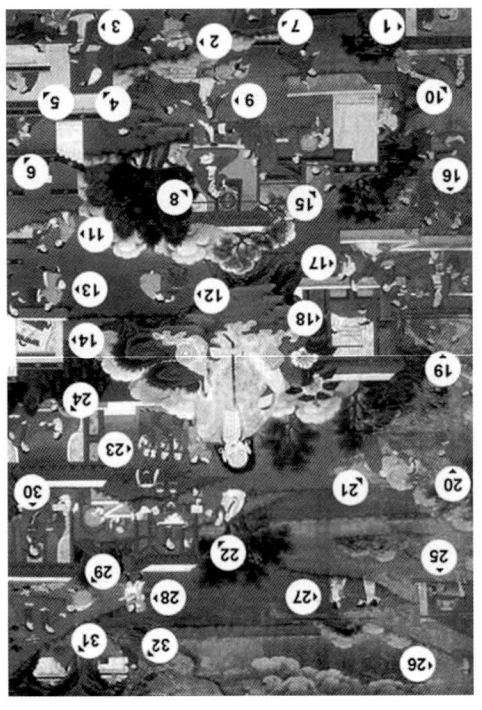

◉ 입문, 스승의 가르침 ◉

1 마르파에게 돌아감
2 다메마에게 인사하고 치즈 부대를 건넴
3 마르파에게 가지만 그는……
4 곡뒌을 맞이하면서 술을 대접하는 다메마
5 아들의 성년식과 건물의 헌당식에서 축시를
  낭송하는 마르파
6 마르파에게 예물을 바치는 곡뒌
7 곡뒌을 꾸짖는 마르파
8 몽둥이를 들고 아내를 쫓아가는 마르파
9 다메마가 걸어잠근 불당 문을 두드리는 마르파
10 밀라를 진정시키는 곡뒌
11 자살하려는 밀라를 붙든 곡뒌
12 마르파에게 오라고 밀라를 부르는 다메마
13 과거의 자기 행동을 설명하는 마르파
14 밀라의 머리를 깎는 마르파

15 밀라에게 보살의 길을 설명하는 마르파
16 밀라에게 술이 담긴 두개골 잔을 주는 마르파
17 뎀촉 관정을 받는 밀라
18 밀라를 처음 본 순간부터 훌륭한 제자임을
  알았다고 말하는 마르파
19 명상하는 밀라
20 은거처에서 나와 그간의 결과를 길게 보고함
21 마르파의 가르침
22 스승과 함께 동죽에 관한 자료를 찾아봄
23 나로파를 찾아서 인도로 가는 마르파
24 나로파를 만나서 동죽의 가르침을 구하는 마르파
25 티벳으로 돌아오는 마르파
26 아들이 죽은 뒤 수제자 넷을 불러 꿈의
  내용을 듣는 마르파

◉ 고향에 와서 느낀 환멸 ◉

- 왼쪽 아래 : 고향 마을에서 탁발을 나갔다가 하필 당고 모의 천막에 가서 곤욕을 치름
- 오른쪽 아래 : 이사한 당숙의 집으로 모르고 찾아갔다 가 봉변을 당함
- 그 위 중간 : 고향에서 당고모가 동굴로 찾아와 식량과 옷가지 등을 주고 대가로 땅을 요구함
- 왼쪽 중간 : 닥카르타소 동굴에서 명상하는 동안 사냥 꾼들이나 좀도둑을 만남
- 왼쪽 위 : 여동생이 그의 소식을 듣고 찾아옴
- 오른쪽 위 : 스승에게서 받은 두루마리를 열어보고 크 게 진보하여 하늘을 날게 됨
- 그 아래 : 밭갈이하던 먼 친척 부자(父子)가 하늘의 그를 바라봄

◉ 밀라레파와 그의 제자들 ◉

1 궁탕에서 온 수행자를 제자로 받아들임
2 밀라레파가 많은 제자들과 어떻게 만나게 될지 예언하
　는 바즈라요기니
3 궁탕에서 집 짓는 사람들을 만나는 레충
4 랄라의 비단 동굴로 레충이 찾아옴
5 병을 치료하러 수행자들과 함께 인도로 가는 레충
6 인도에서 돌아온 레충이 밀라레파를 만남
7 뢴의 정광명 동굴에서 싸푸레파를 만남
8 망월에서 자식이 없는 부부에게 노래를 불러줌
9 상예캅레파와의 첫 만남

10 냐남에서 돌아온 샤캬구나를 만남
11 켓파레숨에서 팔다르붐을 만남
12 예루창의 객사에서 밀라레파에 대해 불평하는 상인
13 객사에 승려들과 함께 머무는 세반레파를 만남
14 갈기슈리라에서 디곰레파를 만남
15 추믹귈붐에서 시와외레파를 만남
16 침룽에서 겐종튐파에게 '대지팡이'를 설함
17 겐종과 함께 지내면서 그를 제자로 받아들임

◉ 제자들을 가르치는 밀라레파 ◉

◉ 밀라레파와 수호존들 ◉

◉ 밀라레빠 입멸도 ◉

1 제자들을 가르치는 밀라레파
2 딘 사람들의 공물
3 병든 밀라레파
4 게쉐 싸푸와가 찾아옴
5 츄바르로 감
6 제자들이 모여듦
7 냐남 사람들이 시신을 차지하려고
　싸울 준비를 함
8 분쟁을 진정시키는 천인
9 츄바르로 가다가 스승의 분신을 목격하는 레충
10 슬픔에 싸여 노래하는 레충
11 시와외레파

12 세반레파
13 금강신의 형태로 몸을 일으킨 밀라레파가
　'여섯 가지 기본 계율' 을 노래함
14 장례식이 시작된 뒤에 도착한 레충
15 발광체가 수정탑으로 변함
16 수정탑을 상자에 넣어 동쪽으로 운반하는
　다키니들
17 어떤 제자들은 사자 등에 보신불의 형상으로
　앉은 밀라레파를 봄
18 스승의 지시에 따라 설탕과 무명천을
　조각내는 제자들

◉ 일러두기

1_ 책 제목은 《 》, 논문이나 소론은 〈 〉로 표시한다.

2_ 산스크리트, 티벳어 및 그 밖의 외래어는 한글 맞춤법 통일안 외래어 표기법을 기준으로 하였으나 국내에서 이미 굳어진 일부 용어는 현행 표기를 그대로 따른다. 아직 국내에 소개되지 않은 현지 용어는 현지 발음을 원칙으로 표기한다.

3_ 괄호 안에 있는 Tib.은 티벳어를, Skt.는 산스크리트를 의미한다.

4_ ‘ / ’ 표시 뒤에 나오는 숫자는 참조할 쪽의 각주 번호를 나타낸다. 예를 들어 ‘p. 257 / 3’ 은 257쪽의 각주 3)을 참조하라는 뜻이다.

5_ 원서의 각주 외에 옮긴이가 첨부한 것은 ‘(역주)’ 로, 원서의 각주에 옮긴이가 보충 설명한 것은 해당 부분에 ‘(/역자)’ 로 표시한다.

경전과 전통 위주의 신앙에 묶이지 않고
체험에 의한 지식을 구하는 이들에게
이 밀라레파 전기를 바친다.

❖── 추천의 글

한국 독자에게

― 14대 달라이 라마 ―

티벳에 보급된 불교는 소승과 대승, 그리고 대승의 밀교부에 해당하는 금강승을 모두 포함한다. 이들 모두가 불법의 각기 다른 면모이며 모순이나 충돌을 일으키지 않는다.

그러나 불법을 전한 여러 스승들이 제자의 근기에 가장 적합한 구전의 형태로 가르침을 폈기 때문에 티벳 불교 특유의 네 교파가 형성되었다. 닝마와 카귀, 사캬, 게룩의 각 종파가 그것이다.

카귀 종의 개조인 역경승 마르파는 나로파와 마이트리파 등의 인도인 스승으로부터 그 심원한 가르침을 직접 전수받았다. 마르파에게는 수제자가 넷이 있었는데 그 중에서 가장 잘 알려진 제자가 밀라레파이며, 그는 가장 엄격하게 명상을 실천하여 결국 지고한 경지에 도달했다.

11세기에 태어나서 정각을 이루어 세인의 숭배를 한몸에 받았던

요기 밀라레파의 길은 붓다의 두 번째 설법으로 전묘법륜(轉妙法輪)의 주제인 심원한 공성(空性)과 무상(無上) 탄트라의 가르침을 결합한 요가였다. 이 양면적인 요가에 의하여 내면의 생명 요소들을 통어할 수 있게 된 그는 결국 외부의 자연 원소들까지 지배할 수 있게 되었고, 그리하여 이 전기에 보이는 것과 같은 갖가지 기적을 행하게 된 것이다. 티벳의 불교도들은 어떤 법통을 따르든 모두가 그에게 큰 존경심을 갖는다.

본서에 나오는 대부분의 게송은 이 위대한 요기의 체험으로부터 자연스럽게 솟아난 것이다. 이 전기가 한국어로 번역된 것을 마음 깊이 축하하면서 이를 통해 대승불교의 이치가 좀더 깊이 이해되기를 기원한다.

차 례

- ◉ 추천의 글 | 14대 달라이 라마 28
- ◉ 재판 서문 | 천진과 자유를 향하여 35
- ◉ 초판 서문 | 모든 종교의 진리 연합을 바라며 45

서론 | 위대한 영웅을 기리는 작은 기록《제쑨 카붐》

1. 《제쑨 카붐》의 중요성 49
2. 이 전기의 역사적 가치 51
3. 불교 철학의 티벳 유파들 53
4. 카귀파 스승들의 계보 55
5. 현대의 밀라레파 후계자들 58
6. 카귀파와 그노시스교도의 비교 60
7. 다른 종파들 62
8. 라마교 종파들의 계통수(樹) 65
9. 은둔생활에 대한 변론 66
10. 아라한의 문제 72
11. 원본과 번역 77
12. 티벳 문학에서《제쑨 카붐》이 갖는 위상 79
13. 인류의 영웅들 중 한 사람인 밀라레파 81

- ◉ 레충의 서문 | 스승께 절하나이다 86

제1부 　어둠의 길

제1장 | 혈통과 탄생 98
이 전기를 쓰게 만든 레충의 꿈 / 밀라레파의 조상과 탄생

제2장 | 고통의 세월 114

부친의 죽음과 유언 / 당숙과 당고모의 재산 착복
밀라레파와 그의 어머니와 여동생에게 남겨진 고통

제3장 | 흑마술의 실행 122

제쭌의 스승과 흑마술 수련
마법으로 서른다섯 명의 적을 죽이고 다른 사람들의 보리 풍년을 망침

제2부 | 빛의 길

● 서론 148

제4장 | 성법(聖法)을 찾아서 149
흑마술 스승과의 이별 / 올바른 교리의 스승 마르파와의 만남

제5장 | 수습과 참회 159
마르파 스승의 명령에 복종하면서 이상한 시험과 커다란 고통을 견딤
낙심하여 세 번 도망치고 다른 스승을 찾다가 돌아옴

제6장 | 입문 199
수습 완료 / 입문식 / 제쭌에 관한 마르파의 예언

제7장 | 스승의 가르침 207
명상 수행의 결실 / 마르파의 마지막 인도 여행
제쭌의 예지몽과 마르파의 해몽
네 명의 수제자 각각에게 준 마르파의 지시

제8장 | 스승과의 이별 234
꿈을 꾸고 은거처에서 나와 귀향을 허락받음 / 스승의 마지막 지시와 권고
슬픈 이별 / 고향에 도착함

제9장 | **세속 생활의 포기** 255

고향에 와서 느낀 환멸 / 금욕과 고행 및 명상을 위한 서원

제10장 | **고독한 명상 수행** 267

외딴 산 속에서 고독한 명상을 시작함
새로운 체험과 그에 따른 정신생리학적 결과들
각각의 경우를 나타내는 그의 노래들

제11장 | **은둔생활과 중생교화** 335

제자들과 명상의 장소 / 제쮠에 관한 기록들

제12장 | **열반** 346

싸푸와의 아내가 독이 든 응유(凝乳)를 바침
신자들의 마지막 회합과 잇따르는 경이적 사건들 / 질병과 죽음에 관한 법문
유언적 가르침 / 싸푸와의 귀의 / 마지막 소망
삼매에 들어 입적한 후 일어난 초상(超常)현상들
레충이 늦게 도착하여 기도하고 답변을 얻음
화장과 유골에 관련된 놀라운 사건들 / 제쮠의 마지막 소망을 실천함
그의 제자들에 관하여

● 제쮠의 제자들에 관하여 427
● 맺음말 431
● 도판 해설 433
● 역자 후기 439

밀라레파

나는 이름 높은 밀라레파,

기억과 지혜 가득한,

그러나 헐벗고 외로운 늙은이.

세상의 모든 조화를 바라보는

나의 입에서 작은 노래 하나 튀어나와

책 한 권을 이루네.

두 손으로 붙잡은 쇠막대가

생사유전의 바다 위에서 나를 인도하네.

나는 마음과 빛의 주인이니,

위업을 쌓고 기적을 보이면서

세상의 신들에게 의지하지 않노라.

— 〈밀라레파의 십만송〉에서

◉ 위대한 카귀파 스승들 ◉
(설명은 도판해설 참조)

❖── 재판 서문
천진과 자유를 향하여

> 욕심 없고 단순한 것들로 만족하는 것이
> 뛰어난 사람의 특징이다.
> ─「스승들의 교훈」[1]

설원의 땅 티벳으로부터 이 책이 전하는 것은 소로와 에머슨, 휘트먼이 말했던 순진무구한 삶을 지향하자는, 수천 년에 걸쳐서 수시로 반복되어온 초인들의 한결같은 외침이다. 복잡하게 산업화된 삶의 방식을 높이 평가했던 서양인들은 근래에 와서 차츰 많은 의혹과 혼란에 빠져들고 있다.

티벳 총서의 첫 번째 책인 《티벳 사자의 서》가 죽음의 의례와 재탄생을 위한 자궁선택법을 가르쳤다면 총서의 두 번째를 장식하는 이 책은 생명을 이해하고 생명이 속박으로부터 해방되어 모든 것을 초월하게 만드는 방법을 가르친다.

삶과 죽음과 재탄생은 불교만이 아니라 다른 많은 신앙체계들에서도 서로 분리될 수 없는 하나의 보편적 생명원리로 받아들인다.

---

1) 에반스 웬츠의 《티벳 밀교 요가》 p.149 참조.

첫 번째 책과 이 두 번째 책은 그런 점에서 서로를 보완해주는 위치에 있지만, 이들 자체로는 별개의 요가 문헌이라 할 수 있다.

티벳 불교의 유명한 성자 밀라레파, 이 밀라레파 전기의 초판을 읽은 독자들 중에서 남방불교와 북방불교의 승려 및 속인들뿐만 아니라 기독교와 천주교, 힌두교도들까지 편집자에게 서한을 보내왔는데 우선 그들 모두의 평가와 격려에 감사드린다. 그들 모두가 밀라레파에게서, 어떤 특정 종교만이 인정하는 거룩함이 아닌 모든 종교의 성자들에게 공통되는 거룩함을 발견했다고 말한다. 따라서 밀라레파는 인류가 저 무지의 어둠을 벗어나도록 돕는 또 하나의 등불 같은 존재일 수 있다. 에이브러햄 링컨이 자기는 조국만 생각하는 것이 아니라 모든 나라를 생각한다고 했듯이 제쭌 밀라레파도 그러한 것이다.

밀라레파 전기에 보이는 출세간의 요가도(道)는 인간의 두뇌가 만들어낸 구원의 공식을 초월하며, 특정 종교와 관계없이 모든 인간에게 항시 열려 있다. 밀라레파의 관점에서 보면 큰 지혜는 속세의 어떤 교육법도 요구하지 않는다. 그에게 있어서는 올바른 지식이란 경전 연구나 신앙 고백으로 얻어지는 것이 아니다. 총서의 네 번째 책인 《티벳 해탈의 서》에도 있듯이 아주 박식하고 교양 있는 티벳과 인도의 많은 성자들이 무학자였다. 밀라레파는 이런 점들을 다음과 같이 증언하고 있다.

간추려 속삭여진 진리를 명상하는 데 익숙해져
책들이 말하는 모든 것을 잊어버렸네.

새로운 체험들을 정신적 성장에 적용하는 데 익숙해져
교리와 신조들을 잊어버렸네.

침묵의 의미를 아는 데 익숙해져
단어와 문구들의 의미를 잊어버렸네.[2]

속세에 묶인 상태로부터 해방되기를 원하는 밀라레파의 방법론은 야생마를 훈련시키듯 자신의 마음을 훈련하는 것이며, 속세의 환상들이 발산하는 바람직하지 못한 영향력에 대하여 마음이 면역성을 갖게 만드는 것이다. '마음의 말'이라는 노래에서 그는 멋대로 날뛰는 마음을 '전념(專念)의 올가미 밧줄'로 붙잡아 '명상의 기둥'에 묶어두고 '스승의 가르침'을 먹이면서 '의식의 흐름'을 마시게 한다고 노래한다. '젊은 지성'은 '마음의 말'을 타고 드넓은 '행복의 평원'을 달리면서 '불성(佛性)'을 전달한다.

화학자가 물질 원소들을 실험하듯이 밀라레파는 의식의 원소들을 실험한다. 위대한 스승인 붓다의 충실한 제자로서 밀라레파만큼 그 가르침을 효과적으로 적용한 사람은 아무도 없었다. 수행에 성공함으로써 밀라레파는 티벳과 인접 국가의 모든 불교도들에게 '완전히 깨달은 자'로 존경받았고, 그의 전기가 서양에 알려지면서 나날이 증가하는 모든 나라의 구도자들에게도 마찬가지로 존경받고 있다.

우리도 동의해야 하듯이, 불교도들은 밀라레파의 길이 인간의 한

---

2) 본서의 348~50쪽 참조.

계를 초월하는 지름길이며, 진화 속도가 느린 전체 인류보다 훨씬 앞선 경지를 이루기 위해 커다란 노력을 기울일 수 있을 만큼 정신적으로 성숙한 아주 예외적인 수행자만이 따를 수 있다고 생각한다. 정신적으로 자격이 있고 육체적으로도 강인하여 불굴의 의지를 갖고 같은 길을 갈 수 있는 사람은 극소수이겠지만, 그 목표가 환상이 아니라 실제로 달성 가능한 것임을 입증했다는 사실은 후세의 인류에게 이루 말할 수 없이 중요하다. 왜냐면 밀라레파의 길을 따르려는 사람들에게는 그 길이 아무리 멀고 험하며 목표 달성에 아무리 많은 생애가 요구될지라도 그의 전기가 첫 발을 내딛기 위한 용기를 선사할 것이기 때문이다.

기술공학과 실용주의의 이 시대에 밀라레파라는 성자를 소수의 사람들이 존경하든 다수의 사람들이 비판하고 외면하든 인류학의 입장에서는 그를 인정하지 않을 수 없다. 옥스퍼드의 뛰어난 역사가 토인비 교수는 이렇게 말했다. 지구인의 삶을 개선하는 데 가장 크게 공헌한 사람들은 훌륭한 업적을 이룬 과학자나 발명가, 기술자가 아니고, 산업주의의 선구자도, 지휘관이나 왕이나 정치가도 아닌 예언자와 성인들이었다고 ―

살아 있는 인류의 가장 큰 은인들이 누구인가? 나는 말할 수 있다. 그들은 공자와 노자, 석가, 이스라엘과 유대의 예언자들, 조로아스터, 예수, 마호멧, 소크라테스이다.[3]

---

3) Cf. Arnold J. Toynbee, *Civilization on Trial* (Oxford University Press, New York, 1948), p.156.

그들은 태평양에서 지중해에 이르는 여러 문명들의 결실이다. 과거로부터 알려진 모든 문명의 지혜가 그들에 이르러 절정을 이루었다. 수많은 세대의 인류가 수천 년에 걸쳐 진화하는 동안 중국과 인도, 페르시아, 시리아, 이집트, 아라비아, 그리스의 위대한 문화들을 꽃피우면서 복잡하게 노력해온 것들의 더없이 빛나는 총화가 그들 속에 있는 것이다.

예술가와 학자들의 업적은 사업가와 군인, 정치가들의 업적보다 수명이 길다. 시인과 철학자들은 역사가들을 넘어선다. 그러나 예언자와 성인들은 그 모든 이들의 머리 위에서 더 오래 남는다.[4]

흘러가는 것들에 집착하지 않는 생활방식이 담긴 밀라레파 전기는 동양인들보다 서양인들에게 훨씬 더 호소력이 있을지 모른다. 아시아의 다른 많은 현인들과 마찬가지로 밀라레파 역시 세계를 정복하기보다는 자기를 정복하려 했고 속세의 부를 축적하기보다는 속세를 포기하고자 했다.

마하트마 간디가 사후에 남긴 소유물은 종류와 본질적 가치 면에서 밀라레파가 남긴 것과 비슷하다. 그것은 나무 지팡이와 두 켤레의 샌들, 구식 회중시계, 바닥에 앉아서 사용하는 작고 낮은 책상과 잉크병, 펜 한 자루와 약간의 필기용지, 구식 안경 하나, 《바가바드기타》를 포함한 몇 권의 종교서적, 기도나 명상을 할 때 앉는 방석, 두 개의 음식 그릇, 숟가락 두 개, 몸을 가리기 위한 몇 조각의

---

4) Cf. 같은 책, p.5.

무명천이었다. 밀라레파의 주된 소지품은 대지팡이, 무명옷과 망토, 목기, 두개골 잔, 부싯돌과 부시, 뼈 숟가락이었다.

간디는 자기희생과 고령으로 몸이 허약했지만 군사력으로도 움직일 수 없었던 막강한 나라, 해가 지지 않는 대영제국을 움직였다. 마찬가지로 밀라레파는 네팔의 조정 대신들이 왕을 알현하도록 초청했을 때 자신이 더 부유하고 강력한 왕이며 위대함과 권위 역시 세상의 모든 왕국에서 자신을 따를 자가 없다고 그것을 거절했다.

간디가 버킹엄 궁전에서 영국 왕 겸 인도 황제를 배알했을 때 그 화려한 궁전에서 보여준 모습은 예복 차림이 아니라, 밀라레파가 '무지한 인습'이란 말로 가르치듯이, 인도의 농부들이 착용하는 것과 같은 허리에 두르는 간단한 흰 무명 천조각 차림이었다. 이런 초라한 차림이 그 장소에 어울린다고 생각하느냐는 질문을 받은 간디는 이렇게 대답했다. "저와 폐하 두 사람에게는 폐하가 지니신 것만으로 충분합니다."

밀라레파처럼 육체 상태로 공중을 난다든지 하는 능력을 지닌 사람에게는 자동차나 비행기 따위의 탈것이 필요 없고, 따라서 탄광과 제철소와 생산 공장도 필요 없을 것이다. 간디는 자기 조국에서 산업화를 반대하여 투쟁했고 그다지 성공하진 못했지만 어쨌든 그것을 피할 수 있는 불필요한 악으로 간주했는데, 그 이유는 밀라레파의 삶에서 보는 것과 같이 요가를 수행함으로써 산업화가 불필요해질 수 있을 것이기 때문이 아니라 그것이 농촌사회의 단순 소박한 생활 속에서 정상적으로 발전하는 미술 공예를 파괴하여 인간한 사람 한 사람의 타고난 본성인 '아름다움'의 표현을 방해하기 때문이었다. 중국과 마찬가지로 수천 년 동안 토착 문화의 중심 역

할을 하면서 대량 생산과 무관하게 이어져온 인도의 농촌사회는 간디가 생각할 때 가장 바람직하고 경제적으로도 안정된 사회 형태였다. 단순하고 물질 면에서도 효율적인 이런 형태의 사회체제는 '보다 높은 문화'에 이바지할 뿐만 아니라 밀라레파의 가르침과도 조화를 이루지만, 산업사회 체제는 두 가지를 다 무시하는 것이다.

물론 고통이 없었던 것은 아니지만 밀라레파는 요가를 통해 고통에 초연할 수 있었고, 자기 육체를 단단히 통제한 결과로 식물이 엽록소를 생산하는 것과 같은 삼투 현상 비슷한 공정을 통해 공기와 물과 햇볕으로부터 얻는 것 이외의 어떤 자양물도 없이 아주 단순하고 불충분한 식사로 히말라야 높은 곳의 혹한 속에서도 생명을 유지할 수 있었다. 그의 동굴 안에는 '툼모'라고 하는 요가 행법을 통해 자기 육체 안에서 생겨난 열기 외에 몸을 덥힐 수 있는 것이 아무것도 없었다. 현대인들은 기술공학에 의해 날로 증가하는 생산품들을 반드시 필요하다고 믿으면서 자신의 육체 에너지와 건강, 수명, 지구상에서의 짧은 인생의 중요한 부분과 기꺼이 맞바꾸지만 밀라레파에게는 그것들이 '올바른 삶'을 방해하기만 하는 것들이었으리라. 왜냐하면 서양 과학이 세상살이를 아무리 호화롭고 안락하게 만든다 하더라도 인생의 목적은 그런 안락 속에서 뒹굴며 세속적인 삶에 집착하는 것이 아니라 세속적 존재를 넘어서서 진화하는 것이기 때문이다.

밀라레파는 자신의 시대에 이미 히말라야의 동굴 속에서, 세상살이가 선사하는 사치와 안락에 빠진 인간들의 삶을 연민 가득한 마음으로 내다보았다. 그는 자신의 '다섯 가지 편안함'이라는 노래에서 말하듯이 인간과 짐승이 함께 추구하는 편안함에 대한 욕망을

초월할 때 '불안이 없고 모든 것이 편안한' 그런 '자유'가 찾아옴을 알았다. 또한 금욕생활을 통해 영감을 얻지 못한 자들이 자신에게 바보 같은 동정을 베풀지 말 것을 요청한다. 승원의 안락에 대해 그는 이렇게 노래하다.

> 육신을 거처로 삼는 데 익숙해져
> 승원 생활의 안락을 잊어버렸네.[5]

여러 가지 발명품들이 삶을 편케 하는 데 반드시 필요하다고 생각하는 많은 사람들을 밀라레파는 오히려 더 불쌍하게 바라보았을 것이다. 그에게 정말 중요한 것은 과학으로 물질세계를 정복하고 이용하는 일이 아니라, 자신을 정복하고 인간을 윤회의 쳇바퀴에 묶는 모든 족쇄를 부수는 일이었다. 인류 역사의 모든 문명과 모든 시대에 존재했던 여러 종교의 모든 성인들과 마찬가지로 밀라레파에게는 속세의 덧없는 것들에 대한 집착 아닌 속세의 완전한 포기와 무욕(無慾)이 최고의 깨달음을 달성하는 길이었다. 대부분의 인간이 뒤늦게 가서야 알게 되는 사실을 밀라레파는 일찍이 깨달았던 것이다.

> 모든 세속적 욕망은 최종적으로 아쉬움만을 가져온다. 얻은 것은 사라지고, 쌓은 것은 무너지며, 태어난 것은 죽는다. 이런 이치를 아는 사람은 얻는 것과 쌓는 것, 만나는 것을 일찌감치 포기하고 올바른 스승의

---

5) 본서의 349~50쪽 참조.

지시에 따라 〔시작도 끝도 없는〕 진리를 깨닫고자 노력한다. 이것 하나만이 최선의 행법〔또는 과학〕이다.[6]

더 나아가서 열반에 들기 전에 밀라레파는 이렇게 조언했다.

인생은 짧고 죽음의 시간은 불확실하니 명상에 전념하라. 목숨을 대가로 지불하더라도 악행을 피하고 애써 공덕을 쌓으라. 간단히 말하면 요지는 이렇다. 스스로 부끄럽지 않도록 행동하고, 이 원칙을 굳게 지켜라. 그러면 경전의 내용과 일치하지 않더라도 가장 높은 부처들의 지시에 어긋나는 일은 없을 것이다.[7]

따라서 '올바른 삶'에 관한 밀라레파의 핵심 원칙은 고대 중국이나 인도, 바빌로니아, 이집트, 로마, 기독교 등 모든 시대 및 종교의 성인들이 선언했던 것과 똑같다고 할 수 있다. 진화할 수 있는 자질과 의지력을 갖고 그 원칙을 적용함으로써 자비와 평화의 화신이 되어 한 세대에서 다음 세대로 지혜의 등불을 전한 사람은 그처럼 어느 세대 어느 민족에 있어서나 극소수였던 것이다.

그래서 충실한 제자 레충이 밀라레파 전기의 티벳어 원본 간행사에 적었듯이 귀의자는 이 전기를 읽고 생각함으로써 정신적인 도움을 얻을 수 있을 것이다.

이 전기의 이해와 실습을 통해 스승들의 법맥이 온전히 이어지리니[8]

---

6) 본서의 365쪽 참조.
7) 본서의 368쪽 참조.

《티벳 해탈의 서》에도 있듯이, 밀라레파와 같은 시대에 살았던 것으로 보이는 티벳 스승 파담파 상게는 입적을 앞두고 자신의 제자들과 티벳 팅리 마을 사람들에게 이렇게 타일렀다. 이 책을 읽는 독자들이 자신에게 적용할 수 있도록 여기 제시하면서 서문을 마친다.

진리는 구름 사이의 투명한 허공에서 비치는 햇살과 같으니,
지금 그런 햇살이 있음을 알고 현명하게 사용하라, 팅리 사람들이여.

1950년 만성절(萬聖節)에
캘리포니아 샌디에이고에서
W. Y. 에반스 웬츠

---

8) 본서의 432쪽 참조.

❖── 초판 서문
모든 종교의 진리 연합을 바라며

이 책의 서론과 주석에서 나는 《티벳 사자의 서》의 그것들에서와 마찬가지로 보다 높은 대승불교의 어떤 관점들을 서양에 알려 기록으로 남기려 한다. 이 가르침은 나의 티벳인 스승이며 번역자인 고(故) 카지 다와삼둡 라마가 나에게 전한 것이다. 내가 이것을 알림에 있어서 오류가 전혀 없기를 바랄 수 없으니 혹시 어떤 잘못이 있다면 그것은 전적으로 나의 책임이다.

나의 스승이 내게 베푼 은총은 별도로 하고, 밀라레파가 했던 것과 같은 출가와 고행에 관한 신뢰할 만한 지식을 모으기 위해 여행하면서 만났던 히말라야와 인도의 요기들에게서 받은 도움을 말하지 않을 수 없다. 이런 지식들이 힌두교도와 불교도, 자이나교도, 도교도, 이슬람의 수피, 나아가 아시아의 기독교도들 사이에 지금도 존재한다는 것은 다행한 일이다.

나의 서양인 스승들 중에서 옥스퍼드 대학 사회인류학 강사이자

초판 서문 45

엑서터 단과대학의 명예 교우(校友)인 R. R. 마러트 박사에게도 큰 은덕을 입었다. 그는 내가 1907년 옥스퍼드 대학에 들어간 뒤 인류학 분야의 유별난 주제를 연구해오는 동안 계속해서 호의를 갖고 격려해주었다.

티벳과 부탄, 시킴의 영국 정부 대변인으로서 전기의 번역을 완성하도록 편집자와 번역자를 도와준 W. L. 캠벨 소령에게도 감사드린다. 이 책에 나오는 티벳어 이름들의 음역을 도와주고 삽화가 든 《제쑨 카붐》의 프랑스어 번역본 《르 포에트 티베탱 밀라레파》(1925년, 파리)를 참고하도록 이끌어준 자크 바코 씨에게도 고마움을 전한다. 원본의 이형(異形)들에 관한 정보를 담은 그의 편지들도 크게 도움이 되었다.

동양 단어들의 철자법과 음역에 도움을 준 옥스퍼드 대학의 보덴직(職)[1] 산스크리트 교수 F. W. 토머스 박사에게, 전기의 최종 교정쇄를 읽어준 《나라다 수트라*Nārada Sūtra*》의 번역자 E. T. 스터디 씨에게도 마찬가지로 감사를 드린다.

내가 작업을 위해 영국에서 인도로 가려 할 때 원고와 교정쇄 상태의 번역문을 모두 읽고 검토하여 책이 쉽게 출판되도록 도와준 옥스퍼드의 내 친구 E. S. 부셔Bouchier에게 특히 감사한다.

존 우드로프 경과 함께 아가마누산다나Āgamānusandhāna 협회의 명예 간사인 캘커타의 아탈 비하리 고슈 선생은 바라문과 탄트라를 포함한 인도식 사고의 관점에서 원고를 꼼꼼히 검토해주었고,

---

1) 보덴Boden은 인도 주재 영국 무관(대령)을 지낸 사람으로, 옥스퍼드에 전재산을 기증하여 산스크리트를 연구할 종신 교수 직위를 만들었음. 《티벳 해탈의 서》(정신세계사, 2000) p.11 참조(역주).

콜롬보(스리랑카의 수도)의 니산카Nissanka 선생은 남방불교의 관점에서 비슷한 도움을 주었다.

이 책이 서양 여러 민족들에게 조금이라도 도움이 되어, 동양인들도 모든 인류가 갖는 똑같은 욕구에 의해 움직이고 있으며 그들 나름의 종교적 이상 역시 아주 확실하다는 점, 전 인류는 '한 가족'이며 민족성이나 피부색, 자연환경에서 기인하는 인종간의 차이는 순전히 표면적인 것일 뿐이라는 점을 그들이 알게 되기를 간절히 바란다. 암흑시대에 조성되어 편견과 오해로 굳어진 옛 장벽은 너무 오랫동안 그렇게 유지되어왔다. 과학지식이 그것을 무너뜨리게 되는 날, 국가와 민족의 지도자들이 단지 국제 연합을 위해서만이 아니라 모든 종교에 존재하는 진리 연합을 위해서도 일하는 때가 올 것이다.

이 서문을 마무리함에 있어 번역자의 이 말보다 더 나은 것은 없으리라.

"밀라레파의 이 전기가 그의 땅에서 잘 알려지고 존중받듯이 다른 땅에서도 그렇게 되는 데 조금이라도 도움이 되기를 바라면서 작업을 했으니 이제 펜을 놓으며 그 소망을 위해 기도한다."

1928년 6월 21일
옥스퍼드 예수 대학에서
W. Y. 에반스 웬츠

업(業)

부처와 아라한들만이 나의 참다운 본성을 꿰뚫어보고 나를 이겨냈다. 다른 모든 존재들은 나의 포학한 법칙 아래 살아간다. 나는 그들에게 죽음을 선사하고 그들을 살게 한다. 나는 그들을 번영시키는 신이며, 인간들 사이에서 선행과 악행을 유도한다. 신들에서부터 황제나 왕, 부자와 빈민, 강자와 약자, 귀인과 천민, 짐승들, 행복한 영들과 불우한 영들, 이 세상과 위 세상과 아래 세상의 그 모든 존재들을 나는 각각의 상태로 들어올리거나 떨어뜨린다. 나는 그들의 여러 가지 행위에 따라서 교만한 자를 깎아내리고 겸손한 자를 기쁘게 한다. 그러므로 사실 나는 이 〔현상계〕 우주를 다스리는 신이다.

〈업(業)의 전능(全能) 선언문〉[1]에서

(라마 카지 다와삼둡 번역)

우리의 미래는 우리가 지금 행하는 일에 달려 있다.

그림자가 몸을 따르듯이, 업이 우리를 따른다.

모든 사람은 자기 스스로 행한 일의 결과를 필연적으로 경험한다.

〈파드마의 역사의 황금기도서〉에서

〔삼바바〕[2] 9장

(라마 카지 다와삼둡 번역)

---

1) 고(故) 카지 다와삼둡 라마의 문서들 중에 이 제목으로 된(원본의 티벳어 제목은 없이) 세 장의 영역문이 있었는데 거기서 일부를 발췌하여 여기 실었다. 번역문 끝에는 다음 주석이 붙어 있었다. "프라즈냐 사티 님의 해석에 따라 다와삼둡이 옮겼음. 1917년 5월 28일."

2) Tib. Padma-Thangyig-Serteng.

❖──서론

위대한 영웅을 기리는 작은 기록
《제쮠 카붐》

> 동경하던 도시에 가고자 할 때 〔길을〕 보는 눈과
> 걷는 발이 필요하듯이 열반의 도시에 이르고자 하면
> 지혜의 눈과 방편의 발이 필요하다.
> ─《반야바라밀다》

1. 《제쮠 카붐》의 중요성

위대한 종교적 천재들 중 한 사람의 전기인 이 책은 11~12세기 티벳의 사회적 여건을 보여준다. 유럽이 어느 정도 미개한 상태에 있을 때 인도와 중국이 높이 문명화되어 있었다는 사실을 서양인들은 자주 잊어버린다. 7세기에 중국과 인도로부터 문화가 유입되기 시작한 티벳은 밀라레파의 시대에 이르러서는 중세의 제한된 환경 속에서도 상황이 그다지 열악하지 않았고, 철학적 종교적으로 어쩌면 서양 사회보다 더 발전했었을 수도 있다. 유럽에서는 아테네와 알렉산드리아의 영광이 중세 암흑시대의 어둠과 함께 사라진 지 오래였고, 과학적 철학적 고찰이나 사색은 교회의 권위에 의해 현학적인 스콜라 철학의 좁은 울타리에 갇혀 있었다. 유럽의 문화가 르네상스를 거치면서 새롭게 다시 태어날 때까지 '고대인들의 학문'

을 지켜온 것은 코르도바와 바그다드의 아랍 철학자들이었으니, 동방에서는 '프로메테우스의 불'이 꺼진 적이 없었고 중국과 인도는 과거 속으로 기원이 사라진 문화를 지금까지도 고스란히 이어오고 있다.[1] 바빌로니아와 이집트, 그리스, 로마의 문명들은 모두 크게 번성하다가 쇠퇴했지만 중국과 인도의 문명은 서양 실용주의와의 접촉으로 생겨나는 사회적 혼란에도 불구하고 그대로 살아남았다. 이들이 자신의 놀라운 정신적 활력을 그대로 유지한다면 서양 물질주의 문명의 해독을 잘 견뎌내고, 전쟁의 광기로 표현되는 수성(獸性) 아닌 인간 속의 신성(神性)에 의한 세계 정복이라는 보다 높은 이상을 향하여 계속해서 인류를 인도할 수 있을 것이다. 적어도 이것은 이상(理想)인바, 이런 이상의 관점에서 밀라레파의 가르침은 지상 사회의 문제들에 적용될 수 있으며, 그것은 붓다와 예수를 비롯한 아시아의 모든 덕 높은 현인들의 가르침과 일치한다. 그들은 무장한 군대와 지휘관들 없이도 사랑과 자비를 통해서 훨씬 더 높이 인간의 수준을 끌어올렸다.

밀라레파가 눈 덮인 티벳의 히말라야 높은 곳에서 명상하던 시절 이슬람 문화가 힌두스탄의 모든 곳을 흐르고 있었다. 위협받고 있던 인도의 많은 정신적 유산이 티벳 사회의 필요에 적용되어 오늘날까지 보존된 것은 그 밀라레파와, 여러 차례 인도에 가서 인도 및 불교의 지식에 관한 문헌들을 수집해온 마르파 덕분이었다. 당시 영

---

1) "물질만능의 이 시대에도 동양은 정신적인 것들의 중요성을 잊지 않는다. 왕들은 생애를 마감하기 위해 왕국을 포기하고 명상에 들거나 숲과 산으로 향했다. 그들에게는 '일하다가 죽는' 것이 지금도 그렇지만 과거에도 피해야 할 불행이었다. 동양의 활력이 영원히 이어지는 것은 그 때문이다." ─ 아탈 비하리 고슈.

국은 노르만에 정복당해 있을 때였다. 그리하여 《제쮠 카붐》[2]은 역사가와 종교학 연구가들에게 있어서 보통 이상의 중요성을 갖는다.

2. 이 전기의 역사적 가치

어느 정도의 민간전승과 대중신화를 포함하는 이 전기적 설화는 그런대로 제쮠의 언행을 충실히 기록한 것이라고 이해해도 좋을 것이다. 티벳불교 카귀파 종의 복음서와도 같은 이 책은 동양의 많은 성전들 중 하나이며, 그것 자체가 어쩌면 신약성서의 주요 부분들만큼 ─ 그보다 더는 아닐지라도 ─ 역사적으로 정확할 수 있다.

티벳과 몽고의 불교 발달사라든가 거기 얽힌 복잡한 문제에 관심이 있는 동양학 연구가들이라면 이 책에 아주 흥미를 느끼게 될 것이다. 불교 철학을, 특히 대승불교 형태의 그것을 이해하는 모든 이에게 이 책은 새로운 통찰력을 선사할 것이고, 세상의 신비가들에게는 저자인 레충도 그렇게 말할 터이듯이 아주 값진 보석이 되어줄 것이다. 이 책은 인간의 정신력이 아무리 퍼내 써도 다함이 없는 보물창고이자 실습을 통해서만 이해할 수 있는 교훈들의 꽃다발이다.

다른 신앙체계의 많은 성인들이 그랬듯이 전기의 도입부에서 우리는 젊은 제쮠이 '보다 낮은' 인간성에 좌우됨을 본다. 복수심에 불타는 어머니의 재촉으로 그는 흑마술사가 되어 파괴와 살생의 어두운 길을 간다. 그런 다음 제2부에서 잘못을 뉘우치고 백색 신앙으로 전향하여 불교도가 된 후 마르파 스승이 부과하는 극심한 시

---

2) Kah-bum = '100,000 단어'. 전기를 뜻하는 보통의 티벳 어휘인 남타르Nam-thar가 글자 그대로 '완전한 해방'을 뜻하기 때문에 이 책에 더 적절하다.

서론 51

런을 겪고 깊이 참회하면서 빛의 길로 들어선다. 그리하여 결국 '죽어야 할 인간들이 거둘 수 있는 모든 위대한 성취 중에서 가장 위대한 성취'에 도달한다.

어떤 독자들에게는 마지막 장에 보이는 많은 일들이 중복 서술되어 있는 것처럼 보일지도 모른다. 그러나 거기서는 레충이 목격자가 되어 우리에게 말하고 있다. 그 앞의 내용은 모두 레충이 스승에게서 들은 이야기이다. 그는 제쮠이 늙어서 생을 마감할 때가 가까워졌을 때 제자가 되었기 때문이다. 카귀파들에게 있어서 이 마지막 장은 자기 스승의 입적과 관련하여 가장 중요한 의미가 있음이 분명하다. 이 장은 시신의 화장과 함께 일어난 기적적인 현상들만이 아니라 레충의 열렬한 기도에 응답하기 위해 제쮠이 어떻게 시신을 소생시켰는가를 설명하고 있기 때문이다. (제쮠이 열반에 들 때 먼 곳에 있었던 레충은 다비식에 늦게 당도했다.) 그러나 이 장에는 또한 스승의 가르침의 정수가 들어 있으니 그것은 살아 있는 스승이 모든 제자들에게 권하는 것들이다. 나아가 다키니들이 이 장에서 노래하듯이 그것은 북방불교의 가장 중요한 가르침을 담고 있으며, 기적을 좋아하는 사람들에게 많은 흥미를 불러일으킬 것이다.

제쮠의 신봉자들에게 있어서는 그들 스승의 입적과 화장용 장작을 둘러싼 이 신기한 사건들이 기독교도에게 있어서의 예수의 현성용(顯聖容)과 승천(昇天) 이야기만큼이나 거짓일 수 없는 진실이다. 여기에 어떤 역사적 가치를 부여할 것인가는 전통적이고 대중적인 믿음에서 확대된 내용을 적절히 고려한 후 독자 스스로 판단해야 할 문제이다.

3. 불교 철학의 티벳 유파들[3]

티벳 전역과 네팔, 부탄, 시킴, 카슈미르, 몽고의 일부에 이르기까지 세 갈래의 중요한 불교 철학이 있다. (1) 기원 2세기에 나가르쥬나가 창시한, 티벳인들이 위마파Üma-pa라 부르는 중관(中觀 ; Mādhyamika), (2) 마하무드라(Mahāmudrā ; Tib. Phyag-Ch'en=착첸), (3) '위대한 완성' 이라 부르는 아디요가(Ādi-yoga ; Tib. Dzogs-Ch'en=족첸).

첫 번째 것을 채용한 이들은 황모파(黃帽派)로 불리는 게룩파들Ge-lug-pas('고결한 교단의 수행자들')이다. 이 유파는 카담파Kah-dam-pas('법령에 따르는 자들') 종에서 생겨났으며, 15세기 초반에 티벳 북동부 중국과의 국경지대에 있는 암도Amdo 지방 출신 개혁자 쏭카파Tsong-khapa(양파 지방 출신 ; 1358~1417)가 설립한 후 지금은 티벳의 국교가 되어 있고 법왕인 달라이라마를 통해서 다스려진다.

두 번째 마하무드라 유파의 신봉자들은 카귀파Kargyüt-pas('사도적 계승의 수행자들' 또는 '계승된 교단의 수행자들') 종에 속하며 티벳의 개척자들 중 밀라레파가 가장 위대하다. 이 유파의 역사는 다음 장에서 설명한다.

세 번째 '위대한 완성' 내지 '아디요가' 는 흔히 홍모파(紅帽派)라 불리는 닝마파Ñing-ma-pas(옛 방식의 사람들) 종에서 채택한 교의로, 인도의 철학자 파드마삼바바가 749년에 창시했다.[4] 티벳인들이 흔

---

3) Cf. L. A. Waddell, *The Buddhism of Tibet* (London, 1895), pp.54~75.

서론 53

히 구루 림포체('중요한 스승')나 페마 즁네Padma-Jungne('蓮華生')
로 부르는 그는 인도의 옥스퍼드라 불리는 날란다Nālanda 불교대학
의 이름 높은 밀교학 교수였다. 티벳 왕 티송데첸Ti-song De-tsen의
초청을 받아들인 그는 747년 라사 남동쪽 50마일 위치의 삼예Sam-
yé[5]에 도착하여 승원을 건립하고 티벳인들에게 대승불교와 탄트라

---

4) "마다바차르야Mādhavāchārya는 사르바다르샤나 상그라하Sarva-darshana-
Samgraha(14세기의 인도철학 개론서 / 역자)에서 중관(中觀 ; Mādhyamia), 유가행(瑜
伽行 ; Yogāchāra), 경량부(輕量部 ; Sautrāntika), 비바사(Vaibhāshika)라고 하는 4종류
의 불교철학을 언급한다. 중관파는 모든 것이 공(空)하거나 비현실이라고(Skt. Sarva-
Shūnatva) 가르친다. 유가행파는 외부세계나 물질계가 비현실임을(Skt. Vāhya-
Shūnatva), 경량부에서는 외부세계나 물질계가 열등한 재료로 되어 있음을(Skt.
Vāhyanumeyatva), 비바사파는 외부세계나 물질계가 경험되거나 감각기관의 대상일 수
있는 한 현실임을(Skt. Vāhyārtha-Pratyakshatva) 주장한다. 티벳 불교도들은 전반적으
로 중관파의 공(空) 개념을 따르는데 이것은 무특성(Skt. Nishkala)의 관점에서 본 브라
만의 일원론적 개념과 같다.
티벳불교의 중요한 3개 유파는 정신적 진화의 세 단계를 나타내는 듯하다. 첫 단계에서
귀의자는 금계와 권계(Skt. Nishedha & Vidhi)를 따르며 계율에 묶인다. 두 번째 단계에
서 그는 전통적 방식(Skt. Pāramparya-Krama)에 의지하는데 여기서는 완전히 자유롭지
는 않지만 통상적 제약이 어느 정도 풀린다. 세 번째 단계인 아디요가에서는 요가 실습
을 통해 빛이 보일 때 더이상 어떤 제약도 없어진다. 왜냐면 붓다나 싯다(Siddha ; 성취
자)의 상태에 도달했기 때문이다. 이 세 단계는 간단히 말하면 탄트라에서 말하는 동물
적 인간의 상태(Skt. Pashubhāva)와 영웅의 상태(Skt. Vīrabhāva), 신성이나 깨달음의
상태(Skt. Divyabhāva) 이 셋과 상응한다.
파드마삼바바의 가르침은 그 속에 담긴 진리가 모든 것에 선행하고 이미 존재했었으며
'과거의 방식'을 전래했다는 점에서 '구파'에 속한다. 그의 유파는 아디(Ādi ; 첫 번째)
유파이며 사나타나(Skt. Sanātana)로도 불린다. 파드마삼바바를 뒤이은 스승들은 그가
가르친 내용을 개혁하지 않았고, 아디요가 교의를 이해할 수 있도록 제자의 근기에 따라
단지 자신들의 교수법을 '형태'만 바꾸어 교육했다. 동물적 인간은 영웅이 되고 그 다음
에 신성하거나 깨달은 존재가 되며, 이런 과정이 항시 유지되었다." — 아탈 비하리 고슈
편집자 첨부 : 오늘날 황모파 라마들은 개혁되지 않은 구식의 홍모파와 그 유명한 스승
(창시자)인 파드마삼바바에 반대한다. 그것은 기독교의 신교도들이 로마 카톨릭과 교황
을 반대하는 것과 똑같다. 그러나 반쯤 개혁된 교단인 카귀파 종은 현명하게 양 극단을
피하며, 이런 관점에서 볼 때 기독교 분파 사이의 영국 성공회와 같은 위치를 점유한다.

5) Cf. Sir Charles Bell, *Tibet past and Present* (Oxford, 1924), p.26.

를 소개했다.

네 번째 유파인 사캬파Sa-kya-pa[6]는 개혁된 종파로서 시작하여 원래 아주 중요한 위치를 점유했으나 오늘날은 구파인 홍모파와 거의 다르지 않게 되었다.

이들 세 개의 중요한 갈래와 그들로부터 갈라진 많은 분파 이외에도 뵌Bön이라 불리는 불교 이전의 티벳 원시 종교 집단이 남아 있는데, 이 신앙은 재탄생 교의를 갖고 있어서 불교의 씨앗이 자랄 수 있는 적절한 토양이 되어주었다. 이 책의 본문인 전기(傳記)는 밀라레파가 한때 뵌교의 의식을 수행했다(344쪽 참조)고 말하는데, 이것은 그가 토속 신앙에도 친숙했었음을 암시한다. 또다른 상황에서 그는 어떤 유명한 뵌교 마법사를 능가하는 술법을 구사하기도 했다. 뵌교의 수행자들은 황모파나 홍모파와 달리 흑모파(黑帽派)라 불리며, 이들 세 유파는 각각 그 이름이 가리키는 색깔의 모자와 복장을 착용한다.

4. 카규파 스승들의 계보[7]

파드마삼바바의 시대보다 1세기 전, 티벳의 첫 번째 불교 왕인 송첸감포(서기 650년경 사망)[8] 치세 동안에 후일 카규파들이 채택한

---

6) 티벳 서부에 처음 승원을 세운 곳의 땅 색깔과 관련된, '황갈색 땅'을 의미하는 Sa-skya 에서 유래함.

7) L. A. Waddell, 앞의 책, pp. 18, 63~7.

8) 티벳의 송첸감포Song-tsen Gam-po 왕은 인도의 아쇼카 왕과 비슷하다. 그의 치하에서 티벳의 세력이 절정에 달했고, 투르키스탄과 네팔도 그에게 굴복했었던 듯하다. 그는 중국 서부까지 영토를 확장하여 중국의 조정에서도 주권을 유지하기 위해 공물을 바쳤다. Sir Charles Bell, 앞의 책, p. 28.

금강승Vajra-Yāna 형태의 불교가 두 가지 경로를 통해서 티벳에 들어왔다. 하나는 붓다의 고향인 네팔로부터 공주인 브리쿠티 Bhrikutī가 639년 티벳 왕과 결혼하면서 들여왔고, 또 하나는 왕이 641년 중국 왕가의 딸인 웬쳉과 결혼하면서이다. 그 후 왕은 두 아내를 통해 불교로 개종하고 삼보타Sam-bhota를 인도에 보내 불교 문헌을 가져오도록 했다. 삼보타는 4세기 뒤의 마르파가 그랬듯이 많은 책을 티벳에 가져왔고, 그리하여 후일 인도에서 사라져버린 많은 학술 자료를 보유하게 되었다. 삼보타는 또한 카슈미르와 북인도 지방에 알려져 있던 산스크리트 문자를 본떠서 티벳 문자를 만들었고, 거기서 더 나아가 처음으로 체계적인 문법을 제시했다.

그러나 티송데첸 왕이 파드마삼바바를 초청할 때까지는 뵌파들의 저항으로 인해 불교가 티벳에 확고히 뿌리를 내리지 못했다. 파드마삼바바는 아일랜드의 성 패트릭[9]이 드루이드교를 물리친 것처럼 낡은 마법을 새로운 마법으로 정복했다.

그 후 1038년에 아티샤Atīsha가 와서 티벳의 승려 사회에 금욕주의와 도덕성을 고취시켜 첫 번째로 라마교를 개혁했다. 그는 980년 뱅갈의 가우르에서 왕족으로 태어났고, 파드마삼바바와 마찬가지로 철학교수였으며, 마가다의 비크라마쉴라 승원에 속해 있었다. 아티샤가 기거했던 동굴은 라사에서 동쪽으로 16마일 떨어진 곳에 있는데 들장미와 덩굴 식물에 둘러싸여 지금도 경건하게 보존되고 있다.[10]

경전 연구와 번역으로 인해 역경승으로 불리게 된 제쯴의 스승

---

9) St. Patrick(5세기). 아일랜드의 수호성인(역주).
10) Sir Charles Bell, 앞의 책, p.31.

마르파는 10명 가량의 유명한 스승 밑에서 수학했다고 한다. 마르파는 자신의 스승들 중 한 사람인 아티샤와 거의 같은 시대를 살았지만 그의 주된 작업은 아티샤의 개혁 이후에 이루어졌다. 따라서 아티샤는 마르파가 창시한 카귀파 종의 스승들 중 한 사람일 뿐만 아니라 그에 필적하는 게룩파들의 최고 스승이기도 하다. 왜냐면 아티샤가 창시한 카담파 종에서 게룩파 종이 생겨났기 때문이다. 그렇지만 아티샤는 카귀파 법맥의 인물로 여겨지지는 않는다.

마르파의 스승들 대부분이 쿠술리파들Kusulipas이라고 하는 고대 인도의 종파에 속하거나 명상을 통해서 깨달음을 얻고자 했던 이들이다. 그들은 공성(空性 ; Shūnyatā)의 교의에 따라 오직 지식만을 통해 최고의 진리에 도달하고자 하는 학자Pandit들과는 구별된다.[11] 아티샤는 불교에 요가를 실제로 적용하도록 강조하지 않았고 카귀파 계보의 첫 번째 스승이 되기에는 위대한 스승들 중 한 사람인 틸로파보다 많은 점이 모자란다.

전통에 따르면 카귀파 종의 중요한 기반이 된 마하무드라 철학은 천상의 붓다 도제창(Vajra-Dhara ; 持金剛)으로부터 틸로파에게 주어졌다. 틸로파는 그것을 제자인 나로파에게 비밀히 전했고 ― 지금도 그렇게 전한다 ― 나로파는 마르파에게, 마르파는 밀라레파에

---

11) "이것은 언어의 이해를 통해서나 내면적 깨달음에 의해서 브라만을 알 수 있다고 가르치는 바라문 계통의 탄트라에 여러 가지로 나타난다. 언어의 이해를 통한 첫 번째 방법은 단지 머리를 통해서만 알게 하는 것으로서 내면의 무지를 제거할 수 없으며, 두 번째 방법만이 참다운 지혜를 얻게 한다. 또한, 지식Jñāna은 탄트라 문헌 Āgama들을 연구함으로써 얻는 것과 내면적 분별Viveka을 통해서 얻는 것 두 가지가 있다고 말해진다. 나아가서 논의의 영역 너머에 있는 진리들은 토론에 의해서는 깨달을 수 없다. '상상을 초월한 것에 관해 토론하지 마라.'" ― 아탈 비하리 고슈.

게 전했다. 카귀파들은 신성한 스승인 도제창을 본초불과 동일시하게 되었고, 그래서 도제창은 본초불의 은총을 수여하며 그와 분리된 존재가 아니다.

이리하여 지상에서의 두 번째 계승자는 나르파이고, 세 번째는 마르파이며, 네 번째는 밀라레파이다. 밀라레파를 계승한 인물은 전기를 쓴 레충이 아니라 밀라레파의 첫 번째 제자로서 제감포파 Je-Gampo-pa로도 알려진 동부 티벳 출신 닥포라제Dvag-po-Lharje 인데, 주(主) 감포파라는 뜻의 앞 이름은 그가 5세기 전에 죽은 첫 불교 왕 송첸감포의 환생으로 믿어졌기 때문이다. 제감포파 자신은 카귀파들의 본산인 쑤르카Ts'ur-lka 승원을 세우고 2년이 지나서 1152년에 죽었으며 그 이후 카귀파 스승들의 계보는 끊어지는 일 없이 유지되어왔다.

5. 현대의 밀라레파 후계자들

지금 이 순간에도 티벳 히말라야의 황량하고 쓸쓸한 이곳저곳에 수백 명의 카귀파 고행자들이 있으며, 그 중 어떤 이들은 신성한 장소이자 순례지로서 제쮠이 은거했던 곳들을 찾아 에베레스트 산 아래와 옆구리의 동굴들에 기거한다. 대지 초창기의 풍토가 그대로 이어져온 이곳에서 카귀파 수행자들은 외부세계의 분주함에 방해받지 않고 생활한다. 그들이 바라보는 외부세계는 과거의 이상(理想)이 무시되고 재산과 권력과 명성의 획득이 곧 성공이라는 견해가 지배하는 세계이다.

마하무드라 교의의 여러 문헌들이 가르치고 산이나 숲의 외딴 곳

에서 실천에 옮겨지는 그들의 신비한 통찰 체계는 티벳어로 타와 (Ta-wa)라 부르며, 카귀파 종을 티벳 불교의 다른 모든 종파와 구분하게 만든다. 고타마 붓다를 최초의 스승으로 하는 어떤 불교 종파도 진정한 불교의 관점에서 세속생활의 완전한 포기와 철저한 고행을 실생활에 적용하는 그들을 넘어설 수 없는 것이다. 이런 히말라야 신비가들의 소집단 하나하나에 카귀파 종의 법맥을 계승한 스승 휘하의 자기 스승들이 있으며, 그 스승은 최고의 스승 도제창 붓다로부터 이어진 천상의 스승 계보에 속해 있다.[12] 전기력이 한 수신 장소에서 다른 수신 장소로 흘러갈 수 있듯이 고타마 붓다가 보여준 거룩한 자비심도 도제창 붓다를 통해서 천상의 스승 계보로, 지상 계보의 스승에게로 이어질 수 있으며, 다시 그로부터 휘하의 스승들에게로, 그리고 그들이 거행하는 입문의례를 통해 신입자에게로 전달될 수 있는 것이다.

밀라레파의 노래에서 보듯이 지상에서 법통을 이어받은 스승은 붓다 도제창 그 자체의 화현으로 자주 일컬어진다. 왜냐하면 계승자 한 사람 한 사람이 글자 그대로 도제창(Skt. Vajra-Dhara ; 持金剛)의 이름이 의미하는 지금강자(持金剛者), 즉 '신비한 힘을 소유한 자'이기 때문이다. 이런 호칭에 의해 우리는 스승(Skt. Guru)이라 불리는 인물이 '비밀 의식의 최고 달인' 임을, '지상의 위대한 비전가'로서 '영적인 힘을 수여하는 자' 임을 알게 된다. 그는 프로메테우스처럼 신들의 세계로부터 영적인 번갯불을 가져와 인류에게 전한다.

---

12) "바라문 계통의 탄트라는 천상의 스승(Divya)과 성취자(Siddha)와 인간(Mānava)이라고 하는 세 그룹의 스승들을 언급한다. Cf. the Tantra-rāja, ch.i, in *Tantrik Texts*, vol. viii, ed. by A. Avalon." — 아탈 비하리 고슈.

6. 카귀파와 그노시스교도의 비교

카귀파의 이 신비한 통찰 체계를 비교 설명하기 위한 기반으로 우리는 기독교 그노시스주의자('아는 자')들의 사고 체계를 생각해 볼 수 있다. 이것은 유럽인의 사고 체계들 중에서 카귀파의 것과 가장 비슷하며, 그 속에서 서로 간에 많은 대응점이 나타난다.

많은 그노시스 집단들 하나하나에 — 카귀파 집단들만큼 조직적으로 결합되었던 것은 아니지만 — (발렌티누스, 마르키온, 바실리데스와 같은) 최고 스승과 예하 스승들, 지상에서의 사도적 계승, 그리스도 안에서 성자와 초인적 지성을 통해 하늘의 은총을 인간 신봉자들에게 전하는 지고의 영적인 스승이 있었던 것으로 보인다. 위대한 그노시스 스승들 중의 또 한 사람인 안디옥의 사투르니누스(A.D. 120년경 활동)는 (카귀파들이 실천하듯이) 육식을 삼가고 엄격한 금욕을 실천함으로써 그리스도를 통해 지고의 경지에 이를 수 있다고 가르쳤다. 많은 그노시스 유파들 중 어떤 것에 따르면 아버지로서의 신은 원초적 인간 안드로포스(Anthropos)였고,[13] 이것은 카귀파들을 포함한 몇몇 북방불교 종파의 본초불에 상응한다.

불교도들과 마찬가지로 그노시스교도들도 교회회의에서 교리화한 '대속(代贖)' 이론과 같은 것을 알지 못한다. 왜냐면 둘 다에게 있어서 붓다나 그리스도는 안내자 및 구조자이며, 구원이나 해방은 전적으로 자기 자신의 노력에 의해서만 가능하기 때문이다. 또한

---

13) 발렌티누스 파의 그노시스 복음서들 중 하나인 Pistis Sophia의 the Aeon Iaō(or Jeū) 참조. G. R. S. Mead's translation (London, 1921)과 그의 *Fragments of a Faith Forgotten* (London, 1900) pp.535~7을 보라.

그노시스교도들의 입문의례와 대승불교도들의 그것 사이에는 비슷한 점이 있고 둘 다 만트라를 사용한다. 그노시스의 소피아(Sophia ; 지혜)와 《반야바라밀다》의 반야(Prajñā ; 지혜)는 모두 조물주의 여성 원리나 샥티(Shakti ; Tib. Yum)로 의인화된다. 기독교 그노시스의 창조되지 않은 자, 비존재, 전지(全知)의 통일체, 비인격적 신성(神性)은 대승불교의 공성(空性)과 비슷한 것일 수 있다. 그리고 《신앙의 지혜Pistis Sophia》의 '표현 불가능한 빛의 최고 자기' 는 자연계를 넘어선 열반과 다르지 않다.

이런 유사성들을 끌어냄에 있어서 그노시스교도들의 고행과 속세 포기는 이집트의 사막이나 근동의 어딘가에 살았던 다른 기독교 은자(隱者)들[14]이라든가 현재와 같이 조직된 다른 기독교 수도회의 그것과 구분되어야 한다.

그노시스 기독교도들은 교회회의 기독교도들과 달리, 그리고 불교도들과 마찬가지로, 재탄생을 기본 교의로 받아들였으며,[15] 많은 경건한 삶을 거친 후 지상에 있는 동안 영적인 통찰력을 얻어 자기 안에서 그리스도를 깨닫게 되는 것이 최고의 이상이었다. 또한 그들은 스스로 그리스도가 되어 모든 인간이 같은 경지에 이르도록 도울 수 있는 힘을 얻고자 기도했다. 한편 553년 제2차 콘스탄티노플 공의회 이후 재탄생의 교의를 믿을 수 없게 된 교회회의 기독교도들은 그노시스 교파의 이타심을 지닐 수 없었고 교회 법령[16]의 절

---

14) E. A. Wallis-Budge가 옛 시리아어에서 번역한 *The Paradise of the Holy Fathers* (London, 1907) 참조.

15) Cf. G. R. S. Mead, *The Pistis Sophia* (London, 1921), p.xlv ; *and Fragments of a Faith Forgotten* (London, 1900).

대 확실성을 믿으면서 오직 자기만을 구원하는 좀더 작은 이상에 머물게 되었다. 그노시스 수행자들의 이타심은 긍정적이고 창조적이며 끝이 없지만 교회회의 기독교 수도사들은 반대로 부정적이고 창조적이지 못하며 자기중심적이다.

그노시스 교도들은 카귀파들이나 힌두교 요기들, 이슬람 수피들과 마찬가지로 깨달음을 구하면서 교회회의가 선호하는 서양 특유의 지성 편중주의를 거부한다. 지성 편중주의는 '나는 믿는다'로 시작하는 교리를 만들어 믿지 않는 자에게 파문을 선포하면서 구체화되었거나 구체화될 수 있는 지식만을 굳게 믿는다.

이렇게 볼 때 밀라레파를 따르는 이들은 발렌티누스와 마르키온을 따른 이들과 같은, 불교도들 중의 그노시스교도이다. 그노시스교도들처럼 그들은 경전과 전통에만 지적으로 의존하는 모든 교리나 법령에 대하여 '이단적'인 반대자의 입장을 취한다. 이 책에 나오는 밀라레파의 가르침은 그 점을 명백하게 보여준다.

7. 다른 종파들

티벳 본토박이인 역경승 마르파는 카귀파 종의 역사에서 과도기에 위치한다. 그 앞의 두 인도인 스승으로 틸로파와 나로파가 있고 그의 뒤로는 밀라레파가 있다. 달리 말하면 마르파는 학술적인 전

---

16) 이 법령은 다음과 같다. "혼의 선재(先在)와 그것의 귀환이라고 하는 신비 교의를 지지하는 자는 누구든 파문을 당할 것이다." 이처럼 553년까지는 기독교 교리에 있어서 재탄생 교의가 공식적으로 '이단' 취급을 받은 것은 아니었다. 이때 이전에는 그것이 교회회의 기독교도들 사이에서, 특히 그노시스 형태의 기독교에 친근감을 갖는 사람들 사이에서 묵인되었던 듯하다.

달자였고, 책을 놓아버린 성자 밀라레파는 카귀파의 가르침을 과학적으로 철저히 실습하여 광물질 속에서 황금을 추출했던 것이다. 쏭카파의 개혁은 주로 외부적이고 승직과 관련된 것이었으며 불교와 세속 정권의 제휴를 통해 조직화된 승원 체계를 수립했던 반면, 밀라레파의 개혁은 내부적이고 신앙심의 정화에 훨씬 더 이바지한 것이었다.

마르파는 가정을 버린 적이 없었고 어쩌면 승직제도의 의례적 측면을 좋아했는지도 모르는데, 밀라레파의 엄격한 원칙은 가정생활을 원하는 마르파의 추종자들에겐 환영받지 못했다. 그리고 백마술보다 흑마술 쪽에 관심이 있는 다른 제자들은 밀라레파와 갈라섰다. 그리하여 카귀파들은 크게 넷으로 나뉘었다. (1) 카르마파(Karma-pa) : 가장 중요한 분파로, 창시자인 카르마파 랑충-도제의 이름에서 유래했다. 창시자는 밀라레파의 수제자이며 법맥 계승자인 닥포라제의 제자이다. 12세기 후반에 생겨난 이후 티벳과 시킴에서 이어져왔다. (2) 둑파(Dug-pa) : (Dug은 '금강룡'을 의미하며, 따라서 금강룡 유파의 승려들과 관련됨) 두 번째로 중요한 분파이며, 다시 하부 둑파, 중부와 남부의 둑파(현재 부탄의 국교로 되어 있음), 상부 둑파의 셋으로 나뉜다. (3) 디쿵파(Dī-Kung-pa) : 디쿵 승원의 이름을 딴 분파. (4) 타룽파(Ta-lung-pa) : 타룽 승원의 이름을 딴 분파. 이들 넷 중 마지막 둘은 잔존하는 두 개의 반대파인데, 이들은 "악마 예배 방식에 닝마(Ñingma) 종으로부터 각각 다른 행법을 빌려왔다는 점에서 서로 다르며",[17] 이전 카귀파 수행법의 엄격한 청정함을 상당히 완화시켰다.

와델 박사가 아주 분명히 말하듯이, "둑파라는 이름이 닝마 종을

가리키는 '홍모파'의 동의어로 잘못 사용됨으로써 유럽의 책들에 많은 혼란이 빚어졌다."[18] 나아가서, 파드마삼바바를 비판적으로 보는 외국인들이 생각하듯이, 모든 홍모파를 둑파로 생각하는 것도 똑같이 잘못된 것이다. 또한 '개혁된' 황모파와 구파인 홍모파 사이의 오랜 반목에도 불구하고 "황모파 라마들은 은비학과 마법에서만큼은 여러 홍모 분파에 속한 수행자들의 우수성을 인정한다."[19]

다음 장에 제시한 라마교 종파들의 계통수(樹)[20]는 이런 오해들을 시정하는 데 도움이 될 것이다. 나아가 이것은 티벳 불교 주요 분파들의 기원과 상호의존 관계 및 카귀파 종이 그들 사이에서 차지하는 중요성을 정확히 보여준다.

----

17) Cf. L. A. Waddell, 앞의 책, pp.67~9.

18) 위와 같음.

19) Cf. A. David-Neel, *My Journey to Lhasa* (London, 1927), p.181.

20) Cf. L. A. Waddell, 앞의 책, p.55.

21) 타라나타(Tāranātha)는 티벳 역사상 위대한 인물들 중 한 사람이다. 1573년 티벳의 쌍(Tsang)에서 태어나 몽고에서 죽었는데, 중국 황제의 후원 아래 몽고에 몇 개의 승원을 세웠고 성인으로 추앙받았으며 그의 환생한 계승자들은 (롭노르Lob-Nor의 동쪽, 몽고의 칼카Khalka 지방에 있는) 우르갸(Urgya)의 위대한 라마들이 되었다(Cf. L. A. Waddell, 앞의 책 pp.70~71).

22) '테르마(Terma ; 숨겨진 경전)를 끄집어내는 자'라는 뜻인 테르퇸(Tertön)들은 라마교 발달에 있어서 중요한 역할을 한다.《바르도 퇴돌》이 바로 이런 테르마이니,《티벳 사자의 서》(정신세계사) 147~153쪽을 보라.

23) 라마교를 버린 랑다르마(Lang-Dar-ma)는 899년에 자기 형이자 유명한 불교 왕인 티송데첸의 살인을 교사한 것으로 보인다. 그 후 왕위에 올라 약 3년 동안 라마교를 박해했고, 그의 치세는 페도제(Pal-Dorje)가 그를 암살함으로써 끝이 났다(Cf. L. A. Waddell, 앞의 책 p.34).

8. 라마교 종파들의 계통수(樹)

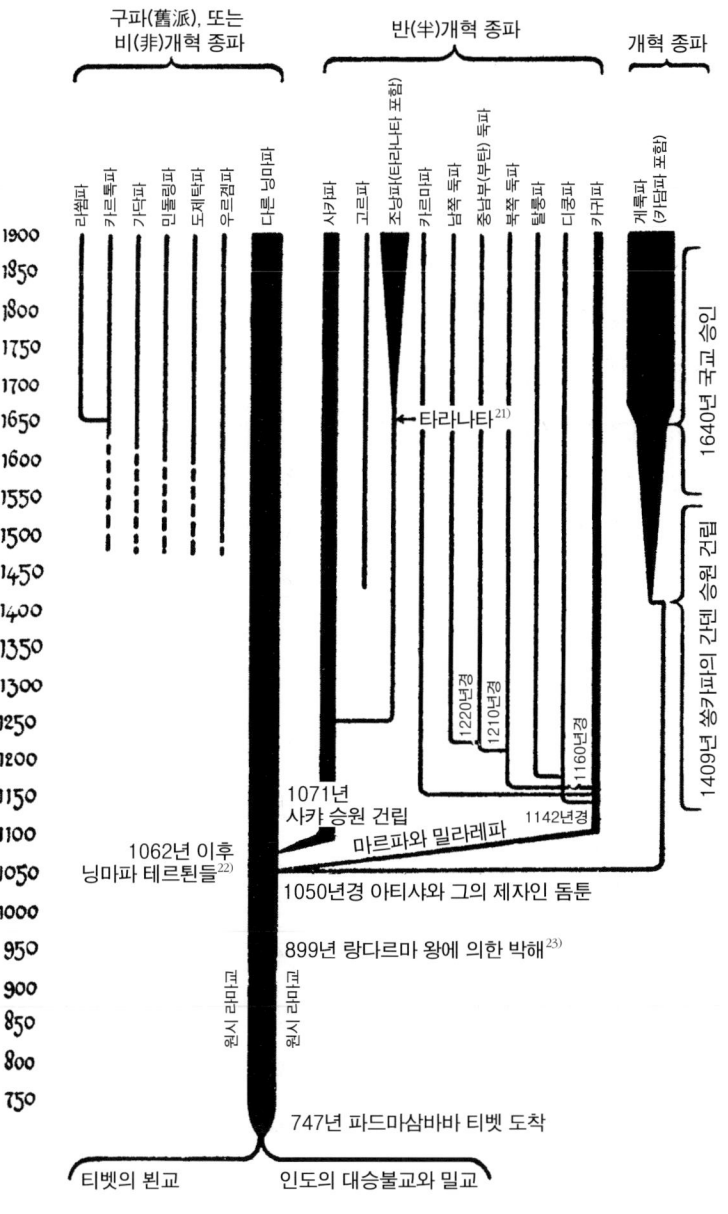

9. 은둔생활에 대한 변론

현대의 안락과 사치에 너무 익숙해진 보통의 서양인들에겐 눈 덮인 히말라야의 혹독한 기후 속에서 세속적인 의문들로 마음을 어지럽히지 않고 아무것도 없이 얇은 무명천 한 조각만을 걸친 몸으로 말린 보리 한 움큼과 초근목피, 이따금 경건한 신도들이 가져온 약간의 야크 젖 따위를 먹고 살아가는 카귀파 은자들이나 그와 비슷한 다른 수행자들의 삶이 지나친 종교적 열의에서 비롯된 것으로 느껴질지도 모른다.

그러나 이런 은자들 자신은 오히려 세속에 묻혀 사는 자신의 동포들을 깊은 연민으로 바라본다는 사실을 잊어서는 안 된다. 우리가 세속의 시시한 것들을 얻기 위해 분투하는 동안 그들은 우리가 무지에서 벗어나 해탈의 길로 들어서기를 바라며 기도를 올린다. 그들은 고타마 붓다가 그랬듯이 많은 좋지 못한 습관의 노예가 되어 움직이는 인류를 정신적 통찰의 눈으로 연민에 가득차서 바라본다. 그들은 자신의 동료 인간들이 과거 행위의 결과인 업(業)에 의해 12인연[24]의 쳇바퀴에 묶여 끝없이 다시 태어나서 번번이 비애와 노쇠와 질병과 죽음의 제물이 되고 있음을 본다. 그리고 자신이 진보하여 힘을 얻은 뒤 그들을 자유롭게 만들 수 있게 될 날을 기다린다.

요기에게 있어서는 인생이란 것이 환영(幻影 ; Skt. Māyā)의 그물 속에서 덫에 걸린 짐승들처럼 버둥거리는 일이며, 그것이 바람직한 것일 수 있으려면 배를 타고 바다를 건너 저편 해안에 이르듯

---

24) p.212 / 4 참조.

이 올바른 삶에 의해 일시적이고 현세적인 존재의 모든 제약에서 벗어나 현세를 넘어선 경지에 도달한다고 하는 오직 한 가지 목표를 지향해야 한다.

바드리나트를 순례하던 중 가르왈과 티벳의 황량한 국경 지대에서 만난 어떤 힌두 요기가 필자에게 이렇게 물은 적이 있다. "비행기와 무선전신과 당신네 모든 생활용품들이 인류에게 참다운 행복을 가져다줄 수 있는가? 실제로 수행을 해서 깨닫지 못하고 경전의 확실성만을 무조건 믿는다고 해탈할 수 있는가?"

역시 우리는 밀라레파가 제시한 이상이 결국 월스트리트의 투자가나 파리의 향락가들이 갖는 이상보다 정말로 계몽적인지 아닌지를 진지하게 생각해보아야 할 것이다.

세상에 대한 그것들의 상대적 가치는 별도로 하더라도 그 요기는 인간의 모든 행위가 업에 의한 것이기 때문에 그 자체로서는 정당하다고 가르친다. 왜냐면 세상은 여러 등급이 있는 커다란 학교인 바, 어떤 학생들은 유치원에 있고 대다수는 중간 상태에 있으며 소수는 세속생활을 성공적으로 마치고 대학에 들어간다. 세속적 욕망을 넘어선 사람들은 속세에 매료되어 있는 사람들보다 속세에 대해서 더 큰 가치를 지닌다.

밀라레파의 십만송을 보면, 네팔의 예랑과 코콤을 통치하는 왕이 밀라레파를 왕궁으로 초청한 데 대해서 밀라레파가 자기 은거처를 떠나지 않겠다고 거절했을 때 초청장을 전달한 사신이 이렇게 물었다. "그저 평민에 불과한 수행자가 강력한 왕의 부름을 받으면 달려가서 그 발아래 엎드려 예를 다하는 것이 마땅하지 않소?" 이에 밀라레파가 대답했다. "나도 강력한 전륜왕(轉輪王)이오. 그리고 재

물이 많은 왕은 나보다 결코 행복하거나 강력하지 않소." 그러자 사신은 밀라레파의 궁전이 어디에 있는지 물었고, 밀라레파는 다시 대답했다. "이 세상 왕국의 당신 같은 신하들이 내 왕국과 같은 곳에서 봉사한다면 가장 강력한 군주가 되어 모든 권력과 재산을 얻게 될 것이오."[25]

사람들은 무지로부터 생겨난 환영 속에 깊이 잠겨서 자신을 알려고 노력하지 않는다. 앞서의 요기는 '플라톤의 그림자 동굴'을 연못 속의 물고기나 숲 속의 사슴에 비유했는데, 물고기는 물고기로서의 자신과 연못에 만족하여 물 밖으로 나가 공기 중에서 살려 하지 않고, 사슴은 인간이 될 수 있는 기회가 주어져도 그냥 사슴으로 살기를 원한다.

그 요기를 판단함에 있어서도, 그가 물질과학 영역의 서양 실험실에서 알려진 것들만큼 자기 영역에서의 주의 깊고 과학적인 방법으로 최소한 자기 자신에게라도 입증했다고 하는 것을 우리는 새겨들어야 한다. 세속적 이상은 다만 미숙한 사회 질서의 이상이고, 아직 세속 학교의 낮은 단계에 있는 인간들이 갖는 이상일 뿐이다. 그는 세상 사람들의 자신에 대한 신임 여부를 우려하지 않는다. 그는 이렇게 말할지도 모른다. 5백 년 전 유럽인들이 지구가 평평하다고 믿었을 때도 사실 지구는 둥글었다. 마찬가지로 인생에 대한 그의 견해를 인정하거나 부정한다 해도 변하는 것은 없다.

현대인은 별로 인정하지 않지만 과거에 유럽의 성인들은 신의 노여움을 해결하는 선도자였다고 한다. 어떤 의미에서 이것은 위대한

---

25) Cf. G. Sandberg, *Tibet and Tibetans* (London, 1906), pp. 262~3.

68 티벳의 위대한 요기 밀라레파

선인(仙人 ; Skt. Rish)들이 인류의 보호자였고 현재도 그렇다고 하는 힌두교나 불교 신자들의 믿음과 다르지 않다. 오늘날에도 실론(현재의 스리랑카)의 불교도들은 자신이 내세에 히말라야의 신들 사이에 태어나기를 기도한다. 25세 나이에 자기 소유의 넓은 토지를 버리고 75년 동안 요가를 수행한 벵갈 출신의 어떤 은자는 내가 만난 히말라야 높은 곳에서 카일라사 쪽의 눈 덮인 연봉들을 가리키며 그곳으로부터 신들이 우리 인류의 영적 성장을 지켜보며 지시한다고 말했다. 이어서 그는, 이런 신들을 범인은 보지 못하지만 선각자는 볼 수 있고 순수한 가슴을 통해 의사를 교환할 수도 있다고 덧붙였다. 그리고 침묵하는 파수병처럼 그들은 히말라야의 성벽(城壁)에서, 칼리 유가의 긴 밤이 다 가고 모든 나라에 깨달음의 새벽이 밝아올 때까지 신성한 연민으로 바라본다는 것이다.

밀라레파 역시 붓다들의 세계에 발을 들여놓은 한 사람으로서 자신의 노래(311쪽 참조)를 통해 이야기한다. 화살을 쏘듯이 세상을 향해 자비와 법력이 담긴 좋은 사념들을 발송하면 그것이 신실한 사람들의 가슴속으로 들어가 그들을 축복한다고……

위인들은 방송국의 강력한 송신탑처럼 인류의 진화만을 목표로 하는 활발한 영성을 염력에 실어 널리 발송한다. 태양이 인간의 육체를 양육하듯이 그들은 인간의 정신을 양육하면서 인류가 윤회의 수레바퀴에서 벗어날 수 있도록 돕는다. 지상의 인류와 현상계 너머의 깨달은 자들 양쪽으로 존재의 사슬에 인연을 맺은 그들은 인간을 다스리는 모든 왕과 통치자들보다 훨씬 더 중요한 역할을 한다. 간단히 말하면 이것은 높은 경지에 이른 요기가 결국 얻게 되는 확신이다. 번역자 자신이 그것을 인정했는데, 그는 젊은 시절 부탄에

서 속세를 버리고 자신의 스승인 고(故) 노르부 라마를 따라 북사두 아르 부근에서 은거에 들어갔으며 자신의 부양을 필요로 하는 늙은 아버지가 집으로 돌아와 결혼하고 가정을 꾸리도록 요청할 때까지 환속하지 않으려 했었다.

속인들은 자신의 어리석은 판단으로, 히말라야 고지에서 삼매에 들어앉아 있는 위대한 요기가 세상의 무용지물이며 자기 혼자만의 구원을 위해 속세의 의무로부터 도망친 자라고 생각한다. 이런 비판은 이집트의 사막에 은거하는 어떤 이들에 대해서라면 몰라도 카귀파 은자들이나 필자가 만났던 인도의 진지한 요기들에게는 적용될 수 없다.

히말라야와 힌두스탄의 살아 있는 성자들을 연구해오면서 필자가 만났던 모든 참다운 요기들이 인류를 위해 사심없이 봉사하려는 자세를 갖고 있었는데, 그 중 한 사람은 브라만 계급 출신이었음에도 불구하고 계급이나 신조를 모두 무시하고 전 인류를 자신의 형제로 간주하면서 ─ 설사 여러 생이 걸리더라도 ─ 자신이 세상에 복귀하여 참 진리를 입증하게 될 날을 기다리고 있었다. 예수가 구원의 길을 묻는 속세의 부유한 젊은이에게 선언한 것처럼, 그 역시 인생을 바로 알기 위해 우선 속세로부터 멀어져야 했고, 아직 깨닫지 못한 인류를 가르치기 전에 먼저 진리를 깨달아야 했던 것이다. 가르치는 자가 스스로 빛을 보지 못했다면 어떻게 다른 사람들을 가르칠 수 있을 것인가?

그래서 모든 참다운 요기의 가장 높은 목적은 자신이 힌두교도이건 불교도이건, 자이나교도, 도교도, 수피, 그노시스 기독교도이건 그 스스로 세상의 스승이 되어 인간 사회로 복귀해서 자신의 서원

을 실천하는 것이다.[26] 그에게 있어서는 한 생애가 하루에 불과하며, 깨달음을 이룰 때까지 수천 번을 다시 태어날지라도 자발적으로 선택한 삶을 확고하게 유지한다. 그가 그렇게 선택한 것은 과거 세를 지내오는 동안 결혼하여 쾌락을 누리고 끝없는 야심을 달성해 나가는 세속적인 삶들을 영위하면서 그것을 통해 배운 결과이며, 그래서 자기 민족의 보다 높은 정신 수준에 올라선 것이다.[27] 그는 세속적인 삶은 지상에서의 가장 높은 삶이 아님을 깨닫고 그것을 포기했으며, 동굴 속에서 한낮의 햇빛 아래로 나온 사람처럼 더이상 어둠 속으로 되돌아가고 싶어하지 않는다. 그가 선택한 길은 본능에 지배되지 않는 상태로 좀더 높이 진화하기 위한 길이며, 그 길

---

26) 보살이나 위대한 스승의 경지에 도달하여 인류를 보다 높은 길로 안내하고자 하는 서원은 대승불교 유파에서 보면 4가지로 이루어져 있다. ① 일체유정을 구원한다. ② 개인의 내부에 존재하는 윤회의 모든 원인(열정)을 제거한다. ③ 진리를 깨달아서 타인들에게 가르친다. ④ 타인들을 붓다의 길로 인도한다. 이와 같은 서원은, 지구와 다른 행성들에 존재하는 인간계 이하의 가장 낮은 영역에서부터 아직 깨닫지 못한 신들의 가장 높은 천상계와 지옥의 가장 타락한 자들까지 모두가 윤회의 바다를 안전하게 건너 영원한 해방의 피안에 이를 때까지 열반에 들지 않겠다고 하는 의지를 담고 있다. 악한 자가 지옥에 간다고 하는 교의는 이런 보편적 이타주의에 맞지 않으며, 위대한 기독교인이었던 오리게네스도 주장했듯이, 모든 것을 포용하는 사랑의 법칙에 어긋난다. (p.226/21 참조)
    독각불(獨覺佛)의 경지에 도달하려는 서원은 소승불교 유파에 속하지만, 이 길에서도 약간 다른 방식으로 인류에게 은덕이 베풀어진다. 예를 들면, 정신적 영향력을 눈에 보이지 않게 고요히 발송하여 햇빛이 인간의 육체에 영향을 미치듯이 인간의 보다 높은 본성을 유지하도록 돕는 것이다.
27) 그러나 이것은 요기의 수행이 평범한 인간들의 존속을 돕지 않는다는 뜻은 아니다. 왜냐하면 동양에서는 수행의 목적 중 일부가 모든 육체 기관을 잘 다스려 올바로 사용하자는 것이기 때문이다. 고타마 붓다의 경우와 마찬가지로, 많은 위대한 요기들이 결혼해서 부부생활을 한 뒤에 사회 개선을 위하여 자기 인생의 더 많은 부분을 바쳤다. 그들은 가족이나 나라를 위해서만 일하는 것은 이기적이며, 세상에는 인류라고 하는 오직 한 가족, 한 나라만이 있다고 생각한다.

의 목적은 한정된 인격에서 완전한 깨달음 속으로 해방되는 것, 깨달음의 연금술을 통해 세간을 출세간으로 바꾸는 것이다. 그럼으로써 인지되지 않고 알 수 없으며 태어나지 않고 만들어지지 않는 열반에 이른다.

10. 아라한의 문제

이 모든 것이 유럽의 사상가들 사이에서도 논의되었던 어떤 문제를 우리에게 제시한다. 필자에게 제기된 의문은, "밀라레파가 달성했다고 하는 그 경지까지 정신적 육체적으로 그렇게 높이 진화한 인간이 과연 이 세상에 있는가, 이를테면 누가 여느 인간들과 다른 인종으로서 서양 과학이 아직 알지 못하고 어쩌면 의심할지도 모르는 그런 자연력들을 다스릴 수 있는가." 하는 것이었다. 이것은 밀라레파 전기가 야기하는 아주 중요한 인류학적 의문일 수 있다.

인도를 빛나게 만든 많은 위대한 선인들은 그에 대해 이렇게 말한다. 그렇게 높이 진화한 사람들이 현존하고 있으며, 그와 같은 사람들이 다른 어떤 시대에도 항상 있었다는 것이다. 불교도들은 고타마 붓다 자신도 그런 위대한 선인들 중의 한 사람이었고 많은 붓다들 중의 하나일 뿐이며, 까마득한 과거에 잊혀져버린 계보의 새로운 시작일 뿐이라고 주장한다. 힌두교도들도 자신의 힌두교 선인들과 관련하여 같은 주장을 하고 있으며, 인도의 몇몇 기독교도들과 이런저런 위대한 선인들을 따르는 현대의 요기들도 그것을 확신한다.

아라한의 문제는 그 자체로서도 중요하지만, 밀라레파와 관련하

여 이 서론에서 어느 정도 고려해보면 좋을 것이다.

아라한은 '완전한 성인'이라든가 '깨달음을 성취한 사람'을 일컫는 말인데,[28] 덕망 높은 은자나 카귀파를 비롯한 그 외의 어떤 수행자도 반드시 아라한이어야 할 필요는 없으며, 사실 아라한과는 거리가 먼 보통의 생활인 같은 사람이어도 좋지만,[29] 다음과 같은 조건을 제시할 수는 있다. (1) 은자들은 티벳과 인도 같은 히말라야 인접 국가들에 살며 진위가 쉽게 입증된다. (2) 그들 대부분이 불교의 행법을 실천하며, 아라한의 길을 가려고 진지하게 노력하는 힌두 요기들도 마찬가지로 진실하다. (3) 믿을 만한 자료에 의하면 많은 수행자들 중에서 밀라레파와 같은 경지에 도달하거나 적어도 그 가까이에 이른 사람은 만분의 일도 안 되는 극소수이다.

티벳인들은 아라한의 길을 끝까지 나아가는 일이 과거의 어느 시대와 마찬가지로 이 시대에도 가능하다고 생각하며, 현재도 11세기에 밀라레파가 도달한 것과 같은 경지에 도달한 사람들 사이에서 살고 있는 사람들이 있다고 단언한다.[30] 아라한 아닌 사람이나 아라한을 믿지 못하는 사람은 증거 불충분을 이유로 그런 주장을 받아들일 필요가 없을지 모르지만, 어쨌든 믿는다면 그것은 글자 그대

---

28) 대승불교의 교리에 따르면 아라한은 보살의 길의 첫 단계를 성취한 사람이다. 탄트라 유파(밀라레파의 요가 수행은 대승불교와 탄트라가 뒤섞인 것이었다)에서 보면 아라한은 탄트라 비전의 네 번째 단계에 해당할 만큼 영적으로 진보한 사람이다.

29) "탐욕·분노·무지에서 벗어난 존재인 아라한은 12인연과 윤회계의 모든 족쇄로부터 자유로우며, 출가한 수행자나 비구(比丘)의 상태에서 아라한의 경지에 가장 자연스럽게 다가갈 수 있다. 보통의 생활인이 아라한의 경지에 도달하면 7일 이내에 출가하여 수도승이 되거나 반열반에 든다고 한다." — 쉬리 니산카.

30) "남방불교의 많은 학자들이 북방불교의 이런 견해를 인정하지 않고 있지만, 그것을 반박하는 내용 또한 팔리어 경전의 어디에도 없다." — 쉬리 니산카.

서론 73

로 진실일 수도 있다. 태양이 9천3백만 마일 거리에 있다는 사실이나 일반적으로 용인되고 있는 자연과학적 사실이 올바르다는 것을 자기 스스로 깨달아 아는 사람이 몇이나 되는가? 우리는 사회심리학의 영향과 근래에 생겨난 지적 성향에 의해 그런 사실들을 그냥 믿고 있을 뿐이다. 아라한에 대해 믿는 것은 그보다 좀더 어려운 일처럼 보이지만, 반드시 그렇지만은 않을 수도 있다. 어쩌면 우리가 무의식적으로 과학이나 물질적인 사실들만을 너무 믿게 되어 초물질적인 사실들에 대한 조상 대대로의 옛 믿음을 되살릴 수 없는 탓인지도 모른다.

아라한에 관한 티벳인들의 주장을 검토하면 할수록 필자는 이것이 가볍게 무시해버릴 일이 아님을 확신할 수 있었는데, 기독교도들이 대체로 그러하며 자신들 사이에서 실제 아라한의 실례를 보지 못했을 남방불교도들까지도 아라한 같은 존재는 어디에도 있을 수 없고 '이단적인' 북방불교도들이나 힌두교도들 사이에는 더욱 있을 수 없다고 단정해버리는 경향이 있다.

만일 산상수훈을 적용하고 팔정도(八正道)를 실천하는 일이 더 이상 불가능하다면 유럽인이나 남방불교도의 이런 회의적인 자세에는 어떤 타당한 이유가 있을 것이다.

필자는 다섯 해 이상에 걸친 티벳과 인도 연구의 결과들을 여기 기록하면서 단지 그것이 그럴 만한 가치가 있다고 결론지을 수 있을 뿐이다. 필자가 조사한 바로, 히말라야의 은자들 사이에는 (필자는 그들 중 몇 사람과 그들 생활환경에서 대화를 했었다.) 진정한 깨달음을 이룬 저 위대한 아라한처럼 집 없는 상태가 되어 목적을 달성한 성인들이 몇몇 존재한다고 생각할 만한 충분한 근거가 있다. 달리

말하면 아라한의 길은 지금도 열려 있는 것 같다는 이야기이다.

이런 깨우친 사람들은 무지와 윤회적 존재에 대한 갈망, 다시 태어나고 죽어야 할 필연성으로부터 해방된 존재이다. 깨달음을 이룬 뒤의 밀라레파에 대해 레충의 서문은 이렇게 말한다. "그는 거룩한 스승들보다 더 유리한 입장에 있었으니, 그들의 입에서 떨어지는 생명의 감로를 저장했고, 은거처의 평온한 고독 속에서 홀로 그것을 맛보았으며, 그리하여 무지의 고통으로부터 해방되었고, 〔그 결과〕 체험과 영감의 씨앗들이 내부에서 발아하여 완전히 꽃을 피웠다. …… 그는 모든 것이 이루 말할 수 없는 축복 속에 존재하는 완전한 해방의 나라에 도달했다."

동양의 신비가들에게 있어서, 아라한은 많은 생을 커다란 모험에 바친 후 완전한 경지에 이른 사람이다. 그는 여러 세대에 걸친 인간적 교화와 진보의 정수이며 그 사회의 진귀한 성과이고 인류를 보다 높은 정신문명에 연결하는 고리이다.

동양 신비가들의 견지에 따르면 보통 사람들은 정신적 성취의 사닥다리 꼭대기로부터 아직 먼 곳에 있으며, 플라톤이 말함직하듯이, 지상의 평지에서 올림푸스 꼭대기로 향하는 '신성한 길'을 열어주는 사람들이 적어도 각 세대마다 몇 명은 있어왔고 있어야 하며 또 미래에도 있을 것이다. 이처럼 좀더 멀리 진화하기 위한 신성한 길의 안내자가 없다면 아라한의 길은 통행 불가능한 길이 되고, 인류는 목적지에 도달할 수 없으며, 윤회계로부터의 탈출구는 모두 막혀버릴 것이다.

인도의 선각자들의 이런 견해가 옳다면, 윤회계에 거주하면서 그것을 통과해 자유를 얻고 아라한이나 그 이상의 존재가 된 이 세상

의 모든 지고한 스승들을 우리가 이해할 수 있게 된다. 그리고 그들이 우리의 참다운 동포이며, 그 길을 개척하고 다듬고 인도하는 안내자임을 알게 되는 것이다.

밀라레파를 따르는 이들의 진리 탐구를 위한 자세처럼 진리는 진리를 이해함으로써만 발견할 수 있으며, 이것은 그노시스적 어법을 빌면 지적인 추측에 의해서가 아닌 것이다. 그래서 오늘날 티벳이나 그 외의 어느 나라에 실제로 아라한이 존재하는가를 결론지으려면, 그것을 위한 올바른 방법은 밀라레파가 이 책에서 지시하듯이 스스로 아라한의 길을 탐사하는 길밖에 없다.

의심이 있더라도 그 문제를 검토하기 위해서는 이런 길의 가능성을 믿어야 한다. 이런 믿음이 없다면 의문은 절대로 풀릴 수 없으며, 질문자는 밀라레파가 말하듯이 '시간과 변화'에 계속해서 묶여 있을 수밖에 없는 것이다. 이런 실험을 통해 저런 결과를 얻으리라는 믿음이 없다면 과학자는 새로운 과학적 사실을 발견할 수 없다. 마찬가지로, 새 세상이 나를 기다리고 있다는 가정을 미리 세우지 않는 한, 밀라레파가 승리의 황홀한 기쁨 속에서 노래했던 그런 새 세상을 발견한다는 것은 기대조차 할 수 없다.

아직 많은 사람들이 이런 믿음을 갖고 있는 것은 다행한 일이다. 그들은 인류가 생물학적으로 그저 동물의 정점에 있을 뿐 최종 단계까지 진화한 것은 아니라고 생각한다. 모든 종파의 불교도들 못지않게 힌두교도와 자이나교도, 도교도, 기독교도, 이슬람의 수피들도 그 길을 가리키는 자기 나름의 스승을 갖고 있다.

11. 원본과 번역

《티벳 사자의 서》의 서론에서 그 일생을 간략히 설명한 고(故) 카지 다와삼둡 라마는 1902년 6월 22일에 《제쏜 카붐》을 영역하기 시작했고, 틈틈이 시간을 내어 — 그는 연로한 양친과 아내, 세 자녀를 혼자서 부양해야 했다 — 꾸준히 작업을 했으며 1917년 1월 29일에 완성했다.

그런 다음, 1920년 시킴(과거에 티벳의 일부였음)의 강톡 부근에 있는 마하라자 부티아 기숙학교 교장으로 재직하면서 티벳과 부탄, 시킴의 영국 정부 대변인이자 그 자신이 티벳어 학자였던 W. L. 캠벨 소령의 도움을 받아 출판을 위한 번역을 시작했다. 그 당시 편집자도 강톡에 기거하면서 라마와 함께 《티벳 사자의 서》와 다른 티벳 종교서적들을 위한 작업을 했으며 《제쏜 카붐》도 이때 어느 정도 진전을 보았다. 캘커타 대학의 티벳어 교수로 임용된 뒤 얼마 안 가서 1922년 3월에 라마의 때이른 서거로 제쏜의 전기를 출판하기 위한 준비는 미완성으로 남았다.

그 뒤 1924년 편집자가 다르질링에서 멀지 않은 칼림퐁에 있던 라마의 집을 방문했을 때 라마의 아들로부터 원래의 번역 원고를 입수하여 이듬해 가을에 옥스퍼드에서 그것을 편집하기 시작했다.

번역자는 항상 자신이 직접 출판을 지도하고 싶어했는데 그가 만일 살아서 그렇게 할 수 있었더라면 이 책에 있을지도 모르는 오류가 모두 제거되었을 것이다. 그렇다고 무기한으로 출판을 연기하기보다는 번역자의 원고를 충실히 따르면서 현재의 형태로라도 그것을 세상에 내놓는 것이 낫다고 편집자는 생각했다.

번역자는 가능한 한 영문법에 어긋나지 않도록 하면서 두 언어의 관용구가 허용하는 만큼 티벳어 원본의 어구에 가깝게 번역했으며, 부득이한 경우로서 입문 의례를 거친 라마들만이 이해할 수 있는 심원 난해한 형이상학적 어휘나 문구들은 글자 그대로 옮기기보다 그것의 진정한 의미가 전달될 수 있도록 어느 정도 의역했다고 스스로 밝혔다.

지금까지 밀라레파의 전기와 노래를 축약하거나 발췌한 것들이 유럽 여러 나라의 언어로 번역되었는데, 예를 들면 1914년에 인도 정부가 발간한 카지 다와삼둡 라마의 첫 번째 영역본은 티벳인들의 높은 능력을 검토하기 위해 사용된 것으로, 전기 중에서 우리 책의 제10장에 나오는 제쮠의 '고독한 명상 수행'에 해당한다. 1925년 여름에 자크 바코가 전기를 요약하여 프랑스어로 번역한 책이 나왔고, 현재 몽고어로 된 전기가 존재하며, 중국어로 된 전기도 있는 듯하다. 그러나 서양의 언어로 완전하게 번역된 것은 이 책이 처음이다.

바코 씨가 나에게 보낸 편지를 보면 일반적으로 받아들여지는 다소 표준화된 티벳어 원본이 있는 것 같은데, 인쇄한 승원에 따라 판본이 다르더라도 단지 철자상의 차이가 약간 있을 뿐이다. 맺음말 역시 출간을 위해 본문을 마무리한 사람에 따라서 다를 수도 있다. 캠벨 소령에게서 다와삼둡 라마의 영역 원고를 빌려본 바코 씨는 그것의 마지막 두 단원에서 티벳어 원본의 페이지 수가 자신이 프랑스어로 번역한 티벳어 원본과 다르다고 덧붙였는데, 그렇다면 이 책과 그의 책은 서로 다른 티벳어 판본을 근거로 했음이 분명하다.

이 책의 부록(429쪽 참조)을 보면 감포파도 제쮠의 전기를 썼다고

한다. 그러나 이 점에 대해서 우리는 아는 바가 없으며, 레충이 썼다고 하는 것 이외에 또 어떤 것들이 있는지도 알지 못한다. 바코 씨는 그의 서론에서 이런 문제들을 언급했는데 좀더 자세히 알고 싶은 독자는 그의 책을 참고하기 바란다.

편집자는 철학보다 인류학에 더 관심이 있으며, 표준화된 판본을 제작하는 데 목적이 있는 것도 아니고, 입수 가능한 모든 자료를 소개하는 데 적합하지도 않다. 그런 중요한 임무는 미래의 학자들 몫이며, 그들이 결국 정확한 티벳어 원본을 소개하여 이 책에 있을지도 모르는 오류가 속히 제거되기를 바라는 심정이다.

12. 티벳 문학에서 《제쭌 카붐》이 갖는 위상

티벳 국내에서 《제쭌 카붐》은 배우지 못한 일반인과 문학에 관여하는 지식인들 모두에게 존중받는 아주 탁월한 작품이다. 그에 대해 번역자는 다음과 같은 학술적 평가를 남겼고, 그래서 이 서론의 일부를 그것으로 장식할 수 있게 되었다.

"비록 8백여 년 전에 쓰여졌지만 처음부터 끝까지 아주 평이하고 단순한 문체로 되어 있어 글을 읽을 줄 아는 모든 티벳인이 쉽고 재미있게 읽을 수 있다. 게다가 이 책은 모든 티벳인과 티벳의 불교 종단이 존경하고 찬양하는 이상적인 수행자의 일생을 말하고 있으며, 그가 스코틀랜드 시인 번스[31]와 마찬가지로 모든 사람의 입에 오르내리는 노래를 지은 시인임을 생각하면, 이 밀라레파의 생애

---

31) Robert Burns, 1759~1796, 스코틀랜드의 민족시인. 영어의 스코틀랜드 방언으로 시와 시가(詩歌)를 썼으며, 정통 종교 및 도덕에 대한 반항과 연애로 유명하다.

담이 티벳에서 가장 인기 있고 유명한 책들 중 하나로 꼽히는 이유를 알 수 있을 것이다. 왜냐면 책을 쓸 줄 아는 사람들도 쓰여진 책을 읽을 줄만 아는 사람들과 마찬가지로 이 이야기에 감탄하기 때문이다

그러나 현대의 티벳 작가들은 복잡한 구상 기법을 동원하여 독자가 좀더 머리를 쓰게 만드는 현란한 작품을 선호하는 것처럼 보인다. 그들은 단순 솔직하게 독자의 마음을 파고드는 평이한 언어의 쉬운 이야기가 아니라 빈틈없는 문장과 많은 지식으로 독자를 압도하여 찬탄을 얻어내고 싶어한다.

이 전기는 불필요하게 복잡한 표현이 전혀 없지만 서술 기법이 아름다워서 그것의 단순 솔직함을 굳이 그대로 모방까지 하고 싶지는 않더라도 어쨌든 그런 점을 이해하는 사람들은 책의 진가를 알 수 있고 또 알게 된다. 운문체로 된 맺음말에서 저자가 말하는 것은 공연한 허풍이 아니라 거짓 없는 사실이다.

처음부터 끝까지 수사적인 문체로 아름답게 쓰여진 이 전기가 모든 학자와 문학 애호가들에게 기쁨의 향연이 되기를.

티벳어 원본을 보면 이런 기쁨의 향연이 분명한 사실로 드러난다. 단순하면서도 문학적인 아름다움을 지닌 원본은 외국의 티벳어 연구가가 자신의 실력을 향상시키기 위해 택할 수 있는 가장 좋은 책이다. 처음으로 티벳어 사전과 문법책을 썼던 헝가리의 티벳어 학자 알렉산더 초우마-데-쾨뢰스와 제쉬케, 그리고 사라트 찬드라 다스가 모두 자신들의 사전을 만드는 데 이 책을 기본 도서로 참고

했다. 그러나 그는 티벳어 공부 외에 또다른 이익을 발견하고 즐거워한다. 왜냐면 인도 성자들 중의 슈리 크리슈나라든가 유럽 성자들 중의 성 프란치스코를 알게 되듯이, 티벳의 위대한 성자 한 사람을 알게 되기 때문이다. 그는 책을 읽어나가면서 밀라레파를 사랑하고 찬탄하게 될 수도 있다. 또한 이 성자의 삶을 이해하면서, 미국이나 영국에 관해 외국인들이 쓴 책을 읽을 때보다 더한 친근감을 티벳인들의 삶과 종교와 풍습에 대해 느끼게 될지도 모른다.

어쨌든 나는 이 책을 번역하면서 그런 점들을 생각했다. 나는 실존했던 우리의 위대한 스승들 중 한 사람을 문명화된 서양인들에게 소개하고자 한다. 그의 전기 속에서 많은 부분이 그 자신의 입으로 직접 말한 것이고, 나머지 부분은 살아생전에 그를 실제로 알았던 그의 제자 레충이 전한 것이다."

13. 인류의 영웅들 중 한 사람인 밀라레파

티벳 불교에 많은 종파가 있지만 밀라레파를 최고로 평가하고 존중한다는 점에서는 모든 티벳인들이 똑같다. 그는 위대한 성인의 덕목을 모두 갖추었으며, 그런 점에서 밀라레파는 어떤 종파에도 속하지 않는다고 말할 수 있다.

아시아의 소크라테스라고 할 수 있는 밀라레파는 세상의 지성 편중주의와 그것의 목적을 무가치하게 생각했다. 그가 가장 원했던 것은 삶의 가치들을 깨달음의 저울로 판단할 수 있기 위한 내관(內觀)과, 자기성찰에 의한 진리 체득이었다. 그는 역사상 가장 위대한 수행자였던 고타마 붓다를 포함한 모든 인도 수행자들의 가르침을 실

습했고, 그 결과를 구체적으로 입증했다. 이 전기에 기록된 제쮠의 가르침과 다른 위대한 스승들의 가르침 사이에 얼마나 많은 유사점이 있을지는 그것을 산상수훈과 비교함으로써 알 수 있을 것이다.

공자(孔子)와 같은 황색 인종의 한 사람인 밀라레파는 천재가 민족이나 국적, 교리 따위에 구애받지 않는 범인간적 존재임을 알린 또 하나의 사례일 뿐이다.

모든 인간이 이런 자연 법칙을 이해하는 데 이 책이 도움이 되기를, 그리고 우리의 위대한 영웅을 기리는 또 하나의 작은 기록이기를, 또 나아가 번역자 고(故) 카지 다와삼둡 라마의 유산으로서 미래의 세대들에게도 전해지기를 바란다.

평 온

몸과 말과 마음이 평온한 수행자여,
이 세상의 모든 욕망을 버린 사람은
어떤 점에서나 차분하여
'평온' 이라 불리네.

그 수행자는 완전한 환희와 기쁨에 넘치고
깨달은 자의 가르침을 견실히 따르면서
무조건의 지복에 도달하여
평화의 상태에 이르네.

— 법구경[1]

---

1) *Dhammapada* vv. 377, 380 (F. L. Woodward's Translation.)

◉ 승리의 깃발 ◉
(88/6, 153, 367쪽의 설명 참조)

◉ 티벳 요기 밀라레파 ◉
(설명은 도판해설 참조)

❖── 레충의 서문

스승께 절하나이다!

티벳의 눈 덮인 고원에 살았던 한 위대한 수행자의 생애를 나는 〔여기에〕 전하고 싶다. 어린 시절부터 그는 세속적인 삶의 모든 것이 덧없고 모든 존재가 고통과 비참에 빠져 있음을 깊이 느꼈던 사람이다. 그에게 있어서 삶이란 모든 생물을 뜨겁게 달구는 거대한 용광로 같은 것이었다. 슬픔 가득한 그의 눈에는 브라마와 인드라 같은 천상의 신들이 누리는 행복까지도 하찮게 보였으니, 지상의 왕들이 누리는 세속적인 행복은 말할 필요도 없었다.

한편 그는 열반에 들어 누리는 완전한 자유와 전지(全知) ― 그 것을 설명한 글이 보여주는 순수 청정한 아름다움에 깊이 매료되었고, 그 가슴은 굳건한 신념과 예리한 지성과 모든 것을 향한 연민으로 넘쳤으니, 설사 그 길을 나아가다가 목숨을 잃게 된다 하더라도 좋았다.

그는 거룩한 스승들보다 더 유리한 입장에 있었으니, 그들의 입에서 떨어지는 생명의 감로를 저장했고, 은거처의 평화로운 고독속에서 홀로 그것을 맛보았으며, 그리하여 무지의 고통에서 해방되

었고, 〔그 결과〕 내부에서 체험과 영감의 씨앗들이 발아하여 완전히 꽃을 피웠다.

그는 세속적 행복과 안락과 명예에 대한 관심을 모두 버리고, 미래의 수행자들을 세속성과 나태에서 구하여 출세간의 도(道)[1]로 이끌기 위한 계기를 마련하고자, 그들에게 길잡이가 되어줄 영적인 진화의 깃발을 높이 세우겠다는 한 가지 목표에 모든 것을 바친 사람이었다.

그는 남녀 천인(天人)들의 사랑을 받으면서 장애를 극복했고, 영적인 진실들에서 뛰어났으며, 신앙심을 제2의 천성으로 삼아 지식과 체험의 무한한 깊이에 도달한 사람이었다.

그는 직계 스승들[2]에 대한 깊은 존경과 믿음으로 그들의 은덕과 정신적 가호 아래 영적인 진리를 공표할 후계자로 지목되었으며, 초월적 능력과 남다른 본성과 분명한 취지를 드러내 보인 사람이었다.

그는 진지하고 열렬한 이타심으로 속되고 부정한 냉소자와 불신자들까지도 감화할 수 있었으니, 황홀감에 온몸의 털이 곤두서고 눈물이 쏟아지게 함으로써 그들에게 구원과 각성의 씨앗을 심었고, 그의 이름과 생애담을 듣기만 해도 그것이 가슴에서 발아하게 만든 사람이었다. 그리하여 우울한 세상의 고통과 공포에서 그들을 교화

---

1) '출세간의 도(道)'는 열반으로 인도하는 '포기의 길(Skt. Nivṛitti-Mārga)'이고, 붓다의 팔정도(八正道)이며, 속세에 집착하는 것은 '향락의 길(Skt. Pravṛitti-Mārga)'이다.
2) 직계 스승들이란 어떤 유파의 법을 계승하는 사람들이며, 밀라레파는 카귀파 법맥의 네 번째 스승이다. 법의 계승이 중요함은 바라문에서도 천상의 스승과 성취자와 인간이라는 세 가지 스승의 형태로 인정하고 있으며, 핵심 밀법(密法)은 책 아닌 구전(口傳 ; Skt. Pāramparya-krama)을 통해 스승에게서 제자에게로 직접 전해진다.

하고 구원하며 보호할 수 있었다.

밀교과학에 통달한 그는 다키니[3]들에 의해 지복 가득한 사선정(四禪定)의 네 단계[4]를 체험함으로써 자신의 진화 행로를 더욱 멀리 나아간 사람이었다.

그는 자신에게서 〔환영과 업(業)의〕 두 그림자[5]를 제거하고 영의 세계를 높이 날아 모든 교의가 하나로 녹아드는 경지에 도달한 사람이었다.

초월적 능력과 미덕을 갖추고 전지(全知)와 대자비와 열렬한 사랑을 달성한 그는 자신의 가능성을 일깨워 부처가 되었고, 다양한 종파나 교리들 사이의 의견대립과 논쟁 위로 승리의 깃발[6] 꼭대기를 장식하는 보석처럼 높이 솟은 사람이었다.

그는 비길 데 없는 금강승의 길[7]을 선택하여 꾸준히 노력한 결과

---

3) Skt. Ḍākinī (Tib. Mkah-' gro-ma / 발음=카도마). 다키니는 자기들만의 특수한 초능력을 지닌 요정 같은 존재로서 여러 등급이 있다. 그들은 힌두교와 불교 탄트라의 의례를 통해 소환된다. 이 책의 다른 곳에서 다키니는 천녀(天女)로 번역되었다.

4) 번역자는 이 네 단계를 다음과 같이 옮겼다. ① 분석(Skt. Vitarka), ② 숙고(Skt. Vichāra), ③ 묘락(Skt. Prīti), ④ 지복(Skt. Sukha). 이들은 완전한 정신집중으로 황홀한 깨달음을 야기하는 점진적인 4가지 의식상태이다.

5) 환영(Skt. Māyā ; Tib. Sgyūma / 발음=규마)은 이승과 지옥과 천국의 현상들이 사실이고, 에고(윤회하는 현상계를 무수 겁 동안 겪으면서 만들어진 업의 집괴) 역시 사실이라고 하는 범인간적 믿음이다. 이 환영은 실재(實在)를 가리는 이중의 그림자이니, 윤회계를 초월한 실재(實在)는 지상의 삶에 전념하는 동안이나 사후의 낙원에 거주하는 동안에는 인식되지 않는다. 그것은 셈족의 유대교나 기독교, 이슬람교가 말하는 천국에서도 마찬가지다. 천국 역시 현상과 출현, 개성, 감각, 사물의 영역이다. 열반은 자연계 너머, 현상계 너머이다. 그것은 이루어지지 않고 태어나지 않고 만들어지지 않고 형태를 갖지 않는 오직 '하나의 실재'이다.

6) 이것은 '팔길상인(八吉祥印)'이라 불리는 북방불교의 상징들 중 하나이다. 그들 여덟은 다음과 같다. ① 황금 물고기, ② 천개(天蓋), ③ 승리의 소라고둥 나팔, ④ 행운의 도식, ⑤ 승리의 깃발, ⑥ 꽃병, ⑦ 연꽃, ⑧ 법륜(法輪). 승리의 깃발(Skt. Dhvaja ; Tib. Rgyal-mts' an)은 윤회계의 정복, 또는 완전한 깨달음의 성취, 즉 열반을 상징한다.

체험과 지식의 최고봉에 도달한 사람이었다.

뛰어난 공덕으로 이름 높은 그는 남녀 천인들의 칭송을 받으면서 나부끼는 명망의 깃발과 울려퍼지는 찬탄의 가락으로 시방세계[8]를 가득 채운 사람이었다.

그의 몸은 발끝으로 내려가는 지복감과 정수리로 올라가는 지복 감이 머리에서 만나 달의 감로가 되어 흘렀으며, 그것이 세 개의 기도(氣道)를 흘러내려 심령중추들의 응어리를 푼 뒤 마침내 미세한 기도들로까지 흘러들어가 그들 모두를 수많은 중앙 기도로 바꾸었다.[9]

이리하여 그는 십이부경(十二部經)과 사대부경(四大部經)에 담긴 의미와 개념들을 거침없이 설명할 수 있었고, 그것을 운문체의

---

7) 금강승(Skt. Vajra-yāna)의 길은 카귀파들이 알고 있듯이 신비주의의 길이다.

8) 동·서·남·북과 그 사이 사이 및 위와 아래.

9) 이 문장은 인체의 기도(氣道 ; Skt. nāḍī)와 심령중추(Skt. chakra)들이 정화되는 과정을 나타내며, 쿤달리니 요가에서 자세히 언급된다. 척추(Skt. Brahma-daṇḍa)의 공동 속에 위치한 중앙 기도(Skt. suṣhumṇā-nāḍī)에 기(氣 ; Skt. prāṇa)를 저장하는 심령중추들이 연결되어 있으니, 심신의 모든 작용은 근본적으로 그들에 의존한다. 중앙 기도의 맨 아래 회음부에 위치하면서 쿤달리니 여신으로 신격화되는 불가사의한 힘을 소장한 첫 번째 중추(Skt. Mūlādhāra-chakra)에서부터 이 심령중추들이 열리거나 깨어나면 요기는 깨달음을 체험한다. 쿤달리니는 첫 번째 중추를 연 뒤 중앙 기도를 타고 올라가 성(性) 기능과 관련된 두 번째 중추(Skt. Svādiṣhṭhāna-chakra)를 일깨운다. 그런 다음 차례로 세 번째 배꼽 중추(Skt. Maṇipūra-chakra), 네 번째 심장 중추(Skt. Anāhata-chakra), 다섯 번째 목 중추(Vishuddha-chakra), 여섯 번째 양 눈썹 사이에 위치한 제3의 눈(Skt. Ājñā-chakra)까지 올라간 뒤, 매직 튜브 속의 수은처럼 천 개의 꽃잎이 달린 연꽃(Skt. Sahasrāra-Padma)이라 불리는 지고의(일곱 번째) 뇌 중추에 도달한다. 여기서 미묘한 변화가 일어나는데 이렇게 변환된 성 에너지인 달의 감로는 몸과 마음의 전능(全能)을 선사한다. 깨달음에서 오는 지복감이 발끝까지 심령체의 모든 부분으로 흘러가고 모든 심령중추가 열려 기능을 발휘하기 시작하며, 개화되지 못하고 있던 가장 미세한 기도들까지도 밀라레파가 항상 음미했던 것 같은 황홀한 상태에서 중앙 기도와 같아진다.

시가(詩歌)로 만들어 금강승의 의례에서 불리게 만든 사람이다.

그는 자신의 모든 생각과 개념을 근본 원인에 동화시켜 이원성의 환영을 제거한 사람이었다.[10]

그는 마음과 지성의 법칙에 통달하여 마치 책을 읽듯이 외부 현상들을 읽은 사람이었다.

무한한 은덕과 지혜와 힘을 부여받은 그는 말 못하는 짐승들까지도 설법으로 진화시키거나 해방시킬 수 있었다.

세속법과 관례, 감언에 따를 필요가 없었던 그는 말없이 정중하게 품위를 유지하는 동안에도 이성을 지닌 모든 존재들[천인과 인간들]에게 깊은 존경을 받았다.

아무도 가지 못한 길을 가면서 근면하고 꾸준하게 명상했던 그는 비슷하게 축복받은 당시의 다른 모든 위대한 요기나 보살들[11]보다 뛰어났으며 그들에게도 존경의 대상이 되었다.

그는 완전한 확신을 갖고 깊은 곳에서 우레처럼 울리는 사자의 음성으로 에고[12]가 환영이라는 진리를 선포함으로써 악하고 이기적인 성향의 생물들을 떨게 하여 복종시켰으며, 굴레 없는 사자가 산맥들을 자유롭게 누비듯이 구심점 없는 무한한 하늘 공간을 자유롭게 즐겼다.

---

10) '근본 원인'은 근원적인 마음이고 하나로 존재하는 통일성이다. 모든 반대되는 한 쌍은 세속적인 마음의 개념일 뿐이며, '윤회와 열반'처럼 궁극적으로 반대되는 한 쌍들도 초월적인 깨달음의 경지에서 보면 하나로 녹아들고, 이원성은 환영임을 알게 된다.

11) 위대한 요기(성자)는 밀교 과학에 통달한 사람이다. 보살은 깨달음의 길을 멀리 나아가서 붓다가 되도록 예정되어 있는 사람이며, 아직 깨닫지 못한 존재들에게 깨달음의 방법을 가르치는 사람이다.

12) p.93/20 참조.

다양한 정신 상태와 내적인 능력을 완전히 다스릴 수 있었던 그는 외부 원소들로부터의 모든 위험을 극복하고 오히려 그들을 이용했다.

마음의 영적인 특성을 다스리는 초능력을 획득한 그는 그것을 입증하기 위해 하늘을 가로질러 날고 〔공중부양으로 들어올려져〕 허공에서 걷거나 쉬거나 잠을 잘 수 있었다.

또한 자신의 몸에서 불길을 만들어내거나 물이 흘러나오게 하고, 자신의 몸을 원하는 물체로 바꿀 수 있었으니, 그것을 본 불신자들도 믿음을 갖고 진리의 길로 나아가게 되었다.

네 단계의 명상[13] 실습에 완벽했던 그는 자신의 미세신(微細身)을 사출하여 남녀 천인들이 영적인 회합을 위해 구름처럼 모이는 이십사성지(二十四聖地)[14] 모두에 그곳을 주재하는 요기로 나타날 수 있었다.

마음의 불멸성[15]을 알고 두려움이 없었던 그는 천인들과 여덟 가지 자연 원소의 영들을 다스려, 그들이 사무량심(四無量心)[16]으로 가득차서 자신의 명령을 즉시 수행하게 만들 수 있었다.

그는 뛰어난 설계사로서 모든 형태와 물질이 유래하는 마음의 공

---

13) p.88/4에서 말한 선(禪)의 4단계.

14) 이것은 힌두교에도 알려진 24곳의 순례지(p.242)이다. 여기에 이따금 인도의 큰 화장 터 8곳도 첨가되는데, 다른 곳 아닌 이들 중 한 곳에서 시체를 화장하면 좀더 큰 정신적 해방과 좀더 나은 재탄생을 얻는다고 한다. 이들을 합하면 32순례지(p.204)가 되며, 이들에서는 자력(磁力)과 같은 것이 방출되어 정신적 진화를 촉진하고 좀더 깊은 믿음에 의해 그곳에 존재하는 자연령들과 구체적으로 교감하게 만든다고 믿어진다. 위대한 요기들은 미세신(微細身)으로 지상의 이런 성소(聖所) ― 인체의 심령 신경중추에 해당한다 ― 를 순시하면서 신성한 집회를 주재하거나 거기에 참여한다고 한다.

성(空性)[17]을 설하는 데 정통해 있었다.

그는 의술에 능통하여 오지(五智)[18]의 영약을 투여함으로써 〔깨닫지 못한〕 마음의 만성병을 훌륭히 치유했다.

그는 내부와 외부의 원소들이 지닌 소리 하나하나가 청취 가능함을 알고, 그것들의 좋거나 나쁜 의미를 훌륭히 해석했다.[19]

그는 자신의 마음 상태를 불변하는 무아(無我)[20]의 차원에 맞춘 훌륭한 수학자였으며, 가장 깊은 비밀과 타인의 마음의 가장 깊은 곳을 모두 분명히 파악했다.

그는 물질세계와 정신세계의 모든 가시적 현상의 시작과 끝이 마음임을 논쟁 없이 입증한, 정신과학의 뛰어난 교사였으니, 마음의 빛이 가로막히지 않을 때 그 자체의 힘을 통해 '세 가지 보편적 신격'[21]으로 표현됨을 알고 있었다.

---

15) 이것은 부처의 마음 상태만이 실재라고 하는 대승 교리와 관련된다. 그런 마음은 윤회하는 현상계의 환영에 잠긴 세속적이고 덧없는 마음을 넘어선 곳에 존재한다. 초세속적인 그 마음은 (환영의 산물인) 자연계와 (현상계 우주인) 윤회계를 초월하기 때문에 바뀌거나 부서지지 않으며, 불변이고 불멸이다.

16) 이것은 보살의 마음인 자(慈 ; Skt. Maitreya), 비(悲 ; Skt. Karuṇā), 희(喜 ; Skt. Muditā), 사(捨 ; Skt. Upekṣhā)를 가리킨다.

17) 여기서 마음은 공성(空性 ; Skt. Shūnyatā ; Tib. Tong-pa-nyid)으로 설파되는데, 그것은 아무것도 없는 공(空)이 아니라 창조되지 않고 형성되지 않으며 현상학적이거나 윤회계적인 체험의 언어로 설명할 수 없는 근본적인 공(空)이다. 창조되지 않았으니 유한한 세계나 마음이 아는 어떤 특성도 거기에 부여될 수 없다. 그것은 법계(法界 ; Skt. Dharma-Dhātu)이고 '진리의 종자'이며 현상계 우주인 윤회계의 근원이다. 법신(法身 ; Skt. Dharma-Kāya)과 마찬가지로 그것은 무특성이다. 그것은 '존재의 표준'인 '통성(通性) 원리'이며 유한한 모든 것의 근원이다.

18) 다섯 선정불 중 첫 번째인 비로자나불의 법계체성지(法界體性智), 두 번째 아촉불의 대원경지(大圓鏡智), 세 번째 보생불의 평등성지(平等性智), 네 번째 아미타불의 묘관찰지(妙觀察智), 다섯 번째 불공성취불의 성소작지(成所作智)를 가리킨다. 다섯 선정불을 통과하여 법신 안에서 완전한 깨달음과 열반에 이르게 되니, 욕망의 불꽃이 소멸함으로써 죽음과 재탄생의 굴레에서 해방되는 길이 그것이다.

그는 초월적 지식과 능력의 달인으로서 수많은 불국토를 출입할 수 있었고, 모든 업장을 소멸시키는 〔무비(無比)의 헌신〕 공덕에 의해 일체의 불보살들과 만나 즐거운 대화를 나누었으며, 그처럼 방문하고 체류함으로써 천상의 세계들을 정화했다.

그는 여러 상황에서 육도(六道)[22]의 중생들 앞에 그들의 업장과 조화를 이룬 적절한 모습으로 나타나, 청중의 지적인 역량과 분위기에 맞춰 영적인 진실을 가르쳤으니, 비유와 은유로 표현된 그런 진실들은 승리자들[23]의 지혜와 완전히 일치했으며 그런 가르침을

---

19) 이 문장은 밀라레파가 물리학의 진동 법칙에 기반을 두고 만트라의 과학 내지 '힘의 언어'에 숙달되어 있었음을 나타낸다. 진언승(眞言乘)의 교의에 따르면 자연계의 모든 원소와 사물들을 비롯하여 유기체와 인간 이하의 존재, 인간, 초인, 최상급의 천인(天人)들에 이르기까지 ― 모두가 윤회하는 존재이므로 자연법에 묶여 있어서 ― 제각각 고유의 진동을 갖는다. 이것을 알고 만트라의 소리로 구체화시켜 깨달은 요기가 교묘하게 이용하면 그 소리를 바탕음으로 갖거나 거기에 공명하는 원소 및 사물을 해체할 수도 있다. 또는 자연력이나 하급 신들을 소환할 때라든가 고급 신들에게 좋은 영향력을 기원할 때도 사용할 수 있다. 《티벳 사자의 서》 354쪽에 관세음보살의 만트라인 '옴마니반메훔'이라는 여섯 글자의 소리와 관련하여 다음 문장이 있다.
"존재의 근원으로부터 자연스런 소리가 천 개의 천둥처럼 울려나올 때 / 그것들이 여섯 글자의 소리로 변하게 하소서."

20) 불교의 관점에서 보면 변함없이 영속하는 개인적 자아나 에고가 있다고 하는 이론은 잘못된 것이다. '실재'는 개별화된 자기의식과는 공존 불가능한 무차별의 초세속적 의식이라는 뜻을 내포한다. 초세속적 의식은 '전체의식'이며, 혼에 관한 가설 같은 것에서 말하는 '유한한 의식'은 그것에 비하면 아주 열등하다. 영혼 불멸설을 믿는 교회회의 기독교와 형이상학적인 불교는 이런 점에서 근본적으로 다르다.

21) 자연계(윤회계)의 근원은 유일한 실재로서의 초세속적인 마음이며, 자연계 그 자체로 진실이 아니고 모두가 현상적이다. 마음의 빛이 사람을 지배하도록 허용되면 세속적인 마음은 다음의 세 가지 측면 내지 징후를 갖는 초세속적인 마음으로 바뀐다. ① '신성한 진리의 몸'인 법신(法身 ; Skt. Dharma-Kāya), ② 법신의 첫 번째 발현으로서 '완전한 자질의 신성한 몸'인 보신(報身 ; Skt. Sambhoga-Kāya), ③ 법신의 두 번째 발현으로서 '신성한 육신'인 응신(應身 ; Skt. Nirmāṇa-Kāya). 여기서 첫 번째는 열반에 든 모든 붓다들의 몸이고, 두 번째는 천상에 존재하는 모든 보살들의 몸이며, 세 번째는 지상에 태어난 모든 위대한 스승들의 몸이다.

통해 그들의 해탈을 촉진했다.

그는 편재(遍在)하는 지금강불(持金剛佛)[24]의 특성인 오성지(五聖智)[25]와 사정근(四正勤)[26]을 한 생애 동안에 획득한 사람이었다.

그는 헤아릴 수 없이 많은 유정(有情)에게 자비와 은총을 베풀고, 계속해서 진리의 바퀴를 굴려 표현할 수 없는 슬픔과 윤회[27]의 고통으로부터 그들을 구원한 사람이었다.

그는 언설 불가능한 지복 속에 존재하는 크나큰 해방의 도시[28]에 이르렀으며, 동시에 네 가지 불멸의 원리를 획득하고 발현시킨 사람이었다.

모든 위대한 존재들 중에서 가장 밝게 빛났던 위대한 존재, 행적

이런 맥락에서 볼 때 '보편적인 신성'은 인격을 갖는 셈족의 최고신과 같은 것이 아니라, 만들어지지 않고 형태를 갖지 않는 무특성의 공(空)에서 생겨난, 인간이 윤회에서 벗어날 수 있게 만드는, 모든 초세속적인 힘의 상징적 신격화라고 해야 할 것이다. 그 안에 모든 시대의 모든 위인들과 완전히 깨달은 자들, 붓다들, 인류의 구원자들이 설명할 수 없는 통일체로 포함되어 있다. 유한한 인간의 마음의 어떤 개념도 거기에 적용될 수 없으며, 오직 '인식'을 통해서만 그것을 이해할 수 있다. 이것이 밀라레파의 유파와 고급 라마교의 모든 비밀불교의 가르침이며, 거기에 입문하지 않은 유럽인들은 그것을 거의 알지 못하고, 그에 대해 많은 것을 독단적으로 이야기한다.

22) 윤회하는 존재들의 세계인 육도(六道)는 천(天 ; Skt. Deva), 아수라(Skt. Asura), 인간, 축생(畜生), 아귀(餓鬼 ; Skt. Preta), 지옥(地獄)이다.

23) 죽음과 재탄생의 굴레, 또는 윤회를 정복한 붓다들을 가리킨다.

24) Tib. Rdo-rje-ch'ang(발음=도제창) ; Skt. Vajra-Dhara. '파괴할 수 없는(변치 않는) 신비한 힘의 소유자'를 의미하는 지금강(持金剛)은 선정불 아촉으로부터 유출한 두 보살 중 하나이고, 다른 하나는 금강살타(Skt. Vajra-Sattva)이다. 지금강은 티벳 국교인 게룩파 종의 본초불(本初佛 ; Skt. Ādi-Buddha)이며, 구파인 닝마파 종에서는 보현(普賢 ; Skt. Samanta-Bhadra)이 본초불이다.

25) p.92/18에 설명한 다섯 선정불의 오지(五智).

26) 열반으로 나아가기 위하여 수행함에 37류(類)가 있는데 그 중 4념처(念處) 다음에 닦는 4가지 법, 이미 생긴 악은 영원히 끊어버리고〔已生惡令永斷〕, 아직 생기지 않은 악은 생기지 않게 하며〔未生惡令不生〕, 이미 생긴 선은 더욱 자라게 하고〔已生善令增長〕, 아직 생기지 않은 선은 생기게 한다〔未生善令生〕.

과 명성이 해와 달 그 자체처럼 빛났던 영광의 제쒼 밀라자파도제[29)는 그러하였다.

그가 자신이 만난 사람들에게 베푼 초상적(超常的) 은덕의 고유한 가치는 설명할 수 없고 한정할 수도 없지만 간단하게나마 그의 여러 가지 행적을 읊어보았다. 이 전기는 두 부분으로 나뉘는데, 앞부분은 그의 세속생활 이력을, 뒷부분은 수행 초기부터 열반에 이를 때까지의 그의 신앙생활 이력을 다루었다.

본문을 시작하면서 우선 성(姓)인 밀라와 그것의 유래, 그의 조상, 그의 출생 배경 등을 중심으로 한 내용을 자세히 기술한 뒤, 어린 시절에 아버지를 잃고 적으로 변한 친척들에게 전 재산을 빼앗겨 유족이 커다란 곤경에 처한 사연과, 그것이 밀라레파의 가슴에 삶의 비애를 영원히 각인시키게 된 내력을 이야기한다. 그런 다음 그가 어머니의 분부에 따라 흑마술을 배워서 적들을 죽이게 된 사건을 이야기할 것이다.

이 세 가지 중에서, 이제부터 그의 출생과 혈통에 관한 첫 번째 이야기를 시작한다.

---

27) 죽음과 재탄생의 굴레인 윤회는 인간이 '자연계의 순환'에 예속되어 있는 상태이다.

28) 이것은 티벳인들에게 '슬픔 없는 상태'(Tib. Mya-ńan-med)로 알려진 열반이다.

29) 이것은 일반명인 제쒼-밀라레파(Jetsün-Milarepa)와 수계명(p.204 참조)인 페-자파-도제(Pal-Zhadpa-Dorje)를 줄여서 배합한 이름이다.

【제1부】
어둠의 길[1]

ཀ་ཤ་འདིར་ཏ་ག་བ་ཐ་ ད་ ར་ཐ་ལ་ར་ཤི་འདི་ག་ཤ་འདིར་ཏ་ག་བ་ ད་ ར་ཐ་ལ་ར་ཤི་

---

1) 각 부(部)와 각 장(章)의 제목 및 각 장의 대의는 전체 내용을 좀더 분명히 하기 위해 편
  집자가 끼워넣은 것이다. 티벳어 원본에는 그것들이 '암시'되어 있을 뿐이다.

❖── 제1장 ──❖

혈통과 탄생

이 전기를 쓰게 만든 레충의 꿈 / 밀라레파의 조상과 탄생

한때 나는 이와같이 들었다. 무상 금강승 유파[1] 요기들 중의 보석과 같은 존재인 제쒼밀라자파도제Jetsün-Mila-Zhadpa-Dorje는 현재 가장 신성한 순례지가 되어 있는 냐남[2]의 위(胃) 모양 동굴 속에서 살았다. 그곳에는 레충도제탁파, 시와외레파, 겐종레파, 세벤레파, 키라레파, 디곰레파, 렌곰레파, 상예캅레파, 쒠곰레파, 담파갸푸파, 튐파샤캬구나[3] 같은 빛나는 위인들이 있었다. 이들은 모두 그의 수제자로서 요가에 숙달하여 마음의 평온을 달성한 자들이었으며, 여기에는 또한 레세붐Lesay-Būm과 쒠도모Shen-dormo라는 여성 신참자를 필두로 한 많은 남녀 평신도들이 있었다. 또한 나중에 뛰

---

1) 무상 [탄트라] 금강도(道)의 유파. 이것은 대승불교의 밀교 종파 중 하나로서, '무상 유가(無上瑜伽 ; Anuttara-yoga) 탄트라'로 불리는 두 가지 고급 탄트라의 하나에 기반을 두고 있다. 또 하나의 고급 탄트라는 '유가 탄트라'이니, 밀라레파는 이 두 탄트라를 실천한 스승이었다.

2) Nyanam. 네팔에 가까운 티벳의 마을로, 카트만두 북동쪽 50마일 지점에 지금도 존재하며, 남동쪽으로 비슷한 거리에 제쒼의 출생지 캬가싸(Kyanga-Tsa)가 있고 그 부근에 현대의 키롱(Kirong)이 있다(p.112/28 참조). 제쒼은 냐남의 위(胃) 모양 동굴 안에서 이 책의 주요 내용을 이야기했다(344쪽 참조).

98 티벳의 위대한 요기 밀라레파

어난 요기 및 요기니들과 함께 천상으로 올라간 불사(不死)의 고급 요정 다섯이 있었고, 높은 경지에 이른 인간과 초인들도 있었으니,[4] 이런 모임의 한가운데서 제쒼은 대승불교의 가르침을 펼쳤다.

어느 날 밤 레충은 자신의 작은 방에 앉아 명상하다가 다음과 같은 꿈을 꾸었다.

"나는 남녀 천인들이 산다고 하는 우르겐Urgyan의 서쪽 영토를 걷고 있던 중이었다. 이 나라는 아주 아름답고 쾌적했으며 가옥과 저택들은 금은보옥으로 지어져 있었다. 수도를 통과하면서 보니 주민들은 비단옷을 걸치고 보석과 귀금속과 뼈 장신구를 걸쳤으며, 그들 한 사람 한 사람이 모두 아름다웠다. 아무도 내게 말을 걸지는 않았지만 모든 사람이 웃는 얼굴과 동조하는 눈빛으로 나를 바라보았다.

그들 중에 내가 네팔에 있을 때 알았던 한 여인이 있었다. 당시 그녀는 나의 아주머니뻘쯤 되는 나이로서, 내 스승들 중 한 사람인 티푸파Tiphupa의 제자였었다. 붉은색 옷차림의 그녀는 모임을 주관하다가 나를 보고 다가와 인사말을 건넸다. '와줘서 정말 기뻐

---

3) 이 이름들은 각각 다음과 같은 뜻이다. ① Rechung-Dorje-Tagpa 금강저 같은 작은 덮개, ② Shiwa-Wöd-Repa 평화의 빛 레파, ③ Ngan-Dzong-Repa 겐종의 레파, ④ Saban-Repa 세벤의 레파, ⑤ Khyira-Repa 사냥꾼 레파, ⑥ Bri-Gom-Repa '디'의 은자 레파, ⑦ Lan-Gom-Repa '렌'의 은자 레파, ⑧ Sangyay-Kyap-Repa 부처의 보호를 받는 레파, ⑨ Shan-Gom-Repa 쉔의 은자 레파, ⑩ Dampa-Gya-Phūpaū 큰 숨의 성자, ⑪ Tönpa-Shākya-Guna 샤카구나 선생. (Cf. J. Bacot, *Le Poète Tibétain Milarêpa*, Paris, 1925, p.34.) 이들 중 여덟 명의 이름에 붙은 티벳어의 Repa(Tib. Ras-pa ; 무명천을 걸친 자)는 그들이 밀라레파와 마찬가지로 흰 무명옷을 걸치고 그를 따랐음을 암시한다. 그들은 호흡을 다스리는 특수한 요가행법에 의해 '생명열'을 발생시켜서 한기와 열기를 견디었고, 따라서 히말라야 고지대의 혹심한 겨울에도 다른 옷을 걸칠 필요가 없었다.
4) 부록에 좀더 많은 제자들의 이름이 있다.

제1장 | 혈통과 탄생 99

요.' 그녀는 보석들이 박힌 호화로운 저택으로 나를 데려가서 진수성찬을 대접한 뒤에 말했다. '지금 아축불[5]께서 우르겐 국토의 법을 설하고 계세요. 그분의 설법을 듣고 싶으시다면 내가 가서 허락을 받아드릴게요.' 나는 아축불의 설법을 갈망하고 있었으므로 이렇게 대답했다. '정말 고맙습니다.'

나는 그녀와 함께 도시의 중앙부로 갔고, 거기서 귀금속과 보석으로 만든 훌륭한 옥좌에 앉으신 아축불을 보았다. 그는 내가 명상하면서 그리곤 했던 것보다 훨씬 더 아름답고 장엄한 모습이었다. 그는 많은 사람들에게 법을 설하고 있었는데, 청중의 수효가 어찌나 많은지 마치 바다를 보는 듯했고, 이런 모습들을 보면서 나는 너무나 황홀해져서 금방 기절해버릴 것만 같았다. '잠깐 여기 있어요. 내가 허락을 받아올 테니.' 그녀가 말하고 내 곁을 떠났다가 이내 돌아와서 나를 그분 앞으로 데려갔으며, 나는 절을 올리고 축복을 받은 뒤 설법을 들으려고 바닥에 앉았다. 그 거룩한 분은 잠시 동안 웃음 띤 온화한 얼굴과 끝없는 자비가 담긴 표정으로 나를 응시했다.

그가 설하는 내용은 과거 여러 불보살들의 계보와 탄생, 행적, 그에 따른 부수적 사건들이었다. 그것을 듣자 나는 깊은 믿음이 솟아났다. 마침내 그는 틸로파와 나로파, 마르파[6]의 생애를 이야기했는데, 그것은 내가 제쮠에게서 들어 알고 있던 것보다 훨씬 자세한 내

---

5) Skt. Akshobhya, Tib. Mi-bskyod-pa(발음=미쾨파). '부동(不動)'의 뜻으로, 다섯 선정불 중 동방(東方)에 위치함.

6) 카귀파 종을 일으킨 이들 세 사람의 위대한 요기에 관해서는 34쪽 그림에 해당하는 도판해설 참조할 것.

◉ 선정불 아촉 ◉
(설명은 도판해설 참조)

용이었고, 듣는 사람 모두가 찬탄을 아끼지 않았다. 설법을 끝내면서 그는 지금까지 말한 성인들을 능가하는 제쯘 밀라레파의 이야기를 하겠으니 모두 와서 잘 들으라고 당부했다.

함께 설법을 들은 어떤 이는 지금까지 들은 것보다 더 놀라운 얘기가 어디 있을까 하면서 그것을 능가한다면 정말로 놀라운 이야기일 거라고 말했다. 그러자 다른 이가 말했다. '우리가 방금 들은 것이 몇 번의 생을 거치는 동안에 악업을 소멸하고 성취자가 된 분들에 관한 이야기라면, 밀라레파 님은 단 한번의 생애 동안에 그들 못지않은 깨달음과 공덕을 이룬 분이었어.' 또다른 이가 말했다. '그 얘기가 그렇게 재미있다고? 그런데도 불자(佛子)인 우리가 그걸 청하지 않아서 듣지 못하고 세상에도 알려지지 않는다면 그것은 정말 잘못하는 일일 거야. 무슨 수를 써서라도 듣고 그것이 알려지게 해야 해.' 그때 한 사람이 물었다. '밀라레파 님은 지금 어디 계신가?' 다른 이가 대답했다. '옥민[7] 아니면 괸가[8]에 계시겠지.' 나는 생각했다. '아니, 내 스승 밀라레파는 지금 티벳에 살아계신데, 이 사람들은 내가 스승님에게 가서 이야기를 간청하도록 귀띔하는 걸까? 그렇다면 반드시 그렇게 해야지.' 그때 나를 인도했던 여인이 내 손을 잡고 즐거운 듯 흔들면서 물었다. '이제 알았어요?'

그런 다음 나는 깨어났으니, 그때가 이른 새벽이었다. 그날 아침 내 마음은 아주 맑았고, 가슴속 깊은 곳에서 평소보다 더 큰 믿음이

---

7) Og-min(Skt. Akaniṣṭha). '내려가지 않음' 또는 '아래로 [돌아가지] 않음' 이란 뜻이며, 그처럼 지상으로 환생하지 않고 열반으로 들어설 수 있는 차원, 즉 본초불의 천국이다.

8) Ngön-gah(Skt. Amarāvatī). '아는 기쁨', 즉 '이 세계를 생각함으로써 행복해진다'는 뜻이며, 아촉불의 천국과 마찬가지로 동쪽에 위치하는 인드라의 천국.

솟았다. 꿈을 상기하고 음미하면서 나는 생각했다. 우르겐 국토에 가서 아촉불의 설법을 들었으니 정말 좋은 일이고, 또 살아생전에 그토록 위대한 밀라레파 스승님을 직접 만났으니 나는 정말 행운아다. 꿈속에서였지만 부처님의 설법을 들을 수 있었던 것은 제쭌의 은총을 받는 것과 같다고 생각되었다. 제쭌이 옥민이나 귄가에 있을 거라고 사람들이 말하는 것을 들으면서 내가 평소에 스승을 대했던 모습이 다시 떠올랐고, 믿음과 통찰이 부족했던 내 모습이 부끄러웠다. 친밀감 때문에 스승을 그저 인간적인 존재로 바라보면서[9] 그가 티벳에 계신다고만 생각했던 것이다. 내가 얼마나 둔하고 어리석은가! 제쭌은 완전한 깨달음을 얻었고 실제로 부처이며, 그래서 무수히 많은 모습으로 나타날 수 있음을 나는 몰랐던 것이다.[10] 나아가 제쭌은 어디에 계시든지 그곳이 신성한 곳이 되고, 그래, 그곳이 바로 옥민이나 귄가와 같아지는 것 아닌가? 나는 그 여인과 설법에 관한 꿈을 제쭌의 전기를 쓰라는 신성한 권고로 이해했으며, 제쭌에게 간청하여 그가 겪은 모든 것을 남김없이 듣고 기록해야겠다고 결심했다. 그러자 스승에 대한 믿음이 더욱 깊어지면서 기도하는 마음이 되었다.

또다시 나는 깊은 명상에 들어 다른 꿈을 꾸었는데, 이번 것은 전번 것만큼 선명하진 않았다. 우르겐 국토에서 왔다고 하는 흰색과

---

9) "탄트라의 격언에 비슷한 말이 있다. '스승을 인간으로 생각지 마라.' 인간의 모습은 단지 스승이 자신을 표현하기 위한 수단일 뿐이라고 바라문에서도 가르친다." — 아탈 비하리 고슈.

10) 제쭌이 소유했었다고 하는, 다양한 인격과 육체를 취하는 이런 능력은 제12장에 설명되어 있다. 거기서 제쭌은 다른 세상으로 나아가려 할 때 이런 능력을 보여준다. 379쪽 참조.

파랑, 노랑, 빨강, 초록의 아름다운 젊은 처녀 다섯이 함께 내 방으로 들어오더니 그들 중의 하나가 말했다.[11] '내일 밀라레파 님이 자기 살아온 얘기를 할 거야. 함께 가서 듣자꾸나.' 그러자 다른 하나가 물었다. '누가 그에게 얘기를 청할 거지?' 세 번째 처녀가 대답했다. '제쮠의 수제자들이 할 거야.' 이렇게 말하면서 그들 모두가 나를 곁눈질하며 웃었고, 또 하나가 입을 열어 말했다. '그것은 아주 훌륭한 설법이어서 듣는 사람 모두가 즐거울 거야. 그걸 듣기 위해 우리도 함께 기도해야 하지 않을까?' 다른 하나가 대답했다. '설법을 청하는 것은 제자들 몫이고, 그 가르침을 수호하면서 퍼뜨리는 것이 우리의 의무이자 즐거움이지.' 이러고 나서 무지개가 사라지듯 모든 것이 사라졌다. 정신이 들자 해가 이미 높이 떠 있었고, 나는 이 꿈이 다섯 여신[12]들의 가호임을 알았다."

행복한 마음으로 아침 식사를 하고 스승의 거처를 찾은 레충은 제자와 신도들이 이미 모여 앉아 있음을 보았다. 그는 스승 앞에 엎드려 절한 뒤 오른쪽 무릎을 바닥에 대고 합장한 자세로 스승이 어떻게 살았는지 다음과 같이 여쭈었다. "여기 모인 사람들을 위해, 그리고 미래의 제자와 신도들을 위한 본보기로 스승님이 살아오신 내력을 자세히 이야기해주시면 고맙겠습니다. 과거의 부처님들도 지상의 존재들을 위해 십이두타행(十二頭陀行)[13]을 비롯한 다른 증거들을 남겨서 불교의 융성과 확산에 기여하셨습니다. 틸로파와 나

---

11) 이들은 다키니라고 하는 탄트라의 여성 신격이며, 각각의 색깔은 밀교적 의미를 지닌다.
12) 다섯 가지 색깔의 이 다키니들은 두르가Durgā 여신의 다섯 화신으로서 티벳 히말라야에 산다고도 하고, 어떤 전통에서는 카일라사 산 부근이라거나 밀라레파가 명상했던 에베레스트 산이라고도 한다. (428쪽 참조)

로파, 마르파, 그리고 다른 많은 성인들께서도 자전(自傳)을 남겨 신도들의 발전을 도우셨습니다. 마찬가지로 스승님의 생애담도 많은 사람의 발전에 크게 도움이 될 터이니, 저희에게 은덕을 베풀어 스승님의 삶을 자세히 말씀해주시기 바랍니다."

간청을 들은 제쮠이 웃으면서 말했다. "레충, 내 삶의 역사를 이미 잘 알고 있는 자네가 다른 사람들을 위해 그렇게 원하니 다시 얘기하지 않을 수 없구나. 나는 쿵포Khyungpo(독수리) 가문의 조세(귀족의 자손) 족(族) 출신이며, 나의 개인적인 이름은 밀라레파[14]이다. 젊은 시절에 나는 큰 악행을 저질렀고 성숙해서는 선덕을 쌓았지만 지금은 선악의 모든 구분을 버렸다.[15] 중요한 일을 다했으니 이제 나는 앞으로 더 노력해야 할 것도 없다.[16] 내가 살아오면서 겪었던 일들을 자세히 말한다면 그 중 어떤 것들은 눈물이 나고 또 어떤 것들은 웃음이 터질 것이다. 그렇지만 이런 일들에서는 얻을 것이 별로 없으니, 이 늙은이가 편안히 있을 수 있도록 내버려두어주면 좋겠다."

---

13) Skt. Dvādasha-avadhūta-guṇh. 지상에 태어난 붓다의 12가지 중요한 수행법인 이것은 다음과 같다. ① 인가를 멀리 떠나 산과 숲, 들의 한적한 곳에 산다. ② 늘 밥을 빌어먹는다. ③ 빈부를 가리지 않고 차례로 걸식한다. ④ 한 자리에서 먹고 거듭 먹지 않는다. ⑤ 발우 안에 든 것으로 만족한다. ⑥ 정오가 지나면 과일즙이나 단 것을 먹지 않는다. ⑦ 헌 옷을 빨아서 기워 입는다. ⑧ 중의(重衣)와 상의(上衣), 내의(內衣) 외에 쌓아두지 않는다. ⑨ 무상관(無常觀)에 편리하도록 무덤 곁에서 지낸다. ⑩ 집안이 아닌 나무 밑에 앉는다. ⑪ 나무 아래서 자면 습기와 새똥, 독충의 해가 있으므로 한데서 기거한다. ⑫ 눕지 않고 앉은 자세로 잔다.

14) '무명천을 걸친 밀라'의 뜻. (p.291, 424/72 참조)

15) 무상정등각을 얻은 제쮠은 대립하는 모든 것이 선과 악까지도 하나로(또는 하나의 근원에서 유래하는 것으로) 느껴지는 불이(不二)의 상태를 실현했으니, 그 하나는 마음이다.

16) 목적은 달성되었고, 모든 노력은 삶과 죽음까지도 끝났다.

레충이 다시 절하고 이렇게 탄원했다. "자비로운 스승님, 초월적인 진리들을 어떤 식으로 처음 깨달으셨고, 그것을 위해 어떤 큰 고통과 희생을 치르셨는지, 영원한 진리의 본성에 익숙해질 때까지 어떤 식으로 끊임없이 명상하여 모든 영적인 지식의 최종 목표에 도달하셨는지, 업(業)의 그물 너머로 어떻게 날아올랐고 미래의 업을 방지할 수 있으셨는지[17] 말씀해주시면 그런 희망과 포부를 갖는 모든 이에게 큰 도움이 될 것입니다. 스승님의 가문 이름은 쿵포(독수리)이고, 씨족 이름은 조세(귀족의 자손)인데, 어떻게 해서 '밀라'라는 성(姓)을 얻으셨습니까? 또 젊은 시절에 어떻게 해서 악행을 저질렀고, 무엇이 선덕을 쌓도록 스승님을 인도했으며, 눈물이 나게 만드는 고통과 웃음이 터지게 만드는 사건들은 또 무엇입니까? 이런 모든 것을 아는 일이 앞으로 태어날 세대들에게도 헤아릴 수 없을 만큼 가치가 있을 것입니다. 그러니 저와 저의 동료 제자들을 불쌍히 여기시어 번거롭게 생각지 마시고 부디 말씀해주십시오. 이런 저의 탄원에 제 동료들과 여기 모인 평신도 여러분도 참여해주실 것을 부탁드립니다."

그러자 자리에 있던 모든 사람이 일어섰다가 엎드려 절하며 말했다. "저희들도 모두 동의하옵니다. 스승님이시여, 어서 진리의 바퀴를 굴리시옵소서."

제쒼이 대답했다. "좋소, 여러분이 모두 그렇게 간절히 원하고, 또

---

17) 《바가바드 기타》에서도 말하듯, 삶의 달인이 유정(有情)들의 이익을 위해 사심 없이 행동한다면 이 세상이나 윤회계의 다른 영역에서 다시 태어나게 만들 업(業)이 생겨나지 않는다. 그때 그는 이 세상에 태어나더라도 붓다나 크리슈나, 그리스도와 같은 신성한 화신으로 자의에 의해서 태어난다.

내 인생에 감춰야 할 것은 아무것도 없으니, 소망을 들어드리리다.

내 가문을 좀더 설명하면 이렇다. 이 나라 북부의 우루Urū라고 하는 지방에 소와 양을 치는 유목민 부족이 있는데 그 중에 독수리 가문의 사람이 하나 있었다. 그는 마음공부에 전념하기 위해 자기 아버지도 믿었던 닝마파 종의 라마승이 되었는데, 그의 아버지 이름이 조세(귀족의 아들)였다. 다른 사람들과 함께 우루에서 순례 길을 나섰던 젊은 조세는 수호신의 도움에 의한 어떤 마법 능력 같은 것을 갖고 있었으니, 그가 쌍Tsang 지방에 당도했을 때 충와치 Chūngwachī라는 마을에서 그의 악령 퇴치와 질병 치유 능력이 크게 요구되었고, 그래서 그의 이름이 알려졌다.

그는 거기서 몇 년을 살았고, 쿵포조세(독수리 가문의 고귀한 아들)라는 이름으로 불렸으며, 누가 병에 걸리거나 악령으로 고통을 당할 때면 즉시 달려갔다. 마을에 그를 믿지 않는 어떤 가족이 있었는데, 언제부턴가 이 가족이 악령에게 시달리기 시작했고, 쿵포조세가 아닌 어느 누구도 그 악령을 물리칠 수 없었다. 이 가족은 다른 라마들을 불러 악령을 물리치려 했지만 악령은 오히려 비웃고 조롱하면서 더욱 괴롭혔으며, 그들이 그런 쓸데없는 짓을 중단하도록 점점 더 혹독하게 굴었다.

결국 그 가족의 한 친척이, '상처가 나으려면 개기름이라도 발라야 한다'면서 쿵포조세를 부르도록 충고했고, 가장이 거기에 동의한 결과, 조세는 그 집으로 가서 악령에게 사나운 목소리로 외쳤다. '나 쿵포조세는 너희 모든 악귀들의 살을 먹고 피를 마시려고 여기 왔다. 각오해라!' 이렇게 세 번을 외치면서 힘차게 앞으로 발을 내딛자 변변치 못한 악귀는 쿵포조세가 제 곁에 가까이 가기도 전에

무서워 벌벌 떨면서 부르짖었다. '아파! 아마! 밀라! 밀라!'[18] 조세가 더욱 다가서니 악귀는 말했다. '밀라! 당신이 있는 곳에는 절대로 가지 않을 테니 목숨만 살려줘!' 그래서 조세는 그 악귀로 하여금 앞으로 아무도 괴롭히지 않겠다고 맹세하게 한 뒤 놓아주었다. 악귀는 그때까지 자기를 모셔온 가족에게로 가서 이렇게 말했다. '밀라! 밀라! 이렇게 당하긴 처음이야.' 가족이 누구에게 당했느냐고 물었고, 악귀는 쿵포조세가 와서 거의 죽일 듯이 다그쳐 어쩔 수 없이 쫓겨왔다고 대답했다. 그날 이후 사람들은 조세의 놀라운 마법 능력을 인정하여 그를 '밀라'로 불렀고, 그래서 그의 자손들은 '밀라'라는 성(姓)을 갖게 되었다.[19] 그리고 사람들은 악귀의 횡포가 다시 나타나지 않음을 보면서 그것이 죽어버렸거나 다른 형태의 존재로 환생했을 거라고 결론지었다.

쿵포조세는 아내를 얻어 아들을 하나 낳았고, 그 아들이 다시 두 아들을 낳았으니, 그 중 형의 이름은 밀라도튄셍게Mila-Dotun-Sengé(경전을 가르치는 사자 밀라)였고, 다시 그의 장남이 밀라도제셍게Mila-Dorje-Sengé(변치 않는 사자 밀라)라는 이름이었다. 그처럼 이 가족은 세대마다 한 사람의 남자가 가계를 이어받았다.

밀라도제셍게는 노름을 좋아했고 솜씨가 뛰어나 큰 도박판에서도 자주 돈을 땄다. 그 즈음 같은 지방에 더 뛰어난 노름꾼이 하나

---

18) Apa는 '아빠', Ama는 '엄마', Mila는 '사람이여!'의 뜻임.

19) 바코 씨는 자신의 프랑스어 번역본(p.40/2)에서 '밀라'가 놀람이나 두려움을 나타내는 고대 방언의 감탄사라고 그럴 듯하게 설명한다. 다와삼둡 라마는 '밀라!'를 '사람이여!'로 옮겼다. 전자의 관점에서 보면, 개인에게 자주 주어진 이름으로서의 그것이 독수리 조세의 경우에서처럼 악령을 놀라게 하여 몰아내는 능력이 있는 사람이란 뜻일 수도 있다.

살았는데, 그는 자기 아버지 쪽으로 친척과 연줄이 많았다. 이 사람이 밀라도제셍게의 솜씨를 시험할 요량으로 찾아와 적은 밑천으로 몇 차례 판을 벌이면서 어느 정도 그의 수법을 파악했다. 이날 그 사람은 마치 행운의 여신이 돕기라도 한 듯이 밀라도제셍게에게서 상당한 돈을 땄다. 참을 수 없었던 도제셍게는 다음날의 설욕전을 제안했고, 상대방도 이를 수락했다. 이튿날은 판돈이 커졌으며, 그 교활한 인간은 도제를 함정으로 유인하기 위해 일부러 세 번을 졌다. 그런 다음 판돈을 미리 정한 뒤 같은 방식으로 명예회복의 기회를 요청했고, 도제 역시 이를 받아들였다. 이것은 각자가 소유한 전 재산을 건 노름이었으니, 토지와 가옥, 금전, 가재도구가 모두 거기에 포함되었다. 두 사람은 이에 대한 계약서를 작성하여 내기에 진 사람의 애원이나 간청은 일체 허용치 않기로 맹세했다. 둘은 판을 벌였고, 예정되어 있었던 승리는 역시 밀라의 상대에게로 돌아갔으며, 그의 남자 친척들이 밀라도제셍게 소유의 동산과 부동산을 모두 점유했다. 아버지와 아들 밀라, 즉 도튄셍게와 도제셍게는 모든 것을 뒤로 하고 떠나서 막연히 [네팔 접경 지대의] 궁탕Gungthang 방향으로 가다가 꺙가싸Kyanga-Tsa라는 곳에 이르러 정착했다.

아버지인 도튄셍게는 경전을 읽으면서 소일했고, 이따금 우박폭풍을 막는 액막이굿을 하거나[20] 아이들을 보호하는[21] 부적을 써주었으며, 비슷한 종류의 다른 일들을 해서 의례를 행하는 라마승으로 상당한 인기를 얻었다. 한편 아들인 도제셍게는 겨울 동안 남쪽에서 모피 장사를 하고 여름에는 북쪽의 목장지대를 찾았다. 그는 또한 망월Mang-Yül과 궁탕을 오가면서 장사를 해서 많은 재산을 모았다.

그러다가 도제셍게는 이 지역 어느 집안의 처녀에게 마음이 끌렸고, 서로 사랑하게 된 두 사람은 결혼하여 아들 하나를 낳은 뒤 밀라쉐랍걀쎈Mila-Sherab-Gyaltsen(지혜의 전리품 밀라)으로 이름 지었다. 아이가 자라는 동안 그 할아버지가 세상을 떠났고 장례는 성대히 치러졌다.

밀라도제셍게는 장사를 계속해서 과거의 어느 때보다 더 많은 재산을 모았다. 그는 남부와 북부의 상품 및 황금으로 큰 대가를 지불하고 워르마Worma란 사람으로부터 캬가싸 부근에 있는 삼각형 모양의 비옥한 땅을 사들여 그것을 워르마 토숨Tosoom(워르마 삼각지)이라 불렀다.[22]

이 땅의 경계선 바로 옆에 전망 좋은 집터가 있었는데 그는 이웃으로부터 이 터를 사들여 거기에 커다란 저택을 지었다. 이것은 밀라쉐랍걀쎈이 스무 살 되던 해였고, 그는 싸[23] 사람들 중에서 카르모켄Karmo-Kyen(흰 꽃다발[24])이라 불리는 냥Nyang의 왕족 출신 훌륭한 가문 처녀와 결혼했다. 그녀는 아주 매력적인 젊은 여자로서

---

20) 티벳 고원지대의 골짜기들은 우박폭풍이 잦아서 농작물에 해를 입히는데 주요 산물인 보리가 특히 해를 입는다. 그래서 밀라레파의 시대와 마찬가지로 지금도 폭풍의 피해를 줄이는 것을 업으로 삼는 라마승들이 많이 있다. 이들은 곡식이 자라는 철과 수확기 동안 모든 것이 내려다보이는 산허리나 언덕 높은 곳의 작은 망루에서 기거한다. 우박을 예고하는 먹구름이 산봉우리를 덮고 경작지로 향하면 당번 라마는 즉시 마법의 찰흙덩이들을 이용한 액막이굿을 시작하여 우박을 몰아낸다. 좀더 자세한 설명이 140~141, 186쪽에 있다.

21) 바코 씨는 이 구절을 다음과 같이 번역했다. "아이들을 흡혈귀의 위협으로부터 보호하기 위한"(p.42).

22) 바코 씨의 설명에 의하면, 티벳에는 사들인 토지나 가옥, 말, 노새 등에 전 소유자의 이름을 붙이는 습관이 있다(p.42/2).

23) 캬가싸의 약칭.

명석하고 활발했으며, 친구와 적을 응분의 관계에 따라 애정이나 증오로 대했고, 그래서 '냥의 흰 꽃다발'이라는 이름을 얻었다. 밀라도제셍게는 앞서 언급한 저택을 창고와 부엌이 딸린 삼층 건물로 지었는데 큰 기둥 넷과 작은 기둥 여덟이 전체를 떠받치고 있었다. 이것은 컁가싸에서 가장 멋진 집들 중 하나였고, '사주팔각(四柱八脚)'으로 불리게 되었다. 이 집에서 그들은(밀라쉐랍걀쎈과 그의 아내와 아버지는) 아주 부유하게 살았다.

한편 충와치에 살고 있던 밀라도퇸셍게의 자손들은 밀라도제셍게와 그 아들이 싸에서 잘살고 있다는 소문을 들었다. 그래서 도제셍게의 친척인 융둥걀쎈이 자기 가족과 큥싸팔덴이라는 누이[25]를 데리고 컁가싸로 이주해왔다. 이 친척들을 좋아한 도제는 진심으로 환영했고, 그들에게 장사하는 법을 가르쳐 이들도 많은 재산을 모았다.

그러던 도중 냥의 흰 꽃다발은 임신을 해서 밀라쉐랍걀쎈이 남쪽의 여러 가지 상품을 갖고 북쪽 탁씨Taktsi 산지대로 여행을 떠났다가 귀향이 늦어지고 있는 사이에 아이를 낳았다.

그리하여 나는 임진년(A.D.1052)[26] 가을 첫 번째 달 스무닷새 날[27] 상서로운 별 아래에서 태어났다.[28] 어머니는 나를 낳자마자 아버지에게 사람을 보내 다음과 같은 내용의 편지를 전했다. '가을 일이 다가오고 있는데 저는 아들을 낳았습니다. 아이 이름을 짓고 작명식을 올리려면 되도록 빨리 오셔야 하겠습니다.' 편지를 가져간 사람에

---

24) White Garland. 정확히 번역하면 '하얀 화환(화관)'이지만, 어감의 편의상 '흰 꽃다발'로 대신한다.

25) Yungdung-Gyaltsen(승리의 卍 깃발), Kyung-tsa-Palden(독수리족 자손의 고귀한 증거).

제1장 | 혈통과 탄생 111

게서 구두로 먼저 소식을 들은 아버지는 아주 기뻐하며 이렇게 말했다. '참, 잘됐다! 내 아들은 이미 이름이 지어졌다. 우리 가문은 대대로 아들이 하나만 태어나서 뒤를 잇는데, 다행히 첫째가 아들이라 기쁘구나 그 애를 퇴파가Thö-pa-ga(들어서 기쁜)로 불러야겠다. 거래도 다 끝났으니 이제 돌아가자.' 이렇게 말하고 집으로 향했으며, 내 이름은 퇴파가로 정해졌다. 어린 시절에 나는 극진한 보살핌을 받으며 자랐고, 목소리가 아주 아름다워서 듣는 사람들이 즐거워했으니, 사람들은 '들어서 기쁜' 이라는 내 이름이 딱 들어맞는다고 말하곤 했다.

내가 네 살이 되었을 때 어머니는 딸을 낳았고 괸마키Gön-ma-kyit(행운의 지킴이)라는 이름을 준 뒤 페타Peta라는 애칭으로 불렀다. 페타괸키로 불리게 된 이 동생과 내가 머리를 땋아 황금과 터키옥으로 장식하곤 했던 일이 지금도 눈에 선하다. 결혼을 통해 그 지역 최고의 가문들과 연결되었던 우리는 아주 세력이 컸으며, 영향권 내의 거의 모든 가난한 사람들을 소작인이나 하인처럼 대했다.

---

26) 중국과 인도에서 유래한 티벳의 연대학은 목성의 12년 · 60년 주기에 기반을 두고 있다. 비교적 짧은 기간을 나누는 데 사용되는 12년 주기에서 각 연도는 자 · 축 · 인 · 묘 등으로 표시되고, 60년 주기는 거기에 음양오행을 결합한 것이다. (원주에서 우리가 다 아는 내용은 생략하고 번안했음 / 역자). 티벳의 태음력은 19년 동안에 7개의 윤달이 들어 있으며, 한 해가 2월의 합삭에 시작한다. 아리아인의 방식을 따르는 티벳의 한 주는 일 · 월 · 화 · 수 · 목 · 금 · 토의 7요일로 이루어져 있다. (Cf. L. A. Waddell, *The Buddhism of Tibet*, London, 1895, pp.451~5.)

27) 음력 7월 25일.

28) 바코 씨와 번역자는 밀라레파가 1052년생임에 동의했지만, 와델 박사의 계산에 의하면 그것은 1038년이다. (Cf. L. A. Waddell, 앞의 책, p.65 / 5.) 밀라레파의 출생지인 궁탕 지방의 캬가씨는 네팔 접경 지역의 티벳 영토로서, 카트만두 북쪽 50마일 지점에 있는 현재의 키롱Kirong에서 수 마일 동쪽에 위치한 곳이다.

 112 티벳의 위대한 요기 밀라레파

그래서 이 지방 태생들은 자기들끼리 이렇게 수군거리곤 했다. '다른 지방에서 와가지고 우리보다 더 열심히 일해서 부자가 되다니, 그럴 수 없지. 저 집을 좀 봐! 집안의 가구랑 재산도 보라구! 부부와 애들이 걸친 패물은 또 어떻고! 아무리 봐도 너무 부자야.'

모두가 이렇게 우리를 부러워하고 있을 때 나의 아버지 밀라쉐랍 걀쎈이 돌아가셨고, 장례식은 성대하게 차려졌다."

여기까지는 이야기의 첫 부분으로서, 제쮠의 탄생에 관한 내용을 담고 있다.

❖ ── 제2장 ── ❖

고통의 세월

부친의 죽음과 유언 / 당숙과 당고모의 재산 착복
밀라레파와 그의 어머니와 여동생에게 남겨진 고통

레충이 다시 여쭈었다. "스승님 자신의 고통과 아버님 별세 이후의 고난에 대해 말씀해주십시오."

제쮠의 이야기가 이어졌다. "내가 아홉 살이 되었을 때 아버지 밀라쉐랍걀쎈은 아주 심한 병에 걸렸다. 아버지를 돌보았던 의원과 라마들이 모두 회복의 가망이 없으며 임종이 얼마 남지 않았다고 말했다. 친척들도 모두 아버지가 곧 돌아가시리라는 사실을 알았으며, 아버지 자신도 체념하고 모든 것을 운명에 내맡겼다. 나의 당숙과 당고모를 비롯한 다른 친척, 친구, 이웃들이 모두 모인 자리에서 아버지는 당숙과 당고모에게 남은 처자식의 미래와 전재산의 관리를 부탁한다고 말했다. 마지막으로 아버지는 유언장을 쓰게 한 뒤, 모두가 보는 앞에서 그것을 읽히고 서명하여 봉인했다.

그런 다음 아버지는 말했다. '이 병이 낫지 않을 것임을 나는 잘 안다. 내 아들이 아직 어리니 이 아이를 모든 친척들에게, 특히 애의 당숙과 당고모에게 돌봐주도록 맡긴다. 언덕 위의 목장에 있는 양과 조랑말 같은 가축들, 워르마 삼각지를 포함한 내 땅과 다른 작

114 티벳의 위대한 요기 밀라레파

은 땅들, 이 집 아래에 있는 소와 염소와 당나귀, 금·은·구리·쇠로 만든 모든 가구, 내 장신구와 의복, 터키옥과 비단 및 망토, 곡식창고, 이런 것들에 대해서는 이러쿵저러쿵 말하지 않겠다. 그것들의 일부로 장례식을 치르고, 나머지는 아이가 모든 것을 스스로 알아서 관리할 수 있을 때까지〔여기 모인〕여러분 모두에게 맡기는데, 특히 내 아들의 당숙과 당고모에게 위탁한다. 아들이 나이가 차면 어렸을 때 약혼한 제세Zesay와 결혼시키고 신부를 집안으로 들인 뒤 두 사람에게 전재산을 넘겨서 그들 스스로 가재도구를 관리하게 하라. 그렇지만 내 아들이 다 클 때까지는 모든 것을 친척들에게, 특히 당숙과 당고모에게 맡긴다. 그들이 해를 당하지 않도록 보살펴라! 나는 저세상에서 당신들을 지켜볼 것이다.' 이렇게 말씀하시고 아버지는 숨을 거두었다.

아버지의 장례식이 끝나자 당숙네를 제외한 다른 친척들이 말했다. '냥의 흰 꽃다발이 전재산을 관리하게 해. 그리고 도움이 필요할 때는 우리가 최대한 도와주면 되잖아.'

그러나 당숙과 당고모가 말했다. '당신들은 당신들 좋을 대로 말하지만, 우리가 제일 가까운 친척이니 남은 식구들이 힘들지 않도록 우리가 보살펴야 해. 재산은 우리가 관리하겠어.' 그들은 내 외삼촌과 제세 아버지의 의견을 무시하고 아버지의 재산을 나누어가졌다. 당숙은 남성용 장신구와 의복을 가져갔고 당고모는 모든 여성용 물품을 가져갔으며, 남은 재산도 두 사람이 나누어가졌다. 그래서 우리는 두 사람 집을 왔다갔다하면서 살아야 했다. 이렇게 우리는 전재산을 빼앗겼으며, 그뿐 아니라 여름에는 당숙의 명령으로 들에 나가 일해야 했고 겨울에는 당고모 집에서 양모를 손질하여

제2장 | 고통의 세월 115

실을 자아야 했다. 우리의 음식은 개밥으로나 알맞은 것들이었고, 우리의 옷은 넝마조각을 이어 새끼줄로 허리를 두른 것이었다. 쉴 새 없이 일을 강요당하여 손과 발이 갈라지고 물집이 생겼다. 먹는 것이 거칠고 부족하다보니 우리는 쇠약하고 초췌한 몰골로 변해갔다. 황금과 터키옥으로 치장했던 우리의 머릿결은 거칠고 딱딱해졌으며 이가 들끓게 되었다.

우리가 잘살던 때 우리를 알았던 착한 사람들은 눈물을 흘렸고, 당숙과 당고모의 악독한 처사에 대한 수군거림이 이웃으로 퍼져나갔지만 그들은 주의를 기울이지 않았다. 우리는 이렇게 비참한 처지가 되었으니, 어머니가 당고모에 대해 '쿵싸팔덴(독수리족 자손의 고귀한 증거)이 아니라 두모탁덴Dumo-Takden(암호랑이 마귀)'이라고 한 뒤부터 우리는 그녀를 '호랑이 귀신'으로 불렀다. 어머니는 이따금 '재산을 남에게 맡기고 자기는 집 지키는 개가 된다더니 우리가 꼭 그렇다'고 되뇌었다. '봐라, 너희 아버지 밀라쉐랍걀쩬이 살아계실 때는 모두가 우리 눈치를 살피더니, 이제 돈 가진 것들이 왕 노릇 하고 모두가 당숙과 당고모 눈치만 살핀다.' 또한 어머니는 사람들이 수군거리는 이야기를 전했다. '돈 많은 남편에 재주 있는 아내가 따르고, 부드러운 양모가 품질 좋은 모포를 만든다는 말이 딱 맞다. 똑똑한 남편이 옆에 없으니 어떤가? 남편이 살아 있을 때 냥의 흰 꽃다발은 재기 넘치는 현모양처의 본보기였고, 그 손은 자비은덕의 대명사였지. 이제 그 재기 발랄함은 사라지고 그저 처량하기만 하구나.' 이렇게 우리가 어려우면 어려울수록 들리는 말은 더욱더 무정했고, 과거에 우리보다 없이 살았던 서민들은 기회 있을 때마다 뒤에서 우리를 헐뜯었다.

제세의 부모는 이따금 내게 옷이나 신발 같은 것을 주면서 이렇게 말하기도 했다. '사람이 재물로 변하지 않는 한 재물은 안정된 것이 아니다. 재물은 풀잎의 이슬과 같으니 잃었다고 너무 슬퍼하지 마라. 너의 부모와 조상들도 스스로 노력하고 일해서 재산을 모았다. 그분들은 원래부터 부자였던 게 아니라 나중에 부자가 된 것이다. 때가 되면 너도 재산을 모으게 될 것이다.' 이런 식으로 나를 위로했다.

내가 열다섯 살이 되었을 때 어머니는 '테페텐충Tepe-Tenchung(굶주림의 작은 양탄자)'이라는 이름의 땅을 조금 갖게 되었는데, 이름은 초라했지만 제법 많은 양의 곡식을 수확할 수 있었다. 이 땅은 외삼촌이 가꾸었고, 수확한 것을 따로 저장했다. 어느 날 외삼촌은 그것을 일부 팔아서 양고기를 사고, 갈색 보리로 창[1]을 담고, 또 보리를 갈아서 흰 가루로 만들었다.

낭의 흰 꽃다발과 그녀의 자식들이 재산을 되찾기 위해 잔치를 연다는 소문이 퍼졌다. 우리는 여기저기서 양탄자를 빌려와 넓은 우리 집 바닥에 깔고 이웃들을 초청했으며, 당숙과 당고모를 비롯한 모든 친척을 포함하여 특히 아버지가 돌아가실 때 그 자리에 있었던 사람들을 포함시켰다. 당숙과 당고모 앞에는 양고기가 통째로 놓였고, 다른 손님들에겐 그들의 처지나 우리와의 친분관계에 따라 다리통이라든가 갈빗살, 살코기 등이 적절히 주어졌으며, 술잔에

---

1) 창chhang. 알코올 함량이 적은 티벳 술. 대개 일반 가정에서 재배한 보리로 만든다. 시킴과 지대가 낮은 다른 지역에서는 발효한 수수에 끓는 물을 부어 만드는 일이 많다. 티벳인들은 잔치 음료로서 버터를 녹인 중국 차(茶)나 창을 대접한다. 이것도 저것도 없으면 여행객이나 순례자에게 베푸는 환대가 소홀한 것이다.

술이 부어지고 잔치가 시작되었다.

그때 어머니가 일어나 자리에 모인 사람들을 향해 말했다. '많이 참석해주셔서 고맙습니다. 이렇게 오시게 한 이유를 말씀드리겠습니다. "아들이 태어나면 작명식이 있고, 술잔치에는 대화가 있다"고 합니다. 그래서 저도 몇 마디 말씀드리려고 하는데, 이 아이들의 아버지이자 돌아가신 제 남편인 밀라쉐랍걀쎈의 유언과 관련된 것입니다. 당숙과 당고모님을 비롯하여 이 자리에서 연세가 좀 드신 분들은 모두 알고 계신 이야기입니다. 이제부터 읽는 유언을 잘 들어주시기 바랍니다.' 이때 외삼촌이 일어나 사람들 앞에서 큰소리로 유언장을 읽었고, 그것이 끝났을 때 다시 어머니가 말했다. '여기 계신 분들은 모두 제 남편의 유언을 직접 들으셨으니 굳이 그것을 반복하여 여러분을 피곤하게 만들지 않겠습니다. 요지를 말씀드리면, 우선 저희는 지금까지 당숙과 당고모님이 돌봐주신 것에 대해 깊이 감사드리고 있습니다. 그리고 이제 아들이 스스로 집을 관리할 수 있게 되었으니 원래의 재산을 돌려받겠다는 것입니다. 제 아들이 제세와 결혼하고, 돌아가신 남편의 뜻대로 제세가 시집에 들어갈 수 있도록 모든 분께서 지켜보아주시기 바랍니다.'

어머니의 말이 끝나자, 평소 다른 모든 일에서 항시 다투던 당숙과 당고모가 의기투합했다. 그리고 나는 외아들이었지만 당숙에게는 여러 아들이 있었다. 두 사람은 우리 재산을 완전히 가로채기로 합의하고 이렇게 대답했다. '당신네가 말하는 그 재산이 어디 있나? 이 집과 땅과 가축, 금과 은 등은 밀라쉐랍걀쎈이 살아 있을 때 빌려 쓴 것이야. 그것들은 원래 우리 것이었고, 그 인간이 죽으면서 소유자에게 반납한 것이란 말이야. 당신네한테 눈곱만큼의 재산이

라도 있다면, 보리 한 되, 버터 한 통, 천 조각 하나, 짐승 한 마리가 있대도 그것이 어디 있냐고? 우리는 본 적 없어. 이제 와서 감히 그 따위 소릴 해? 그 유언장은 누가 쓴 거야? 굶어죽게 내버려두지 않은 것만도 고맙게 생각해야지. 악인을 도우려거든 차라리 뒷박으로 흐르는 물을 재라더니 그 말이 맞군.'

당숙은 자리에서 일어나 겉옷을 젖히고 발로 바닥을 구르면서 말했다. '사실을 말하자면 이 집도 우리 거야. 나가. 은혜도 모르는 것들아. 어서 나가!' 이렇게 호통을 치면서 긴 소맷자락 끝으로 어머니와 여동생과 내 얼굴을 때렸다.[2] 어머니가 할 수 있는 말은 오직 이것뿐이었다. '밀라쉐랍걀쎈! 우리 꼴을 보세요. 저세상에서 지켜보겠다고 했죠? 볼 수 있으면 제발 지금 좀 보세요.' 이렇게 울부짖으며 쓰러졌고, 나와 누이동생은 함께 우는 수밖에 달리 도리가 없었다.

나의 외삼촌은 아들을 많이 둔 당숙과 감히 싸울 수 없었고, 우리와 가까웠던 다른 이웃들은 '과부가 너무 불쌍해! 애들도 너무 불쌍해!' 하면서 함께 눈물을 흘렸다. 거기 있던 많은 사람들이 훌쩍였고, 눈물을 보이지 않은 사람은 거의 없었다.

당숙과 당고모의 호통은 계속되었다. '너희들은 우리에게 재산을 요구하지만 이렇게 많은 사람을 초대해서 큰 잔치를 베푸는 것을 보니 가진 게 아주 많구나. 우리는 너희한테서 가져온 게 없고, 너희는 우리한테 요구할 게 없다. 맘대로 해라. 설사 가져왔다 해도 우리는 돌려주지 않겠다. 해볼 테면 무슨 짓이든 해봐, 후레자식 같

---

2) 티벳인들의 소매가 긴 옷은 손을 뒤덮어 추위를 막는다.

으니라고! 숫자로 당할 것 같으면 덤벼! 수가 적어서 못하겠다면 저 주라도 해!'

그들은 이렇게 지독한 말을 내뱉고 나갔다. 옆에 있던 이들도 슬 그머니 그 뒤를 따랐고, 외삼촌과 제세의 가족을 비롯한 몇몇만이 남아서 그때까지 울고 있던 어머니를 위로했다. '울지 말아요, 울어 봤자 소용없어.' 이들은 남은 창chhang을 마시면서 의견을 제시했 다. 잔치에 왔던 모든 사람들이 재물을 보탠 후 당숙과 당고모에게 가서 사정을 하면 그들도 최소한 어느 정도는 내놓지 않겠느냐. 그 렇게 해서 모은 돈으로 나를 공부시켜야 한다는 내용이었다. 외삼 촌이 어머니에게 말했다. '그래, 그래, 그렇게 해, 퇴파가는 어디로 보내서 뭔가 배우게 하고, 누이와 페타는 내게로 와서 함께 살면서 예전에 가꾸던 땅을 가꾸자고. 저 당숙과 당고모가 부끄러운 줄 알 도록 우리는 우리 할 일을 하자구.'

그러나 어머니는 말했다. '우리 재산을 돌려받지 못했다고 해서 다른 사람들의 재물로 아이들을 가르칠 수는 없어요. 그리고 당숙 과 당고모가 우리 재산을 일부라도 돌려주는 일은 없을 거예요. 퇴 파가는 물론 공부를 해야겠지요. 이번 일 이후 당숙과 당고모는 우 리에게 더 창피를 주면서 복종을 강요할 거고, 전보다 더 심하게 굴 겠지요. 우리는 받침대 위에 놓인 북이나 떠도는 연기 같을 수밖에 없어요.[3] 우리는 여기 남아서 우리 땅을 가꾸어야 해요.'

그 후 나는 싸의 미통갓카Mithong-gat-kha(보이지 않는 언덕)라는 곳으로 가서 루걋칸Lu-gyat-khan(여덟 뱀)이라는 홍모파 라마승 교

---

3) 북소리가 날 때 달리고 바람에 흩어지는 연기처럼 떠돌아야 한다는 뜻으로, 아침 일찍 부터 밤늦게까지 남이 시키는 대로 해야 하는 상황을 가리키는 관용어구임.

사의 가르침을 받게 되었다.

내가 공부하는 동안 우리는 친척들에게 재정적으로 도움을 받았던 것 같다. 특히 제세의 부모는 수시로 밀가루와 버터를 주고 이따금 땔감도 주었으며, 내가 있는 곳으로 자주 제세를 보내서 위로했다. 외삼촌은 먹을 것을 보태주어 어머니와 여동생이 구걸이나 남의 하인 노릇 같은 것을 하지 않도록 했고, 또 모직 천을 짜기 위한 양모를 집으로 가져와서 어머니가 그것을 구해 이집 저집을 기웃거리지 않아도 되었으니, 그처럼 우리가 목숨을 이어가면서 약간의 재산을 모을 수 있도록 크게 도왔다. 여동생은 자신에게 필요한 것이 있으면 자기 스스로 다른 사람들의 힘든 일을 맡아 해주고 얻은 대가로 그것을 충당했다. 그러나 아무리 그래도 우리는 거친 음식과 누더기 옷으로 만족해야 했다. 이 모든 것이 나에겐 큰 슬픔이었으니, 당시의 나는 즐거움이라고 하는 것을 전혀 알지 못했다."

이야기가 끝나자 듣고 있던 사람 모두가 슬픔과 괴로움으로 눈물을 흘렸고 한동안 침묵이 흘렀다.

여기까지는 제쒼이 자신의 삶에서 슬픔을 직접 경험한 부분이다.

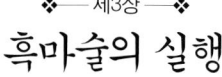

❖── 제3장 ──❖
흑마술의 실행
제쮄의 스승과 흑마술 수련 /
마법으로 서른다섯 명의 적을 죽이고 다른 사람들의 보리 풍년을 망침

레충이 다시 아뢰었다. "스승님께서는 처음에 무언가 악행을 저질렀다고 말씀하셨습니다. 그 악행이 무엇이고, 그것을 어떻게 저지르신 것입니까?"

제쮄이 대답했다. "흑마술로 살생을 하고 우박폭풍을 불러서 죄과를 쌓았다."

레충이 여쭈었다. "어떻게 해서 그런 수단을 사용하게 되었습니까? 무엇 때문에 그렇게 하셨습니까?"

제쮄이 대답했다. "어느 날 나는 선생을 따라서 아랫마을의 축제에 갔는데, 거기서 그는 가장 중요한 인물이었다. 모임의 상석에 앉아 여러 사람들로부터 술을 잔뜩 받아마시고 상당히 기분이 좋아진 그는 나를 먼저 집으로 보내면서 자신이 받은 선물들을 내게 맡겼다.[1] 나도 어느 정도 술이 취한데다 몇몇 사람들이 노래를 부르는 것을 본 뒤라 나 또한 노래를 부르고 싶어졌으며 평소 자랑스럽게 생각했던 내 목청이 그것을 부채질했다.

나는 걸으면서 노래를 불렀다. '보이지 않는 언덕' 으로 향하는

길은 내 어머니가 사는 집 앞을 통과하고 있었는데, 나는 계속해서 노래를 불렀고 집 바로 앞까지 와서도 멈출 생각을 하지 못했다. 그 때 안에서 보리를 볶다가 노래를 들은 어머니는 내 목소리를 너무 잘 알면서도 자신의 귀를 의심하지 않을 수 없었다. 더 이상 불행할 수 없는 우리 상황에서 내가 노래를 부를 수 있다는 게 믿어지지 않았던 것이다. 그러나 밖을 내다보고 그것이 정말로 나임을 확인한 어머니는 앞뒤를 가릴 수 없게 되었다.

어머니는 부젓가락과 총채를 좌우에 팽개치고 보리는 솥에서 타게 내버려둔 채 오른손과 왼손에 각각 작대기 하나와 재 한 움큼을 쥐고 밖으로 나왔다. 긴 계단을 아래로 미끄러지고 짧은 계단을 건너뛰면서 달려온 어머니는 내 얼굴에 재를 뿌리고 작대기로 머리를 때리면서 소리쳤다. '밀라쉐랍걀쎈, 당신이 낳은 아들을 보세요! 이런 녀석이 당신의 피를 이어받다니! 우리가 어떻게 돼버렸는지 보세요!' 그런 다음 어머니는 정신을 잃고 땅에 쓰러졌다.

그때 여동생이 뛰어나와서 '오빠, 뭐해. 엄마를 좀 봐!' 하고 울음을 터뜨렸다. 정신을 차린 나는 야단맞는 것이 당연하다고 생각하면서 함께 울었다. 우리는 얼마 동안 손을 잡아끌면서 어머니를 불렀다.

잠시 후 정신을 차린 어머니가 눈물이 얼룩진 얼굴로 나를 노려보면서 말했다. '이 녀석아, 노래가 나오니? 우리는 세상에서 제일

---

1) 티벳에는 마을의 교사가 자기 집에 가져갈 수 있도록 예물을 바치는 습관이 있는데 여기서는 그 예물이 음식이다. 여기 말하는 밀라레파의 선생은 흔히 있는 평범한 라마승으로 마을의 교사를 겸한 존재이다. 그가 만일 높은 경지에 이른 스승 라마였다면 불교에서 악업의 원인으로 여겨지는 술을 마시지 않도록 밀라레파를 보호했을 것이다.

비참한 가족이고, 내가 할 수 있는 것이라고는 매일 우는 일밖에 없다.' 그런 다음 우리 셋은 다시 목놓아 울었다.

나는 이렇게 말했다. '어머니 말씀이 옳아요. 하지만 그걸 너무 마음에 담아두지 마세요. 어머니가 제게 무얼 원하든 저는 그것을 하겠어요. 어머니가 원하는 것이 뭐지요?'

어머니가 대답했다. '내가 바라는 것은 쇠사슬 갑옷을 입고 말 위에 높이 앉아 양쪽 등자에 저 원수들의 모가지를 매달고 가는 네 모습이다. 그렇지만 그건 너무 어렵고 많은 위험이 따르는 일이다. 어쨌든 나는 네가 흑마술을 배워 저 원수들을 죽이고, 특히 우리를 이렇게 비참하게 만든 네 당숙과 당고모를 죽이고, 아홉 세대 뒤까지 그 자손의 뿌리를 잘라버리길 원한다. 나를 위해서 그걸 할 수 있겠느냐?'

나는 흑마술 스승[2]에게 바칠 수업료와 내가 여행하고 공부하면서 쓸 돈을 마련해준다면 최선을 다하겠다고 약속했다.

어머니는 저 '굶주림의 작은 양탄자' 라는 땅을 절반 팔아서 '빛나는 별' 이라는 훌륭한 터키옥과 마을 사람들이 잘 아는 '굴레 없는 사자' 라는 흰 조랑말을 샀다. 또한 염색에 쓰이는 꼭두서니 두 단과 설탕 원료 두 꾸러미를 준비했다. 나는 설탕을 팔아서 필요한 돈을 마련한 뒤 궁탕으로 향했다. 때 맞춰 목적지에 도착하니 '자기실현의 집' 이라는 여인숙이 눈에 들어왔고, 여기서 나와 같은 목적

---

2) 스승Guru이란 호칭은 우도(右道)인 백마술에서만이 아니라 좌도(左道)인 흑마술에서도 사용된다. 양쪽 다 제자를 지도하는 방법이 어느 수준까지는 비슷하나 뒤에 가서 스승(제자)의 의도라든가 심령 능력을 사용하는 방법에 따라 둘은 크게 달라진다. 흑마술은 이기적 목적을 추구하면서 악행도 불사하지만, 백마술은 이타적 목적을 추구하면서 일체유정을 이롭게 하려고 노력한다.

으로 길을 나선 동료 여행자를 물색하면서 며칠을 지냈다. 오래지 않아 좋은 가문 출신의 젊은이 다섯을 만났는데 이들은 흑마술을 비롯한 종교적인 공부를 하기 위해 가리뵈Ngari-Döl에서 왔고 위ü 와 쌍Tsang[3]으로 가는 길이었다. 나도 같은 목적으로 길을 나섰다고 말하면서 동행을 요청하여 양해를 얻은 뒤 궁탕의 아랫마을로 데려가 그들에게 음식과 과자를 대접했다.

어머니는 그들에게 부탁했다. '젊은이들, 내 아들은 공부를 특별히 좋아하지도 않고 참을성도 그리 강하지 못해요. 그래서 부탁인데, 저 아이가 공부하도록 총각들이 좀 닦달을 해주었으면 좋겠어. 쟤가 목적을 달성하고 함께 돌아오면 여러분에게 충분히 사례를 할 테니.'

염색 원료 두 단을 조랑말 등에 얹고 터키옥을 단단히 소지한 뒤, 우리는 출발했다. 어머니는 멀리까지 우리를 따라오면서 잠깐씩 쉴 때마다 창을 따라주었고, 동행들에게 나를 잘 돌봐달라고 거듭거듭 당부했다. 외아들인 나를 떠나보내면서 어머니는 내 손을 붙잡고 많은 눈물을 뿌렸으며, 울어서 목이 멘 음성으로 이렇게 말했다. '퇴파가야, 우리가 얼마나 비참한 상황에 있는지 잊지 마라. 너는 우리 마을에서 무언가 큰일을 해서 본때를 보여주어야 한다. 너의 마법 수행은 저 친구들이 하는 수행과 다르다. 쟤들은 명예가 목적이지만 우리는 이것이 목숨과 관련되어 있다. 네가 돌아와서 무언가를 보여주지 못하면 나는 네 앞에서 목숨을 끊을 것이다.'

---

3) 이 책 전체에서 자주 언급되는 위와 쌍 지방은 티벳인들에게 퇴Pöd(티벳 본토)로 알려져 있다. 티벳의 중심 도시는 라사Lhāsa와 타쉬륀포Tashi-lhünpo이며, 전자에는 달라이 라마가 있고 후자에는 타쉬 라마가 있다.

이렇게 마지막 말씀을 남기고 어머니는 발길을 돌렸다. 그러나 내 마음은 어머니에게서 떨어지지 않았다. 뒤돌아보고 또 뒤돌아보는 내 얼굴에서 눈물이 양볼을 타고 끝없이 흘러내렸으며, 어머니역시 마찬가지였다. 그토록 어렵게 키운 외아들을 떠나보내는 마음이 오죽하였으랴! 멀어져가면서 눈길이 닿는 한 우리는 서로를 뒤돌아 바라보았다. 돌아서서 달려가 다시 한 번 어머니를 가까이 느껴보고 싶은 마음을 주체할 수 없었다. 그러나 나는 거의 초인적인 노력을 기울여서 그것을 억눌렀다. 나중에 나는 몇 가지 사건을 통해서 알았다. 이것은 살아생전에 어머니를 다시 보지 못하리라는 예감이었고, 그 후로 맞이하게 될 상황의 전조였다. 우리가 서로 보이지 않게 되었을 때 어머니는 울면서 마을로 돌아갔다. 그 뒤 흰꽃다발의 아들이 그동안의 부당한 처우에 대해 복수하려고 흑마술을 배우러 떠났다는 소문이 멀리까지 들렸다.

나와 일행은 위짱Ü-Tsang으로 향하는 길을 걸어 쌍롱Tsang-rong의 약데Yakde라는 곳에 이르렀다. 여기서 나는 어떤 부유한 사람에게 조랑말과 염색 원료를 주고 그 값으로 황금을 받아 단단히 소지했다. 쌍포Tsangpo(淨化者) 강을 건너 우리는 위Ü 지방 쪽으로 나아갔고, 결국 퇸룩라카Thön-luk-rakha(퇸의 羊 우리)라는 곳에 이르러 위 지방에서 온 몇 명의 라마승을 만났다. 살생을 하고 우박폭풍으로 재물을 파괴하는 흑마술의 도사를 물으니 그들 중 하나가 얄룽쿄르포Yarlung-Kyorpo 마을에 냑Nyak의 융퇸토걀 Yungtun-Trogyal(격노하여 승리하는 악의 스승)이라는 유명한 마법사가 있다면서 그는 살생과 재물 파괴의 달인이며 자신도 그의 제자라고 소개했다. 그래서 우리는 융퇸토걀 라마에게로 걸음을 옮

겼다.

알룽쿄르포에 당도하여 우리는 그 마법사를 찾았고, 나는 동행들이 자기가 지닌 돈의 일부를 그에게 바치는 것을 보았다. 그러나 나는 내가 갖고 있던 황금과 터키옥을 모두 바치고 내 육신과 생명까지도 그에게 맡기면서 나의 세습 재산을 가로챈 자들을 응징할 수 있도록 가르쳐달라고 간청했다. 그리고 내가 거기에 통달할 때까지 먹을 것과 입을 것도 제공해달라고 했다. 그러자 이 라마는 웃으면서 이렇게 말했다. '자네의 요청은 고려해보겠네.'

이렇게 우리는 공부를 시작했지만 그것은 진짜로 효험이 있는 공부가 아니었다. 우리는 웅장한 이름이 붙은 몇 가지 분야의 흑마술을 배웠는데, 이를테면 천지 합일의 힘을 부여한다고 하는 수행법, 죽음에 대처하는 법, 그리고 무언가에 유익한 몇 가지 방법 등이었다.

일 년 가까이 이런 수업을 한 뒤 나의 동료들은 집으로 돌아갈 생각을 하기 시작했고, 스승은 작별 선물로 우리 모두에게 위 지방에서 생산된 좋은 모직 망토를 주었다. 그러나 나는 전혀 만족스럽지 않았다. 그때까지 우리가 배운 것 같은 마법 지식으로는 고향 마을에서 큰 효과를 거둘 수 없었고, 내가 무언가를 확실히 해내지 못하면 어머니는 내 앞에서 스스로 목숨을 끊을 것이었으니, 이런 상태에서 집으로 돌아갈 수 없었다. 내가 주저하는 것을 본 동료들은 집에 가고 싶지 않느냐고 물었다. 내가 아직 아무것도 배운 게 없다고 대답하자 그들이 말했다. '우리는 충분히 배웠으니 이제 인내심을 갖고 그것을 실습하면 돼. 우리는 최선을 다해서 공부했고 선생님은 더이상 가르칠 게 없다고 하셨어. 그 말은 사실이야. 어쨌든 남

아 있고 싶으면 남아서 더 배울 게 있는지 알아보게나.' 그런 다음 그들은 스승 앞에 엎드려 절하고 적당한 예물을 바친 뒤 떠날 준비를 했다.

아침이 되어 스승이 준 망토를 걸치고 멀리까지 그들과 함께 걸어가 작별 인사를 나눈 뒤, 돌아오는 길에 나는 옷자락에다 길바닥의 거름을 많이 주워담았다가 스승의 집에 도착하여 정원 한쪽에 구덩이를 파고 거기에 묻었다. 그때 옥상에서 이 모습을 본 스승은 곁에 있던 제자들에게 이렇게 말했다고 한다. '지금까지 내 제자들 중에서 저 친구만큼 정이 많고 부지런한 인간은 없었고, 또 앞으로도 없을 것이다. 저 친구가 오늘 아침 내게 작별 인사를 하지 않은 이유는 다시 돌아올 생각이었기 때문인 것 같다. 그가 처음 여기 왔을 때 고향의 어떤 이웃에게서 받은 부당한 대우를 응징하기 위한 마법을 가르쳐달라고 간청하면서 자기 육신과 생명을 바치겠다고 했던 일이 생각난다. 얼마나 순진한 녀석이냐! 그가 말한 게 사실이라면 그 청을 거절하는 것은 부끄러운 일이고 또 정말로 가혹한 처사일 것이다.' 나는 이 말을 어린 제자들 중의 하나에게서 나중에 들었고, 정말로 효과가 있는 가르침을 받게 될 거라는 생각으로 흡족한 기분이 되었다.

내가 스승 앞으로 나아가자 그는 이렇게 물었다. '퇴파가, 왜 집으로 돌아가지 않았는가?' 나는 스승이 준 망토를 잘 접어서 다시 바치고 이마가 그의 발에 닿도록 공손히 머리를 숙인 뒤 말했다. '스승님, 저는 홀어머니를 모시고 여동생과 함께 살았습니다. 저희는 당숙과 당고모를 위시한 친척들에게 세습 재산을 모두 빼앗기고 모진 학대를 받아왔습니다. 저희는 권리를 되찾거나 복수를 할 힘

128 티벳의 위대한 요기 밀라레파

이 없기 때문에 어머니가 저를 보내서 흑마술을 배우게 했습니다. 제가 복수할 힘을 얻지 못하고 돌아가면 어머니는 제 앞에서 스스로 목숨을 끊을 것입니다. 이것이 돌아가지 못한 이유이니, 다시 간청을 드립니다. 정말로 효험이 있는 수법을 가르쳐주십시오.' 그러자 스승이 우리가 어떻게 재산을 빼앗겼고 어떻게 학대받았는지 자세히 얘기하라고 말했다. 나는 아버지가 돌아가신 뒤부터 당숙과 당고모에게 받은 부당한 대우를 모두 이야기했고, 슬픔이 북받쳐 눈물이 흐르면서 말이 자꾸 중단되었다.

이야기를 듣는 스승의 얼굴에서도 볼을 타고 흘러내리는 눈물을 볼 수 있었다. 스승은 이렇게 말했다. '네 이야기가 사실이라면 너는 정말 부당하고 가혹한 대우를 받은 것이다. 나 자신이 복수를 대신해줄 수도 있지만, 충분히 따져보고 정당한 이유가 없을 경우에는 그렇게 하면 안 된다. 여러 부류의 사람들이 나의 수법을 배우려고 가리Ngari 지방으로부터 수많은 황금과 터키옥을 가져오고, 캄Kham과 암도Amdo에서는 비단과 전차(磚茶)를, 위와 쌍 지방에서는 곡식과 버터와 모직물을, 자위Dzayul와 탁포Tagpo, 콩포Kongpo에서는 소와 조랑말을 가져왔지만 너처럼 자기 육신과 생명까지 바치겠다고 한 사람은 없었다. 어쨌든 나는 네 처지를 실제로 확인해보아야겠다.'

스승에게는 말보다 빠르고 코끼리보다 힘센 제자 하나가 있었는데, 그가 명령을 받고 나의 고향 마을에 가서 사실을 확인했으며, 며칠 후에 돌아와 모든 것이 나의 말대로이니 나에게 그 수법을 가르쳐도 좋을 것 같다고 고했다.

그런 일이 있고 나서 스승은 내게 말했다. '네가 정당한 이유 없

이 그 수법을 남용할까봐 선뜻 가르쳐주지 않았는데[4] 이제 너의 진실성을 확인했으니 모든 수법을 가르쳐주마. 다만 너는 다른 곳으로 가서 그것을 배워야 한다. 과거에 나는 마비와 살생의 힘을 지닌 자동마르낙Zadong-Marnak(자주색 독사)이라는 아주 파괴적인 흑마술을 쌍포 계곡의 눕쿨룽Nub-Khulung 마을에 사는 쿨룽왼된갸쏘Khulung-Yöntön-Gyatso(쿨룽의 바다 같은 德)에게 가르쳤고, 의사이자 탄트리카[5]인 그는 우박폭풍 일으키는 법을 나에게 가르쳤다. 그 뒤로 우리는 친구가 돼서 우박폭풍법을 배우러 그를 찾아가는 사람은 그가 나에게 보내고, 살생법을 배우러 내게 오는 사람은 내가 그에게 보내기로 했다. 그러니 네가 원하는 수법을 배우려면 그 사람을 찾아가야 한다.'

스승은 먹을 것과 고급 모직 옷을 포함한 예물을 야크에 잔뜩 싣게 하고 맏아들인 다르마왕축Darma-Wangchuk(강력한 젊은이)과 나에게 스카프를 묶은 소개장을 주었으며[6] 우리는 길을 떠나서 예상했던 시각에 쌍포 계곡의 눕쿨룽에 도착했다. 우리는 고급 모직 옷을 예물로 바치고 소개장을 건넨 뒤 내가 나서서 다시 한 번 자초지종을 아뢰고 수법을 가르쳐주십사 청했다.

그러자 쿨룽왼된갸쏘가 말했다. '이 친구, 변함없는 우정으로 약

---

4) 흑마술이건 백마술이건 핵심이 되는 수법은 그것이 남용되지 않을 거라는 확신이 설 때까지 어떤 유파의 어떤 스승도 가르치지 않는다는 것이 오늘날까지 전해오는 신성한 원칙이다.

5) 탄트라 유파의 의례와 비밀 지식에 정통한 사람.

6) 티벳과 몽고 같은 나라들에서는 소개장이나 격식을 차린 예물에 스카프를 묶는다. 이것은 평범한 농부에서 달라이 라마에 이르기까지 신분 고하를 막론하고 적용되며 유럽인들도 그 관례를 따른다. 스카프는 보통 흰색을 사용하는데 몽고에서는 푸른색을 사용한다. (Cf. The Earl of Ronaldshay, *Lands of Thunderbolt*, London, 1923, pp.120~2.)

속을 잘 지키는군. 자네가 원하는 것을 확실히 가르쳐주겠네. 저기 저 산의 불쑥 나온 곳에다 손으로 밀어도 넘어지지 않을 만큼 튼튼한 움막을 만들게.' 그러면서 그는 손가락으로 자신이 말한 장소를 가리켰다. '지하로 삼층을 만들고 그 위에 한 층을 짓되 이 한 층은 단단한 들보를 써서 아귀가 꼭 맞게 해야 하네. 바깥쪽 모서리들은 야크의 몸통만한 바위로 가려서 아무도 그 입구를 알지 못하고 들어갈 수도 없어야 해.' 그리고 나서 그는 〔이 마법의 수행에〕 필요한 가르침을 주었다.

내가 7일 동안 가르침을 적용한 뒤에 스승이 와서 말했다. '목적을 달성하는 데 보통 7일이면 충분하니 이제 효과가 나타날 것이다.' 그러나 나의 고향 마을은 너무 멀리 떨어진 곳이었으므로 좀더 확실한 효과를 보기 위해 나는 7일간 더 작업하게 해달라고 청하여 허락을 받았다.

14일째 되는 날 밤 스승이 다시 와서 말했다. '오늘밤 제단의 가장자리(또는 제물의 만달라)에서 너는 목적 달성의 징표를 볼 것이다.' 아니나다를까 그날 밤 수호신들이 서른다섯 사람분의 피흘리는 머리와 심장을 들고 나타나서 한군데 쌓아놓고 말했다. '요 며칠 동안 당신이 우리를 연거푸 부르면서 원한 것이 이것들인가?

다음날 아침 스승이 다시 와서 희생당해야 할 사람이 둘 더 있다고 말하며 그들을 죽이고 싶은가 그렇지 않은가를 물었다. 나는 나의 성공을 음미하기 위한 대상으로, 그리고 내 마법 능력의 증인으로서 그들을 살려두는 것이 좋겠다고 대답했다. 이리하여 나의 가장 중요한 원수였던 당숙과 당고모는 희생당하지 않았다. 나는 인과율의 수호신들에게 감사드리고 움막에서 나왔다. 이 움막터는 쿨

제3장 | 흑마술의 실행 131

룽에 가면 지금도 볼 수 있다.

흑마술에 의한 내 복수의 실제 효과를 이야기하자면 이렇다. 이 것은 다른 사람들의 눈에 비친 모습인데, 마침 당숙의 맏아들이 결혼식을 올리기 직전이어서 식장에 그의 친척들이 모두 와 있었다. 그 집에는 신부와 당숙의 다른 아들들을 포함하여 내 가족을 괄시한 사람들이 서른다섯 명 모였고, 초대받은 사람들 중 내 가족과 사이가 좋았던 몇몇은 잔칫집으로 걸어가면서 서로 얘기를 나누던 중이었다. '재산을 남에게 맡기고 문 밖으로 쫓겨난다는 속담이 정말 맞아. 저 인간들이 그 속담을 거꾸로 이용했지. 설사 퇴파가의 흑마술이 효과가 없더라도 지금은 인과응보의 법칙이 나타나기 딱 좋은 때야.'

느긋하게 이런 말을 주고받으면서 막 그 집이 보이는 곳에 이르렀을 때, 과거에 우리 집에 있다가 당숙의 집에서 일하게 된 하녀 하나가 물을 길어가려고 밖으로 나왔다. 그녀는 많은 조랑말이 있는 안뜰을 지나치면서 말은 한 마리도 보지 못하고, 그 대신 전갈과 거미, 뱀, 개구리, 도마뱀 등으로 가득한 뜰에서 거대한 전갈 한 마리가 그 집의 대들보를 집게발로 붙잡아 끌어당기는 것을 보았다. 그녀는 놀라서 간신히 그곳을 벗어났는데 그때 고삐로 묶여 있던 숫망아지와 암말 몇 마리가 흥분하여 날뛰었다. 어떤 숫망아지들은 고삐가 헐거워지자 암말들 위로 덤벼들었고, 집 전체가 수라장으로 변했다. 숫망아지들은 히힝거리고 암말들은 발길질을 하다가 결국 그것들 중 한 마리가 엄청난 힘으로 집의 한가운데 기둥을 들이받으면서 집 전체가 굉음과 함께 무너져내렸다.

이렇게 해서 35명의 인간이 모두 죽었으니 그 속에는 당숙의 아

들 모두와 신부가 포함되었다. 연기와 먼지가 하늘을 가렸고 남녀 노소와 조랑말들의 시체가 그 집이 있던 자리를 가득 메웠다.

밖에서 찢어지는 듯한 비명을 들은 내 누이는 어머니에게 달려가 서 소리쳤다. '엄마, 가서 좀 봐요! 당숙네 집이 무너지고 사람이 많 이 죽었어요.'

어머니는 당숙의 집으로 가서, 그동안 내내 정말 일어날 수 있을 까 의심했던 참사를 보았다. 그리하여 먼지 구름으로 뒤덮인 현장 을 보고 그곳을 가득 메운 애처로운 비명과 통곡을 들으면서 놀랍 고도 잔인한 쾌감을 누렸다. 그리고 장대 끝에 몇 개의 천 조각을 달아 깃발처럼 세우고 큰소리로 외쳤다. '신이여, 스승님들이여, 감 사하나이다! 이웃들이여, 이제 보시오. 밀라쉐랍걀쎈의 아들이 장 한지 어떤지, 내가 복수를 했는지 못했는지를. 거친 음식을 먹고 누 더기를 입어야 했던 내 가족의 희생이 어떤 결과를 가져왔는지 보 시오. 당숙의 행위가 어떤 보복을 불렀는지 와서 보고 말하시오. 힘 이 있으면 덤비고 없으면 저주라도 하라고 했지? 이제 힘없는 소수 의 저주가 힘센 다수를 이겼네. 보시오, 위로 인간을 보고 아래로 짐승을 보란 말이오! 못쓰게 된 재산과 식량을 봐! 아, 내 아들이 이 런 통쾌한 광경으로 내 만년을 축하해주는구나! 살아생전에 이런 모습을 보다니 정말 기분 좋구나! 내 인생의 어느 시절에 이런 완벽 한 승리의 기쁨을 맛보았던가!

큰소리로 외치면서 그 참혹한 광경을 만족스럽게 바라보는 어머 니의 귀에 이웃들의 말소리가 들렸다. 어떤 이들은 어머니가 옳다 고 했고, 또 어떤 이들은 복수를 했으면 됐지 그렇게까지 말하는 것 은 옳지 않다고도 했다.

어머니가 기뻐했다는 소식이 친척을 잃은 사람들의 귀에 들어가자 그들은 말하기 시작했다. '재앙을 불러들이고 그걸로 모자라 참을 수 없는 말까지 지껄여? 그년을 잡아다가 주리를 틀고 염통을 뜯어내자.' 그러자 나이가 들어 좀더 신중한 사람들이 고개를 저었다. '그 여자를 죽이면 좋을 게 없네, 아들놈이 다시 같은 짓을 해서 우리 모두를 죽일 걸세. 그러니 먼저 아들놈을 찾아내 그 자리에서 죽이고 어미 년은 우리 편할 대로 처치하자구.' 이와같이 해서 그들 모두가 거기에 동의했다.

당숙은 그들의 계획을 듣고, '허! 나는 이제 잃어버릴 아들도 없고 딸도 없으니 죽어도 좋아!' 이렇게 말하면서 곧바로 내 어머니부터 죽이자고 서둘렀다. 그러나 이웃들이 그를 붙들고 말했다. '들어봐! 우리가 이런 재앙을 당한 것은 우리가 당신 편을 들었기 때문이었어. 당신이 원인이었는데 이제 또 같은 짓을 하려고 해? 당신이 우리 계획을 거부하면 우리는 당신을 반대할 거니까 결국 일이 어긋나게 된다구.' 이 말을 들은 당숙은 그들의 뜻을 따를 수밖에 없었다.

그들은 나를 찾아내서 죽이기 위해 어떤 사람들을 보내야 하는가를 놓고 의논했으며, 이 계획에 관한 이야기를 들은 나의 외삼촌은 어머니를 찾아가 심하게 나무랐다. '네가 바보짓을 해서 너와 네 아들이 모두 위태롭게 됐다. 이웃들이 너희를 죽이려고 음모를 꾸미고 있단 말이야. 통쾌하다고 그런 악랄한 말을 해서 무슨 좋은 일이 있을 것 같니? 그런 재앙을 내린 것만으로 충분하지 않았단 말이냐?'

어머니는 울면서 대답했다. '오빠 말이 옳은 줄은 알아요. 하지

만 입장을 바꿔놓고 내가 겪은 수모를 생각해보세요. 그 많던 재산 다 빼앗기고 얼마나 모욕당하면서 살아왔는지! 어떤 인간이라면 그렇게 하지 않았을까?'

외삼촌이 대답했다. '네 입장에서 보면 그럴 만도 하지만 네 앞일이 걱정이다. 누가 너를 죽이러 올지도 모르니 어쨌든 문단속을 철저히 해라.' 외삼촌이 돌아간 후 어머니는 문고리들을 단단히 잠그고 앉아서 다음 일을 곰곰이 생각했다.

재앙을 모면한 하녀는 우리에 대한 음모를 알고 전 주인의 아들딸이 염려되어 견딜 수 없었다. 그래서 내게로 위험을 경고하는 서신을 보내도록 어머니에게 강력히 권했다.

어머니는 얼마 동안은 자신의 목숨이 붙어 있을 것으로 생각하고 다음 일을 결정했다. 그녀는 반으로 줄어든 '굶주림의 작은 양탄자'를 마저 팔아 금화 일곱 냥을 마련한 뒤 내게 위험을 알리면서 그 돈을 전하려 했으나 고향 마을에서는 그것을 나에게 전해줄 믿을 만한 사람이 보이지 않았고 다른 곳에서도 그런 사람을 찾을 수 없었다.

그러다가 다행히 위 지방 출신의 어떤 순례자를 알게 되었는데, 그는 네팔의 성지들을 참배하고[7] 자기 고향으로 돌아가다가 어머니에게 적선을 구한 사람이었다. 어머니는 그를 들어오게 하여 일부러 그의 고향이라든가 그 외의 여러 가지를 물어본 후 나에게 보낼 돈과 소식을 맡겨도 좋다고 판단하고 며칠 동안 집에 묵게 했으니, 그는 극진한 대우를 받으면서 편안한 시간을 보냈다.

---

7) 네팔은 인도와 마찬가지로 티벳의 불교도들이 순례를 위해 많이 찾는 나라이다.

어머니는 등잔을 켜고 나의 수호신들에게 기도하면서, 편지가 무사히 전달되어 일이 뜻대로 될 수 있을지 어떨지 무언가 징표를 보게 해달라고, 만일 성공할 거라면 등잔불이 오래 타게 하고 실패할 거라면 곧바로 꺼지게 해달라고 빌었다. 그러자 등잔불은 하루 밤낮 동안 계속해서 탔다. 어머니는 자신의 편지가 유실되지 않을 것으로 믿고, 그 순례자가 가죽신의 바닥재로 사용할 수 있도록 잘 말린 가죽을 주었다.

그는 낡은 모포 기지의 망토를 두르고 있었는데 여기저기가 해지고 구멍이 나 있었으므로 어머니는 그것을 수선해주면서 주인 몰래 등 쪽에 커다란 천 조각을 붙이고 거기에다 금화 일곱 냥을 감추었다. 어머니는 다시 그 위에다 네모난 검은 헝겊을 덧댄 뒤 두꺼운 흰 실로 정성껏 수를 놓아 금화 일곱 냥을 제각기 고정시켰는데, 그것은 날개가 여섯인 큰 별의 각 날개와 중심에 일곱 개의 작은 별이 포함된 모습이었지만,[8] 전체적으로는 큰 별 하나가 더 두드러져 보였다. 그런 다음 어머니는 넉넉한 선물과 함께 내게 보낼 편지를 밀봉하여 그에게 건네면서 그것을 안전하게 전해달라고 부탁했다.

이 사람이 떠난 뒤 어머니는 이웃들이 은근히 두려움을 느끼게 하기 위해 내 여동생 페타를 시켜서 저 순례자가 나의 편지를 가져왔다는 소문이 퍼지게 만들었다. 이 편지는 물론 가짜였지만 그 내용은 이러했다. '누이동생과 함께 잘 지내고 계시리라 믿으며, 마을 사람들은 저의 마법 능력을 확인했으리라 생각합니다. 누군가가 감히 어머니를 미워하거나 협박하면서 또 부당하게 대하지는 않는

---

8) 또는, "플레이데스 성단으로 알려진 일곱 별을 나타내도록 만들어졌다."

지요? 만일 그런 일이 있으면 제게 그의 이름과 가족, 그가 그렇게 행동하는 이유 등을 알려주기만 하세요. 저는 그를 파멸시킬 것이고, 그것은 아주 쉬운 일입니다. 사실 저로서는 살인이 밥 먹기 전의 기도보다 더 쉽습니다. 한 사람이나 두세 사람을 죽이는 게 아니라 가문 전체를 박살내어 구족(九族)을 멸할 것이고, 만일 마을 전체가 어머니에게 함부로 대한다면 이쪽으로 오세요. 마을 전체를 한 놈도 남기지 않고 쓸어버리겠습니다. 저는 잘 지내고 있으니 전혀 걱정하실 필요가 없습니다. 저는 여기서 마법 수행에 힘쓰며 하루하루를 보내고 있습니다.'

내게서 온 것처럼 보이도록 서명하여 봉인한 이 편지가 우리와 가까웠던 사람들에게 읽혔고 외삼촌에게로 건네졌으며 결국 온 마을 사람들이 그 내용을 알게 되었다. 이것은 분노한 사람들이 극단적인 계획을 그만두도록 하기 위한 것이었다. 그들은 서로 의논한 뒤 당숙을 회유하여 나의 세습 재산이었던 '워르마 삼각지'라는 우리 땅을 어머니에게 돌려주게 했다.

한편 편지를 위탁받은 순례자는 수소문 끝에 내가 늅쿨룽에 있다는 말을 듣고 거기로 와서 어머니와 여동생의 안부를 전한 뒤 편지를 전달했는데, 그 내용은 대강 이러했다. '내 아들 퇴파가야, 몸 건강히 지내고 있을 줄 믿는다. 네가 한 일은 아주 만족스러웠고, 너는 아버지 밀라쉐랍갈쎈의 이름에 걸맞게 행동했으니 나는 이제 소망을 이루었다. 너의 마법 능력은 아주 큰 효과를 발휘해서 집이 무너지고 그 안에 있던 서른다섯 명의 인간이 죽었다. 그러나 이 사건으로 사람들이 화가 나서 우리를 해치려 하고 있으니 이번에는 네가 무서운 우박폭풍을 좀 일으켜줘야 하겠다. 우박폭풍에 아홉 가

제3장 | 흑마술의 실행 137

지가 있다고 들었는데 그것들 중에서 한 가지를 일으켜준다면 이 늙은 어미는 더이상 바랄 게 없다. 이곳에서는 우리의 목숨을 노린 음모가 진행중인데, 우선 사람들을 보내 너를 죽인 다음에 나를 죽이겠다는 내용이다. 그러니 우리 모두를 위해서 네 몸을 조심하거라. 생활비가 모자라면 검은 구름에 뒤덮여 민둑Mindook(플레아데스)이라는 이름의 별들이 빛나는 북향의 골짜기를 찾아라. 거기에 우리 친척 일곱이 있을 테니 그들에게 요청해서 식생활을 해결하도록 해라. 그 골짜기를 찾지 못하면 이 편지를 가져간 순례자가 그 골짜기에 산다는 것을 기억하기 바란다. 어느 누구에게서도 그것을 찾지 말아라.'

정말 수수께끼 같은 말이어서 이해할 수 없었다. 무엇보다도 나는 고향으로 돌아가 어머니를 만나고 싶었다. 돈이 떨어져 아주 궁한 상태였지만 이 친척들이 어디 살고 있다는 얘긴지, 편지에 말한 골짜기가 어디 있는지 알 수 없었다. 눈물이 양볼을 타고 줄줄 흘러내렸다. 나는 순례자에게 물었다. 편지에 적힌 친척들을 아는지, 그들이 누구이고 어디 사는지, 또 순례자 자신은 어디에 사는지 물었다. 그는 가리궁탕Ngari-Gungthang에 산다고 대답하면서, 나의 집요한 질문에 대해서는 자신이 여러 곳에서 살아봤지만 나의 친척들이 산다는 어떤 곳도 그런 친척들이 있는지조차도 알지 못한다고 말했다. 그 자신은 위 지방 태생이었다. 그래서 그에게 잠깐만 기다려달라고 말하고 스승에게로 달려가 그 편지를 보이면서 그에게 들은 소식을 전했다.

스승은 편지를 대충 훑어보더니 말했다. '퇴파가야, 네 어머니는 앙심이 아주 깊구나. 그렇게 많은 사람이 죽었는데 다시 또 우박폭

풍을 일으키라고 요구하다니! 너는 북쪽에 어떤 친척들이 있느냐?' 내가 대답했다. '저는 그런 친척에 대해서 들은 적이 없고, 이 편지의 내용은 정말 알 수 없습니다. 그 순례자에게 물었지만 그도 모른다고 했습니다.'

스승의 부인은 다키니의 화신으로서 아주 머리가 좋은 사람이었다. 그녀는 편지를 읽더니 순례자를 데려오라고 말했고 나는 시키는 대로 했다. 그녀는 공기가 따뜻해지도록 불을 피우고 창을 주어 그 순례자가 망토를 벗도록 유도했다. 그런 다음 장난스럽게 그 망토를 걸치고 방안을 걸으면서 말했다. '아무 옷도 필요 없이 이것만 걸치고 어디든지 갈 수 있는 사람들은 정말 행복할 거야!' 그리고 춤을 추는 척하다가 그 망토를 걸친 채 밖으로 나갔다. 그녀는 옥상으로 올라가서 천 조각을 뜯고 금화를 꺼낸 뒤 다시 천 조각을 원래대로 붙여가지고 돌아와 주인에게 돌려주었다. 이어서 그녀는 순례자에게 식사를 대접하여 다른 방으로 보냈다.

순례자가 잠이 든 것을 보고 나서 사모님은 나를 불러 말했다. '퇴파가, 스승께서 이리로 오라고 하시네.' 그쪽으로 갔더니 사모님은 내게 금화 일곱 냥을 주었다. 그것을 어디서 났느냐고 묻자 그녀는 순례자의 망토에서 꺼냈다고 대답하면서 말을 이었다. '퇴파가의 어머니는 아주 영리한 사람인가봐. 북향의 골짜기는 순례자의 망토 속이야. 북향의 골짜기에 햇빛이 들지 않듯이 순례자의 망토 속 역시 햇빛이 들지 못하기 때문이지. 검은 구름은 네모난 검은 천 조각이고, 별들은 그 천 조각에 놓은 수(繡)를 말하는 것이며, 일곱 친척은 금화 일곱 냥 아니겠어? 순례자 외의 다른 어떤 사람에게서도 찾지 말라고 한 애매한 말은 순례자가 그 망토를 걸쳤기 때문이

고, 그런 말 자체가 자네로 하여금 오직 그 사람에게만 주의를 집중하게 하려는 것이었지.' 이 말을 들은 스승은 아주 기뻐하면서 말했다. '참, 속담대로 여자들은 빈틈없고 예리하단 말이야. 이번 일이 역시 그걸 입증하는군.'

내 손에 들어온 돈 중에서 금화 한 냥의 십분의 일을 그 순례자에게 주었더니 그는 기뻐했다. 또한 사모님에게 한 냥의 십분의 칠을 드리고, 스승에게는 세 냥을 바치면서 어머니가 원했던 우박폭풍을 일으키는 법을 가르쳐달라고 청했다. 그는 우박 마법을 배우려면 이번엔 나의 이전 스승인 융튄토걀 라마에게로 가야 한다면서 나의 요청이 이루어질 수 있도록 배려하는 편지와 스카프를 주었고, 나는 얄룽쿄르포 마을로 돌아왔다.

이전 스승을 만나 쿨룽왼튄갸쏘의 편지와 스카프를 전하고 남아 있던 금화 세 냥을 바치자 그는 지난번 행법의 성공 여부를 물었다. 나는 행법에 성공했으며 서른다섯 명이 죽었고 다시 우박 재앙을 요청하는 편지를 받았다고, 그러니 그것을 가르쳐달라고 간청했다. 그는 '좋다'고 말하면서 즉시 그 비법을 가르친 다음 어떤 오래된 외딴 움막 속에서 관련 의식을 치르도록 지시했다.

7일째 되는 마지막 날 나는 구름이 모이고 번개가 번쩍이는 것을 보면서 천둥이 으르렁거리는 소리를 들었다. 이제 손가락으로 우박폭풍의 방향을 지정해도 좋다고 생각했고, 스승도 역시 '이제 너는 우박폭풍을 일으킬 수 있다'고 말하면서 그때 보리가 얼마나 자랐을지 물었다.

그래서 씨 뿌리는 시기와 싹이 나는 시기, 비둘기가 숨을 만큼 자라는 시기, 김을 매는 시기 등을 대강 말했더니, 지금은 너무 이르다

고 스승이 대답했다. 나중에 그가 다시 보리 철에 관해 물었고, 이제 다 자라서 이삭이 여물고 있을 거라고 대답하니, 지금이 바로 우박폭풍을 일으킬 때라고 말하면서 앞서 언급했던 힘세고 발 빠른 제자를 나에게 붙여주었다.

우리는 순례자로 가장하고 나의 고향으로 가서 그곳의 가장 나이든 사람도 경험하지 못했을 정도의 풍작을 보았다. 그래서 그해에는 마을 사람들이 아무도 자기 마음대로 수확하지 않고 며칠 더 있다가 모두 함께 수확하기로 합의를 해둔 상태였다.[9]

나는 필요한 장비를 골짜기 위의 높은 곳에 설치하고 주문을 외기 시작하여 어느 정도 시간이 흘렀으나 주먹만한 크기의 구름도 모이지 않았다. 그래서 수호신들의 이름을 부르고 이웃들의 악행과 잔인성을 열거하면서 옷자락으로 땅을 치며 슬피 울었다.

그러자 이내 크고 무거운 먹구름이 모여들어 하늘에 자리를 잡더니 격심한 우박폭풍으로 변하면서 보리 이삭들이 나뒹굴기 시작했다. 그리하여 세 차례를 연이은 우박이 언덕배기의 깊은 골짜기들을 휩쓸었고 농사를 망친 마을 사람들은 비탄에 젖어 울부짖었다.

우박이 지나간 뒤 강한 비바람이 몰아쳐서 우리는 추위에 떨다가 북쪽으로 뚫린 동굴 하나를 발견했다. 그 속으로 들어가서 키 작은 관목을 모아 불을 피우고 몸을 덥히는데 때마침 보리 풍년을 축하하기 위해 사냥감을 찾아나섰던 그곳 사람들 몇몇의 말소리가 들렸다. 그들은 자기들끼리 이런 말을 주고받았다. '퇴파가란 놈은 과거의 어떤 놈들보다도 더 지독한 재앙을 만들어내는군. 얼마나 많

---

9) 옛 풍습을 지키는 다른 나라들과 마찬가지로 티벳에서도 농작물의 경작과 수확을 공동으로 하는 습관이 있다.

제3장 | 흑마술의 실행 141

은 사람들이 죽었는지 보라고! 그것도 모자라서 이제 일찍이 보지 못한 이런 풍작을 망가뜨리다니! 지금 우리 손에 걸리기만 하면 그 자식을 토막내서 살을 발라내고 피를 쥐어짜도 분이 풀리지 않을 거야.'

이런 말을 하면서 우리가 있는 동굴 앞을 지나다가 나이든 사람 하나가 갑자기 소리를 죽였다. '쉿, 작은 소리로 말해! 저기서 연기 가 나잖아. 누가 있는지 몰라.' 그러자 젊은이들 중 하나가 말했다. '퇴파가가 틀림없어요. 아직 우리를 보지 못했으니 빨리 마을로 내 려가서 사람들을 데려와 포위한 다음에 죽여버립시다. 그러지 않으 면 더 큰 재앙을 불러올 거요.'

그들이 마을로 내려가자 내 동료가 말했다. '자네는 먼저 피하 게. 내가 자네인 척하고 속임수를 써서 저들이 헛수고를 하게 만들 테니.' 우리는 나흘 뒤에 팅리Tingri[10]의 여인숙에서 만나기로 하고 헤어졌다. 그가 힘세고 발이 빠른 것을 알기 때문에 그를 남겨두고 떠나는 것은 걱정스럽지 않았지만, 보고 싶었던 어머니를 보지 못 하는 것이 너무 아쉬웠다. 나는 사람들을 피해 가능한 한 빨리 도망 쳐서 냐남Nyanam 고갯길로 우회하여 가야 했다. 그러나 가는 길에 개한테 물려서 걸음걸이가 불편해졌고 예상했던 것보다 도착 시간 이 늦어졌다.

한편 나의 동료는 목숨을 노리는 자들에게 포위당했지만 그 포위 망을 잘 빠져나와서 그들과 가까워질 때는 빠르게 달리고 멀어질 때는 천천히 걷는 식으로 그들을 유인했다. 그들이 활을 쏘고 돌을

---

10) 에베레스트산 북동쪽 약 80킬로미터 지점에 위치한 티벳 남부의 작은 마을. 《티벳 해 탈의 서》 372쪽 참조(역주).

던지기 시작했을 때 그도 큰 돌을 마주 던져 응수하면서 외쳤다. '조심해, 이 악당들아! 내 원수로 나서는 놈은 어떤 놈이든 마법을 써서 죽여버리겠다. 얼마 전에 너희들이 그렇게 많이 죽어서 내가 얼마나 통쾌했는지 아느냐? 내 마음은 이제 정말로 편안해졌다! 올해의 풍년은 완전히 망가져서 아무것도 거둘 게 없지? 우박이 무섭지 않은가? 앞으로 내 어머니와 동생을 똑바로 대하지 않으면 언덕 위에 재앙을 내리고 골짜기에는 마름병을 퍼뜨려 남은 것들마저 대대손손 못쓰게 만들어버릴 테다. 이 마을을 황무지로 만들 것이니 두고 봐라!' 그가 이렇게 말을 늘어놓자 추적자들은 '당신 때문에 일이 이렇게까지 됐다'고 서로 나무라면서 말을 주고받다가 모두 발길을 돌렸다.

동료는 나보다 먼저 팅리에 도착하여 여인숙 주인에게 내 모습을 설명하고 그런 순례자가 왔는지 물었으나 주인은 아니라고 대답하면서 덧붙여 말했다. '지금 저 너머에서 혼인잔치가 열리고 있는데 거기 가면 환대를 받을 수 있을 거요. 그릇이 없으면 내 것을 빌려줄 테니 가서 좋은 시간을 보내시오. 가겠소?'

당연히 내 동료는 그 권유를 받아들여 쉰제Shinje[11]의 머리통만큼 커다란 투박하고 볼품없는 대접을 받아들고 잔칫집으로 갔다. 나는 동료보다 먼저 그 집에 와서 앉아 있었는데 그가 내게로 다가와서 물었다. '어째서 나보다 먼저 오지 못했는가?' 나는 대답했다. '어느 날 아침에 먹을 것을 얻으러 가다가 개한테 다리를 물려서 늦

---

11) Tib. Gshin-rje(Skt. Yama-Rāja ; 염마왕, 또는 Dharma-Rāja ; 법왕). 속박(Skt. Sangyama)으로 다스리기 때문에 염마왕이고, 죽은 자의 과보나 진리(Skt. Dharma)에 입각하여 다스리기 때문에 법왕이다.

었네.' 그러자 그가 다시 말했다. '고생이 많았겠군!' 우리는 그곳을 떠나 함께 길을 재촉했다.

얄룽쿄르포에 도착하니 스승이 말했다. '너희들의 작업은 행운이 따라서 성공했다.' 우리보다 먼저 소식을 전할 사람이 없었으므로 우리는 놀라서 여쭈었다. '누가 스승님에게 소식을 전했습니까?' 스승은 수호신들이 보름달처럼 밝은 표정으로 자기 앞에 나타났다고, 그래서 이미 감사 의례까지 치렀다고 대답했다. 스승은 크게 만족한 모습이었다.

이것이 내가 저지른 악행인바, 원수들의 부당 행위에 복수하기 위해서 그들을 죽였던 것이다."

여기까지가 〔제쮠의 삶의〕 전편(前篇)이며, 원수들을 파멸시킨 세속적 삶을 서술한 부분이다.

수행의 삶

그분이 말씀하여 세상에 남기신 모든 것과

그것을 수호하는 일에 유의했고

그분이 가르치신 바를 따르는 데 이 몸을 바쳐

지복에 이르는 수행의 삶을 깨달았네.

모든 슬픔이 잘려서 제거되고

뿌리 뽑혀 갈 데까지 다 가니

내 고통의 기반이었던 토대를

거기서 이해하고 파악할 수 있네.

— 바시티 비구니[1]

---

1) Vāsiṭṭhi Bhikkhunī, *Psalms of the Early Buddhist*, I. li (Mrs. Rhys Davids' Translation)

【제2부】

빛의 길

【서 론】

이제부터는 ㄱ가 '불성(佛性)의 완전한 상태'에
도달하기까지의 삶을 서술한다.

◉…하나, 과거를 뉘우치고 〔자신을 열반으로 인도할〕 올바른 스승을 찾는다.

◉…둘, 일단 발견한 스승의 모든 명령에 따르면서 속죄를 위해 부과되는 고통과 번민과 절망에도 불구하고 철저히 복종한다.

◉…셋, 정신적 진보와 궁극적 해방을 선사할 진리를 얻는다.

◉…넷, 스승의 지도 아래 명상하면서 체험과 지식의 싹이 자라기 시작한다.

◉…다섯, 진리가 스스로 전개되기 시작할 때 마지막 구전(口傳)을 얻고 꿈속에서 주어진 지시에 따라 스승과 헤어진다.

◉…여섯, 세속적인 것들의 덧없음을 알리는 몇 가지 불행을 겪으면서 지고의 목표를 달성하기 위해 삶의 모든 것을 바치려는 열망이 솟아난다.

◉…일곱, 인적 없는 높은 산의 외딴 곳에서 세속적 관심을 끊고 끝없는 열정과 불굴의 인내심으로 고행에 전념한다.

◉…여덟, 그와 같은 수행의 결과로 초월적 지식과 체험을 얻고 일체유정에게 큰 은덕을 베푼다.

◉…아홉, 각각의 유정(有情)들이 진리의 길을 발견하도록 하기 위해 육신을 우주 공간으로 분해하여 자신의 모든 가르침을 마지막으로 예증한다.

❖──제4장──❖

성법(聖法)을 찾아서

흑마술 스승과의 이별 / 올바른 교리의 스승 마르파와의 만남

레충이 다시 아뢰었다. "스승님, 선덕을 쌓았다고 하셨는데 그것은 물론 성법(聖法)에 귀의하신 것을 뜻하겠지요. 어떤 인연으로 가르침을 구하게 되었고, 어떻게 그것을 만나셨습니까?"

제쮠이 말했다. "마법으로 많은 사람을 죽이고 우박폭풍을 일으킨 죄를 나는 깊이 참회했다. 올바른 가르침을 구하는 마음이 간절하여 입맛을 잃어버렸으며, 낮에는 걸으면 앉고 싶고 앉으면 걷고 싶었으며, 밤이면 잠이 오지 않았다. 이렇게 후회하고 회개하는 마음으로 가득 찼지만 스승에게 그것을 말할 수 없어서 더욱 괴로웠다. 그래서 계속 스승을 모시는 한편 올바른 가르침을 찾아가게 해달라고 요청할 기회를 모색했다.

그러던 어느 날 내 스승을 신봉하는 어떤 부유한 속인이 심한 병에 걸렸고, 스승은 거기에 초청되어갔다가 사흘 뒤에 우울한 모습으로 돌아왔다. 내가 이유를 묻자 그는 대답했다. '산다는 것이 정말 덧없다. 잘나가던 그 사람이 어젯밤에 죽어서 정말 괴롭구나. 이승의 삶은 모든 것이 고통이다. 나는 젊은 시절부터 흑마술로 살생

을 하고 우박폭풍을 일으켜 악업을 일삼아왔다. 너까지 젊어서부터 이 죄 많은 수법을 배워 이미 악업을 쌓게 했으니 그것 또한 나에게 무거운 짐이 될 것이다.[1]

나는, 마법에 의해 죽임을 당한 유정들이 어떤 식으로든 구원받아 더 높은 세계로 보내진다는 것이 사실이 아니냐고 물었다. 그는 대답했다. '일체유정이 영원의 빛줄기를 지니며, 우리는 그들의 구원과 진화를 위해 노력해야 한다는 것을 나는 알고 있다. 그런 목적에 사용되는 수법도 알지만 그 수법은 언어를 사용할 때와 마찬가지로 올바르게 이해하고 사용해야 하는데, 그에 대한 나의 피상적인 지식이 실제 위험한 상황에 부닥쳐 그것을 견뎌낼 수 있을지에 대해서는 자신이 없다. 그래서 이제 나는 잠재된 모든 위험한 상황을 견딜 수 있는 그런 참다운 교리에 귀의하고 싶다. 네가 여기 남아서 나의 자식과 제자들을 보살펴준다면 나는 이곳을 떠나 너와 나의 구원을 위해 필요한 일을 하겠다. 아니면 우리 둘을 위해 나보다도 네가 가서 거룩한 법을 배우고 수행하여 내가 다음 생에서 해탈의 길을 갈 수 있도록 도와주어도 좋겠지. 물질적인 것은 무엇이든 내가 다 공급해주겠다.'

이것은 내가 원하던 바였으므로 기쁜 마음을 억누를 수 없었다. 나는 올바른 길을 갈 수 있도록 허락해달라고 청했고, 스승은 그 자리에서 동의하여 이렇게 말했다. '좋다. 너는 젊고 활력이 넘치며 인내심과 신념이 강하니 아주 믿음직한 수행자가 될 것이다. 가서 순수한 수행자의 삶을 살아라.'

---

1) 좌도(左道)의 스승이든 우도(右道)의 스승이든 제자에게 지시한 모든 것에 대해서 정신적 책임을 피할 수 없다. 악행은 악업을 낳고 선행은 선업을 낳음이 이와 같다.

그는 얄룽에서 짠 고급 모직포를 암야크의 등에 잔뜩 실어주면서 쌍Tsang 계곡의 나르Nar라는 곳에 가면 롱퇸라가Longtön-Lhaga라는 구파(舊派)의 유명한 라마가 있다고 가르쳐주었다. 이 라마는 닝마 종 교의의 '위대한 완성'이라 부르는 초능력을 획득했다고 알려진 위인이었다. 스승은 이 라마에게 가서 그 교리를 배워 잘 실습하라고 당부했다. 그의 소망을 가슴에 담은 채 나는 쌍 계곡의 나르로 가서 그 라마를 찾았다.

거기서 나는 그 라마의 아내와 제자 몇 명을 만났는데, 그들은 이곳에 본사(本寺)가 있긴 하지만 자기네 스승은 지금 냥Nyang 계곡 위쪽에 있는 리낭Rinang의 말사(末寺)에 계신다고 말했다. 그래서 나는 융퇸토걀 라마의 소개로 왔으니 누가 그 스승에게로 나를 데려다주면 사례를 하겠다고 말했고, 사모님은 제자 한 명을 안내자로 붙여주었다.

리낭에서 그 라마승을 만나 암야크와 모직포를 예물로 바친 후 나는 서부 고원지대에서 온 중죄인으로서 한 생애 동안에 윤회를 벗어나게 만드는 교리를 원하니 아무쪼록 그것을 가르쳐주십사 하고 빌었다.

그러자 라마승이 말했다. '위대한 완성이라고 하는 나의 교리는 참으로 완벽하다. 이것은 뿌리와 줄기, 가지들이 똑같이 탁월하고, 전수하는 사람과 전수받는 사람과 그 결과 모두에 유익한 요가의 지식이다. 이것을 낮에 명상하는 자는 낮 동안에 해탈하고 밤에 명상하는 자는 밤 동안에 해탈한다. 총명하고 선업에 의해 은총을 얻는 자는 그 교리를 듣기만 해도 해탈하니, 그는 이것에 대해 명상할 필요도 없다. 이것은 가장 높이 진화한 지성인들을 위한 교리이다.

그대에게 이것을 가르쳐주리라.' 그는 그 자리에서 나를 입문시키고 필요한 가르침을 주었다.

나는 속으로 생각했다. 살생의 목적으로 마법을 배워 목적을 달성하는 데 14일이 걸리고 우박폭풍을 일으키는 데는 7일이 걸렸는데, 이제 언제든지 명상만 하면 낮이든 밤이든 해탈하고 선업을 통해 은총을 얻는 총명한 사람은 듣기만 해도 해탈한다고 하는 교리를 만났다. 그리고 혼자서 되뇌었다. '그래, 나는 그런 은총을 받은 총명한 사람들 중의 하나일 수도 있어!' 이런 식으로 자만심이 생겨나서 명상하는 대신 잠을 잤으며 그 교리를 실습하지 않았다.

며칠 뒤 그 라마가 내게 와서 말했다. '고원지대 출신의 중죄인이라고 스스로 말하더니 정말 그렇구나. 나는 또 내 교리를 지나치게 찬양했었고……. 모든 점으로 보아 나는 그대를 변화시킬 수 없음이 분명하다. 로닥Lhobrak에 도워룽Dowo-Lung(밀밭골)이라는 승원이 있는데 거기에 위대한 인도 성자인 나로파의 훌륭한 제자가 살고 있다. 마르파라는 이름을 지닌 그는 최고의 덕망을 지닌 번역가이자 새로운 밀교의 초능력을 획득한 사람으로, 삼계(三界)에서 아무도 당할 자가 없다. 그대는 과거세로부터 그 사람과 인연이 있으니 거기로 가야 한다.'

역경승(譯經僧) 마르파의 이름을 듣는 순간 표현할 수 없는 기쁨이 가슴을 가득 채웠고 온몸으로 전류가 흐르면서 털들이 곤두서는 것 같았다. 급기야 내 두 눈에서 눈물이 흐르면서 강렬한 믿음이 솟아났다. 나는 이 스승을 만나겠다는 일념으로 몇 권의 책과 약간의 식량만을 지니고 그가 산다는 곳을 향해 발길을 옮겼으며, 길을 가는 동안 오직 한 가지 생각에 사로잡혔다. '언제 내 스승을 보게 될

것인가? 언제 그의 얼굴을 우러르게 될 것인가?

내가 밀밭골에 도착하기 전날 밤 마르파는 다음과 같은 꿈을 꾸었다. 위대한 성자인 그의 스승 나로파가 자신에게 와서 관정식(灌頂式)을 거행하고 청금석으로 만들어 약간 녹이 슨 오고(五鈷) 금강저와 감로가 담긴 황금 항아리를 주었다. 그리고 항아리의 감로로 금강저의 녹을 닦은 뒤 그것을 승리의 깃발 위에 세우라고 지시했다. 또한 이 작업이 과거세의 불보살들을 기쁘게 하고 일체유정의 추앙을 받아서 우리를 포함한 다른 존재들 모두의 목적을 달성할 것이라고 덧붙인 후 성자는 하늘나라로 돌아갔다.

꿈속에서 마르파가 신성한 감로로 금강저를 닦아 승리의 깃발 위에 세우자 그것이 찬란한 빛으로 온 세상을 가득 채우면서 슬픔에 젖은 육도(六道)의 중생에게로 비치고 기쁨에 넘친 그들이 마르파와 그의 승리의 깃발을 우러르면서 예배하거나 찬가를 부르거나 공물을 바치는 모습이 보였다. 그는 또 불보살들이 승리의 깃발을 축복하면서 정화의식을 행하는 모습과 자기 자신이 어느 정도 우쭐해져 자랑스러워하는 모습을 본 뒤에 아주 행복한 느낌으로 꿈에서 깨어났다.

그의 아내가 아침상을 들고 와서 말했다. '어젯밤 꿈에 서쪽 우르겐 국토에서 왔다는 두 여자가 약간 때 묻은 수정 성골함(聖骨函)을 들고 들어와 나로파 스승님의 분부라면서 합당한 의례로 그것을 성화하여 언덕 꼭대기에 두라고 하면서 이 말을 당신에게 전하랬어요. 당신은 나로파 성자께서 이미 그것을 축성(祝聖)하셨지만 그분의 명령은 무엇이든 따라야 한다면서 항아리 속의 성수로 그것을 씻은 뒤 봉헌식을 거행하고 언덕 꼭대기에 두더군요. 그러자 거기

서 해와 달처럼 밝은 빛이 나면서 옆의 언덕 꼭대기들에 비슷한 성골함들이 몇 개 더 생겨났고, 여자 모습을 한 두 형상이 그것들을 지켰어요. 이게 무슨 꿈이죠?

마르파는 이 두 꿈의 주제가 일치하는 것이 속으로 기쁘면서도 겉으로는 그냥 이렇게 말했다. '근거가 없는 꿈은 나도 의미를 모르겠소. 오늘은 저 아래 내려가서 밭을 갈 것이니 준비나 해줘요.' 그의 아내가 다시 말했다. '일꾼도 많은데 큰스님인 당신이 밭에서 일을 하면 사람들이 뭐라겠어요? 남이 흉을 볼 테니 가지 말고 집에 계세요!' 그러나 아내의 만류를 뿌리치고 밭으로 가면서 그는 단지 이렇게만 말했다. '창을 몽땅 갖고 와요!' 아내가 한 단지를 가져오자 그는 다시 말했다. '이것은 내가 마실 거고, 손님용으로 하나 더 가져와요.' 한 단지가 더 오자 그는 쟁기질을 멈추고 그것을 받아 땅바닥에 놓은 뒤 모자로 덮고 그 옆에 앉아 쉬면서 창을 기울였다.

한편 나는 목적지에 차츰 가까워지면서 사람을 만날 때마다 물었다. '위대한 요기 번역가 마르파 스승님이 사시는 데가 어딥니까?' 그러나 내가 원하는 대답을 아무에게서도 들을 수 없었고, 한 사람에게 더 물었더니 그는 마르파라는 사람이 근처에 살긴 하지만 위대한 요기 번역가 마르파라는 거창한 이름을 지닌 사람은 없다고 대답했다. 그래서 다시 밀밭골을 물으니 손가락으로 한 방향을 가리키면서 저기가 바로 거기라고 말했고, 거기에 누가 사느냐고 재차 물은 결과 자기가 마르파라고 불렀던 사람이 산다는 대답을 얻어냈다. '그분은 다른 이름으로는 불리지 않나요?' 내가 또 묻자 어떤 사람들은 그를 마르파 라마로도 부른다고 대답했다. 의문이 풀렸고, 나는 거기에 분명히 마르파 스승이 살고 있음을 알았다. 그런

다음 내가 서 있는 고개의 이름을 알아보니 그것은 최라강Chhö-la-gang(법의 분수령)이었다. 이런 이름의 고개에서 스승의 거처를 처음 보게 된 것은 길조(吉兆)를 의미한다는 생각이 들었다.

길을 따라 걸으며 여전히 나는 사람들에게 마르파를 물었다. 소 치는 이 몇 명을 만나 물으니 그 중 가장 나이든 사람이 자기들은 모른다고 했는데, 마침 꽤 영리해 뵈는 젊은이 하나가 거기 있다가 말했다. 그는 옷을 잘 차려입고 장신구를 걸쳤으며 머리에 기름을 발라 단정히 빗어넘기고 있었다. '당신은 우리 아버님을 찾는군요. 아버님은 집안의 모든 것을 팔아 황금을 사들인 뒤 인도에 갔다오면서 몽땅 두루마리 문서로 바꿔오곤 하지요. 당신이 찾는 사람이 그분이라면, 그분은 지금 밭에서 과거에 하지 않던 쟁기질을 하고 계십니다.' 결국 찾기는 제대로 찾은 것 같았지만 위대한 번역가가 쟁기질을 한다는 것이 아주 이상하게 여겨졌다.

이런 생각을 하면서 길을 따라가니 비대한 느낌을 주는 라마승 한 사람이 밭을 갈고 있었다. 부리부리한 눈에 위엄 있는 풍채를 한 그를 바라보는 순간 나는 행복감으로 전율을 느끼면서 정신이 아득해져 주변 상황을 모두 잊어버렸다. 잠시 후 제정신으로 돌아온 나는 말했다. '존경하는 스님, 이름 높은 성자 나로파 님의 훌륭한 제자로 역경승 마르파라 불리는 분이 이 마을 어디에 사십니까?

라마승은 잠시 동안 나를 머리끝에서 발끝까지 주의 깊게 훑어보더니 물었다. '젊은이는 어디서 왔소? 그리고 뭐하는 사람이오?' 나는 내가 쌍의 고원지대에서 온 중죄인이며, 역경승 마르파의 명성을 듣고 나를 해탈로 인도할 참다운 교리를 배우고 싶어 왔다고 대답했다.

그러자 라마승이 말했다. '좋소, 나 대신 이 밭을 갈아준다면 그를 만나게 해주리라.' 그는 자기 모자 밑에서 창을 가져와 권했고, 그것을 마시자 힘이 솟았다. 그가 일을 맡기고 가버린 뒤 나는 진지한 마음으로 밭을 갈았다.

잠시 후, 아까 소치는 이들과 함께 있다가 내가 원하는 정보를 주었던 젊은이가 나를 부르러 와서 즐거운 기분이 되어 그에게 말했다. '여기 있던 스님이 아버님께 나를 소개해준다고 했으니 그 스님을 대신해서 이 일을 마저 끝낼 거요.' 그리고 쟁기질을 계속하여 결국 일을 끝마쳤다. 내가 스승을 만나는 데 도움이 된 이 밭은 나중에 '도움의 밭'으로 불리게 되었다. 이 밭은 길목에 있었으므로 사람들이 여름에는 밭둑을 돌아서 가야 했지만 겨울에는 곧장 가로질러 다니곤 했다.

젊은이를 따라간 나는 두 개의 방석을 겹쳐놓고 그 위에 융단을 얹은, 그래서 세 겹의 깔개를 놓은 곳에 앉아 있는 앞서의 그 라마승을 보았다. 그는 애써 몸을 깨끗이 했지만 눈썹과 코언저리에 아직 흙먼지가 남아 있는 것이 눈에 띄었으며, 앞으로 불룩 나온 배를 하고 그렇게 앉아 있었다. 낮에 헤어진 그 스님이라고 생각하면서 나는 주위에 다른 라마승이 있는지 살폈다.

방석에 앉은 그분이 말했다. '네가 나를 알아보지 못했던 것은 당연한 일이다. 내가 마르파이니, 이제 내게 예를 갖추어도 좋다.'[2] 나는 즉시 엎드려서 그의 두 발에 이마를 댄 뒤 그것들을 정수리로 받들었다. 이렇게 예를 갖추고 나서 내가 여쭈었다. '존경하는 스

---

2) 제자는 스승에게 의례적으로 경의를 표할 필요가 있다.

승님, 저는 서부 고원지대에서 온 중죄인입니다. 몸과 말과 마음을 다 바쳐 간청하오니 먹을 것과 입을 것을 주시고 영적인 가르침을 베푸시어 제가 이번 생에서 해탈을 얻도록 이끌어주시기 바랍니다.'

스님이 대답했다. '나는 너를 죄 짓게 한 적이 없으니 네가 중죄인이라는 점은 나와는 관계가 없다. 그렇지만 도대체 무슨 죄를 지었느냐?' 내가 지난 일을 자세히 이야기하자 스님이 말했다. '좋다. 몸과 말과 마음을 다 바치는 것은 좋지만, 나는 식량과 의복과 가르침을 세 가지 다 줄 수는 없다. 식량과 의복을 줄 테니 가르침은 다른 데서 찾든가, 원하는 가르침을 줄 테니 나머지는 다른 데서 찾든가, 둘 중 하나를 선택하거라. 그리고 내가 진리를 가르쳐주더라도 네가 이번 한 생애 동안에 해탈을 하는가 못하는가는 전적으로 너 자신의 인내와 노력에 달려 있다.'

내가 대답했다. '저는 진리를 찾아서 왔으니 먹을 것과 입을 것은 다른 곳에서 구하겠습니다.' 그리고 이곳 생활에 적응하기 위한 준비를 하면서 내가 갖고 있던 책 몇 권을 제단의 선반에 놓았는데, 그것을 본 스님이 곧바로 이렇게 말했다. '너의 옛 책들을 여기 두지 마라. 그것들이 나의 신성한 경전과 법구(法具)들을 오염시킨다.'[3]

나의 책들 속에 흑마술 서적이 포함되어 있음을 알아차리고 자신의 경전이나 불화(佛畵)를 포함한 다른 것들과 함께 놓이지 않도

---

3) 다음 문단에 나오는 밀라레파의 짐작처럼 티벳 밀교의 스승들은 책도 사람들처럼 어떤 기운을 방출한다고 믿는다. 그래서 마르파는 흑마술 관련 서적들을 신성한 경전과 법구들 곁에 놓지 못하게 했다.

록 하려는 뜻인 것 같았다. 그래서 며칠 동안 그것들을 내 숙소에 두었다. 사모님은 내게 좋은 음식을 대접하고 다른 필요한 것들을 주었다.

이것이 내가 스승을 발견하게 된 경위이고 처음으로 쌓은 공덕이다."

❖── 제5장 ──❖
수습과 참회

마르파 스승의 명령에 복종하면서 이상한 시험과 커다란 고통을 견딤 /
낙심하여 세 번 도망치고 다른 스승을 찾다가 돌아옴

나는 로닥 계곡을 오르내리며 탁발을 해서 보리 마흔두 되[1]를 거두었다. 그 중 스물여덟 되로 사방에 손잡이가 달린 안팎으로 흠 없는 커다란 구리그릇 하나를 사고, 다시 두 되로 고기와 창을 샀다. 그런 다음 남은 보리 열두 되를 큰 부대에 넣고 그 위에 구리그릇을 얹은 뒤 이것들을 둘러메고 스승의 집으로 향했다.

피곤한 몸으로 집에 도착해서 무거운 짐을 내려놓다가 나도 모르게 쿵 소리가 났고, 그 바람에 집이 약간 흔들렸다. 그러자 스승이 뛰어나와 소리쳤다. '허, 힘만 세고 조심성은 없는 녀석이로구나. 이 집을 무너뜨려 우리를 다 죽일 셈이냐? 그 보따리를 끌어내라!' 그가 부대를 발로 차서 밀어냈으므로 나는 그것을 밖에 놓아둘 수밖에 없었다. 그리고 생각했다. 스승은 성미가 꽤 급한 분이니 그 앞에서는 적당히 조심을 해야겠다. 그렇지만 이분에 대한 내 믿음은 조금도 흔들리지 않는다.[2] 구리그릇을 비운 뒤 나는 그것을 갖고

---

1) 영역본에는 '420measures'로 되어 있는데 여기서 measure의 실제 용적을 알 수 없어 그것을 '홉'으로 계산했다(역주).

안으로 들어가 엎드리면서 스님에게 바쳤다. 스님은 그릇 위에 손을 얹은 뒤 눈을 감고 잠시 동안 기도를 올렸으며, 기도가 끝났을 때 나는 그의 얼굴에서 눈물 자국을 보았다. '이것은 상서로운 그릇이니 내 스승 나로파에게 바치겠다.' 그는 이렇게 말하고 손으로 무언가를 바치는 동작을 취했다. 그런 다음 손잡이의 고리를 잡고 그것들을 심하게 흔들더니 홀(笏)로 그릇을 쳐서 큰소리가 나게 한 뒤 그것을 제단의 맨 앞에 놓고 등잔용 버터를 채웠다.

고뇌에서 빨리 해방되고 싶은 마음으로 무엇이든 좀 가르쳐주기를 다시 간청하자 그는 이렇게 말했다. '위와 쌍 지방에서 내게로 오는 제자와 평신도들이 식량이나 예물을 가져오다가 얌닥Yamdak과 탈룽Talūng의 유목민이나 링파Lingpa들에게 자주 약탈을 당한다. 가서 그 도둑놈들에게 우박을 퍼부어라. 이것은 신성한 의무이니 그런 다음에 너를 가르치겠다.'

나는 목적지로 가서 우박폭풍을 일으키고 돌아와 약속했던 가르침을 청했다. 그러나 스님은 대답했다. '뭐? 뻔뻔스럽게도 그까짓 우박폭풍 두어 번 일으킨 대가로 내가 인도에 가서 막대한 비용과 희생을 치르고 얻은 가장 신성한 진리를 요구한단 말인가? 좋소, 마법사 선생, 정말로 진리를 원한다면 냘로로Nyal-Lo-ro에서 여기로 오는 내 제자들을 강탈하고 나를 모욕한 로닥의 고산지대 놈들을

---

2) 뒤에 계속 나오지만, 마르파가 제자인 밀라레파에게 드러낸 분노와 악의, 잔인성 등은 철저히 꾸며낸 것이었다. 참다운 스승이라면 절대로 이런 무가치한 감정들에 휩싸이지 않으며, 전체적으로 볼 때 이것은 밀라레파를 시험하고 참회케 하려는 두 가지 목적을 지닌다. 제자가 되기를 원하는 사람은 자신의 역량을 시험하는 어떤 엄격한 과정을 거쳐야 한다. 스승은 이런 시험 과정을 통해서 제자에게 필요한 가르침이 무엇인지 판단한다.

당신이 통달했다고 하는 그 수법으로 없애주시오. 마법 능력을 입증하는 증거로 그놈들을 쳐부술 수 있다면 위대한 학자인 나의 나로파 스승께서 전한 신비로운 진리를, 단 한 번의 생애 동안에 해탈하여 부처가 되는 그 진리를 가르쳐주리다.'

또다시 나는 지시받은 대로 했고, 나의 저주가 효과를 발휘해서 로닥의 산지 주민들 사이에 싸움이 일어나 많은 사람이 죽었다. 그러나 이런 유혈사태는 내 마음에 깊은 자책감과 고뇌를 선사했으며, 스승은 자신을 화나게 한 자들이 죽은 것을 알고 내게 이렇게 말했다. '자네가 주살(呪殺)의 명인임을 알겠군.' 그는 나에게 투첸 Thüchhen(위대한 마법사)이라는 칭호를 주었다.

다시 내가 진리를 요구하자 그는 말했다. '허허! 내가 모든 재산을 소비하고 엄청난 고통을 겪으면서 가져온 저 신성한 진리를, 아직도 천인들의 거룩한 숨결이 통하는 그것들을 자네가 저지른 악행의 대가로 자네한테 주어야 한다고? 글쎄, 마법사 선생, 그것은 너무나 웃기는 얘기라서 들으면 누구나 다 웃을 걸세. 나 아닌 다른 사람이라면 그런 뻔뻔스런 일이 어디 있냐고 자네를 죽여버렸을 거야. 그러니 이제 가서 양치기들의 농작물에 끼친 손해를 모두 배상하고 죽은 로닥 사람들을 되살려놓게. 그걸 제대로 할 수 있으면 진리를 가르쳐주겠지만, 그럴 수 없다면 내 앞에 나타날 생각도 하지 마.' 그는 이렇게 마치 나를 때릴 듯이 꾸짖었다. 나는 한없이 절망하여 엉엉 울었고, 그런 나를 사모님이 애써 위로했다.

다음날 아침 스님은 약간 부드러워져서 친히 내게로 찾아와 말했다. '어젯저녁 내가 좀 심하긴 했지만 너무 섭섭하게 생각하지 마라. 참고 기다리면 가르침을 얻게 될 거다. 너는 일솜씨가 있어 보

이는데, 내 아들 다르마도데Darma-Doday(경전의 향기)를 위해 집을 하나 지어주었으면 좋겠다. 집을 다 지으면 진리도 가르쳐주고 네가 수행하는 동안 필요한 음식과 의복을 모두 주마.' '그렇지만,' 나는 반문했다. '그동안에 제가 해탈도 못하고 죽으면 어쩝니까?' 그러자 그가 대답했다. '그동안에 해탈하지 못한 상태로 죽는 일은 없다고 내가 약속한다. 나의 교리가 보장하는 모든 것은 거짓이 아니다. 너는 상당한 체력과 끈기를 갖고 있어서 한 생애 동안에 해탈을 얻든 말든 너 좋을 대로 할 수 있고, 아무도 그것을 막지 못한다. 내 종파는 다른 종파들과 달라서 신성한 은혜 파동이 더 풍부하고 영적인 계시도 더 직접적이다.' [3] 이런 고무적인 약속으로 위로받고 마음이 편해져서 나는 집을 어떻게 지어야 하는지 여쭈었다.

나중에 알았지만, 스님이 내게 이 일을 시킨 것은 세 가지 목적을 위해서였다. 첫 번째는 〔전략적으로 중요한〕 어떤 장소에 대해서 〔거기에 요새를 짓지 않기로〕 남자 친척들이 협약을 맺었었는데 거기 가담하지 않았던 스님에게는 그 장소가 안전하고 쉽게 접근할 수 없으며 협약을 맺은 사람들과 인연이 없어서 집지을 곳으로 아주 바람직하게 생각되었기 때문이다. 그리고 두 번째는 나의 악업을 벌충하기 위한 것이었으며, 세 번째는 방금 말한 친척들을 속여 방해받지 않고 자신이 원하는 장소에 집을 지으려는 것이었다.

그는 다음과 같은 일련의 방법을 사용했다. 우선 동쪽을 바라보

---

3) 기독교에서와 같이 라마교에도, 지상의 인간이 영적인 존재들에게서 방사되는 파동의 형태로 신성한 은총을 받을 수 있다는 믿음이 있다. 마르파는 자기 종파의 초인 스승들이 제자를 정신감응으로 직접 인도하기 때문에 영성이 부족한 다른 종파의 스승보다 수행자에게 더 도움을 줄 수 있다고 믿었다.

는 산마루로 나를 데려가 둥근 구조물을 짓게 했고, 내가 일을 시작하여 절반 정도 진척되었을 때 다시 와서 애당초 자신이 계획을 잘못 세웠으니 그동안 지은 구조물을 없애야 한다고, 내가 사용한 흙과 돌들을 원래의 장소에 되돌려놓으라고 말했다.

이 지시를 실행에 옮기자 스님이 다시 술 취한 것 같은 모습으로 나타나서[4] 서쪽을 바라보는 산마루로 데려가 반달 모양의 집을 짓게 하고 사라졌다. 내가 이 집을 절반 높이로 쌓아올렸을 때 그는 또 찾아와서 이것도 잘못되었으니 진흙과 돌멩이들을 원래의 장소에 갖다놓으라고 말했고, 역시 나는 명령에 복종했다.

그 다음에는 북쪽을 바라보는 산마루로 가서 이렇게 말했다. '나의 위대한 마법사, 전번에 내가 너무 취해서 잘못 지시했었던 것 같네. 그것은 정말 잘못된 거였어. 이제 여기다 아주 좋은 집을 지어야 해.' 나는 집을 짓다가 부수고 또 짓다가 부수는 일이 스님에게도 쓸데없는 일이고 내게도 너무 힘들다고 감히 내 의견을 피력하면서 제발 잘 생각한 뒤에 지시해달라고 사정하자 그는 이렇게 말했다. '오늘은 취하지 않았고, 이번에는 충분히 생각했다. 밀교의 신비가가 살 집은 삼각형이어야 하니 내게 그런 집을 지어다오. 이번에는 절대로 다시 부수라고 하지 않으마.'

그래서 나는 삼각형 모양의 집을 지어나갔다. 내가 삼분의 일 정도 지은 어느 날 스님이 나타나서 말했다. '누가 이런 식으로 지으라고 했나?' 나는 대답했다. '이것은 스님의 자제분을 위한 집이고, 스님 자신이 지시하셨습니다.' '나는 이런 지시를 한 기억이 없

---

4) 이것 역시 밀라레파가 깊이 참회하도록 하기 위해 마르파가 꾸민 태도이다.

제5장 | 수습과 참회 163

다.' 그가 말을 이었다. '그렇지만 네가 말한 대로라면 그때 내가 지각이 온전치 않았거나 완전히 미쳤었겠지.' '또 이런 일이 생길까 두려워 잘 생각해서 지시해달라고 말씀드렸더니 스님은 충분히 생각했고 이 집은 절대로 부수라 하지 않겠다고 제게 다짐했었습니다. 그리고 스님은 그때 완전히 정상적인 정신 상태에 있는 것 같았습니다.' 스님이 대답했다. '무슨 증거라도 있나? 그게 뭐야! 혹 마술로, 아니면 마법의 삼각형 같은 이 삼각 탑에 내 식구들을 밀어 넣어서, 나와 내 모든 것을 없애버릴 셈이냐? 이봐, 이 인간아, 나는 당신 유산을 가로챈 적 없어! 그리고 네가 정말로 올바른 가르침을 원한다 해도 이 집의 모양은 너를 방해하는 이 지방 영들이 들러붙기에 딱 알맞아! 당장 이것을 부수고, 흙과 돌들을 전부 제자리에 갖다놓으라구. 그러면 원하는 가르침을 줄 거고, 그렇게 하지 않으려면 여기서 떠나는 게 좋아!' 스님은 단단히 화가 난 모습으로 돌아갔다. 나는 너무 괴로웠지만 달리 어떻게 할 수가 없었다. 내게는 진리가 필요했으니 이전과 마찬가지로 그 삼각형의 집을 부수어 재료들을 원상태로 되돌리는 외에 다른 선택의 여지가 없었던 것이다.

이때쯤 해서 내 등의 어깨와 척추 사이에 커다란 염증이 생겼는데 스님이 못마땅하게 생각할까봐 감히 보여드릴 수 없었고, 사모님에게도 내가 그들을 위해 열심히 일하고 있음을 애써 알리려는 것 같아 역시 말할 수 없었다. 그래서 고통을 나 혼자 참으며 단지 스님이 약속한 가르침을 주도록 도와달라고 사모님에게 말씀드렸을 뿐이다.

이 자상한 여인은 친절하게도 스승에게 가서 이렇게 말했다. '당

신의 허망한 집짓기에 저 불쌍한 젊은이의 생명력이 고갈되어가는 것 같아요. 이제 자비를 좀 베풀어 뭐든 좀 가르쳐주시구려.' 스님은 이렇게 대답했다. '저녁을 잘 차려놓고, 그 친구를 내게로 데려와요.' 사모님이 음식을 장만해놓고 나를 데려가자 스님이 말했다. '마법사, 지난번처럼 내가 하지도 않은 일들에 대해서 엉뚱하게 나를 비난하면 안 된다. 이제 가르침을 주겠다.' 그는 귀의(歸依)[5]와 기도(祈禱), 금계(禁戒), 서원(誓願)의 네 가지를 가르쳐주고 덧붙여 말했다. '이것들은 세속적인 형식이고, 초세속적인 가르침이나 비밀스런 진리를 원한다면 이러이러한 일을 해야 한다.' 그는 자신의 스승 나로파의 인생사를 간략히 설명한 뒤 끝으로 이렇게 말했다. '그렇지만 너는 그런 이상적인 경지에 거의 도달할 수 없을 것이다. 나는 그것이 네게 너무 어렵지 않은가 우려된다.' 이런 이야기를 들으면서 나는 감동하여 눈물을 참을 수 없었고, 스님의 명령은 무엇이든 따르겠다고 속으로 다짐했다.

이런 일이 있고 나서 며칠 뒤 스님이 잠시 함께 걷자고 제안했다. 우리는 천천히 걸었고, 앞서 스님의 숙부와 사촌들이 건물을 짓지 않기로 약속했던, 지금은 그들이 감시하고 있는 그 장소에 이르렀을 때 스님이 멈춰 서서 말했다. '여기에 보통의 사각형 모양으로 9층 집을 짓고 10층에 장식물을 얹어라. 이 집은 절대로 부수지 않을 것이다. 일이 끝나면 네가 그렇게 원하는 진리를 가르쳐주고 또 네가 명상하면서 은거하는 동안 필요한 음식과 의복을 모두 제공하겠다.' 그래서 나는 사모님을 증인으로 세울 수 있게 해달라고

---

5) 불(佛)·법(法)·승(僧) 삼보(三寶)에 귀의하는 것을 말하며, 북방불교에는 신앙 고백과 비슷한 여러 가지 형식의 귀의문이 있다.

요청했다. 수락을 받은 나는 사모님을 모셔왔고, 스님은 집 안팎의 경계를 정했다. 두 분 앞에서 나는 말했다. '지금까지 저는 세 채의 집을 짓다가 원 상태로 되돌렸습니다. 처음에 스님은 충분히 고려하지 못했었다고 하셨고, 두 번째는 지시할 때 술이 취했었다고 하셨으며, 세 번째는 지각이 온전치 않았거나 완전히 미쳤거나 했었고 집 지으라는 말을 한 것조차 기억하지 못한다고 하셨습니다. 세 번째 집에 대해서는 관련된 정황을 상기시켜드리자 증거를 대라고 하면서 크게 화를 내셨습니다. 이제 다시 또 집을 지으라고 하시니 이 명령에 대해서는 사모님께서 증인이 좀 되어주시면 정말 고맙겠습니다.'

사모님이 대답했다. '물론 증인이 되어줄 수 있지. 하지만 자네 스승은 너무 고압적이어서 우리가 하는 말을 듣지도 않으실 거야. 게다가 스님은 아주 쓸데없는 일을 하고 계셔. 이런 집들은 다 필요가 없어요. 순전히 부수기 위해서 그렇게 여러 번 집을 짓는 것은 전부가 자네한테 불필요한 고통이겠지. 그리고 이곳은 합법적인 우리 땅이 아니야. 자네 스승의 모든 친척들이 공동으로 협약을 맺고 유폐시켜 감시하고 있는 땅이라구. 그렇지만 나 같은 연약한 여자 목소리에는 귀도 기울이지 않으셔. 내가 말했다간 괜히 말다툼만 하게 돼.' 이때 스님이 자기 아내를 향해서 말했다. '당신은 요청받은 대로만 해요. 그냥 증인이 되어주고 집으로 가란 말이야. 나는 내 할 일을 해야 하니까! 누가 요구하지도 않은 문제를 당신은 거론할 필요가 없어요.'

그래서 나는 지시받은 대로 사각형 건물의 기반을 다지고 그 위에 돌을 쌓아나갔다. 그런데 이번에는 내 스승의 상급 제자들인 중

Zhung의 곡된추도르Ngogdun-Chudor와 되Döl의 쑤르된왕게 Tsurtön-Wang-gay, 쌍롱의 메텐쵠포Metön-Tsönpo가 운동삼아서 커다란 둥근 돌을 그곳으로 가져왔다. 그것을 토대 바로 위의 출입구 옆에 초석으로 놓고 계속 작업을 진행하여 이층을 올리려 할 때 스승이 찾아와 유심히 살피더니 커다란 둥근 돌을 가리키면서 말했다. '대(大)마법사, 저 돌은 어디서 가져왔나?' 내가 대답했다. '예, 스님, 사형(師兄)들께서 운동삼아 가져왔습니다.' '그래?' 그가 말했다. '네가 집을 짓는 데 그들이 가져온 돌을 사용하면 안 된다. 그것을 빼내서 원래 장소에 갖다두어라.' 이 집은 허물라고 하지 않겠다던 약속을 상기시켰으나 그는 이렇게 말했다. '나는 진리를 통해 다시 태어난 내 수제자들을 네 일꾼으로 쓰라고 한 적이 없다. 그리고 집 전체를 허물라는 것도 아니다. 내 수제자들이 가져온 돌만 빼내서 제자리에 갖다놓으라는 거다.'

그래서 나는 다시 한 번 내가 쌓은 벽을 밑바닥까지 허물고 그 돌을 빼내어 원래 장소에 갖다놓았다. 이 일을 끝내자 스님이 와서 말했다. '이제 가서 네 손으로 그 돌을 가져와 그 자리에 초석으로 놓아도 좋다.' 세 사람 분의 힘을 짜내서 나는 겨우 그것을 옮겨와 앞서 위치시켰던 자리에 놓았다. 이 돌은 내가 엄청난 힘을 들여서 옮겨왔다는 뜻으로 나중에 '거석(巨石)'이라 부르게 되었다.

내가 이렇게 금지된 장소에 건물을 짓고 있는 동안 그것을 본 몇몇 사람들이 말했다. '마르파가 정말로 여기에 집을 지으려는 것 같네. 우리가 나서서 반대하는 게 좋지 않을까?' 그러자 다른 사람이 말했다. '마르파는 제정신이 아니야. 고원지대에서 온 젊고 힘센 초심자를 붙들고 집짓기에 혈안이 되어 매일같이 그 불쌍한 젊은이

를 시켜서 산마루와 언덕 여기저기에 집을 짓는다네. 집이 반쯤 지어지면 다시 그 젊은이를 시켜 허물고 돌과 흙을 원래 자리에 갖다 놓게 하지. 이번에도 마찬가지일 거야. 만일 그러지 않더라도 제지시킬 시간은 충분해. 좀더 두고 보자구.'

그러나 그들은 결국, 이 작업이 중단되지 않을 것임을 알았다. 건물이 7층까지 올라갔을 때 ― 나는 허리 근처에 염증이 또 하나 생겼고 ― 마르파의 친척들은 수군거렸다. '이 건물은 허물지 않을 모양이야. 처음부터 이때까지 다른 집들을 허문 것은 우리의 반대를 피하려는 속임수였어. 이제 우리가 저걸 허물어야 해!' 이런 의도로 그들은 한데 뭉쳤다. 그러나 스님은 마법을 사용하여 무장한 사람들을 잔뜩 만들어내서 집 안팎을 지키게 했다. 집을 허물려 했던 사람들은 겁에 질려 서로를 바라보면서 물었다. '역경승 마르파가 어디서 저렇게 많은 무사들을 데려왔지?' 그들은 감히 싸울 수 없었을 뿐만 아니라 오히려 개인적으로 마르파를 존중하게 되었고 이어서 모두가 그를 따르게 되었다.

이럴 즈음 쌍롱의 메퇸쉔포가 뎀촉Dēmchog 만달라의 대관정(大灌頂)[6]을 받으러 왔는데, 사모님이 내게 이렇게 말씀하셨다. '이제 자네도 입문할 때가 되었으니 그 자리에 한번 참석해보게나.' 염소 머리 크기의 돌 하나, 흙 한 바구니, 물 한 통, 찰흙 한 삽도 남에게 도움받지 않고 나 혼자서 이만큼이나 건물을 지었으니 나도 그럴 만한 자격이 있다고 생각되었다. 그래서 이 의례가 내게도 해당된다고 확신하고 스승께 절한 뒤 입문자들 사이에 자리를 잡았다.

---

6) 방대한 북방불교 경전의 일부인 《승락(勝樂 ; Tib. Bde-mch'og ; Skt. Shamvara) 탄트라》의 비밀 교리를 실제로 적용하는 의례.

나를 보더니 스님은 물었다. '대마법사, 공물로 무엇을 바치려는 가?' 내가 대답했다. '자제분을 위해 집을 다 지으면 가르침을 주겠다고 해서 저의 입문을 허락하실 걸로 생각했습니다.' 이 말에 스님은 버럭 화를 냈다. '그게 무슨 뻔뻔스럽고 주제넘은 소리야! 겨우 몇 자 높이로 흙벽 좀 세웠다고 내가 엄청난 희생과 비용을 치르면서 인도에서 가져온 신성한 지식을 주어야 한다니. 입회금을 낼 수 있으면 내도 좋다. 하지만 낼 수 없으면 당장 여기서 나가라.' 그는 나를 때린 다음 머리카락을 잡고 끌어다가 밖으로 밀쳐버렸다. 나는 그 자리에 죽어서 뻗어 있거나 그대로 죽어버렸으면 좋겠다는 생각이 들었고, 그날 밤을 울며 지새웠다.

사모님은 내게 말했다. '정말 알 수 없는 분이야. 일체유정을 위해 인도에서 이 나라로 신성한 교리를 가져왔다고 하면서 보통 때 같으면 개를 만나도 가르치고 그 개의 행복을 위해 기도하는 분이라구. 그러니까 스님에 대한 믿음을 버리지 마.' 이 착한 여인은 그렇게 나를 격려했다.

다음날 아침 스님이 직접 내게로 와서 말했다. '어이, 위대한 마법사, 지금 짓고 있는 집은 그대로 놔두고 거기 딸린 부속 건물을 짓게나. 그것은 기둥이 열두 개이고 강의실과 법당이 있어야 하네. 그 일이 끝나면 확실하게 가르침을 줄 테니.'

다시 한 번 나는 건물의 토대를 놓았고, 일하는 동안 내내 사모님은 양념한 좋은 음식과 약간씩의 창을 주면서 위로와 조언을 아끼지 않았다.

부속 건물이 완성되어가고 있을 때 되의 쑤르텐왕게가 상뒤 Sang-dü[7] 만달라의 대관정을 받으러 왔다. '이번에는 무슨 일이 있

어도 입문할 수 있도록 해보자' 면서 사모님은 내게 버터 한 통과 모포 한 장과 작은 구리그릇을 준 뒤 입문식에 참석하는 제자들과 함께 가라고 말했다. 스님은 나를 보더니 물었다. '위대한 마법사, 신입생들 사이에 앉으려면 입회금이 필요한데 무얼 지불하려는가?' 나는 버터 통과 모포와 구리그릇을 제시하면서 그것들이 나의 공물이라고 말했다. 그러자 스님은 그것들이 원래부터 자신의 물건이라고, 다른 사람들이 입회금 대신으로 자신에게 바쳤던 것이라고 하면서 그걸로는 안 되니 나 자신의 물건을 가져오든지 아니면 밖으로 나가라고 명령했다. 그는 화가 난 듯이 일어서서 발길질로 나를 몰아냈고, 나는 땅속으로 가라앉고 싶었다.

여러 가지 생각이 떠올랐다. '흑마술로 많은 사람을 죽이고 우박 폭풍으로 농작물에 막대한 손실을 입혔으니 지금 겪고 있는 모든 고통은 그런 악행에 대한 과보이다. 그게 아니라면 스님은 내 속에서 무언가를 보고, 내가 교리를 배워 실천하지 못할 인간이라고 판단하신 게 분명하다. 아니, 스님이 나를 인간적으로 좋아하지 않고 존중하지도 않아서 그러는 것일까? 어쨌든 믿을 것이 없다면 인생은 살 가치가 없다.' 나는 자살을 생각했다. 그때 사모님이 자기 몫의 공양(供養) 음식을 갖다주면서 정성껏 위로했지만 나는 그런 고

---

7) 카귀파 종의 밀교 입문자에게 주어지는 가르침의 심원한 밀법(密法)이다. 237, 402, 404, 421쪽에 있는 것과 같은 다른 문장들에서는 상뒤(Tib. Gsang-'düs)가 구흐야칼라 (Skt. Guhya-Kala ; 秘密黑) 존(尊)의 티벳 이름이다. 초능력의 완성에 의한 신비로운 통찰이라는 의미에서 '비밀'로 풀이되는데, 성취자(Skt. Siddha)들이 지니는 이런 통찰력은 외부적인 치뒤Ch'ir-Dü와 내면적인 낭뒤Nang-Dü로 나뉜다. ('상뒤'는 상바뒤파 Gsang-ba-ḥdus-pa의 축약형이며, 무상유가 탄트라의 기본인 '비밀집회Guhya-Samāja' 를 가리킨다. / 역자.)

급 음식에도 전혀 식욕이 일지 않았고 눈물만이 흘렀으며 그날도 밤이 새도록 울었다.

다음날 아침 스님이 와서 말했다. '건물 두 개를 다 완성해라. 그러면 분명히 가르침을 주겠다.'

다시 작업을 계속하여 부속 건물이 거의 완성되었을 때 등허리 부분에 또다른 염증이 생겼고 세 개의 상처에서 흐르는 피고름이 등 전체를 적셨다. 나는 사모님에게 그것을 보이고, 가르침을 주겠다던 스승의 말씀을 상기시키면서 내가 그토록 원하는 가르침을 받을 수 있도록 변론해달라고 간청했다. 그녀는 내 상처를 보고 눈물을 흘리면서 반드시 그렇게 하겠다고 약속했다.

그녀는 스님에게 가서 이렇게 말했다. '위대한 마법사가 일을 너무 많이 해서 손과 다리의 살갗이 모두 벗겨지고 멍들었으며 등은 세 군데나 곪아서 온통 피고름으로 범벅이 되었어요. 조랑말이나 당나귀가 등에 염증이 생겼다는 얘기는 듣고 또 본 적이 있지만 등에 염증이 생긴 사람은 들은 적도 없고 본 적도 없어요. 사람들이 알면 당신은 망신이에요! 존경받는 명예로운 스님이 그렇게 잔인하다니! 당신은 저 친구한테 좀더 인정을 가져야 해요. 더구나 건물을 완성하면 가르침을 주기로 약속했었잖아요.' 스님이 대답했다. '분명히 그렇게 말했지. 나는 십층 건물이 완성되면 가르침을 주겠다고 했어. 그런데 십층 건물이 어디 있나? 그 친구가 그걸 다 지었는가?' '그렇지만,' 하고 나의 중재인이 항변했다. '십층 건물 이상의 별관을 지었어요.' '말만 많고 일은 못한다더니,' 스님이 반박했다. '십층을 다 올리면 가르침을 줄 거요. 그때까지는 아니야. 그런데 그 친구 등이 정말로 그렇게 많이 아픈가?'

'당신이 너무 횡포해서 알지 못했을 뿐이에요. 안 그랬더라면 한 군데가 아니고 등 전체가 염증이라는 것을 알 수 있었겠지요.' 이렇게 모질게 쏘아붙이고 사모님이 그대로 방을 나와버리자 스님이 다시 불러들여 말했다. '그 친구를 내게로 오라고 해요.'

결국 가르침을 얻게 되었다고 기뻐하면서 스님에게로 갔더니 그는 등을 한번 보자고 말했다. 시키는 대로 하자 내 등을 자세히 들여다보고 나서 이렇게 말했다. '이것은 나로파 스승이 겪은 시련에 비하면 아무것도 아니다. 그분은 몸에 열두 개의 큰 상처와 열두 개의 작은 상처를 입어서 모두 스물네 개의 상처가 있었다. 나는 내 금품을 아끼거나 내 몸의 안전을 돌보지 않고 그 두 가지를 바치면서 그분을 스승으로 모셨다. 네가 정말로 진리를 구한다면 자신의 수고에 대해서 그렇게 떠벌리지 마라. 건물 공사가 완전히 끝날 때까지 착실하게 일하면서 참고 기다리란 말이다.' 이리하여 내 기대는 다시 한 번 수포로 돌아갔다.

그런 다음 스님은 자신의 옷을 패드 형태로 만들어 조랑말이나 당나귀의 등에 상처가 났을 때 거기에 패드를 대는 방법을 보여주고 내게도 그렇게 하라고 권했다. 등 전체가 염증인데 그런 패드 하나가 무슨 도움이 되겠느냐고 묻자 그는 냉정하게 대답했다. 상처에 흙이 들어가서 그것이 더 악화되는 일은 없어야 하며, 나는 계속해서 흙과 돌을 운반해야 한다는 것이었다.

이것이 스승의 생각이라면 그대로 따를 수밖에 없었다. 나는 내 앞의 짐들을 지어 날랐고 다시 일을 계속했다. 스님은 나의 태도를 보면서 속으로 말했다. '정말로 훌륭한 제자다. 스승의 명령을 저렇게 진지하게 따르다니.' 자신에 대한 나의 신뢰와 성실성을 알고

그는 남몰래 기쁨의 눈물을 흘렸다.

염증은 점점 더 심해졌고 나는 고통스러워서 더이상 일을 계속할 수 없게 되었다. 사모님에게 다시 요청하여 내가 진리를 얻을 수 있도록, 그리고 이것이 거절당한다 하더라도 작업을 잠시 쉬었다가 다시 할 수 있게 해달라고 말했다. 그녀는 내 말을 들어주었지만 스님은 단지 이렇게만 대답했다. '공사를 끝낼 때까지는 가르침을 줄 수 없소. 하지만 일을 못한다면 그것은 별 수 없으니 잠시 쉬어도 좋지. 어쨌든 가능한 한 일을 많이 하게 하시오.' 사모님은 내게 쉬면서 상처를 치료하라고 전했다.

상처가 어느 정도 낫자 스님은 가르침에 대해서는 한 마디 언급도 없이 이렇게 말했다. '위대한 마법사, 작업을 다시 시작해서 빨리 진척시켜라.' 시킨 대로 하고 있을 때 사모님이 몰래 말했다. '저이가 너에게 가르침을 주도록 무슨 수를 써보자.'

우리는 함께 궁리하여 결정했다. 내가 〔책들을 포함한〕 나의 모든 소지품과 작은 보릿가루 부대 하나를 둘러메고 떠나면서 스님이 평소 앉는 장소로부터 〔듣고〕 볼 수 있는 노상의 한 지점에서 사모님에게 '가겠어요, 가게 해주세요!' 하고 외치는 한편, 사모님은 '가지 마, 가지 마, 네가 가르침을 얻을 수 있도록 최선을 다할게.' 하면서 나를 붙들기로 합의한 것이다.

스님이 〔듣고〕 볼 수 있는 거리 내에서 이 작은 연극이 행해지고 있을 때 갑자기 큰소리가 들렸다. '다메마Damema(사심 없는 자), 둘이서 무슨 수작을 하고 있는 거야?' 사모님이 대답했다. '위대한 마법사가 당신을 스승으로 믿고 멀리서 가르침을 구하러 왔다가 가르침은 얻지 못하고 단지 당신을 화나게 하여 수없이 얻어맞기만

해서 진리를 찾지도 못하고 죽게 될까봐 이제 다른 데로 가서 찾아보겠대요. 그래서 가르침을 얻을 수 있도록 내가 최선을 다하겠으니 가지 말라고 붙잡는 중이에요.' '알았네.' 스님이 말하고 자리에서 일어나 내가 있는 곳으로 내려오더니 따귀를 몇 대 갈기고 큰 소리로 말했다. '너는 내게 처음 왔을 때 네 몸과 말과 마음을 다 바치겠다고 했었지? 그래서 너는 완전히 내게 속한 몸이 되었는데, 이제 와서 뭐가 어째? 어디로 간다고? 원한다면 나는 네 몸을 백 개로 토막낼 수 있고 그래도 누가 막지 못한다. 그리고 설사 딴 데로 가더라도 내 집에서 보릿가루를 훔쳐가는 짓은 또 무어냐?' 이렇게 소리친 다음 나를 길바닥에 주저앉히고 마구 때린 뒤 보릿가루 부대를 들고 집안으로 들어가버렸다.

외아들을 잃은 어머니의 가슴이 예리한 고통의 칼날에 찢기듯 내 가슴은 그렇게 찢어졌다. 그러면서도 저 스님의 전제적인 위풍당당함과, 이 모든 일이 내가 사모님에게 자문을 구해서 일어났다는 생각에 두려움을 느꼈다. 원래 자리로 돌아가서 주저앉아 우는 수밖에 다른 도리가 없었다. 사모님은, 우리가 애원하든 계략을 쓰든 다른 무슨 짓을 하든 스님은 꿈쩍도 하지 않을 것임이 분명하다고 말하면서 이렇게 덧붙였다. '그렇지만 너무 걱정하지 마, 결국은 가르침을 주실 거야. 우선 내가 아는 것을 좀 가르쳐줄게.' 사모님은 도제파모[8] 명상법을 자상하게 가르쳐주었고, 나는 그것의 '성취'[9]에까지 이르진 못했지만 갈증은 어느 정도 해소되었다. 어쨌든 사모님의 배려에 대해 나는 큰 고마움을 느꼈고, 그녀는 내 스승의 동반자이므로 그런 진리도 나의 악업을 정화하는 데 도움이 될 거라고 생각했다. 그래서 그녀를 위해, 여름에 우유를 짤 때나 마당에서 보

리를 볶을 때 앉을 수 있는 의자를 만들어드린다든지 하는 식으로 작은 일이라도 해서 고마운 마음을 전하려고 노력했다.

이때쯤 나는 다른 스승을 찾는 일에 대해 진지하게 생각하기 시작했다. 그러나 아무리 생각해도 이번 한 생애 동안에 완전히 해탈할 수 있는 방법을 아는 사람은 지금의 스승밖에 없다는 결론이 나왔다. 이번 생에서 해탈하지 못하면 나는 악업으로 인해 응당 지옥에 갈 것이었다. 그래서 나로파를 본받아, 극심한 시련을 견디며 끈질기게 진리를 추구했던 그분처럼, 나 자신도 그렇게 최선을 다하기로 결심했다. 마음을 정한 후 나는 다시 건축 작업을 계속하여 돌을 쌓고 흙을 날랐다.

그러고 있을 때 중의 곡뒌추도르가 자기 제자들과 함께 값비싼 예물들을 갖고 게파도제Gay-pa-Dorje[10] 만달라의 대관정을 받으러 왔다.

그걸 보고 사모님이 내게 말했다. '네가 혼자 이 건물들을 지으면서 보여준 헌신과 복종에도 스님이 아직 만족하지 못하고 입회금으로 뭔가 재물이 꼭 필요하다고 한다면 그런 것을 마련해서라도

---

8) Dorje-Pa-mo(Tib. Rdorje-P'ag-mo ; Skt. Vajra-Vārāhī). '변함없는(또는 금강의) 암퇘지'라는 뜻을 갖는 인도의 여신인데, 이 여신의 암퇘지 형상은 신비주의적 상징이다. 바라문에서의 암퇘지 개념은 Tantra-raja(*Tantrik Texts*, ed. by A. Avalon, vol.xii 참조)의 제8장에 설명되어 있고, 이 여신에 대한 명상법은 같은 책의 영문판 서론(p.43)에 나와 있다. 이 여신은 '아버지(Janaka)의 속성을 지닌'이라는 뜻으로 Janakātmikā라 불리기도 한다. 티벳인들은 도제파모가 삼딩Sam-ding 승원의 여자 승원장으로 태어난다고 믿으며, 이처럼 이 여자 승원장은 티벳에서 인간으로 태어나는 유일한 여성 신격이다.

9) Skt. Siddhi. 지도할 자격이 있는 스승 밑에서 실습하여 얻어지는 온전한 경지.

10) 호금강(呼金剛 ; Skt. He-Vajra ; Tib. Dgyes-pa-rdorje), 또는 8권으로 이루어진 밀교경전의 티벳 이름.

제5장 | 수습과 참회 175

어떻게든 이번 입문식에 참석할 수 있도록 해보자. 이걸 드리고 참석하는데, 만일 무슨 말이 있거든 나도 대답을 보태주마.' 이렇게 말하고 자신의 재산인 짙푸른 색깔의 값비싼 터키옥을 내 손에 쥐어주었다

나는 입회금으로 그것을 바치고 입문자들 틈에 끼어앉았다. 스님은 터키옥을 들고 이리저리 자세히 살핀 뒤 내게 물었다. '위대한 마법사, 이 터키옥이 어디서 생겼는가?' '사모님께서 제게 주신 겁니다.' 내가 대답하자 그는 웃으면서 말했다. '다메마를 불러오라.' 사모님이 왔고 그가 물었다. '다메마, 우리의 이 터키옥이 어디서 나왔소?' 그녀는 남편 앞에 몇 차례 부복하고 나서 대답했다. '그것은 스님과 저의 공동 재산이 아닙니다. 제가 결혼할 때 제 부모님이 개인적으로 주신 것입니다. 스님의 성격이 너무 급하여 우리 사이에 문제가 생길까 두려웠던 것이지요. 그래서 우리가 헤어지게 될 경우에 대비해 저의 사유물로 지녀왔습니다. 그런데 이 불쌍한 젊은이가 가르침을 구하는 모습이 너무 절실하여 그것을 주지 않을 수 없었습니다. 제발 그것을 받고 이 젊은이를 입문시켜주세요. 벌써 여러 번 입문식에서 쫓겨나 그 괴로움을 말로 다할 수 없을 것입니다. 제발 좀 인정을 베푸세요. 그리고 곡뙨 스님과 그 외의 다른 제자분들에게도 부탁하는데 나의 이 간청에 힘을 좀 보태주세요.' 말을 끝내고 그녀는 다시 스님 앞에 몇 차례 엎드렸다.

스님의 성미를 잘 아는 곡뙨과 그 외의 다른 사람들은 감히 아무 말도 하지 못하고 다만 일어섰다가 엎드리면서 함께 되뇌었다. '사모님께서 말씀하신 대로 해주십시오.' 그러나 스님은 자신의 목걸이에 매단 터키옥을 반짝이면서 말했다. '다메마, 당신의 어리석음

때문에 이 비싼 터키옥을 잃을 뻔했소. 이것을 완전히 잃어버릴 뻔했단 말이야. 제발 바보같이 굴지 말아요! 당신은 완전히 내 사람이니 이것도 당연히 내 것이오. 위대한 마법사, 너 자신의 물건이 있으면 가져와도 좋다. 그러면 입문을 허락하겠어. 하지만 이 터키옥은 내 것이야.'

그러나 사모님이 값진 보석을 공물로 바쳤기에 나는 그가 조금은 부드러워져서 내게 입문식을 베풀 것으로 기대하고 잠깐 더 머물렀다. 그랬더니 스님은 다시 화를 내면서 일어나 소리쳤다. '이 뻔뻔스런 놈아, 왜 나가지 않느냐? 무슨 자격으로 내 앞에서 뭉그적대느냐 말이야?' 하더니 나를 바닥에 거꾸러뜨렸다가 다시 들어올린 뒤 엄청난 힘으로 찍어눌렀다. 그런 다음 지팡이를 가져와 나를 치려 했고, 이때 곡뒨이 끼어들어 그를 만류했다. 나는 너무나 무서워 창문 밖으로 뛰어나갔는데 이 모습을 본 스님은 여전히 화가 난 척하면서도 한편으로는 불안해졌다.

창에서 뛰어내리면서 몸을 다치지는 않았지만 나는 너무 슬프고 마음의 고통을 견딜 수 없어 자살을 하기로 결심했다. 그러나 사모님이 또 찾아와서 위로했다. '위대한 마법사, 너무 가슴에 담아두지 말아요. 자네보다 더 착하고 소중한 제자는 세상에 없어. 결국 다른 스승을 찾아가겠다면 필요한 예물과 자네의 숙식비는 내가 줄게.' 이렇게 말하면서 함께 울며 밤을 새웠고 그날 밤은 스님의 잠자리도 보살펴드리지 않았다.

다음날 아침 스님은 자신의 처소로 나를 불렀다. 이제 소망을 들어주시나보다 하고 갔더니 입문을 허락받지 못해서 스님에 대한 나의 믿음이 흔들렸는지 또는 내가 스님을 원망하고 있는 것은 아닌

지 물었다. '저의 입문을 방해한 것은 제가 지은 악업이라고 생각하면서 깊이 참회하고 있습니다. 스님에 대한 믿음은 흔들리지 않습니다.' 이렇게 대답하면서 다시 울음이 터져나왔고, 이것을 본 스님은 나를 몰아내며 소리쳤다. '왜 우는 거야? 그런 식으로 나를 비난하겠다는 건가?'

쫓겨나면서 나는 가슴이 터져서 회오리바람에 찢어져나가는 것 같았다. 악(惡)의 길을 걷기 시작할 때 내가 지녔던 황금이 생각났고, 정도(正道)에 발을 들여놓고 싶은 지금 그것을 앗아간 운명이 한탄스러웠다. 아, 지금 그것이 반만이라도 있다면! 그러면 나는 입문을 허락받고 가르침을 들을 수 있다. 그러나 황금이 없으면 스님은 아무것도 주지 않는다. 설사 다른 곳으로 가더라도 예물은 필요하다. 그것 없이는 아무것도 할 수 없다. 재물이 없으면 구원의 진리를 얻을 수 없으니 결국 해탈하지 못하고 죽어야 한다. 어차피 해탈하지 못하고 죽을 바에야 되도록 빨리 죽는 게 더 낫다. 어떻게 해야 하나? 아, 정말 어떻게 해야 한단 말이냐? 어떤 돈 많은 사람의 하인으로 들어가 품삯을 모아서 입회금을 지불하고 나머지로 그 다음 명상 기간 동안의 비용을 충당할까? 아니면 집에 가서 어머니를 만날까? 집에 가면 어떤 식으로든 약간의 돈을 얻을 수 있겠지. 아니야, 나는 악의에 찬 흑마술로 고향 마을에 엄청난 나쁜 짓을 했어! 어쨌든 둘 중 한 가지 일을 당장 하지 않으면 안 되었다. 돈이든 가르침이든 찾아서 앞으로 나가야 한다. 가는 수밖에 달리 도리가 없다!

나는 스님의 분노가 무서워 식량은 놓아두고, 내 책들만을 챙겨 사모님에게도 말하지 않은 채 길을 나섰다. 그러나 이십 리 가까이

왔을 때, 딱 한 번만이라도 사모님을 더 보고 싶다는 생각과 그토록 다정했던 분에게 말 한 마디 없이 떠나온 나의 망은(忘恩)이 죄스러워서 견딜 수 없었다. 아침식사 시간이었으므로 보릿가루 약간을 구걸하고 솥단지를 빌린 다음 땔감을 모아서 죽을 쑤었다. 식사를 마쳤을 때는 정오가 지난 시각이었는데 그때 갑자기 생각이 미쳤다. 그동안 내가 식사를 제공받은 것으로 치면 스님을 위해 한 노동의 대가를 적어도 절반은 받은 것이다. 그리고 이날 아침식사를 때우기 위해 치른 수고를 따져보면서 사모님이 나를 위해 매일 모든 것을 ― 김이 무럭무럭 나는 맛있는 음식들을 ― 차려주시던 스님 댁에서의 풍요로운 생활과 비교했다. 그런 다정한 분에게 인사도 하지 않고 떠나온 내가 너무 배은망덕하다는 생각이 다시 솟아났다. 돌아가고 싶은 마음이 반쯤 느껴졌지만 그런 식으로 마음을 결정할 일은 아니었다.

빌린 솥단지를 돌려주러 가는 길에 한 노인이 말을 걸었다. '나 좀 보게! 새파랗게 젊은 사람이 일할 수 있을 텐데 왜 구걸을 하나? 경전을 읽어주고 먹을 것을 얻든지, 글을 못 읽는다면 뭔가 다른 일을 하든지 하면 되잖아. 자네는 먹을 것도 얻고 돈도 조금 만질 수 있을 거야. 글을 읽을 수 있나 없나?' 나는 그에게 내가 직업적인 거지가 아니고 글은 읽을 수 있다고 대답했다. 그러자 노인이 말했다. '잘됐네, 내 집에 가서 묵으면서 경전을 좀 읽어주게. 넉넉히 보답할 테니.'

나는 너무나 기쁘게 그 제안을 받아들였고, 팔천 구절로 된 반야바라밀다[11]의 축약본을 읽어주는 일을 하게 되었다. 읽어가는 중에, 탁퉁구Taktūngoo(끊임없는 울음)라 불린 아라한이 가르침을 구하다

가 돈이 한 푼도 없어서 자기 몸의 살을 잘라 팔았다는 이야기가 나왔다. 사람에게 자신의 심장보다 더 중요한 것은 없는데 그는 이것까지도 팔기로 결심했었고, 그 결과로 즉시 죽음이 찾아올 것이었지만 죽음조차 목적을 향한 그의 마음을 바꿀 수 없었다. 내가 겪은 시련을 이 아라한의 경우에 비교해보았더니 그것은 점차 줄어들어 사라져버렸다. 그러자 마르파 스님이 내가 원해온 가르침을 결국은 주실 거라는 희망이 솟아났다. '설사 주지 않더라도,' 나는 회상했다. '다른 스승을 찾도록 도와주겠다고 사모님이 말씀하시지 않았던가?' 그래서 나는 다시 발길을 돌렸다.

내가 스님의 집을 떠났을 때 거기서는 무슨 일이 일어났던가? 사모님은 내가 정말로 가버린 것을 알고 스님에게로 가서 말했다. '당신의 원수가 결국 떠났어요. 이제 만족하시나요?' '누구를 말하는 거요?' 그가 물었고, 사모님이 대답했다. '누구긴 누구예요! 당신이 죽일 듯이 미워하던 저 불쌍한 마법사지요.' 스님은 얼굴을 찌푸렸지만 눈물을 감출 수는 없었다. '오, 카귀파 스승님들이여, 수호령들이여!' 그는 부르짖었다. '운명이 정한 내 제자를 돌려보내주소서.' 이렇게 외치고 망토로 머리를 감싼 채 오랫동안 침묵했다.

내가 돌아와서 사모님에게 절을 하자 그녀는 크게 기뻐하며 말했다. '정말 장하구나. 이제는 스님도 결국 무언가 가르침을 주실 것이다. 네가 떠났다고 하니까 눈물을 뿌리면서 이렇게 외치더구나.

---

11) 21권으로 이루어진 반야바라밀다(Skt. Prajñā-Pāramitā ; Tib. Sʼerpʼyin / 발음=세르친)는 칸쥬르라 부르는 북방불교 정전(正典)의 세 번째 부문을 형성하며, 삼장(三藏 ; Skt. Tri-Piṭaka)이라 부르는 남방불교 정전의 논장(論藏 ; Skt. Abhidharma ; Tib. Chʼos-non-pa / 발음=최넘파)에 상응한다. 원래 부피가 너무 커서 이 책에 언급한 것과 같은 여러 가지 축약본이 존재한다.

"운명이 정한 둘도 없는 내 제자를 돌려보내주소서!" 그래서 나는 스님의 기도로 네가 돌아왔다고 생각한다.'

그러나 나는 속으로 생각했다. 이것은 사모님이 나를 격려하기 위해 하는 말일 뿐이야. 나를 둘도 없는 제자로 부르고 내가 돌아오길 원했다는 것은 내게 한마디의 가르침도 주지 않으려 했던 것과 전혀 맞지 않아. 정말로 그렇게 불렀다면 그것은 기쁜 일이지만, 이제 자진해서 가르침을 주지 않거나 내가 다른 스승을 찾아 떠나는 것까지 막는다면 문제가 더 커진다.

사모님은 스님에게로 가서 말했다. '위대한 마법사가 우리를 버리지 않고 돌아왔어요. 그 친구더러 들어와서 인사를 올리라고 할까요?' '허, 그 친구가 돌아온 것은 우리를 좋아해서가 아니라 저 자신을 위해서야.' 스님이 대답했다. '어쨌든 들어오라고 해요.' 내가 방안으로 들어서자 스님은 말했다. '위대한 마법사, 목표를 혼동하지 마라. 너는 진리를 갈망하지만 그것을 얻으려면 목숨까지도 바칠 각오가 되어 있어야 한다. 이제 가서 아직 못다 지은 건물을 먼저 완성해라. 그러면 네 소망이 이루어질 것이다. 그렇지만 다른 생각이 있다면 나도 너를 먹여줄 이유가 없으니 어디든지 네가 원하는 데로 가도 좋다.'

나는 감히 아무 말씀도 못 드리고 스님 앞에서 물러나와 사모님에게 말했다. '제 어머니를 꼭 한번 보고 싶어요. 스님은 제게 가르침을 주지 않으실 것이 분명합니다. 제가 건물을 완성하고 그것을 얻을 수 있다면 기꺼이 가서 일을 끝내겠지만, 스님은 이것저것을 들어 변명하면서 항상 거절만 하신다는 것을 잘 알아요. 건물을 완성해도 저는 가르침을 얻을 수 없을 것이 분명합니다. 그러니 집으

로 돌아갈 수 있게 해주세요. 두 분 모두 건강히 장수하시길 빕니다.'

말을 마친 뒤 절을 하고 나오는데 그녀가 말했다. '네 말이 분명 옳다. 내가 스승을 한 분 찾아주기로 약속했었던 것을 기억하겠지만, 우리 스님의 제자 곡뒨추도르가 같은 교리를 가르치고 있으니 그 밑에서 수행할 수 있도록 노력해보마. 조금만 더 여기 머물면서 며칠 동안 일을 하는 척해라.' 이 말을 듣고 소망이 이루어질 것 같아서 나는 며칠 동안 착실히 일했다.

한편, 위대한 성자 나로파는 살아계실 동안 매달 초열흘을 중요한 날로 간주하고 제사를 지냈는지 마르파에게도 같은 습관이 있었는데, 이 중요한 행사에 대비하여 사모님은 다음과 같은 계략을 짰다. 즉, 세 개의 큰 그릇에 각각 두 되씩의 창을 발효시킨 뒤 거기서 처음 걸러낸 것을 그릇 하나에 담았고, 행사를 돕는 사람들이 ― 그 속에는 사모님과 나도 끼여 있었다 ― 그 창을 스님의 잔에 연거푸 따르도록 했던 것이다. 두 번째로 거른 창은 제자들이 마셨고 세 번째로 거른 창은 사모님 자신이 조금 홀짝였으며, 나 역시 사모님처럼 조금만 마셔서 거의 취하지 않았다. 그러나 나머지 제자들은 모두 어느 정도 취했고, 스님 자신은 도수가 가장 높은 창을 많이 마셨기 때문에 깊은 잠이 들어버렸다.[12] 그가 이렇게 잠들어 있을 동안 사모님은 그의 방에서 나로파의 목걸이와 홍옥 염주를 포함한 몇 가지 물품들을 꺼냈다. 그런 다음 미리 준비해두었던 듯 스승의 이름으로 쓴 편지 한 통을 가져와 거기에 목걸이와 염주를 첨부하고 값진 스카프로 묶은 뒤 스님의 인장을 찍어 내게 주면서 앞서 말했던 곡뒨추도르에게 그것을 갖고 가라고 말했다. 편지의 내용은

위대한 마법사에게 가르침을 주라는 것이었다. 이와 같이 해서 그녀는 나를 중부 지방으로 보냈으며, 나는 곡된이 구원의 진리를 가르쳐줄 수 있다는 일념으로 길을 떠났다.

이틀쯤 지나서 스님은 내가 무엇을 하고 있는지 물었으며, 그의 부인은 내가 길을 가고 있겠지만 정확히 어디에 있는지 알 수 없다고 대답했다. 스님이 다시 물었다. '언제 어디로 떠났소?' 그녀는 대답했다. '당신을 위해 그렇게 많은 일을 했는데도 당신이 가르침을 줄 생각은 하지 않고 나무라면서 때리기만 한다고, 다른 데로 가서 다른 스승을 찾겠다고 하더군요. 나로서는 그것을 당신에게 말해봤자 그가 다시 얻어맞기만 할 것 같아서 말하지 않았어요. 붙들어두기 위해 최선을 다했지만 별 수 없었고, 그는 어제 떠났어요.'

이 말을 듣고 스님은 얼굴이 흙빛으로 변해서 다시 물었다. '언제 떠났다고?' 부인이 다시 대답했다. '어제요.' 한동안 잠자코 앉아 있던 그가 말했다. '아직 그렇게 멀리 가진 못했을 거야.'

한편 나는 중부 지방의 리워큥딩Riwo-Kyungding에 도착했으며, 이미 큰스님이 되어 많은 제자들에게 탁니Tak-nyi[13]를 강의하고 있는 곡된을 찾아갔다. '나는 해설자이고, 진리이며, 청취자이다. 나

---

12) 다른 종교들의 헌주(獻酒) 및 영적 교섭에서와 같이 의례용으로 마신 술에 의해 이런 과음 현상이 일어날 수 있고, 또 이것은 완전히 여인의 술책에 의한 것이므로 도덕적 관점에서 라마 자신은 비난받지 않아도 된다. 서론에서 좀더 자세히 말했듯이 마르파는 티벳 불교 발전사의 과도기적 인물이다. 그의 탁월한 후계자인 밀라레파는 게룩파(티벳 국교)의 개혁자인 쫑카파보다 더 철저한 개혁자였다. 마르파는 결혼하여 속세에서 살았고 성자라기보다는 학자였던 반면에 밀라레파는 절대적 포기(무조건적 금욕과 고행)가 보다 높은 이상이라고 가르쳤으며 만년의 삶을 통해 스스로 그것을 입증했다. 그의 노래들 중 하나(p.279)는 알코올에서부터 차(茶)와 같은 것까지 모든 자극성 음료를 거부한다.

는 세상의 스승인 동시에 제자이다. 나는 모든 세속적 존재를 벗어난 자이고 지복자(至福者)이며,' 그가 막 이런 구절을 설하고 있을 때 도착한 나는 그로부터 약간 떨어진 지점에 엎드렸다. 그 지점은 후일 착탤캉Chag-tael-Kang(경례의 언덕)으로 불리게 되었다 곡뒤 스님은 모자를 벗어 답례했고, 자신이 그 특별한 구절을 설하고 있을 때 역경승 마르파의 제자 중 한 사람인 내가 도착했다는 사실을 지극히 상서로운 징조로 생각했다. 단순한 사건이지만 너무나 상서로운 징조여서 어느 날 내가 모든 종교적 지혜의 정상에 서게 될 것임을 예견했던 것이다. 그는 옆에 있던 사람 하나를 보내 물었다. '무슨 일로 오셨습니까?' 나는 마르파 스님이 너무 바빠서 나를 직접 가르칠 수 없게 되어 여기로 보냈으며 그 징표로 나로파의 목걸이와 홍옥 염주를 주었다고 말했다.

그 사람이 곡뒤 스님에게로 돌아가서 내가 '위대한 마법사'임을 밝히고 나의 이야기를 전하자 그는 크게 기뻐하면서 외쳤다. '세상에, 이런 일이 있다니, 이것은 정말 굉장한 일이다. 이 변변찮은 승원에 위대한 스승 나로파의 성물(聖物)을 둘 수 있게 되다니! 이것은 우담바라화[14]가 피는 것 같은 진귀한 일이야. 우리는 합당한 예를 갖춰 그것을 인수해야 한다.' 그는 앞서의 그 특별한 구절에서 설법을 중지하고 몇 사람의 행자를 보내 기(旗)와 천개(天蓋), 영락(瓔珞) 같은 것들을 가져온 뒤 여러 가지 악기를 연주하면서 내가 가져온 성물들을 맞이했다.

가까이로 가서 바닥에 엎드린 후 편지 꾸러미와 증거물들을 건네

---

13) 《바가바드기타》와 어느 정도 비슷한 철학 문헌임.
14) Udumvara. 부처가 탄생할 때 핀다고 전하는 연꽃.

자 그는 감동하여 눈물을 흘리면서 모자를 벗고 그 유품들을 자기 머리 위에 올려놓은 뒤 은총을 기원했으며, 그런 다음 그것들을 제단의 가장 중요한 지점에 놓았다.

그가 읽은 편지의 내용은 다음과 같았다. '나는 이제 곧 안거(安居)에 들어갈 생각인데 위대한 마법사가 하루라도 빨리 교리를 배우고 싶어해서 자네에게 보내니 나 대신 입문식을 거행해주게. 그것을 위임하는 증거로 나로파의 목걸이와 홍옥 염주를 함께 보내는 바일세.'

편지를 다 읽은 그는 마르파 스님이 말한 대로 나의 입문식을 거행하겠다고 말했다. 그는 나를 부르러 사람을 보내려고 생각하던 중이었는데 내가 스스로 찾아와서 아주 잘되었다고 생각하는 듯 스님의 배려에 감사했다. 그리고 이렇게 말했다. '내게는 캄Kham과 탁포Tagpo, 콩포Kongpo, 얄룽에서 오는 제자들이 많이 있는데 그들이 여기로 오면서 되Döl의 예포Yepo와 예모Yemo 족속들에게 소지품을 약탈당하는 일이 많다네. 자네가 가서 우박폭풍을 일으켜 그놈들을 혼내주지 않겠나? 그렇게만 좀 해주면 자네를 위해 입문식을 거행하겠네.'

생명과 재산에 해를 끼쳐 남의 복수를 대행하는 중간자가 된, 그런 저주스런 능력을 갖게 된 내 운명이 한없이 슬펐다. 구원의 진리를 찾아서 여기로 왔는데 또다시 악행을 저질러야 한다니! 거절한다면 그것은 스승의 ─ 적어도 스승으로 모시려는 사람의 ─ 말을 어기는 일이고, 실제의 스승에게 복종하기를 거부하는 것만큼 나쁜 죄이며, 가르침을 얻을 수 있는 마지막 기회까지 사라진다. 나는 그 일을 해야 했고, 달리 선택의 여지가 없었다.

나는 필요한 장비를 공급받아 길을 떠났고, 목적지에 도착하여 예포 지역의 어떤 할머니 집에 숙소를 정했다. 그런 다음 작업을 행하여 우박폭풍이 일어나서, 번개가 치고 천둥이 우르릉거리며 이제 막 첫 번째 우박알맹이가 떨어지려 하는데 그 할머니가 가슴을 쥐어뜯으면서 울기 시작했다. '아이고! 저 우박으로 내 농사가 망가지면 이제 어떻게 사누?'

나는 견딜 수 없었다. 이 가난한 할머니에게 그런 잔인한 짓을 할 수는 없었으므로 나 자신의 위험을 무릅쓰고 할머니에게 재빨리 밭의 평면도를 그려보라고 외쳤다. '아이고, 내 밭은 이렇게 생겼어요.' 할머니는 절망적인 목소리로 말하면서 끝이 길쭉한 삼각형 모습을 그려 보였다. 즉시 나는 그것을 철판으로 덮어 마음속에서 보호했으며, 결국 철판 밖으로 비어져나온 아주 작은 부분만을 제하고 그 밭은 피해를 입지 않았다.

폭풍이 지나간 뒤 밖으로 나가서 보니 골짜기 위의 경사진 모든 곳에 깊은 고랑이 생기고 어제의 풍요로운 밭들은 모두가 엉망으로 변했으며 오직 저 할머니의 밭만이 싱싱하게 살아 있었다. 철판으로 가리지 못했던 부분에 해당하는 이 밭의 한쪽 구석만이 우박과 침수로 망가져 있었다. 이 밭은 침수된 구석 부분을 제외하고는 나중에도 우박폭풍의 피해를 입지 않았으며, 그래서 마을 사람들은 이 할머니가 구석 부분을 제외한 밭 전체에 대해 우박 세금[15]을 면제받았다고 말했다.

돌아오는 길에 침수로 가축을 잃은 한 늙은 목자와 그의 아들을

---

15) 우박폭풍 피해 방지 라마들을 위해 거두는 세금. (p.110/20 참조)

만나서, 앞으로 곡파 라마[16]의 제자나 신도들을 해치면 그런 우박폭
풍을 계속 만나게 될 것이라는 말을 그 지역 사람들에게 전하도록
했다. 이런 일이 있은 후 그 두 지역 사람들은 곡파 라마의 위력에
놀라 그를 충심으로 따르게 되었다.

길을 걸으면서 나는 산딸기 덤불 아래 죽어 있는 새들과 길바닥
에 뒹구는 다른 새들 및 쥐들을 모자와 옷자락에 가득 주워 담았고,
도착하여 이것들을 곡파 라마 앞에 무더기로 쌓은 뒤 이렇게 말했
다. '스님, 저는 거룩한 가르침을 찾아서 여기 왔다가 과거에 지은
죄를 다시 짓고 말았습니다. 이 큰 죄인을 제발 보살펴주십시오.'
말을 마치기도 전에 울음이 터졌고 이어서 쓰라린 눈물이 흘러내렸
다.[17]

그러자 이 스님은 대답했다. '실망하지 말게. 그렇게까지 크게
두려워할 필요가 없으니. 나로파와 마이트리[18]를 따르는 우리에겐
어떤 중죄인도 순식간에 구원할 수 있는 그런 진리가 있다네. 새총
을 쏘아 돌 하나로 백 마리의 새를 놀라게 하는 것과 같은 이치일
세. 이번에 우박폭풍으로 죽은 저 새와 짐승들은 다시 태어나서 자
네가 성불할 때 자네의 첫 번째 제자들이 될 걸세.[19] 그렇게 될 때까
지 저것들이 더 나쁜 상태로 하강하거나 지옥에 떨어지지 않도록

---

16) 곡파Ngogpa 라마(곡Ngog에 사는 라마)는 곡된추도르 라마의 축약형이다.
17) 기독교도들에게 있어서는 사람을 죽이는 것만이 죄악으로 여겨지지만, 불교도와 바라
문과 자이나교도들에게 있어서는 '죽이지 말라' 는 계율이 모든 생물에게 적용된다.
18) Maitrī. 나로파와 마찬가지의 인도 성자(요기)로, 카귀파 종의 교리 일부가 그의 가르
침에 기반을 두고 있다.
19) 후일 그들이 인간 상태로 진화하여 성불한 뒤의 밀라레파에게서 구원의 가르침을 얻
을 것이라는 뜻.

내가 전력을 다해 막겠네. 그러니 마음을 편히 갖도록 하게나. 내 말이 믿기지 않는다면 그것이 사실임을 보여주지.' 그는 잠시 동안 눈을 감고 묵묵히 앉아 있더니 자신의 손가락을 꺾어 탁 소리를 냈다. 세 번을 그렇게 하자 〔내가 수집해온〕 죽은 새와 쥐들이 모두 되살아나서 자기 둥지와 구멍으로 달아났다. 나는 이 스님이 부처임을 깨달았다. 얼마나 반갑고 행복했는지! 내 생각에 더 많은 생물들이 이런 식으로 죽는 특혜를 누릴 수 있으면 좋을 것 같았다.

그 후 나는 게파도제Gaypa-Dorje[20]의 만달라에 입문했다. 그런 다음 스승의 처소가 바라보이는 남향의 동굴을 찾아내어 그 속에서 살 수 있도록 약간 손질한 뒤 먹고 마실 것을 공급받기 위한 작은 틈새만을 남기고 모든 것을 차단했다.[21]

스승은 명상법을 가르쳐주었고, 나는 꾸준히 실습했다. 그러나 스승의 노력과 나의 수행이 아무리 지극해도 마르파의 동의를 얻지 못했던 때문인지 내게는 성과가 없었다.

어느 날 스승이 찾아와서 이러저러한 체험을 했는지 물었고, 나는 〔그와 같은 것은〕 전혀 체험하지 못했다고 대답했다. '어찌된 일일까?' 그가 말했다. '이 방법으로 수행하면 반드시 효과가 나타나게 마련인데……. 무언가가 직접적으로 방해하지 않는 한 아주 짧은 시간 안에 결과가 보인다는 말일세. 무엇이 가로막고 있는 걸까? 우리의 큰스님이 자네의 입문을 반대할 리는 없을 테고. 분명히 그

20) p.175 / 10참조.
21) 이것은 카귀파 수행자들의 일반적인 방법이다. 이런 식으로 은거처를 선택하여 그 속에 갇힌 뒤 스승이 지시한 기간 동안 홀로 명상에 잠기는데, 여러 해 동안 그 골방 밖으로 전혀 나오지 않는 수행자들도 있다. 동양에서 유래했을 수도 있는 이와 비슷한 금욕 및 고행이 이집트와 팔레스타인에 살았던 초기 기독교 수도사들에 의해서도 행해졌다.

분이 편지와 증거물들을 보냈는데 말이야. 어쨌든 명상을 계속해보게나.'

이 말에 나는 속이 뜨끔했고, 잠시 동안 〔내가 조작한〕 허위 사실을 고백할까 망설였지만 용기가 나지 않았다. 그리고 그 어느 때보다도 큰 스승인 마르파 스님의 말씀에 따라야 할 필요를 절실히 느꼈지만, 어쨌든 내 힘이 닿는 데까지 열심히 명상을 계속했다.

그 즈음 마르파 스님은 자기 아들이 살 집을 완성하고 그 집에 필요한 작은 목재들을 많이 보내달라고 곡파 스님에게 편지를 보냈다.[22] 그리고 그 편지에는 꼭대기의 뾰족탑과 처마 돌림띠가 완성되면 〔건물의〕 헌당식과 〔마르파의 아들인〕 도데붐Doday-Bum[23]의 성년식에 참석하라는 내용도 들어 있었다. 또한 내가 곡파 스님에게 와 있다는 말을 들었다면서 나를 '나쁜 녀석'으로 언급하고 다시 데려오라는 내용도 있었다.

곡파 스님은 내 동굴로 찾아와 틈새 너머에서 편지를 읽어주고 물었다. '스님의 어투를 보니 자네는 가르침을 허락받지 못한 것 같은데…….' 내가 대답했다. '스님 자신은 허락하지 않았지만, 사모님께서 편지와 유물들을 주면서 이곳으로 가라고 하셨습니다.' '허!' 그가 말했다. '그래서 결국 우리가 헛수고를 하게 된 거로군.

---

22) 티벳에서는 라마승의 거처나 종교적인 건축물의 꼭대기 층을 가느다란 작은 나무들로 장식하여, 일종의 프리즈(바람벽 위쪽의 장식띠)를 형성하는 것처럼 벽의 선들을 고르게 다듬는다.

23) 마르파 스승의 아들은 다르마도데인데, 이것은 그의 다른 이름이다. 다르마Dharma를 대치한 붐Bum은 반야바라밀다(p.180 / 11 참조)의 앞부분 12권과 10만 구절로 이루어진 반야바라밀다의 축약본에 대한 일반적 호칭이다. 그래서 여기에 보이듯이 '붐'은 성년에 도달한 그에게 주어지는 수계명 같은 것일 수 있다. 그는 제7장의 끝부분에서 '도데붐'으로도 불린다.

자네는 스승님 자신의 인가와 협조가 없으면 진전이 없다는 것을 분명히 알아야 하네. 자네가 어떤 성과를 보지 못한 것도 이상한 일이 아니지. 어쨌든 스님이 자네를 데려오라고 했는데 어쩔 텐가? 나는 함께 가겠다고 대답했다. 그는 목재를 짐꾼들에게 보냈으니 그들이 돌아오고 축제 날짜가 정확히 알려질 때까지 내 거처에 그대로 머물라고 말했다.

짐꾼들이 돌아오자 그는 다시 동굴로 찾아왔다. 우리는 틈새를 사이에 두고 앞으로 있을 헌당식과 스승이 아들에게 건물을 수여하는 의례에 관하여 오랫동안 얘기했는데, 다녀온 사람들에게서 나에 대한 언급은 없었는지 물었더니 곡파 스님은 이렇게 대답했다. '있었지, 사모님이 자네의 안부를 물었다더군. 자네는 독방에 있다고 대답했더니 거기서 무얼 하고 있느냐고 다시 물었고, 항상 혼자 지낸다고 하니까 자네가 이 주사위를 두고 갔다면서 주인에게 전해주라고 그 사람의 허리춤에 달아주었다더군.' 곡파 스님은 점토로 만든 주사위를 주었고, 나는 사모님의 자비를 생각하면서 공손한 마음으로 그것을 받들어 이마에 대었다.

그가 돌아간 뒤 나는 주사위를 던져보고 싶어졌다. 그러나 잠시 후에 나는 사모님 앞에서 주사위 놀음을 하는 것과 같은 약한 모습을 보인 적이 없다는 생각이 들었다. 그리고 내 조상들 중의 한 사람을 영락하게 만든 이런 놀음 도구를 사모님이 왜 보냈을까 자문해보았다. 나를 경멸한다는 표시인가? 이렇게 생각하니 순간적으로 화가 나서 그것을 세차게 내던졌다. 그러자 그것이 부서지면서 돌돌 만 종이쪽지가 튀어나왔다. 쪽지를 집어들고 보니 다음과 같은 글이 적혀 있었다. '아들아, 네 스승께서 이제 너에게 입문의례

를 베풀고 가르침을 주려 하시니 곡파 스님과 함께 오너라.' 나는 너무나 반가운 나머지 그 좁은 동굴 안에서 껑충껑충 뛰며 환희의 춤을 추었다.

곡파 스님이 와서 말했다. '용감한 대마법사여, 여행 준비를 하게.' 나는 민첩하게 내 물건을 챙겼고, 스님은 예물을 준비했다. 여기에는 불상과 책, 유품, 황금, 터키옥, 옷감, 비단, 접시, 그릇, 가축 등이 포함되었는데, 가축으로는 절름발이 암염소 한 마리를 제외하고 스님이 소유한 모든 양과 염소들을 준비했다. 그는 자신이 소유한 모든 것을 스승에게 바치려 하고 있었으며, 내가 자신에게 봉사한 대가로 비단 스카프를 주면서 그것을 마르파 스님에게 나의 예물로 바치라고 권했다. 이에 더하여 그의 부인은 또 다메마 사모님에게 전하라면서 분말 치즈 한 부대를 주었다.

곡파 스님은 아내와 나를 포함한 많은 무리를 이끌고 〔마르파의 승원인〕 도워룽을 향해 출발했다. 우리가 도워룽이 있는 언덕 아래에 이르렀을 때 그는 나더러 먼저 가서 마르파 스님과 다메마 사모님에게 자신이 왔다고 전하고 창을 내려보내주실지 알아보라고 일렀다. 승원으로 올라간 나는 사모님을 먼저 찾아뵙고 치즈 부대를 건네면서 인사를 드린 후 언덕 아래 도착한 곡파 스님에게 먹을 것을 좀 보내주실 수 있는지 물었다. 다시 나를 보게 된 그녀는 무척이나 반가워하면서 안에 계신 마르파 스님에게 인사드리고 곡파 스님의 도착을 알리라고 말했다.

나는 안으로 들어가 맨 위층에서 명상에 들어 있는 마르파 스님을 보았다. 비단 스카프를 바치고 동쪽을 향해 앉아 있는 스님에게 절을 하니 그는 얼굴을 서쪽으로 돌렸다. 다시 서쪽으로 가서 절을

하니 이번에는 그가 남쪽을 향해 돌아앉았다. 그래서 내가 말했다. '스승님! 분노 때문에 저를 받아들이지 않으시더라도, 어쨌든 곡파 스님이 불상과 책, 황금, 터키옥, 가축 같은 모든 소유물을 바치려고 오셨습니다. 그분한테는 적절한 예우가 필요할 터이니 약간의 창과 먹을 것을 보내주시기 바랍니다.'

이 말을 들은 스님은 바닥을 쾅 치면서 소리 질렀다. '뭐라고! 내가 인도에서 귀중한 경전들을 가득 짊어지고 돌아왔을 때 누가 마중을 나왔더냐? 불교의 네 가지 교리, 그 모두의 보옥 같은 진수를 가져왔을 때 절름발이 참새 한 마리라도 나를 환영한 줄 아느냐? 그런데 곡파가 가축 몇 마리를 끌고 온다고 해서 위대한 역경승이 뛰어나가 영접해야 한다는 말이냐? 곡파가 원하는 게 그런 거라면 그는 제 집으로 돌아가는 것이 더 낫다.'

나는 스님 앞을 물러나와 사모님에게로 가서 이 말을 전했다. 그러자 사모님이 말했다. '아이고, 네 스승은 너무 화를 잘 내신다. 곡파는 훌륭한 사람이고 마땅한 대접을 받아야 해. 우리 둘이서 함께 가자꾸나.' 나는 만류했다. '곡파 스님은 사모님이 나오시기를 바란 것은 아니었어요. 제가 가져갈 창만 좀 주시면 돼요.' '아니야, 나도 가겠다.' 사모님은 말하고 어린 제자들을 시켜 창을 넉넉히 가져오게 한 뒤 나와 함께 내려갔다.

마르파의 아들 다르마도데의 성년식과 그를 위해 지은 건물의 헌당식을 보기 위해 로닥 사람들이 모두 모였다. 성대한 잔치가 열렸고 마르파 스님은 큰소리로 축시를 낭송했으니, 그 내용은 이러했다.

자비로운 스승님께 기도하나니

저의 명예로운 법통에
온전한 축복을 내리시어
그 축복의 은총이 여기 빛나기를.

이 심원한 진리의 지름길에
진정한 축복을 내리시어
그 축복의 은총이 여기 빛나기를.

역경승 마르파 저 자신에게
심오한 지식의 축복을 내리시어
그 축복의 은총이 여기 빛나기를.

스승과 천인, 다키니들에게
자비와 은혜의 축복을 내리시어
그 축복의 은총이 여기 빛나기를.

여기 모인 저의 영적인 아들과 제자들에게
올바르고 확고한 신앙심을 내리시어
그 축복의 은총이 여기 빛나기를.

저의 멀고 가까운 모든 평신도들에게
자선과 공덕의 축복을 내리시어

그 축복의 은총이 여기 빛나기를.

순수한 모든 행위와 업보에
이타심과 해탈의 축복을 내리시어
그 축복의 은총이 여기 빛나기를.

이 덧없는 세상의 좋고 나쁜 영들에게
큰 은덕과 큰 징벌을 내리시어
그 축복의 은총이 여기 빛나기를.

여기 모인 승려와 재가 신도들 모두에게
기쁨과 선의의 축복을 내리시어
그 축복의 은총이 여기 빛나기를.

낭송이 끝나자 곡파 스님이 일어나서 예물을 바친 후 마르파에게 말했다. '존경하는 스승님, 말씀드릴 필요도 없이 저와 제 소유물은 모두 스승님의 것입니다. 그래서 제가 갖고 있던 모든 것을 여기 가져왔고, 너무 늙어서 따라올 수 없는 절름발이 암염소 한 마리만을 남겨두었습니다. 이 예물들을 받으시고 영원한 제자인 저에게 최고의 관정과 가장 비밀스런 진리를, 핵심 밀법(密法)이 담긴 경문을 하사해주시기 바랍니다.'

이렇게 말하고 엎드리자 그 앞에 높이 앉아 있던 마르파가 대답했다. '좋아, 그렇다면 내가 갖고 있는 진리와 경전들이 가장 희귀하고 가장 강력한 것임을 먼저 말해두지. 그것들은 대부분 "금강승

의 첩경"이라 불리는 교리에 속하는데 이 지름길을 통하면 무한 세월을 기다릴 필요 없이 이번 한 생애 동안에 열반에 도달할 수 있다네. 이 진리의 탁월한 공덕은 그 정도란 말일세. 그렇지만 한 가지, 자네가 말하는 경문에 담긴 진리는 스승이 요구하는 아주 엄격한 조건에 부합되어야 전해질 수 있지. 그래서 자네의 그 암염소가 늙었고 다리를 절더라도 마저 가져오지 않는 한 그 경전을 얻기 어려울 게야.' 이 마지막 요구를 들은 모든 사람이 폭소를 터뜨렸다. 그러나 곡파 스님만은 진지한 표정으로, 그 늙은 암염소를 가져오면 자신이 원하는 경전을 얻을 수 있는지 물었다. 이에 마르파가 대답했다. '물론이지, 자네가 직접 가서 가져오면 말일세.'

축제가 끝나고 사람들이 돌아갔으며, 다음날 아침 곡파 스님은 절름발이 암염소를 가지러 혼자서 떠났다가 자기 등에 그것을 메고 와 마르파에게 바쳤다. 마르파는 기뻐하면서 이렇게 말했다. '신비로운 진리를 충심으로 따르는 사람은 자네와 같아야 해. 늙은 절름발이 암염소는 사실 내게 전혀 필요 없지. 다만 진리의 위대한 가치를 알게 하기 위해 그랬던 거야.' 그는 여러 가지 밀법(密法)과 만달라 의례를 전수하겠다고 곡파 스님에게 약속했으며, 얼마 안 가서 그 약속을 이행했다.

〔그런 다음〕 어느 날 멀리서 온 제자 몇 명과 식구들이 참석한 잔치에서 마르파 스님은 긴 몽둥이를 옆에 두고 앉아 마침 그 자리에 있던 곡파 스님을 무섭게 노려보다가 손가락으로 그를 가리키며 물었다. '곡된추도르, 이런 나쁜 퇴파가 녀석을 입문시킨 이유가 무엇인가?' 말하면서 스님은 몽둥이를 쳐다보았다.

곡파 스님은 놀라서 더듬거리며 대답했다. '스승님께서 퇴파가

를 입문시키라고 제게 친필로 지시하고 봉인까지 하셨습니다. 서신 속에 그 지시의 정당성을 입증하는 나로파 스승님의 목걸이와 홍옥 염주도 들어 있었고, 그래서 저는 지시를 따랐습니다. 저는 잘못이 없으니 저에 대한 노여움을 푸시기 바랍니다.' 이렇게 말하고 그는 불편한 기색으로 좌중의 눈치를 살폈다.

이 말을 들은 마르파는 화난 손가락을 내게로 돌리고 물었다. '그 물건들은 어디서 났느냐?' 나는 심장이 몸 밖으로 튕겨져나가는 것 같았고, 무서워서 감히 말도 제대로 할 수 없었다. 부들부들 떨면서 간신히 입을 열어 기어들어가는 목소리로 사모님이 주셨다고 떠듬떠듬 대답했다.

그러자 그는 자리에서 벌떡 일어나 몽둥이로 사모님을 때리려고 했다. 그러나 미리 상황을 알아차린 그녀는 일어나서 멀찌감치 자리를 옮긴 뒤였고, 그 사이 재빨리 불당 안으로 들어가 문을 잠가버렸다. 스님은 문을 열려고 애를 쓰다가 실패하자 돌아와 앉아서 큰 소리로 말했다. '곡된추도르, 쓸데없는 짓을 했으니 집에 가서 나로파의 목걸이와 염주를 도로 가져와.' 이렇게 말하고 망토로 얼굴을 감싼 채 한동안 그렇게 머물렀다. 사모님과 함께 도망쳤던 나는 한쪽 구석에서 울다가 곡파 스님이 스승에게 절을 하고 물러난 뒤 그에게 나도 데려가달라고 간청했다. 그러나 그는 말했다. '스승님의 특별한 지시 없이 내가 자네를 다시 데려가면 이전과 똑같은 일이 일어나서 우리 둘이 다 고통을 당할 거야. 지금은 여기 머물러. 스승님이 끝내 자네를 가르치지 않으면 그때 내가 힘닿는 데까지 도와줄게.'

내가 다시 말했다. '제가 악업이 너무 많아 저만 고통을 당한 게

아니라 스님과 사모님까지도 거기 끌어들였네요. 저는 이생에선 가르침을 받을 수 없을 것 같습니다. 날이 갈수록 점점 더 많은 죄를 짓고 있으니 차라리 인생을 빨리 끝내는 게 훨씬 나을 것 같아요. 제가 〔좋은 자질의〕 인간들 사이에 다시 태어나서[24] 깨달음의 기회를 얻도록 스님께서 제게 은덕을 베풀어주시면 좋겠습니다.'

내가 몸을 돌려 그 자리에서 목숨을 끊으려 하자 곡파 스님이 울면서 나를 붙잡고 말했다. '용감한 대마법사, 제발 그러지 말게! 축복받은 승리자의 진리인 우리의 비밀불교는 육체가 신성하다고 가르친다네.[25] 자연스럽게 죽음이 찾아오기 전에 함부로 목숨을 끊는 것은 우리 속의 신성을 죽이는 죄이고 그에 대해 응징을 받게 돼. 자살보다 더 큰 죄는 없어. 경전에도 자살은 가장 나쁜 죄라고 쓰여 있지. 이 점을 잘 이해하고 자살할 생각은 절대로 하지 말라구. 스승님은 결국 자네에게 가르침을 주실 거야. 혹시 그러지 않더라도 자네를 가르칠 누군가가 있을 테고.'

곡파는 이렇게 나를 위로했다. 다른 제자들도 나를 동정하면서 어떤 이는 마르파에게 좀더 편안히 말씀드릴 수 있을지 보려고 안으로 달려들어갔고, 또 어떤 이는 내 곁에 앉아서 슬픔을 덜어주려고 애썼다. 그러나 내 심장은 쇠로 만들어진 것인지, 아니면 터져버릴 때가 된 것인지 고통을 견디기가 너무 어려웠다. 이 모든 것이

---

24) 불교도들은 좋은 자질의 인간으로 탄생하는 것이 깨달음을 얻을 수 있는 최상의 기회라고 생각한다. 이 세상에서 한때 크게 진보하여 가장 높은 천국에서 부처의 길을 지망하게 되더라도 그 길에 처음 들어서는 것은 이 세상에서이지 저 세상에서가 아니다.

25) "바라문에서도 같은 이야기를 하고 있으며, 자살한 사람은 징계와 속죄 의식(Skt. Prāyash-chitta)을 통한 정화 과정을 거친다. 그래서 쿨라르나바Kūlārṇava 탄트라는 목숨을 보존할 필요가 있다고 강조한다." ― 아탈 비하리 고슈.

제5장 | 수습과 참회 197

내가 인생의 초반부에 쌓은 무거운 악업 때문이었고, 그 때문에 내 구도(求道) 여정의 출발점에서부터 이런 혹심한 고통을 겪었던 것이다.”

이야기를 들은 모든 사람이 눈물을 금하지 못했고, 너무나 슬픈 나머지 기절하는 사람들도 있었다.

여기까지는 밀라레파가 두 번째로 쌓은 공덕이며, 심신 양면으로 시련과 고난을 겪으면서 어떻게 혼이 나고 죄를 정화해나갔는가를 이야기하고 있다.

❖──제6장──❖

입문

수습 완료 / 입문식 / 제쮠에 관한 마르파의 예언

레충이 다시 제쮠을 향해서, 그 후 어떤 식으로 마르파 스님의 은덕을 입었는지 여쭈었다.

제쮠은 말을 이어나갔다. "앞서 말했듯이 다른 제자들은 위아래로 뛰어다녔고, 잠시 후에 마르파는 기분이 풀려서 상당히 부드러워졌다. 그는 말했다. '이제 다메마더러 이리로 오라고 해라.' 누군가가 그녀를 부르러 가자, 그는 물었다. '곡뙨추도르는 어디 있느냐? 그리고 다른 제자들은?' 누군가가 대답했다. '목걸이와 염주를 가져오라는 스님의 지시를 받고 떠나려 하다가 대마법사를 만나서 아직 그를 위로하고 있습니다.' 이 사건은 전적으로 마르파 자신에게 원인이 있었으니, 그는 눈물이 가득 고인 눈으로 이렇게 말했다. '밀법(密法)의 제자에게는 그런 과정이 필요하다. 그 친구가 원하는 것이 정확히 판명되었다. 내 제자들이 가엾으니 어서 가서 데려오너라.'

제자 하나가 곡파 스님에게로 가서 말했다. '스승님께서 화를 풀고 저를 보내 스님을 부르셨습니다.' 나의 불운이 한탄스러웠고, 스

제6장 | 입문 199

승의 총애를 받는 저 행복한 제자들이 너무나 부러웠다. '이 비참한 내 모습,' 나는 말했다. '스승이 부드러울 때조차 그 앞에 나설 수 없네. 눈에 띄기만 하면 화를 내고 두들겨 패시니.' 나는 다시 비통한 기분이 되어 울먹였다. 곡파 스님은 그 제자에게, 자신이 여기를 떠나면 절망한 내가 무슨 일을 저지를지 모른다고 말하면서 이 상황을 스승에게 전하고 나도 함께 가면 어떨지 알아보도록 했다.

그 제자가 올라가서 상황을 고하자 마르파는 말했다. '지금까지는 그 친구가 말한 대로이지만 오늘은 그렇지 않다. 이제 위대한 마법사가 주빈(主賓)이다. 다메마, 당신이 가서 그 친구를 데려와요.' 그녀가 웃음 가득한 얼굴로 다가와서 말했다. '대마법사, 스승께서 결국 자네를 받아들이시려는 것 같아. 자네가 주빈이니 내가 가서 불러와야 한다고 방금 말씀하셨거든. 그것은 자네에 대한 태도가 완전히 바뀌었다는 표시야. 나한테도 화를 내고 있지 않아. 이제 힘을 내서 빨리 안으로 들어가자고.'

나는 여전히 의심하면서 아주 조심스럽게 방안으로 들어갔다. 자리를 잡고 앉자 마르파 스님이 말했다. '일을 잘 생각해보니 아무도 나무랄 사람이 없는 것 같다. 나는 대마법사가 죄업에서 풀려나기를 바라고 혼자서 저 건물들을 짓게 했다. 나 자신을 위해서였다면 굳이 그렇게 하지 않고 좀더 부드러운 방법으로도 훨씬 잘 지을 수 있었을 테니 내게도 잘못이 없다. 여자인 다메마는 동정심이 많아서 이 충실하고 참을성 있어 보이는 대마법사가 내게 학대당하는 것을 견딜 수 없었겠지. 가짜 편지와 증거물들을 준 것이 좀 지나치긴 하지만 그렇다고 나무랄 수는 없는 일이다. 그리고 곡뒨추도르, 자네도 자네 입으로 말한 것처럼 잘못이 없어. 이번 일로 그 유품들

을 가져오라고 했지만 어쨌든 그것들은 다시 자네에게 돌아갈 것이야. 대마법사로 말할 것 같으면, 모든 가능한 수단을 다 동원하여 진리를 얻으려고 노력했으니 그것은 아주 올바른 자세이다. 나도 모르게 발송된 가짜 편지의 내용에 입각해서 곡뒨이 대마법사를 입문시켰고, 나는 (의무적으로) 해야 하는 일을 하지 못해서, 다시 말하면 대마법사를 절망에 빠뜨릴 기회가 사라져서 화가 났던 것이다. 나의 분노는 물결처럼 내게로 되돌아오지만 그것은 세상의 보통 분노와는 다르다. 신성한 분노는 전혀 별개의 것이며, 어떤 식으로 표현되든 거기에는 오직 한 가지 목적만이 있다. 그것은 참회를 촉구하여 개인의 정신적 진화에 기여한다고 하는 목적이다. 여기 있는 여러분 중에서 그런 신성한 동기를 알지 못하고 이런 일들로 충격을 받는 사람이 있다면 그럴 때 흔들리지 말고 믿음을 강화하라고 말하고 싶다. 내가 이 친구를 아홉 번에 걸쳐서 크게 절망시킬 수 있었다면 나의 이 영적인 아들은 모든 죄업이 정화되었을 것이다. 그러면 다시 태어날 필요가 없고 육체를 포함한 모든 것이 소멸하여 열반에 이르게 되는 것이다. 그런데 그렇게 되지 못하고 아직 죄업이 약간 남아 있는 것은 다메마의 때 이른 동정심과 좁은 소견 때문이다. 그렇지만 여덟 번의 큰 고난을 겪어 큰 죄에서 벗어났고, 다른 작은 시련들을 통해서 작은 죄들이 정화되었다. 이제 내가 내 심장처럼 소중히 여기는 가르침의 세계로 이 친구를 입문시킬 생각이다. 은거하는 동안 먹을 것은 내가 직접 제공할 것이고, 명상 장소에 유폐시키는[1] 일도 내 손으로 할 것이다. 그러니 앞으로는 마음

---

1) p.188 / 21 참조.

을 편히 갖거라.'

꿈인지 생시인지 분간할 수 없었다. 만일 꿈이라면 이대로 지속되면서 깨어나지 않기를 바랐다. 나는 말할 수 없는 기쁨으로 울면서 스승 앞에 엎드렸다. 곡파 스님과 다메마 어머니를 포함하여 거기 있던 모든 사람들이 나를 훈련시키면서 배려하는 스승의 준엄하고 완강한 마음과 자비롭고 따뜻한 마음, 그의 모든 행위에 담긴 기민한 지혜로움에 그저 감탄을 금치 못할 뿐이었다. 그들은 스승을 살아 있는 부처 그 자체로 보면서 믿음을 더욱 강화했다. 그들은 애정 어린 눈으로 스승을 바라보았고 눈물을 흘리면서 다시 한 번 절하여 내게 보여준 그의 관대함을 찬탄했다. 모든 사람이 미소와 웃음으로 밝게 빛났고, 이런 행복한 분위기 속에서 함께 다과가 베풀어졌다.

그날 밤 제단에 공물이 놓인 뒤 사람들이 모인 자리에서 나는 머리를 깎고 승려가 되었으며 옷을 〔승복으로〕 바꿔 입었다. 마르파는 애당초 자기 꿈속에서 나로파 스승이 내게 밀라도제걜쎈Mila-Dorje-Gyaltsen(금강의 깃발 밀라)이라는 이름을 주었다고 말했다. 그는 내게 게녠Ge-nyen(재가 신도)의 서원을 유지하도록 지시했고, 가르치는 부처〔또는 보살〕를 지망하는 이들의 서원을 따르라고 권했다.

마르파가 정신적 차원에서의 공물로 술을 바쳤을 때, 두개골 술잔[2]에서 무지개 같은 빛이 방사되었고, 그 자리에 있던 모든 사람이 그것을 보았다. 술을 바치면서 그는 자신의 스승과 수호신들에게

---

2) 인간의 두개골로 만든 의례용 술잔. 지상에서의 삶이 덧없음을 깨닫고 윤회계의 모든 존재 상태에서 떠나게 만드는 상징이다.

절한 뒤 그것을 한 모금 마시고 나머지를 내게 주어 다 마시게 했다. 그런 다음 스승은 이렇게 말했다. '이것은 좋은 징조다. 내가 정신적 차원에서 행하는 이 술 공양은 다른 종파의 "완전한 관정 의례"보다 높은 수준의 것이지만, 나는 내일 아침에 또 네게〔우리 종파의〕"완전한 관정"을 베풀 생각이고, 그것을 통해 네 마음속에서 진리의 씨앗들이 무르익을 것이다.

그는 62존(尊)으로 구성된 뎀촉 만달라[3]를 건립한 뒤, 채색 모래알로 그려진 평면도를 가리키면서 그것이 상징적이고 비유적인 도식이라고 말했다.[4] 그런 다음 손가락으로 창공을 가리키면서 말했다. '보아라, 저것이 "참다운 실재의 만달라"이다.'

〔그리고 거기서〕나는 아주 분명히 보았다. 이십사성지(二十四

---

3) 승락(勝樂 ; Shamvara) 탄트라의 의례에 관여하는 62존을 맞이하기 위한 만달라. 카지다와삼둡 라마가 번역하고 Arthur Avalon이 편집한 *Tantrik Texst*, vol. vii (London, 1919)의 Dēmchog Tantra 참조.

4) 본문에서 말하듯이 이것은 여러 색깔의 분말이나 모래알로 윤곽을 잡은 기하학적 도식이며, 입문의례가 실내에서 거행될 때는 실내 바닥에, 야외나 동굴 속에서 거행될 때는 바위나 땅바닥에 설치한다. 그런 다음 주문으로 만달라 내부의 특정 위치에 배당된 신들을 소환한다. 높은 법력을 지닌 스승이 소환을 성공적으로 마치면 만달라 내부의 배당된 위치에 신들이 나타나 심령적 관점에서 아주 생생하고 유효하게 의례가 진행되며 입문자는 황홀한 기쁨 속에서 그 만달라의 진리를 통찰할 수 있게 된다고 투시가들은 말한다. 그리하여 영의 불에 의한 참다운 세례를 받고 새 사람으로 다시 태어나서 입문자 특유의 영직인 자질을 암시하는 새 이름을 받게 된다. 가장 높은 수준의 입문의례를 치른 밀라레파는 땅위의 만달라를 무색케 만드는 영묘한 공간 속에서 소환된 신들과 심령 중추들을 보았다.

《쿤달리니 탄트라》(Cf. *Tantrik Texst*, vol. v, ch. xiv, ed. by A. Avalon)는 여러 종류의 입문의례Dīkṣhā를 언급하는데, 입문의례의 등급은 입문자의 역량에 의해서 결정된다. 그리하여 스승은 베다딕샤Vsdha-Dīkṣhā에 의해서 제자에게 법력을 직접 수여한다. 라마크리슈나는 자신의 수제자인 스와미 비베카난다를 그런 식으로 입문시켰다고 전한다.

聖地)와 삼십이순례지(三十二巡禮地)와 팔대화장지(八大火葬地)[5]
들을 보고, 이들 성지에 사는 모든 신들을 거느린 뎀촉Dēmchog[6]을
보았던 것이다. 이때 신들의 목소리가 내 스승의 목소리와 하나가
되어 크게 합창하듯이 내게 페자파도제Pal-Zhadpa-Dorje(만개한 명
예로운 금강)[7]라는 수계명을 알렸다.

그런 다음 스승은 〔진언승(眞言乘)의〕 밀교를 공부하도록 허용
하고, 명상〔또는 요가〕의 여러 단계와 거기 필요한 방법 및 체계들
을 자세히 설명했다.[8] 그런 다음 내 머리에 손을 얹고 말했다. '내
아들아, 처음부터 나는 네가 훌륭한 제자임을 알았다. 네가 여기 도
착하기 전날 밤 나는 네가 불법을 위해 아주 큰일을 하게 될 것임을
예언하는 꿈을 꾸었고, 다메마도 비슷한 꿈을 꾸어 내 꿈을 확인시
켰다. 무엇보다도 우리 두 사람의 꿈에서 한 여인이 사원을 지키고
있었는데 그녀는 다키니가 너를 수호하면서 가르칠 것이라고 예언
했다. 너는 내 스승과 수호여신이 내게 은총으로 하사하신 제자이
다. 얘기하자면 이렇다. 나는 쟁기질하는 체하고 사실 너를 맞이하
러 갔었던 것인데, 내가 준 술을 네가 다 마시고 밭을 다 간 것은 네
가 경전에 담긴 모든 진리를 소화할 훌륭한 제자임을 암시하는 것
이다. 또한 네가 가져온 손잡이가 넷 달린 구리그릇은 내가 이름난

---

5) p.91 / 14 참조.

6) 원문은 페콜로돔파(Tib. Dpal-hkhor-lo-sdom-pa). 뎀촉(Tib. Bde-mch'og)의 이명(異
  名). 카귀파 종의 수호존들 중 하나로, 승락(勝樂 ; Skt. Shamvara)이라 부른다.

7) Skt. Shrī-Vikasita (Hasita) Vajra.

8) 이 입문의례는 뎀촉 만달라 속으로의 완전한 입문의례이며, 뎀촉 탄트라의 오의(奧義)
  이해와 진언 밀교 유파의 만트라들이 필요하다. 나아가 요가의 명상 체계와 관련된 여
  러 가지 문헌들도 이해해야 한다.

제자 넷을 두게 될 것임을 의미한다. 그 그릇에 흠이 없음은 네가 세속적 열정에서 철저히 벗어나 있으며 네 몸이 생명열[9]을 완전히 통어하게 될 것임을 나타낸다. 속이 빈 놋그릇은 앞으로 네가 명상 하면서 가난하게 살게 될 것을 의미한다. 그렇지만 나는 제단의 등 불을 켜기 위한 버터를 그 그릇에 채움으로써 네가 만년에 풍요를 누리고 너의 제자와 신도들이 진리의 감로를 마시게 했다. 그 손잡 이를 때려 큰소리를 낸 것은 네 이름을 널리 알리기 위해서였다. 네 군데에 집을 짓도록 힘든 일을 시킨 것은 죄업으로부터 너를 정화 하기 위해서였다. 그 집들 자체는 네 가지 유형의 행위를 나타내니, 각각의 집들은 저마다 평화와 강인, 매혹, 준엄을 의미한다.[10] 나는 일부러 네 가슴을 슬픔과 가책으로 채우고자 했으며, 창피를 주어 너를 절망하게 만들었다. 나에 대한 믿음을 조금도 바꾸지 않고 그

---

9) 요가의 호흡 수련과 몸의 생명력에 의해 생겨나는 특수한 체열(體熱)로, 이것에 의해 추 위를 견딜 수 있다. 밀라레파가 살았던 티벳의 고산지대에서는 불을 피우는 모든 연료 가 귀하고 비싸다. 그래서 은거하는 요기들에겐 생명열이 꼭 필요하며, 스승은 카귀파 종의 은둔 수행자들에게 그것을 터득하라고 가르친다. 심호흡이 이 수행법의 일부를 이 루는데, 이 수행법에 관해서는 편집자와 카지 다와삼둡 라마와 함께 번역한 자료를 요 가에 관한 다른 티벳 문헌들과 함께 출간할 예정이다. (p.218/12 참조) (본서보다 먼저 국역 출간된 《티벳 밀교 요가》를 가리킴 / 역자)

"제자는 라자 요가라는 최상의 요가를 실습하기 전에 하타 요가를 통해서 한열(寒熱)과 건습(乾濕) 등의 '대립을 넘어선'(Skt. Dvandvātīta) 육체를 만들어야 하는데, 이를 위 해서는 여러 가지 육체적 정화법(Skt. Dhauti-Shodhana)과 자세(Skt. Āsana and Mudrā), 호흡(Skt. Prāṇāyāma) 등이 필요하다. Gheraṇḍa-Sanghitā와 Hathayoga-Pradīpikā는 라자 요가로 올라서기 위한 행법을 다루고 있으며, 요기는 라자 요가를 통 해서 보다 높은 차원의 '대립을 넘어선' 존재가 되어 정신적 심령적으로 칭찬과 비판, 환희와 고통 등을 구별하지 않게 된다. 하타 요가 아래에서 만트라 요가 역시 라자 요가 를 위한 준비 단계이다." ─ 아탈 비하리 고슈.

10) 각 집들의 기하학적인 형태 역시 상징이니, 둥근 모양은 물 원소를, 반달 모양은 바람 원소를, 삼각형 모양은 불 원소를, 사각형 모양은 흙 원소를 나타낸다.

모든 시련을 순종과 인내심으로 견디었으니 너는 신념과 활력과 지성과 연민을 모두 갖춘 훌륭한 자격의 제자들을 두게 될 것이다. 그들은 세속적 욕망을 떠나서 용감하고 끈기 있게 명상하여 지혜를 얻고 은총과 진리로 채워져 한 사람 한 사람이 훌륭한 라마가 될 것이다. 그리하여 우리 카귀파 종의 법맥은 차오르는 달과 같이 세상을 비추게 될 것이다. 기뻐하라.'

스승은 이렇게 나를 격려하고 칭찬하면서 기쁘게 해주었으니, 이 것은 내 행복한 날의 시작이었다.

이것은 세 번째 〔공덕의〕 행위, 즉 내가 입문과 가르침을 갈구하여 그것들을 얻게 된 장(章)이다.

❖ ─── 제7장 ─── ❖
스승의 가르침

명상 수행의 결실 / 마르파의 마지막 인도 여행 / 제쮄의 예지몽과 마르파의 해몽 /
네 명의 수제자 각각에게 준 마르파의 지시

레충이 다시 여쭈었다. "가르침을 받고 그 즉시 인적 없는 곳으로 가셨습니까, 아니면 스승과 함께 사셨습니까?"

제쮄이 대답했다. "스승은 먹을 것과 그 외에 필요한 것들을 제공하겠다면서 거기에 남아 있으라고 하셨다. 나는 먹을 것을 충분히 갖고 명상을 위해 로닥탁냐Lhobrak-Tak-nya라는 바위 동굴로 들어갔다. 그 속에서 밤낮으로 머리 위에 등불을 밝힌 뒤 불이 꺼질 때까지 부동자세로 앉아 있곤 했다. 11개월이 그렇게 흘러간 뒤 스승이 공물로 바쳐진 음식을 갖고 사모님과 함께 찾아와서 말했다. '아들아, 네가 〔명상용의〕 방석도 없이 온기를 잃지 않고 11개월 동안 명상할 수 있었던 것은 아주 장한 일이다. 이제 〔너를 가두고 있는〕 벽을 무너뜨리고 나와 잠시 쉬면서 그 동안의 체험을 들려다오.'

나는 명상을 쉬고 싶은 마음이 별로 없었지만 스승의 지시에 따르기로 했다. 벽을 부수려고 하니 미련이 남아서 힘들었고 그래서 머무적거리고 있는데 사모님이 다시 올라오면서 물었다. '아들아,

나오고 있니?' '벽을 부수는 게 마음이 내키지 않아요.' 내가 대답하자 사모님이 다시 말했다. '아니다, 그 동굴을 잊어버려라. 심오하고 신비로운 징조들이 더 중요하다는 걸 알잖니? 그리고 스님은 성미가 급해서. 늑장을 부리다가 나쁜 징조라두 생기면 곤란해. 내가 벽 무너뜨리는 것을 도와줄 테니 빨리 나와.' 이렇게 말하면서 그녀는 벽을 밀어 넘어뜨렸고[1] 나는 밖으로 나와 무언가를 잃어버린 듯한 기분이 되었다.

스승은 말했다. '아버지와 아들인 우리가 몇 가지 의례를 치를 동안 다메마 당신은 먹을 것을 준비하구려.' 함께 음식을 먹으면서 그가 물었다. '아들아, 진리에 대해서 어떤 믿음이나 확신이 생겼느냐? 시간이 걸려도 좋으니 그것들을 자세히 말해보아라.'

나는 무릎 꿇고 합장한 자세로 눈물을 머금으면서 일곱 번 절한 뒤 스승 앞에서 찬탄의 노래를 불렀으니 이것은 나의 체험과 확신을 말하기 위한 서곡이었다.

당신이 제도하려는 이들의 혼탁한 눈에
당신은 여러 가지 형상으로 나타나지만
당신을 따르는 자들 중에서 정화된 이에게
당신은 완벽한 존재로 나타나시니 당신께 귀의하나이다.

육십 가지 음성을 지닌 범천(梵天)의 목소리가
제각각의 사람들에게 그들의 언어로 진리를 설하시니

---

1) 밀라레파가 갇혀 있던 장소의 벽은 돌과 진흙을 섞어 쌓은 헐거운 구조물이어서 무너뜨리기가 어렵지 않다.

그것은 팔만사천으로 완성된 법문(法文)
공성(空性)으로부터 들려오는 당신의 말씀에 귀의하나이다.
천상의 광휘로 빛나는 법신(法身)의 마음속에[2]
거기에는 사물이나 개념의 그림자도 없지만
그것은 모든 인식 대상 속으로 스며드나니
변치 않는 그 영원한 마음에 귀의하나이다.

순수한 영계(靈界)의 거룩한 궁전 안에서
인간으로서의 당신은 환영이지만, 불변하는 무아(無我)이니
당신은 삼세제불(三世諸佛)의 성모(聖母)
오, 위대한 어머니 다메마여, 당신의 발아래 절하나이다.

〔오, 스승이시여,〕 당신의 영적인 자녀들에게
당신의 말씀을 따르는 제자들에게
그들 제각각에게, 그의 모든 신자들과 함께
충심으로 겸손하게 귀의하나이다.

많은 세계의 모든 곳에 있는 무엇이든
신성한 의례를 위한 공물로서
이 육신과 함께 바치나니
제가 모든 죄업에서 정화되어 자유로워지기를.

---

2) p.92 / 17 참조.

◉ 최고의 스승 본초불Ādi-Bhuddha 지금강Vajra-Dhara ◉

(설명은 도판해설 참조)

사람들이 짓는 공덕을 저는 기뻐하오니
법륜(法輪)을 온전히 굴리소서.
존재의 소용돌이가 텅 빌 때까지
고귀한 스승이시여, 세상을 떠나지 마소서.

이 노래의 모든 공덕을 바치오니
일체 중생에게 이익이 되기를.

일곱 구절로 이루어진 이 노래를 서곡으로 부른 뒤 나는 다시 말을 이어나갔다. '스승님께서는 사모님 및 자제분들과 함께 도제창[3]으로부터 분리되어 있지 않습니다. 스승님의 공정한 은덕과 자비로운 은혜 파동 덕분으로 제자인 저는 약간의 지혜를 얻었으니 그것을 말씀드리려 합니다. 영원한 진리의 변함없는 정적에서 벗어나 잠시 들어주시기 바랍니다.

의식의 지각력으로 비추어보니 십이인연(十二因緣)[4]에서 말하는 것처럼 피와 살로 이루어진 이 몸은 무명(無明)의 산물이었습니다. 해탈을 염원하는 자들에겐 이 몸이 자유와 축복을 얻을 수 있는 훌륭한 그릇이지만, 죄업을 일삼는 자들에게는 보다 낮은 존재 상태로 끌어내리는 사슬입니다. 이승의 삶은 위로 오르거나 아래로 내려가는 사닥다리입니다. 현재가 가장 중요한 순간이며, 현재의 선택에 따라서 미래의 좋고 나쁨이 결정되니, 현 시점에서의 올바른 선택이 가장 중요합니다. 저 같은 유정들의 구세주이신 스승님, 모

---

3) 지금강(持金剛 ; Skt. Vajra-dhara). pp.59, 94 / 24 참조.

든 고통과 슬픔의 원인인 이 생사고해를 스승님께 의지하여 건너고
자 하옵니다. 하지만 그럴 수 있으려면 우선 삼보(三寶)[5]에 귀의하
고 계율을 지켜야 합니다. 이런 점에서 보아도 스승님은 제가 달성
할 수 있는 모든 선(善)과 행복의 화신이자 근원입니다.

  그래서 무엇보다도 스승에 대한 믿음을 순수하고 굳건하게 유지
하면서 그 명령에 따라야 한다는 것을 깨달았습니다. 그런 다음 자
유롭고 능력 있는 인간으로 태어나기가 어려우며 사람이 언제 죽을
지 모른다는 사실, 행위의 과보와 윤회하는 존재의 불행 등에 대한

---

4) 죽음과 재탄생을 반복케 하는, 서로 연결된 12가지 원인. 우선 과거의 원인인 ① 윤회적
  존재가 환영이고 바람직하지 못하며 단 하나의 실재는 모든 조건 지어진 상태 너머에
  있음을 알지 못하는 무명(無明 ; Avidyā)과 ② 무명으로부터 일어나 현상을 만드는 행
  (行 ; Saṅgskāra). 그 다음 현재의 효과인 ③ 윤회계 속에서의 세속적 의식인 식(識 ;
  Vijñāna), ④ 윤회적 존재에 부수하는 명색(名色 ; Nāma-Rūpa), ⑤ 몸의 여섯 기관인 육
  처(六處 ; ṣhaḍāyatana), ⑥ 육처에서 느끼는 촉(觸 ; Sparsha)과 ⑦ 감각인 수(受 ;
  Vedanā). 현재의 원인과 연결되는 ⑧ 윤회적 감각에 대한 애(愛 ; Trishṇa), ⑨ 윤회적
  감각을 향한 취(取 ; Upādāna), ⑩ 윤회적 존재 그 자체인 유(有 ; Bhāva). 마지막으로
  이들 10인연이 만드는 미래의 효과인 ⑪ 생(生 ; Jati)과 ⑫ 노사(老死 ; Jarā-maraṇa). 이
  것은 12인연의 한 가지 관점이다. (Cf. The Earl of Ronaldshay, Lands of Thunderbolts,
  London, 1923, pp.53~6.) 티벳 승원 미술에 보이는 '생명의 바퀴'는 다른 관점을 제시
  하는데 대략 다음과 같다. ① 죽음에서 재탄생으로 나아가는 상태에 있어서의 무의식적
  의지인 무명(無明), ② 출생 이전 자궁에 있을 동안의 행(行), ③ 출생시의 의식인 식
  (識), ④ 인격이 발달하면서 이름[名]과 형태[色]에 의해 자기와 타인들을 구별하는 명
  색(名色), ⑤ 자라나는 어린이의 외부세계에 대한 인식인 육처(六處), ⑥ 미숙한 감각 기
  관인 촉(觸), ⑦ 결과로서의 정신적 육체적 느낌인 수(受 ; Vedanā), ⑧ 체험한 감각의
  결과로서 생겨난 욕망인 애(愛), ⑨ 세속적 재산에 집착하고 탐닉하는 취(取), ⑩ 성장하
  여 결혼하고 후계자를 얻으려는 보다 풍족한 삶으로서의 유(有), ⑪ 후계자의 출생인 생
  (生), ⑫ 생명의 주기를 완료하는 노사(老死). 이처럼 죽음 이후 새로운 재탄생이 올 때
  까지 12인연의 첫 번째 원인인 '무명'을 통과하면서 바퀴는 회전한다. (Cf. L. A.
  Waddell, The Buddhism of Tibet, London, 1895, p.110.) 이 두 가지 관점은 서로를 보
  충하는 것인바, 독자가 불교의 핵심 교의를 좀더 확실히 이해하도록 하기 위하여 두 가
  지를 다 제시했다.
5) 불(佛)·법(法)·승(僧).

명상을 통해서 모든 존재계로부터의 자유와 해방을 원하게 되었습니다. 그리고 이것을 얻기 위해서는 팔정도(八正道)[6]에 의지해야합니다. 중생은 팔정도를 통해서만 해탈에 이를 수 있습니다. 그러나 이 수준의 길에서, 자신의 서원(誓願)을 자신의 눈처럼 소중히 주시하면서, 조금이라도 손상되면 보강하거나 수정하면서, 차츰 더 높은 수준의 길로 나아가야 합니다. 개인적인 평화와 행복을 원하는 사람은 소승(小乘)의 길을 가지만, 자기보다 타인을 사랑하는 사람은 대승(大乘)의 길을 갑니다. 그러나 소승 아닌 대승의 길에 들기 위해서는 금강승(金剛乘)의 길에서 말하듯 자신이 지향하는 바를 분명히 알아야 합니다.

최종 목표를 분명히 알기 위해서는 네 단계의 관정(灌頂)을 모두 이해하는 스승, 거기에 최소한의 착오도 의문도 없는 완벽한 스승이 있어야 하며, 이런 스승만이 제자의 최종 목표를 철저히 검토할 수 있습니다. 입문의례는 최종 목표의 심원한 개념을 이해하게 만듭니다. 최종 목표를 명상함에 있어 수행자는 문법과 논리의 양 측면에서 점점 더 깊은 통찰력을 발휘하게 되고, 이성적 추론과 내면적 탐구를 통해서 개인적 자아의 부재(不在)를, 자아가 존재한다는 통념의 오류를 깨닫습니다.[7] 개인적 자아의 부재를 깨닫는 마음은 침묵합니다. 다양한 방법과 다양한 인과에 의해 마음이 이 상태에

---

6) 정견(正見), 정어(正語), 정업(正業), 정명(正命), 정념(正念), 정사유(正思惟), 정정진(正精進), 정정(正定).

7) "인도의 어떤 현인이 이렇게 말했다. '세상에 다섯 가지가 있으니, 존재와 빛, 지복, 이름, 형태이다. 여기서 앞의 세 가지는 궁극적인 것이고 뒤의 두 가지는 현세적인 것이다.'" ─ 아탈 비하리 고슈.

제7장 | 스승의 가르침 213

머물 수 있게 되면 〔사고와 개념과 지각의〕 모든 것이 멎고 마음은 〔대상〕 인식에서 완전한 정적으로 들어갑니다. 그리되면 날이 가고 달이 가고 해가 가도 수행자는 그것을 알지 못하기 때문에 그에게 있어서의 시간 경과는 타인들이 계산해야 합니다. 이 상태는 시네 Shi-nay(평온한 휴식)라고 불립니다. 〔대상을〕 전혀 의식하지 못하는 완전한 몰각에 자신을 맡기지 않고 이 상태에서 지성이나 의식 기능을 활용하면 정지한 의식은 투명한 법열의 경지를 체험합니다. 초월의식(락통Lhag-tong)이라 불러도 좋은 이런 상태가 있지만 개인적 자아는 그 자체로 남아 있는 한 그 상태를 체험할 수 없습니다. 그 상태는 〔깨달음의 길에서〕 첫 번째 〔초인적인〕 상태에 도달했을 때에만 체험할 수 있습니다. 이러한 사고 작용과 시각화에 의해 수행자는 길을 나아갑니다. 명상하는 신들의 환상은 명상을 돕는 징표일 뿐이며, 그 자체로는 아무런 가치도 의미도 없습니다.[8]

요컨대, 활발하게 살아 있는 정신적 침묵과 탐구심 강한 지성의 예리한 분석이 필수적입니다. 비유하자면 그것들은 사다리에서 더 높은 위치로 딛고 올라서기 위한 맨 아래 가로장과 같습니다. 유형

---

8) 정각을 이룬 자의 마음속에서는 불보살들의 구체적인 상(像)이 — 그것에 대한 명상을 통해 보이는 환영이나 그 환영이 밖으로 투사되어 나타난 환각적 영상 등을 포함하여 — 존재하지 않으며, 인간들의 구체적인 형상이나 자연계의 어떤 대상물들과 마찬가지로 더 이상 진실이 아니다. 《티벳 사자의 서》('6일째' 참조)는 이렇게 말한다. "신들은 (······) 영겁 이전부터 그대 자신의 마음속에 존재하고 있었다." 이 말은 인간이 대우주의 소우주로 간주될 때에만 그것들이 그렇게 존재한다는 뜻이다. 밀라레파가 입문한 뎀촉 탄트라에서도 이렇게 말한다. "신격(神格 ; Skt. Devatā)들은 도상(途上)에서 발생하는 여러 가지 일들을 나타내는 상징일 뿐이며, 그들을 매개로 하여 얻어지는 고무적인 힘이나 경지와 같은 것이다. 이런 신들의 신성함에 의심이 가면 '다키니는 몸의 회상일 뿐'이라고 말하면서 길이 신들로 이루어져 있음을 기억해야 한다." (Cf. A. Avalon, *Tantrik Texts*, London, 1919, vol. vii. 41)

무형의 것들에 정신을 집중하면서 이런 정신적 침묵의 상태(시네 Shi-nay)를 지향하는 동안 최초의 노력은 자신이 이룬 결과를 뭇 생명들에게 바치겠다는 자비심 속에서 이루어져야 합니다. 그 다음 사고를 초월한 영역으로 들어서기 위해 목표가 잘 정의되어 있어야 합니다. 그리고 마지막으로 자신의 마음 작용이 사고를 초월할 수 있으려면 타인들의 행복을 바라는 마음이 절실해야 합니다. 이런 것들이 모든 길 중에서 최상의 길입니다.

또한 배고픈 사람이 음식의 이름만으로 만족할 수 없고 음식을 먹어야 하듯이 〔사고의〕 공성(空性)[9]을 이해하려는 자는 그것의 정의를 알기보다 명상에 의해서 그것을 체험해야 합니다. 나아가 초월의식(락통) 상태의 지식을 얻기 위해서는 앞서와 같은 실습이 저절로 끊임없이 반복되도록 하여 그것이 생활화되어야 합니다. 간단히 말씀드리면 공성(空性)과 평형(平衡), 불가설(不可說), 불가지(不可知)의 명상에 익숙해지기 위해 네 단계의 관정이 필요하며, 그것은 금강승의 궁극적 목적을 향한 단계들입니다. 이것들을 철저히 터득하기 위해서는 육체의 안락과 모든 호사를 포기하고 모든 장애에 맞서 그것들을 넘어서야 하며, 목숨까지도 포기하겠다는 각오로 모든 우발적인 상황에 대비해야 합니다.

---

9) 원문은 통파니(Tong-pa-nyid ; Skt. Shūnyatā)이며, 여기서는 한정되지 않는 원초적 의식의 상태와 관련된 〔사고의〕 공성을 의미한다. 파탄잘리가 '요가'를 '사고 작용의 정지'라고 정의했듯이, 이 〔사고의〕 공성은 '아무것도 없음'의 공성이 아니라 ― 밀라레파가 설명하는 것처럼 ― 그것을 체득한 완전한 요기만이 알 수 있는 초세속적인 마음의 상태이다. 그것은 말로 설명할 수 없는 상태이며, 한정된 개인의식은 거기에 합류하지만 무한정한 우주적 전체의식 속에서 사라지는 것은 아니다. 그것은 빗방울이 대양에 합류하고 등불의 빛이 태양빛에 합류하는 것과 같다.

저는 스승님과 저를 후원해주시는 사모님에게 보답할 것이 없습니다. 세속적인 부와 풍요로는 그 은덕을 갚을 수 없으니 일생을 명상에 전념하는 것으로 대신하면서 스승님의 가르침에 따른 최종 수행을 색구경천(色究竟天)[10]에서 완성하겠습니다.

위대한 도제창이신 나의 스승에게
불모(佛母)이신 다메마에게
모든 고귀한 화신(化身)들에게
제가 수집한 지식의 정수를 바치나이다.

제가 드리는 말씀에 이단이나 오류가 있다면
널리 용서하시고
올바른 길로 이끌어주소서.

스승이시여, 당신의 은총 태양처럼 빛나고
그 빛줄기 너무 찬란하니
내 가슴의 연꽃잎이 활짝 열리어
지혜의 향기를 발산하네.
그것으로 영원히 당신께 신세를 졌으니
끊임없는 명상으로 당신을 받들리라.

---

10) 원문은 옥민('Og-min)으로, 윤회계의 마지막 경계가 되는 본초불의 천국이다. 여기서는 열반을 인식하고 윤회계를 완전하고 영원하게 벗어날 수 있다(p.102/7 참조).

노력하는 저를 축복하시어

그 공덕이 일체유정으로 향하네.

말이 너무 많았다면 용서하소서.

스승은 기뻐하면서 말씀하셨다. '아들아, 나는 네게 많은 것을 기대했었고, 내 기대는 이루어졌다.' 그러자 이어서 사모님이 말씀하셨다. '나는 이 아들의 지성과 의지력을 알고 있었어요.' 두 분은 아주 흡족해하셨고, 우리는 오랫동안 진리에 대해 이야기한 뒤 헤어졌으며, 나는 다시 밀폐된 거처에서 명상을 계속했다.

어느 날 북쪽의 우루Uru 마을로 여행을 간 스승은 마르파 골레Marpa Golay의 집에서 의례를 행하다가 한 가지 환상을 보았다. 그것은, 다키니들이 나타나서 그의 스승 나로파가 주었던 — 그 당시에는 알 수 없었던 — 어떤 수수께끼 같은 암시를 상기시키고 그것을 해석해주는 내용이었다.

스승이 밀밭골로 돌아오고 며칠이 지난 어느 날 밤 나는 한 여인이 나타나서 내게 말하는 꿈을 꾸었다. 짙은 푸른색 피부에 황금빛 눈썹과 속눈썹을 하고 아름다운 비단옷과 여섯 가지 뼈 장신구를 걸친 이 여인이 말했다. '아들아, 너는 명상을 오래 해서 열반에 들 수 있게 만드는 마하무드라[11]의 진리를 얻었고 또 육법(六法)[12]도 터득했지만, 즉신성불(卽身成佛)을 위한 동죽[13]의 귀중한 가르침이 결여되어 있으니 이것을 입수해야 한다.'

나는 꿈을 되새기면서 자태로 보아 그녀가 다키니라고 판단했다. 그렇지만 한편으로는 이것이 가까운 미래의 어떤 사건에 관한 다키니의 예고인지 마라Māra[14]의 유혹은 아닌지 의심도 되었다. 어

쨌든 삼세제불의 화현인 내 스승은 모르는 것이 없으므로 그가 내게 말해줄 수 있을 것이었다. 지식으로 말할 것 같으면 그는 앞서 말한 〔열반에 이르는〕 신성한 진리들에서부터 깨어진 그릇을 이어붙이는 기술에 이르기까지 모든 것을 알고 있었다. 그것이 예고적인 게시라면 나는 동죽을 입수해야 했다. 그래서 나는 진흙 반죽으로 만든 벽을 무너뜨리고 스승에게로 달려갔다. 스승은 놀란 것 같은 표정으로 물었다. '어쩐 일이냐, 동굴 속에 있지 않고? 무슨 나쁜 일이 있는 게로구나.' 나는 꿈 이야기를 하고 그것이 게시인지 유혹인지 알고 싶다고 말했다. 그리고 만일 게시라면 그 행법을 전수해 달라고 간청했다. 그는 잠시 침묵하고 앉아 있다가 입을 열었다.

---

11) Skt. Mahā-Mudrā (Tib. Phyag-rgya-ch'en-po / 발음=착갸첸포). 카귀파 종의 주요 명상 체계들 중 하나이다. 시킴의 강톡에서 카지 다와삼둡 라마와 편집자가 함께 작업한 영역본에 의거하여 판단할 때 이 체계는 티벳의 영향하에서 발전했지만 그 핵심은 인도에서 유래했다.
　'마하무드라' 는 인도의 요기들에겐 요가 자세의 하나이지만 티벳의 어휘에서는 요가 수행을 통해 얻어지는 어떤 상태를 의미한다. 관련 문헌은 이렇게 말한다. "수행자는 마하무드라의 가장 높은 은덕을 얻고 (……) 열반에 도달한다."

12) Tib. Chos-dug / 발음=초둑. 《마하무드라》와 함께 여러 가지 요가의 실제 적용을 설하는, 어느 정도 인도에서 유래한 문헌이다. '육법' 에 관한 티벳어 목판본이나 카지 다와삼둡 라마와 편집자가 함께 작업한 영역본은 그것을 이렇게 제시한다. ① 툼모(Tib. Gtum-mo) : 정신적 진화를 추구하는 수행자를 위한 추진력으로, 티벳에서 육체적 안락을 위해 필요한 생명열. ② 규뤼(Tib. Sgyu-lus) : 자신의 몸과 자연계의 모든 대상물이 윤회적이고 환영임을 깨닫도록 가르치는 환신(幻身). ③ 미람(Tib. Rmi-Lam) : 각성시나 수면시의 모든 윤회적 체험이 꿈과 같은 환영임을 깨닫게 만드는 몽환(夢幻). ④ 외세(Tib. Hod-gsal) : 문헌에서 "사고를 넘어선 지복을 체험하는 동안의 현상계를 초월한 한정되지 않는 마음(무사념의 마음)이자 모든 것의 정수로서 구극적 공성(空性)과 불가분의 마음" 이라고 정의하는 정광명(淨光明). ⑤ 바르도Bardo : 의식의 단절 없이 죽음과 재탄생의 심연을 건너게 만드는 중유(中有). ⑥ 포와(Tib. Hpho-wa) : 이 육체에서 저 육체로, 또는 이곳에서 저곳으로 자의에 의해서 의식을 전이시키는 의식전이(意識轉移). 230~2쪽 참조.

13) Tib. Drong-jug. 편집자가 연구하지 못한 요가 문헌임.

'그렇다. 그것은 다키니들의 계시이다. 내가 인도에서 돌아오려고 할 때 위대한 학자인 내 스승 나로파께서 그 동죽을 말씀하셨지만 내가 그것을 가져왔는지는 기억나지 않는다. 내가 갖고 있는 인도 문서들을 찾아봐야겠다.'

우리 두 사람은 하루 낮과 밤 동안 모든 문서를 살폈으나 포와 Pho-wa[15]에 관한 몇 개의 문헌만이 있을 뿐 동죽에 관한 것은 글자 한 자 찾아볼 수 없었다. 스승은 말했다. '아, 내가 우루에서 본 것이 [동죽에 관한] 자료를 구하러 가라는 계시였어. 그리고 다른 자료들도 얼마나 많이 있을지 모르니 그것들을 구하러 인도에 가야겠다.'

나이를 생각해서 힘든 여행을 하지 말라고 사람들이 말렸지만 스승은 마음을 굽히지 않았다. 제자들이 자진해서 여행비용을 부담했고, 그는 들어온 물건들을 술잔 하나 분량의 황금으로 바꾸어 출발했으나 인도에 도착했을 때는 나로파가 막 자취를 감춘 직후였다.[16]

---

14) 불교의 마왕. 악마가 황야에서 그리스도를 유혹했듯이 마라는 부다가야의 보리수 아래에서 붓다가 깨달음을 이룰 때 그를 유혹했다.

15) 육법의 요가에 포함된 것보다 더 자세한 사본을 통하여, 그리고 카지 다와삼둡 라마와 편집자가 함께 작업한 영역본에 의거하여, 이것은 요가에 관한 또 하나의 문헌임을 알 수 있다. 이것은 (빙의 현상에서처럼) 의식체를 자신의 육체에서 다른 사람의 육체로, 또는 자신의 미세신(微細身 ; subtle body) 속에서 지상의 다른 장소 내지 우주의 다른 차원(천국이나 지옥)으로 전이시키는 요가이다. 현재의 문장으로 보아 '동죽'은 비슷한 성질의 요가 문헌인 것처럼 보이는데, 포와에서는 전이가 현상계(윤회계)에 한정되는 반면 동죽에서는 열반계로까지 확대되는 듯하다. 열반은 장소가 아니라 완전한 깨달음의 상태이기 때문에 여기서는 세속적 의식이 초세속적 의식으로 변질된다. 이런 의미에서 포와는 세속적 의식의 전이를 다루고, 동죽은 (자연계의) 대상물에 대한 세속적 의식을 모든 구성 요소들이 환영으로 느껴지는 초세속적 의식으로 변질시키는 법을 다룬다. 그래서 마르파는 동죽에 중요성을 부여하고 밀라레파가 그 자료를 입수하여 공부하도록 강조하는 것이다.

그는 스승을 만나기 위해서라면 목숨이라도 바치려고 마음먹었고, 여러 가지 유망한 징조를 통해서 결국은 자기 소망이 달성될 것임을 알았다.

그는 열렬한 기도와 탐색 끝에 결국 어떤 밀림 속에서 발견한 스승을 풀라하리Phulahari 승원으로 모셔와 동죽의 비법을 간청했고, 그런 그에게 나로파 성자가 물었다. '자네는 그것을 스스로 기억해냈는가, 아니면 어떤 계시를 받았는가?' 마르파가 대답했다. '저 스스로 기억해낸 것이 아니고 제게 개인적으로 주어진 계시도 없었습

---

16) 티벳 라마승들 사이에 일반적으로 유포되어 있는 어떤 전통에 의하면 성취자인 나로파는 죽은 것이 아니라 육체를 변형시켜 좀더 미묘한 다른 존재계로 들어간 것이라고 한다. 성서에서 유대의 예언자였던 엘리야가 '불의 마차'를 타고 승천했다거나 예수가 시신으로부터 부활한 뒤 무덤 속의 시체가 사라졌다는 이야기는 같은 믿음을 말하는 것이며, 이런 믿음은 모든 시대의 많은 사람들에게 있어왔다. 밀라레파 역시 이 책의 제12장에 보이듯이 그와 비슷한 신비로운 방식으로 이 세상을 떠난다. 다른 전통에서는 나로파가 위대한 성취자들 중의 한 사람으로 아직 인도에 살아 있다고 말한다. 이것은 다시 말하면 지상에서 완전한 인간이 되어 모든 자연법칙을 지배하며 자유의지로 죽거나 살고, 또 자궁을 선택하여 새로운 몸으로 다시 태어날 수 있다는 것이다. 달라이 라마와 타쉬 라마의 경우에도 각각 관세음보살과 아미타불의 화신으로 재탄생을 이어간다고 한다.

편집자가 어느 정도 인정하는 의식적 재탄생의 실례로서 버마(미얀마)의 소년 마웅 툰 캬잉이 있다. 믿을 만한 보도 자료에 의하면, 무학자인 이 소년이 불교의 아주 심원한 형이상학을 언급하고 고대 버마어와 팔리어의 오식을 바로잡았으며, 이번 생 바로 이전의 생을 기억하여 그 당시 자신이 버마의 판타나우 근처에 있던 융캬웅 승원의 승원장이었고 이름은 U. 판디사였다고 말했다. 근자에 그는 버마 전역의 수많은 대중들에게 설법을 했다고 한다.

아탈 비하리 고슈가 내게 말한 바로는 최근 서거한 트렐랑가 스와미가 영국인들이 인도에 오기 오래 전에 베나레스(바라나시)에 있었던 것으로 알려져 있다. 학자들이 종교적이고 학술적인 문제로 그의 도움을 구했으나 그들 중에는 그가 이 성스러운 도시에 처음 나타났을 때를 기억할 만큼 오래 산 학자가 없었다. 샹카라차르야의 스승으로서 베단타의 일원론 해설자인 고빈다 바가바트 파다차르야는 지금도 살아 있다고 믿어진다. 이 스승은 베단타 철학의 이해만이 아니라 화학 지식으로도 유명하며, 화학에 대한 그의 두드러진 업적들 중에서 일부만이 현재 알려지고 있다.

니다. 제게 퇴파가라는 이름의 제자가 있는데 그가 계시를 받았고, 그래서 온 것입니다.' '대단하구나.' 나로파가 말했다. '저 미개한 티벳 땅에 이런 눈부신 영혼들이 있다니, 산봉우리들을 비추는 태양 같도다.'

나로파는 두 손을 합장하고 다음과 같은 시를 읊었다고 한다.

북방의 저 어두운 땅에
산봉우리들을 비추는 태양과 같은
퇴파가라 불리는 분이 계시니
그 위대한 존재에게 절하나이다.

그런 다음 나로파는 경건한 자세로 눈을 감고 티벳을 향해서 세 번 목례를 올렸고, 인도의 모든 산봉우리와 나무들도 티벳을 향해 세 번 고개를 숙였다. 들리는 바에 의하면 풀라하리 근처의 구릉과 나무들은 오늘날까지도 티벳 쪽으로 기울어져 있다고 한다.[17]

나로파는 다키니들의 탄트라 구전(口傳)[18]을 모두 건네주고 미래의 사건들을 예고하는 어떤 징조들을 해석했다. 예를 들면, 마르파의 예배 방식은 마르파의 가계가 끊기고 나를 통해서 법통이 이어져갈 것임을 예고하는 것이었는데, 그는 티벳으로 돌아온 뒤 자신의 예배 방식을 통해 예고되었던 것처럼 아들인 다르마도데를

---

17) 이것은 풀라하리 지방의 자연 경관을 설명하기 위한 민간 전설임이 분명하다. 산이 내려앉고 나무가 기울어지는 것은 자주 부는 바람의 방향에 의한 것이다.

18) 원문은 카도녠귀(Tib. Mkah-᾽gro-nyen-rgyud ; Skt. Ḍākinī Karṇa Tantra). 마르파에게 건네진 자료와 방식으로 볼 때 이것은 카귀파 입문자들이 보유하는 가장 비밀스런 구전에 속하는 듯하다.

잃었다.

아들의 기일이 되어 추모식이 있은 뒤 제자들은 마르파에게 애도의 뜻을 전했다. 삼세제불의 화현으로서 살아 있었더라면 훌륭한 후계자가 되었을 성자 같은 아들을 잃어 연로한 스승이 안타깝다는 내용이었다. '이제 저희는 카귀파 법통을 가능한 한 견고하고 훌륭하게 이어나갈 최선의 방법을 생각해야 합니다. 제자인 저희들에게 누가 어떤 교리와 행법을 이어받아야 하는지 제각각의 어떤 지침을 내려주시기 바랍니다.'[19] 스승이 말했다. '나는 위대한 석학인 나로파의 제자로서 꿈이나 징조의 은밀한 계시에 의지하고 싶다. 카귀파 법통은 나로파 성인의 은총을 입었으니, 수제자인 그대들은 돌아가서 자기만의 꿈을 꾼 뒤에 다시 오도록 하라.'

수제자들은 꿈을 꾸기 위해 마음을 집중했고 그 결과를 보고했는데, 그들의 꿈은 대체로 좋은 것이긴 했지만 법통의 미래와 관련된 내용은 없었다. 그러나 나는 꿈속에서 네 개의 커다란 기둥을 보았고, 그것을 다음과 같이 보고했다.

도제창의 지시에 따르면서
꿈속에서 본 그대로 정확히
어젯밤의 일을 말씀드리오니
〔스승이시여,〕 잠시 들어주소서.

세상의 북쪽 넓은 땅에

---

19) 제자들의 개인적 성향을 잘 분별하여 각각의 제자에게 가장 어울리는 행법을 지시해주는 것은 스승의 의무이다.

웅장한 산이 솟아 있었고
그 봉우리는 하늘에 닿았으며
이 봉우리를 해와 달이 맴돌았으니
그들의 빛이 천상을 비추었나이다.
대지로 이어진 산기슭의 사방에서
네 갈래의 물줄기가 끝없이 흘러내려
일체유정의 갈증을 달래주고
깊은 바다로 흘러드는데
그 물가에는 꽃들이 만발해 있었나이다.
이것이 제 꿈의 요지이오니
삼세의 부처이신 스승님께 아뢰옵니다.

그 장엄한 산의 동쪽에
높이 솟은 기둥을 꿈꾸었으니
그 기둥의 꼭대기에 일어선 사자 한 마리
갈기도 풍성한데
갈고리 발톱 넷으로 산기슭을 더듬으며
눈 들어 하늘을 바라본 뒤
산들 위로 자유롭게 거닐었음을
삼세의 부처이신 스승님께 아뢰옵니다.

〔그 산의〕 남쪽에도 높은 기둥이 있어
그 꼭대기에서 포효하는 커다란 암호랑이
줄무늬도 아름다운데

제7장 | 스승의 가르침 223

배의 줄무늬는 세 겹으로 힘차고
갈고리 발톱 넷으로 깊은 밀림을 더듬으며
눈 들어 하늘을 바라본 뒤
밀림 속을 자유롭게 거닐고
관목 숲과 평원을 가로질렀음을
삼세의 부처이신 스승님께 아뢰옵니다.

〔그 산의〕 서쪽에도 높은 기둥이 있어
그 꼭대기에서 퍼덕이는 독수리 한 마리
날개를 한껏 펼치고
벗은 하늘을 찌르며
눈 들어 하늘을 바라본 뒤
창공으로 높이 날아올랐음을
삼세의 부처이신 스승님께 아뢰옵니다.

〔그 산의〕 북쪽에도 높은 기둥이 있어
그 꼭대기에서 퍼덕이는 콘도르 한 마리
날개를 한껏 펼치고
바위 위에 둥지를 틀었으니
거기서 자란 새끼 한 마리 보이고
하늘은 작은 새들로 가득찼으며
콘도르는 눈을 하늘로 향한 뒤
높은 곳으로 날아갔음을
삼세의 부처이신 스승님께 아뢰옵니다.

이것들을 상서로운 징조로 여기고
유덕한 공적(功績)을 예감하며
황홀한 기쁨에 전율했나니
이것들의 의미를 말씀해주옵소서.

이 자세한 시를 다 듣고 나서 스승은 크게 기뻐하며 말했다. '아주 탁월한 꿈이로다.' 그런 다음 아내에게 음식을 넉넉히 장만하도록 했고, 음식이 준비되자 제자와 문하생들을 모두 모이게 한 뒤 말했다. '밀라도제걜쎈[20]이 이런 꿈을 꾸었는데 그것은 아주 탁월한 징조이다.' 수제자들은 그 꿈의 신비로운 징조를 설명해달라고 청했다. 〔우리의 거룩한 스승인〕 위대한 화신으로서의 역경승은 즉석에서 노래로 그 꿈을 해석했으니, 카귀파 법맥의 미래를 예고하는 그것은 다음과 같이 이어졌다.

스승이시여, 일체유정의 안식처인 당신, 삼세의 부처,
오, 거룩하신 나로파, 당신의 발아래 절하나이다.

오, 그대들, 여기 모인 나의 제자들이여,
이제 내가 해석할 터이니
이 경이로운 꿈의 의미를 잘 들거라.

세상의 북쪽 넓은 땅은

___

20) 여기서 밀라레파는 친아버지였던 밀라쉐랍걜쎈의 성씨로 불린다.

제7장 | 스승의 가르침 225

불법(佛法)이 지배하는 티벳 땅일세.

웅장한 산은 카귀파 종이니,

나이든 역경승인 이 마르파와

그 제자들 통해 이어지는 법맥이 그것이네.

하늘에 닿은 산봉우리는

우리의 비길 데 없는 목표,

봉우리를 맴도는 해와 달은

완전한 개명(開明)과 자비(慈悲),

천상을 비추는 빛줄기들은

무명(無明)을 밝히는 은총,

대지로 이어진 산기슭은

이 세상에서 쌓는 우리의 공적,

사방에서 흘러내리는 네 물줄기는

네 단계의 관정 의례와 거기 담긴 진리,

뭇 존재들의 갈증을 달래주는 물은

일체 중생이 성숙하여 구원받음이고,[21]

그 물이 깊은 바다로 흘러듦은

내부와 외부의 빛이 하나됨이며,[22]

물가에 만발한 꽃들은

청순한 열매로 실현된 진리일세.

---

21) 불교는 일체 중생이 결국 깨달음에 이른다는 교의로 셈족의 영벌(永罰) 교의를 거부한
다. 업보에 의한 고통은 지옥에서도 그 나름의 대가를 치르고 언젠가는 끝이 난다. 이
승이건 천국이건 지옥이건 윤회하는 어떤 것도 영원하지 않으며, 모든 것은 변하고 쇠
퇴하여 해체되며 브라마와 천인(天人)들도 거기서 제외되지 않는다. 그리고 악(惡)은
결국 선(善)에 흡수된다.

오, 그대들, 여기 모인 나의 제자들이여,

이 꿈은 전체가 길하여 나쁘지 않도다.

웅장한 산의 동쪽 기둥은

되의 쑤르퇸왕게,

기둥 꼭대기에서 일어선 사자는

쑤르퇸의 사자 기질,

그 사자의 풍성한 갈기는

그가 받아들인 오묘한 진리,

산기슭을 더듬는 갈고리 발톱 넷은

그가 지닌 사무량심(四無量心),

하늘 향한 사자의 눈은

그가 윤회계를 벗어남이고,

높은 산들 위로 자유롭게 거닌 사자는

그가 자유의 나라들을 얻었음이라네.

오, 그대들, 여기 모인 나의 제자들이여,

동쪽에 관한 이 꿈은 길하여 나쁘지 않도다.

---

22) Tib. Chös-nyid-ma-bu ; Skt. Dharmatā-Mātṛi-Putra. '어미와 자식의 진실', 또는 '내부
와 외부의 빛'. 자식의 진실(진리, 혹은 빛)은 깊은 명상(Skt. Dhyāna) 수행을 통해 이
세상에서 얻어지는 진리이고 어미의 진실은 사망 후 의식체가 육체에서 빠져나와 개
인적 성벽(性癖)을 나타내기 전의 중간 상태에서 경험되는 근본 진리이다. 이 상태에
서는 수정 가감되지 않은 원초적인 마음이 잠시 동안 열반과 같은 정적 속에서 실재(또
는 초월적 전체성)를 일별한다. 죽을 때 이 빛을 보았다는 성인들의 기록이 세상에는
많이 있는데, 이교도들은 이것을 신들의 빛으로, 기독교도들은 그리스도의 빛으로, 불
교도들은 진리의 빛으로 부른다. 내부와 외부의 빛이 동시에 밝아올 때 그것을 보는 자
가 초월적 체험으로 받아들일 수 있으면 그는 윤회에 집착하는 개인적 성향을 버리고
부처의 완전한 경지에 이를 수 있다.

웅장한 산의 남쪽 기둥은
중의 곡뙌추도르,
기둥 꼭대기에서 포효하는 암호랑이는
곡뙌의 암호랑이 기질,
잘 정돈된 아름다운 줄무늬는
그가 받아들인 오묘한 진리,
세 겹으로 에워싼 줄무늬는
그가 내부에서 구현한 삼신(三身),
깊은 밀림을 더듬는 갈고리 발톱 넷은
그가 이루게 될 사무량심(四無量心),
하늘 향한 암호랑이의 눈은
그가 윤회계를 벗어남이고,
밀림을 자유롭게 거닌 암호랑이는
그가 구원을 얻었음이며,
관목 숲과 평원을 가로지른 암호랑이는
후계자를 통해 이어질 그의 법맥이라네.
오, 그대들, 여기 모인 나의 제자들이여,
남쪽에 관한 이 꿈도 길하여 나쁘지 않도다.

웅장한 산의 서쪽 기둥은
쌍롱의 메뙌쒬포,
기둥 꼭대기에서 퍼덕이는 독수리는
메뙌의 독수리 기질,
한껏 펼친 날개는

그가 받아들인 오묘한 진리,

하늘을 찌르는 볏은

그가 명상의 함정[23]을 넘어섰음이고,

하늘 향한 독수리의 눈은

그가 윤회계를 벗어남이며,

창공으로 날아오름은

자유의 나라들로 나아감이라.

오, 그대들, 여기 모인 나의 제자들이여,

서쪽에 관한 이 꿈도 길하여 나쁘지 않도다.

웅장한 산의 북쪽 기둥은

궁탕의 밀라레파,

기둥 꼭대기에서 퍼덕이는 콘도르는

콘도르 같은 그의 기질,

한껏 펼친 날개는

그가 받아들인 오묘한 진리,

바위 위에 튼 둥지는

바위처럼 단단히 견디는 그의 인생,

콘도르가 키운 새끼는

그가 갖게 될 무비(無比)의 〔영적인〕 아들,

하늘을 가득 채운 작은 새들은

카귀파 종이 널리 퍼짐이고,

---

23) 명상 수행에 따르는 육체적 정신적 위험이나 수많은 장해와 유혹들.

하늘 향한 콘도르의 눈은
그가 윤회계를 벗어남이며,
높은 곳으로 날아감은
자유의 나라들을 얻음이라.
오, 그대들, 여기 모인 나의 제자들이여,
북쪽에 관한 이 꿈이 가장 훌륭하도다.

내가 해야 할 일은 이제 다 끝났으니
의발(衣鉢)은 이제 그대들에게 넘어갔도다.
나의 예언이 실현된다면
카귀파 법맥은
우뚝 솟아 명예롭게 번창하리라.

스승의 예언적인 노래가 끝나자 제자들은 모두 기뻐했다. 그는
불서(佛書)와 비전(秘典)들을 모두 공개한 뒤 낮에는 설법으로 가
르치고 밤에는 명상하도록 격려했으며, 그에 따라 제자들은 정신적
으로 크게 진보했다.

어느 날 밤 스님은 윰Yūm(母탄트라)의 특별한 관정의례를 거행
하면서, 네 명의 수제자 각각에게 어떤 행법과 교리가 적당한지를
투시력에 의해서 알아보고 각각에게 가장 어울리는 경전을 주어야
겠다고 생각했다. 그래서 새벽의 징조를 보리라고 마음먹고, 다음
날 날이 밝아오는 시간에 제자들을 투시했다. 그 결과 게파도제
Gaypa-Dorje[24] 의식을 설명하고 있는 중의 곡된추도르와 포와Pho-
wa(意識轉移) 명상에 몰두해 있는 되의 쑤르퇸왕게, 외세Öd-Sal(淨

230 티벳의 위대한 요기 밀라레파

光明) 명상에 몰두하는 쌍룽의 메퇸쉰포, 툼모Tūm-mo(生命熱)[25] 명상에 숙달된 나를 보았다. 그리하여 각각에게 그들의 천부적 성향을 은밀히 가르쳐주면서 자신에게 어울리는 그 특정 행법들을 닦으면 그것을 전수하겠다고 일렀다.

이처럼 그는 우리들 한 사람 한 사람에게 자신이 줄 수 있는 최종 최상의 가르침을 주었다. 곡파(곡된추도르) 스님에게는 귀Gyüd(탄트라)를 네 가지 방법으로 여섯 가지 관점에서 해설한 자료가 주어졌는데 그것은 너무나 명료하고 체계적이어서 일련의 진주를 실에 꿰어놓은 것과 같았다. 스승은 그에게 원대한 목적을 갖고 일체유정에게 법을 설하도록 권하면서 앞서의 자료에 대한 인도의 주해서와 나로파의 것이었던 홍옥 염주, 의식용 숟가락, 여섯 가지 장신구를 주었다.

되의 쑤르퇸왕게에게는 열린 천창(天窓)[26] 밖으로 날아가는 새에 비유되는 포와의 자료가 주어졌다. 스승은 그에게 포와 수행을 권하면서 나로파가 남긴 머리털과 손톱, 환약[27], 다섯 선정불이 그려진 의례용 머리 장식[28]을 주었다.

쌍룽의 메퇸쉰포에게는 밤의 어둠을 비추는 등불 같은 외세의 자료가 주어졌다.[29] 스승은 그에게 중음(中陰)을 가로지르는 지름길

---

24) p.175 / 10 참조.

25) 이것을 터득하면 체온을 상승시킬 수 있을 뿐만 아니라 심령적으로도 현저한 효과가 있어서 홀로 명상하는 티벳 요기들에게 크게 도움이 된다.

26) '열린 천창'은 포와 수행에 의해 열리는 브라마의 틈새(Skt. Brahma-randhra), 즉 두정부(頭頂部)의 시상봉합(矢狀縫合)을 암시한다. 그 밖으로 날아가는 새는 날아가는 '의식' 인바, 죽음에 의해 영구적으로든 포와 실습에 의해 일시적으로든 의식은 이 틈새를 통해 몸 밖으로 빠져나가기 때문이다. 이 과정은 쿤달리니 요가의 한 부분이다. (p.89 / 9 참조)

을 택하라면서 나로파의 금강저와 금강령(鈴), 작은 북(다마루 damaru), 굴 껍질로 만든 헌주(獻酒) 잔을 주었다.

나에게는 불타는 나뭇단 같은 툼모의 자료가 주어졌다. 스승은 나에게 신꺽대기와 동굴과 횡야의 여러 가시 고독한 환경 속에서 명상하라면서 마이트리의 모자[30]와 나로파의 옷을 주었다.

그런 다음 마르파는 많은 제자들 앞에서〔수제자들의 이름을 부른 후〕말했다. '나는 그대들 한 사람 한 사람에게 가장 적절한 진리와 경전을 주었다. 그리고 이 가르침들이 그대들 한 사람 한 사람을 따르는 이들에게 가장 적합하리라고 미리 말해둔다. 내 아들 도데붐은 이미 죽었으니, 나의 모든 카귀파 문헌과 유품들을 그대들에게 넘긴다. 진리의 수호자들이 되어 그것을 꽃피우고 퍼지게 하라.' 이런 일이 있은 다음 수제자들〔세 사람〕은 제각기 고향으로 돌아갔다.

스승은 내게 말했다. '너는 여기서 몇 년 더 머물거라. 가르침과

---

27) 이것은 육체의 병을 치료하기 위한 것이 아니라, 죽음과 재탄생의 원인인 무명(無明)을 치유하기 위해 나로파가 자신의 법력을 주입하여 만든 것이다. 속인들이 알지 못하는 이 약은 대체로 이른바 성자나 고승(高僧)이 향신료와 약제들을 섞어 만들며, 조제자의 법력과 은총을 담고 있어 이것들이 복용자에게 전달된다고 한다. 편집자가 갖고 있는 티벳 문서와 그것의 영역본에는 지금도 라마승들이 — 심지어 달라이 라마까지도 — 만들어 파는 이런 영적인 힘이 담긴 환약 제조법이 나와 있다.

28) 보통 티벳의 두꺼운 문서 용지로 만드는 이런 머리 장식은 다섯 조각으로 이루어져 있는데, 뾰족한 끄트머리가 위를 향한 각각의 조각에는 금과 은으로 채색한 다섯 선정불의 형상이 있다. 다섯 조각이 머리띠처럼 둥글게 이어진 이것을 착용하면 화려한 왕관처럼 보인다.

29) 외세, 즉 정광명(淨光明)은 무지의 어둠을 밝히면서 황홀한 초의식 상태에서 열반을 보게 만든다.

30) 카귀파 수행자들이 의례적으로 착용하는 모자는 이 유품을 — 인도의 위대한 요기였던 마이트리의 이 모자를 — 상징하는 것이다. 여기에는 안드레의 X형 십자와 같은 표식이 붙어 있다.

관정의례가 몇 가지 더 있고, 스승 곁에서 이해가 더 깊어질 것이다.'

스승의 지시에 따라 나는 나로파가 예언했던 장푹Zang-phug(구리 동굴)의 밀폐된 은거처로 갔다. 스승과 사모님은 자신들의 음식 일부를 계속 보내주셨고 의례가 있을 때는 아주 작은 공물까지도 거기에 포함시켰다.

이처럼 스승의 인도 아래 즐거운 명상으로 몇 해를 보내면서 영적인 지혜의 화살이 심장에 꽂힐 때까지 나의 이해는 깊어져갔다."

〔이것은 밀라레파의 네 번째 공덕이다.〕

❖── 제8장 ──❖
스승과의 이별

꿈을 꾸고 은거처에서 나와 귀향을 허락받음 /
스승의 마지막 지시와 권고 / 슬픈 이별 / 고향에 도착함

레충이 다시 여쭈었다. "얼마나 오래 은거하셨습니까? 어떻게 해서 스승과 헤어지셨습니까?"

제쩬은 말했다. "거기서 여러 해를 지낸 것은 아니고, 내가 고향으로 돌아가게 된 상황은 이렇다. 동굴 속에서 지내는 동안 나는 크게 발전했다. 보통 때 같으면 나는 잠을 자지 않는데 어느 날 아침 우연히 깊은 잠이 들어 꿈을 하나 꾸었다. 꿈속에서는 '사주팔각(四柱八脚)'이라 불리던 우리 집이 늙은 당나귀 귀처럼 쭈그러지고, 비가 새어 경전들이 손상되었으며, '워르마 삼각지'라 불리던 땅은 잡초로 뒤덮여 있었다. 뿐만 아니라 어머니는 돌아가셨고, 여동생은 외톨이가 되어 방랑하고 있었다. 앞서 말했던 것처럼 그렇게 고통스럽게 어머니와 헤어진 뒤 여러 해 동안 한 번도 다시 만나지 못했다는 슬픔으로 가슴이 찢어지는 것 같았다. 나는 어머니와 여동생의 이름을 부르면서 엉엉 울었다. 깨어나서 보니 베개가 눈물로 흠뻑 젖어 있었다. 생각을 더듬자 어머니를 보고 싶은 마음이 점점 더 간절해져서 다시 또 눈물이 흘렀다. 가능하다면 어떻게든

지 집에 한번 가서 연로한 내 어머니를 만나야겠다고 마음먹었다.

새벽에 벽을 부수고 나와 허락을 받으러 갔더니 스승은 아직 잠들어계셨다. 나는 침상 머리 옆에 꿇어앉아 조용히 호소하듯 읊조렸다.

언제나 자비로운 스승님,
탁발승이 되어 다시 한 번 집에 가볼 수 있도록 허락해주소서.
살기 힘든 땅 싸Tsa에서
원수 같은 친척들에게 미움받던 한 가족 세 사람
너무 오랫동안 헤어져 살았으니
이별의 고통을 더이상 참을 수 없나이다.
이번 한 번만 어머니를 보러 가도록 허락하소서.
만나뵙고 즉시 돌아오겠나이다.

호소를 마치자 스승은 깨어났다. 때마침 베갯머리의 창문 틈으로 햇살이 비치면서 존엄한 얼굴이 후광을 두른 듯 빛났고, 그와 동시에 사모님이 아침상을 준비해 들어오셨다. 이 세 가지 상황이 동시에 조성되었으니 그것은 미래의 몇 가지 사건들과 그대로 이어졌다. 스승이 물었다. '아들아, 어떻게 그렇게 갑자기 나올 생각을 했느냐? 마귀의 유혹에 넘어갈 수도 있고, 그러면 너는 아주 위험해진다. 지금 즉시 은거처로 돌아가거라!' 그러나 나는 꿈의 내용을 담아 다시 한 번 간청했다.

영원히 자비로운 스승님,

탁발승이 되어 딱 한 번만
제 집에 다시 갈 수 있도록 허락하소서,
저 비참한 골짜기 싸Tsa에.

재산은 별로 남지 않았으나
아직 염려되는 것들 있으니
'사주팔각(四柱八脚)'으로 불리던 저의 집
무너져 폐허가 되었는지 못내 궁금합니다.
신성한 경전들의 서가(書架)도
손상되었는지 어떤지 정말 궁금합니다.
저 비옥한 밭 '워르마 삼각지'도
잡초로 뒤덮였는지 어떤지 못내 궁금합니다.
이 몸을 낳아주신 어머니
아직 건강하게 살아계신지 정말 궁금합니다.
하나뿐인 여동생 페타 괸키
길을 잃고 헤매는지 어떤지 못내 궁금합니다.
어렸을 때 약혼했던 나의 제세
결혼할 준비가 되었는지 정말 궁금합니다.
이웃들과 나의 외삼촌 융걀Yung-gyal
아직 살아계신지 못내 궁금합니다.
무자비한 당고모 호랑이 마귀
그녀는 죽었는지 어떤지 정말 궁금합니다.
우리 집의 주례자(主禮者) 쿤촉라붐Kunchog-Lhabum
그는 지금 살아 있는지 어떤지 못내 궁금합니다.

그러나 누구보다도 더 사랑하는 제 어머니
그녀를 보고 싶습니다, 오, 너무나도 간절하게.
고통이 너무 커서 이제 견딜 수 없어
스승님께 간청하오니
딱 한 번만 가도록 허락하소서,
즉시 돌아오겠나이다.

이에 스승이 대답했다. '아들아, 너는 처음 내게로 왔을 때 친척이나 고향을 그리워할 이유가 없다고 하더니 지금은 많은 것을 그리워하는구나. 설사 집에 간다 해도 살아계신 어머니는 보지 못할 게다. 그리고 다른 사람들 중 어느 누구도 건강한 모습으로 보기 어려울 것이다. 너는 위와 쌍 지방에서 몇 해를 보내고 또 여기에 와서 여러 해가 흘러갔다. 네가 가고 싶다면 허락해주마. 그러나 네가 여기로 돌아올 생각이라면 이걸 알아야 한다. 오늘 아침 네가 와서 나의 잠자는 모습을 본 것은 이번 생에서 우리가 다시 만나지 못한다는 뜻이다. 그렇지만 떠오르는 해가 내 집 위를 비춘 것은 네가 불교 법맥들 중에서 빛나는 존재가 되어 그 가르침을 영광되게 만들 징조이다. 햇살이 내 얼굴을 비춘 것은 명상적인 카귀파들의 종단이 번창하여 널리 퍼질 것임을 나타낸다. 그리고 때마침 다메마가 아침상을 갖고 들어온 것은 네가 마음의 양식에 의지해 살아가리라는 것을 의미한다. 이제 나는 네가 가는 것을 허락할 수 있다. 다메마, 제단에 공물을 차려봐요.'
　스승 자신은 만달라 도식을 준비하고, 사모님은 공물을 준비했다. 그런 다음 내게 마지막으로 최상급의 관정을 베풀고 꿈속의 상

징들[1]과 구전으로 유지되는 탄트라[2]를 가르친 뒤 말했다. '잘 들어라. 이 자료와 구전과 관정은 나로파 스승의 명령에 따라서 너에게만 주는 것이다. 네가 이것들을 너의 제자에게 전수할 때는 신들의 암시에 띠라야 할 것이고, 또 이깃들은 십삼 내사시 이런 식으로 한 스승이 한 제자에게만 전해야 한다. 만일 이런 진리들이 세속적 허영이나 아부를 위해서 변형된다면 신들의 분노가 있고 비참한 결과가 이어질 것이니 엄중하게 주의해야 한다. 만일 어떤 제자가 이런 진리들을 전수받기에 합당하다고 생각되면 세속적인 물건들을 공물로 바치지 못하더라도 그에게 전수하라.[3] 이런 제자들은 정성을 다해 돌보면서 관찰하고 가르쳐 그들이 진리의 빛을 강화하도록 도우라. 틸로파가 나로파를 가르치는 데 사용했던 방법은 내가 너를 개심시키는 데도 사용했지만 타락한 미래의 인간들에게는 별로 맞지 않을 것이다. 그들은 마음이 좁아서 숭고한 진리를 이해하기 어려울 테니 같은 방법을 사용하려면 아주 조심해야 한다.

인도에는 이런 성격의 문헌이 아홉 개가 있는데 그것들에는 내가 네게 준 것들보다 좀더 가벼운 조건이 붙기도 한다. 그것들 중의 네

---

1) 육법(六法) 관련 문헌에서도 언급한다(p.218/12 참조). 몽환 상태를 각성 상태와 비교하여 알기 위해 자유의지로 몽환 상태에 들어갔다가 정상적인 의식의 흐름이 끊어지는 일 없이 각성 상태로 돌아올 수 있도록 가르치는 요가도 있다. 이 요가에 숙달되면 각성과 몽환의 두 가지 상태가 모두 환영임을 알고, 죽어서 다시 태어난 뒤에도 전생의 기억을 소유하게 된다. 그에게 있어서 죽음은 몽환 상태로 들어감이고 재탄생은 각성 상태로 돌아옴이다.

2) 문서화되는 일 없이 스승의 입에서 제자의 귀로 전해지는 비밀스런 가르침.

3) "Nityāṣhoḍashikārṇava Tantra(iv.4)에 다음과 같은 비슷한 지시가 있다. '위대한 진리를 애정이나 탐욕, 공포 때문에 무자격자에게 알려서는 안 된다. 그것은 자격 있는 사람에게만 알려야 한다.' 베다 문헌인 Shruti에서도 지고한 브라마의 지식과 관련된 비밀을 비슷한 방법으로 금하고 있다." ― 아탈 비하리 고슈.

개를 너에게 주었으니 인도에서 가져와야 할 것이 다섯 개가 더 있다. 내 제자들 중 하나가 인도에 가서 나로파의 다른 제자들의 제자들 중 한 사람으로부터 그것들을 가져올 예정이지만 너도 그것들을 얻기 위해 최선을 다해야 한다. 그것들은 인류에게 아주 유용한 것들이다. 네가 내게 예물을 바치지 못해서 내가 다른 문헌들을 아직도 숨겨놓고 있다고 생각한다면 그런 생각은 버려라. 나는 세속적 허영과 자만에만 만족하는 것은 아니고 너의 깊은 신앙심과 열정에 훨씬 더 만족하고 있다. 그러니 올바른 신앙과 명상의 깃발[4]을 높이 올려라.

나는 신들의 계시에서 비롯되어 스승인 나로파를 통해 내게 주어진 구전으로만 전하는 최고의 진리들을 너에게 주었다. 나는 다른 어떤 제자에게도 그것들을 주지 않았고, 그릇의 가장자리가 넘칠 만큼, 그렇게 온전하고 완벽하게 너에게만 넘겨준 것이다.'

기억에 영원히 남을 이런 이야기를 마친 스승은 지금까지의 말이 진실임을 알리기 위해 수호신들을 부르고 다음과 같이 노래했다.

절하나이다! 자비로운 스승께 기도하나이다!
그분의 위업을 명상하는 것 그 자체가 하나의 경문(經文)이니.[5]

많은 것을 원하면 마음이 괴롭고
〔그러니〕네 마음속에 〔이런〕교훈들을 간직하라.

---

4) 원문은 '사다나(Skt. Sādhanā ; 成就法)의 깃발'.
5) 마르파의 기도는 그의 스승 나로파를 향하고, 밀라레파의 기도는 그의 스승 마르파를 향한다. 각각의 스승들은 신성한 존재로 시각화된다.

그것처럼 보이는 많은 것이 참다운 그것이 아니고
많은 나무들이 열매를 맺지 못하며
모든 지식이 참다운 지혜가 아니니
그것들을 얻음이 진리를 얻음 아니로다.
많은 말에 얻을 것은 거의 없노라.

마음을 풍요롭게 하는 것이 신성한 재산이니
이 재산을 원하는가? 그러면 이것을 저장하라.
천박한 열정을 제어하는 가르침이 정도(正道)이니
안전한 길을 원하는가? 그러면 이 길을 걸어라.
만족하는 마음이 가장 고귀한 왕이니
고귀한 스승을 원하는가? 그러면 이것을 찾으라.

눈물짓는 슬픔에 찬 세상을 떠나서
고독한 동굴을 네 아버지의 집으로
정적(靜寂)을 네 낙원으로 만들라.
사고를 다스리는 사고가 너의 기운찬 말이고
네 몸이 신들로 가득찬 너의 사원이며
끊임없는 헌신이 너의 최선의 약이게 하라.

너에게, 열정 넘치는 너에게
모든 지혜가 담긴 가르침을 나는 주었나니
너의 믿음과 가르침과 나는 하나이다.
이 완전한 진리의 씨앗이 믿음직한 내 아들에게서

부서지거나 흩어지거나 시드는 일 없이
무성하게 자라서 열매 맺기를.[6]

노래를 마친 뒤 스승은 손을 내 머리에 얹고 말했다. '아들아, 네
가 떠난다니 내 가슴이 찢어지는 것 같지만 만나는 모든 것이 헤어
지게 되어 있으니 어쩔 수 없다. 며칠 더 내 곁에 머물면서 책들을
읽어보고 모르는 게 있거든 내게 물어라.' 나는 이 말에 따라 며칠
더 머물면서 책의 불명료한 부분들을 확실히 이해했다.

스승은 사모님에게 지시하여 의례를 위한 제단을 차리게 했고,
사모님은 수호신과 다키니 및 천인들을 위한 공물과 빵과 진수성찬
을 대규모로 마련했다. 의례가 진행되는 동안 스승은 금강저와 금
강령(鈴), 륜(輪), 보석, 연화(蓮花), 검(劍) 등의 법구를 가지고 게파
도제와 그 외 여러 존(尊)들의 모습으로 변한 자신을 보여주었다.
그는 또한 만트라의 세 글자 옴Ōm, 악Ăh, 훔Hū을 각각 다른 색깔
로 보여주었다. 밀교 행법의 달인이 지니는 이런 능력들을 보여준
뒤 그는 말했다. '이것들은 정신물리학적인 힘인데 절대로 허장성
세를 위해 사용하면 안 된다. 나는 이별 선물로 밀라레파 너에게 보
여주었을 뿐이다.'

그리하여 나는 내 스승이 분명한 부처임을 다시 확인하고 한없이
기쁜 마음으로 그에 못지않은 힘을 길러야겠다고 속으로 다짐했다.

스승이 내게 물었다. '아들아, 보았느냐, 그리고 믿느냐?' 나는
대답했다. '네, 스승님, 믿지 않을 수 없습니다. 굳게 믿으면서 저도

---

6) 카지 다와삼둡 라마의 번역문에서는 이 마지막 절의 의미가 약간 불확실하고, M. Baot
씨의 번역문은 여기에서 얼마간 이어진다.

그런 힘을 갖게 될 때까지 스승님을 본받으려고 노력하겠습니다.'

그가 말했다. '그러면 됐다, 내 아들아. 존재하는 모든 것이 신기루 같음을 보았으니 이제 가도 된다. 깊은 산 속 동굴이나 황야의 인적 없는 곳에 은거하면서 너 스스로 그것을 깨닫도록 해라. 깊은 산이라면 걀기슈리라Gyalgyi-Shrī-La(영광스런 고독의 거룩한 산)라는 곳이 위대한 인도 성자들의 발길로 성화되었고, 뎀촉(샴바라 Shamvara)이 거주하는 티세Tisé 봉우리(카일라사 산)는 부처님 자신도 위대한 산이라고 말했듯이 명상에 적합하니 거기서 명상하거라. 경전에 고다바리Godavari로 나오는 랍치캉Lapchi-Kang은 이십사 순례지 중에서 가장 신성한 곳이다. 네팔의 욀모캉라Yölmo-Kangra와 리워팔바르Riwo-Palbar는 랄리타비스타라Lalita-Vistara[7]에 나온다. 거기서도 명상하거라. 딘Brin에 있는 츄바르Chūbar는 다키니들에게 바쳐진 곳인데 땔감과 물이 가까운 외딴 동굴이면 어디든 명상과 신앙의 깃발을 올리기에 적당한 곳이다. 동쪽에 데비코트Devi-kot와 짜리Tsari가 인접해 있지만 그곳들은 아직 열릴 때가 되지 않았다. 네게서 이어질 제자 하나가 그곳들을 신성한 순례지로 만들어 수호할 것이다. 너는 방금 말한 곳들에 거처하면서 명상에 모든 인생을 바쳐야 한다. 그것이 스승을 만족시키고 어머니의 은혜에 보답하는 길이며 일체유정을 위하는 일이다. 만일 실패한다면 아무리 오래 살더라도 네 인생은 과실만이 늘어나게 될 것이다. 그러니 야심을 모두 버려라. 세속적 목표만을 추구하는 많은 사람들과의 헛된 대화로 시간을 낭비하지 말고 오직 명상에만 전념

---

7) 화엄경(역주).

242 티벳의 위대한 요기 밀라레파

하라.'

말을 이어가는 동안 스승의 눈에 눈물이 고이더니 급기야 볼을 타고 흘러내렸다. '내 아들아, 이제 우리는 이승에서 다시 보지 못한다. 나는 너를 내 가슴속에 간직할 테니 너도 나를 그렇게 해다오. 이승 너머의 순수한 천상계에서 우리는 반드시 만날 것이니 기쁘지 않으냐?

명상하다보면 어느 시기 동안 네 몸이 커다란 위기를 맞게 될 것이다. 그때가 되면 이것을 펼쳐보아라. 그러나 그때가 오기 전에는 열면 안 된다.' 이렇게 말씀하시고 나서 봉인된 두루마리 하나를 건네주셨다. 이때 스승이 하신 말씀 한 마디 한 마디가 내 가슴에 깊이 새겨져 그 후 오래도록 수행에 큰 도움이 되었다.

스승이 다시 말했다. '다메마, 밀라레파가 내일 떠날 거요. 알아서 준비를 좀 하구려. 슬프긴 하지만 나도 좀 함께 걸어갔다 돌아오겠소.' 그리고 내게 말했다. '너는 오늘 밤 내 곁에서 자거라. 애비와 아들이 얘기를 나눠야지.' 내가 스승 곁에 잠자리를 만들려는데 사모님이 우리 사이에 끼어들어 흐느끼다가 울기 시작했다. 스승이 그녀에게 말했다. '다메마, 왜 우는 거요? 내 아들이 귀중한 진리를 다 전수받고 한적한 곳에서 그것들을 명상하러 가는데 울 일이 뭐가 있단 말이오? 중생이 부처의 씨앗을 지니면서도 자신의 높은 기원과 운명을 몰라 슬픔과 고통 속에 살다가 괴롭게 죽어가고, [인간으로 태어난 덕분에] 자신의 여건을 개선할 절호의 기회를 얻은 인간들이 그 기회를 돌보지 않다가 개명(開明)되지 못한 채 죽어가는 것이 슬퍼서라면 울어도 좋소, 그럼, 계속해서 울어도 좋지.'

사모님이 대답했다. '당신 말이 맞지만 그런 자비심을 항상 유지

제8장 | 스승과의 이별 **243**

하는 것은 쉬운 일이 아니지요. 내가 지금 우는 것은 나도 어쩔 수 없기 때문이에요. 현실적으로나 정신적으로 뛰어났던 내 아들은 이미 죽었어요. 그 아이는 자기 자신과 주변 사람 모두의 소망을 다 이룰 수 있었어요. 그런데 다시 또 이 아들이, 신심 깊고 활발하고 영리하고 인정 많은데다 의욕도 넘치는, 어느 모로 보나 나무랄 데 없는 이 아들이 이번에는 살아서 나를 떠나려 하고 있어요. 어찌 눈물이 안 나겠어요?' 이렇게 말하면서 더 슬프게 울었다. 나 또한 눈물이 앞을 가렸고 스승도 역시 마찬가지였다.

그날 밤은 모두 슬퍼하면서 지나갔고 우리는 심각한 이야기를 할 수 없었다. 다음날 아침 열세 사람으로 이루어진 한 무리가 약 이십 리 정도까지 나를 배웅해주었는데 모두 섭섭해하면서 말이나 눈물로 슬픔을 나타냈다. 우리는 마을 전체가 한눈에 내려다보이는 전망 좋은 최라강Chhö-la-Gang(신앙의 동산)이란 언덕 꼭대기에 도달하여 쉬면서 식사를 했다. 식사가 끝난 뒤 스승은 내 손을 잡고 말했다. '아들아, 너는 위와 쌍 지방을 지나가야 하는데 쌍의 실마 Silma 고개에 도적들이 많다고 해서 믿을 만한 제자 몇 명을 함께 보내고 싶었지만 네가 혼자서 가야 할 운명이라는 것을 나는 알고 있다. 그래도 어쨌든 너를 위해 기도하면서 수호신들에게 너의 안전을 보살펴달라고 부탁할 터이다. 아무튼 몸 조심하거라. 이 길로 곡파 라마에게 가서 네가 받은 경전들의 기록을 그의 것과 비교하고 어떤 차이가 있는지 잘 살펴라. 그런 다음에 너의 고향으로 곧장 가면 된다. 고향에서는 일주일 이상 머물지 말고 곧바로 황야에 나가 명상하면서 수행을 계속하거라. 그것이 이후에 네가 할 일이다. 그것에 의해서만 너 자신과 중생들이 복을 받을 것이다.'

그 자리에서 나는 다음과 같은 노래를 지어 스승에게 바쳤다.

오, 스승님, 변함없는 도제창이시여,
처음으로 보잘것없는 탁발승이 되어 쌍을 지나서
처음으로 당신의 변변치 못한 제자가 자기 집에 가옵니다.
오, 자비로운 스승님, 아버님, 당신의 친절한 배려가
실마 고개에서 산의 열두 여신을 불러 호위케 하시니
감사하나이다. 친절한 스승님.
삼보(三寶)의 가피력에 의지하고
다키니 무리의 호위를 받으면서
순수하고 진실한 가슴으로
신들의 보호 아래 돌아가니
육신의 도적 두려울 리 없어라.

하오나 다시 청하는 기도 있으니
지금처럼 앞으로도
스승께서 항상 인도해주시옵기를.
제 몸과 말과 마음을 스승께서 돌보아
유혹에서 안전하게 지켜주소서.

저의 기도를 받아들이시고
스승님의 법력으로 확증하시어
제가 심원한 진리를 깨닫게 하소서.

〔또한〕 오래오래 건강히 살도록 축복해주소서.
제자의 운명은 스승님 손에 달렸나이다.
도와주소서, 제자가 고독한 명상에 확고히 머물 수 있도록.

내가 이렇게 기원하는 노래를 부르자 스승은 말했다. '아들아, 네 노래는 아름답구나. 내가 이제 가장 소중한 마지막 가르침을 줄 터이니 항상 가슴에 간직하거라.' 그는 내 머리에 손을 얹고 다음과 같은 노래를 불렀다.

모든 스승님들께 절하나이다!

고결하고 성실하며 정의로운 아들아,
너는 법신(法身)을 얻게 되리니,
너의 감로 같은 독실한 언어는
보신(報身) 안에서 완전해지고,
순수하고 상냥한 너의 정의로운 마음은
응신(應身)을 이루게 되리라.

나의 이 중요한 마지막 말들이
영원한 법으로서 정확히
네 가슴 깊이 내려앉아 머물기를.
또한 천인과 다키니들의 축복이
네 몸과 마음을 격려하고
수호령들이 너를 지켜주기를.

나의 이 기도가 속히 이루어져서
경건한 사람들이 네게 따르기를,
열두 여신의 호위가
실마 고개에서 너를 지켜주기를,
수호신들이 네 길을 인도하여
남은 여정을 끝까지 돌봐주기를.
네 집과 밭의 슬픈 광경에
'무상(無常)'을 가르치는 설법이 있고,
누이와 당고모, 일가친척 사이에
〔혈연의〕무른 꿈을 깨는 교사가 있도다.

동굴 안의 고독 속에
무엇이든 바꿀 수 있는 장터가 있으니
거기서 혼란스런 삶이 영원한 지복으로 바뀌고,

영감 어린 네 육신의 사원 안에
신들의 회합 장소[8]가 있으며,

건강에 좋은 쐐기풀 죽[9] 식사 속에
신들이 즐기는 감로가 있노라.

---

8) '신들의 회합 장소'는 시바와 샥티가 만나서 행자에게 황홀한 깨달음을 선사하는 장소, 즉 사하스라라 차크라를 가리킨다. (pp.89/9, 250/17 참조)
9) 제10장에 보이듯이 밀라레파는 정진을 계속하는 동안 쐐기풀 죽으로 목숨을 연명했다.

경전의 행법 체계 속에
귀중한 결과를 낳는 수확이 있고,

고향에서 기다리는 중오의 멸시 속에
당면한 수행 과제가 있으며,
사람과 개들의 소음 없는 고독한 은신처에
신속히 얻어지는 성취[10]의 은덕이 있도다.

자급자족의 자유로움 속에
평온한 가슴의 축복이 깃들고,

신성한 사원 근처의 순결한 땅에
성공의 즐거운 가망이 있으며,[11]

경건하고 독실한 믿음 속에
열렬한 노력의 공덕이 있노라.

복종[12]의 신성한 정원에
모든 성공의 근원이 있고,

---

10) Skt. Siddhi. 성취, 또는 수행의 결과. 여기서는 '초능력의 획득'을 의미한다.
11) 속인들이 거주하는 마을의 정신적 방사물로 오염되지만 않는다면 신성한 장소에서 발
   산되는 심령적 영향력은 수행의 성공을 돕는다.
12) 스승의 지시에 대한 복종.

다키니들이 계시하는 생생한 진리 속에

윤회와 열반의 경계가 있으며,[13]

역경승 마르파의 유파 속에

끝없는 명예의 희망이 있도다.

밀라레파의 열의와 활력 속에

불교 신앙의 기둥이 있으니

그 기둥을 유지하는 자[14]에게 〔있을진저〕

고귀한 법맥의 축복과

카귀파 성자들의 축복

뎀촉, 게파도제, 상뒤 등

신성한 존(尊)들의 축복

사성체(四聖諦)의 축복

다키니들이 계시하는 생생한 진리의 축복

자비로운 다키니들의 축복

세 거처(居處)에 사는 이들[15]의 축복

불법(佛法) 수호존(尊)들[16]의 축복

어머니 칼리[17]의 축복

---

13) 생생한 진리들은 수행자로 하여금 윤회와 열반을 분별하고 부처의 초세속적 의식 속에서 자신이 타인과 불가분의 관계에 있음을 깨닫게 만든다.

14) 밀라레파를 가리킨다.

15) 쿤달리니 요가의 달인들을 암시하는 듯하다. 밀교적인 의미에서 세 거처는 심장과 목과 머리의 심령중추들을 가리키며, 이들은 각각 요가에서 말하는 아나하타 차크라, 비슈다 차크라, 사하스라라 차크라이다. (p.89/9 참조)

16) Skt. Dharma-pālas ; Tib. Ch'os-skyong.

제8장 | 스승과의 이별 249

고귀한 신앙인들의 축복이 있을진저.
복종심에서 생겨난 너의 노력에 축복이 있고
너의 계승자들에게도 축복이 있으며
나의 이 축복이 반드시 실현되기를.
이 〔나의 마지막〕 부탁들을 네 가슴에 간직하고 실현하거라.

노래를 끝낸 마르파는 상당히 기쁜 것 같았다. 이어서 사모님이
옷과 신발과 먹을 것 등의 선물을 푸짐하게 주면서 말했다. '아들
아, 당분간 네게 필요할 것 같은 물건들을 좀 챙겼다. 이것이 네게
주는 마지막 선물인 것 같구나, 내 아들아. 편안한 여행을 하기 바
란다. 그리고 축복받은 신성한 영토인 우르겐에서 다시 만나자꾸
나. 이 마지막 마음의 선물과 이제 내가 당부하는 이 어미의 솔직한
기도를 잊지 말아라.' 그녀는 의례용 술을 채운 인간의 두개골을 하
나 주면서 다음과 같이 노래했다.

자비로운 마르파의 발아래 절하나이다!

인내심 강한 내 아들, 그렇게도 활발하게

---

17) 시바(원초적인 남성에너지의 신격화)의 아내로서 분노한 어머니 여신으로 그려지는
칼리Kālī는 여기서는 원초적인 여성에너지 또는 샥티를 상징한다.
"다른 관점에서 칼리는 영원히 늙지 않는 젊은 어머니(Skt. Ādya Prakṛiti)이다. 왜냐면
그녀는 항상 분노하는 것만은 아니고 귀의자의 업보에 따라서 자비롭거나 무섭게 나
타나기 때문이다. 그녀는 모든 것을 잡아먹는 시간Kāla을 잡아먹기 때문에 칼리Kālī라
고 불린다. ─ 아탈 비하리 고슈 (Cf. *Tantra of the Great Liberation*, ch. iv, as edited
by Athur Avalon, London, 1913)

변함없이 고통을 견디더니
오, 가장 고귀한 운명의 아들아,
스승의 신성한 지혜가 담긴 감로를 마시려무나.
평화롭고 안전하게 네 길을 가서
나중에 다시 친구로 만나게 되기를
축복받은 신성한 영토에서.

영적인 부모를 잊지 말고
언제든지 자주 그들에게 기도하려무나.
마음을 양육하는 신성한 경전과 진리를
먹을 수 있는 것은 모두 먹고
평화롭고 안전하게 네 길을 가서
나중에 다시 친구로 만나게 되기를
축복받은 신성한 영토에서.

영적인 부모를 잊지 말고
고마운 기억 속에 항시 지니며
그들의 따뜻했던 배려를 생각하려무나.
천사들이 착용하는 따스한 숨결을
너의 순수하고 부드러운 옷으로 삼아[18]
평화롭고 안전하게 네 길을 가서
나중에 다시 친구로 만나게 되기를

---

18) 요가 수행으로 얻어지는 생명열을 상징한다.

축복받은 신성한 영토에서.

〔윤회계의〕무력한 존재들을 생각하여
사심 없는 마음을 닦으려무나.
대승(大乘)의 무거운 짐을
독실한 인내심으로 잘 견디어
평화롭고 안전하게 네 길을 가서
나중에 다시 친구로 만나게 되기를
축복받은 신성한 영토에서.

고귀한 운명의 다메마
아들에게 마지막 당부를 주었으니
그가 그것을 가슴속에 항시 간직하기를
다정한 어미도 그 아들을 기억할 테니
사랑하는 아들과 어머니인 우리
나중에 다시 친구로 만나게 되기를
축복받은 신성한 영토에서.

이 선의(善意)가 결실을 이루어
순수한 헌신으로 보답받기를.

노래를 부르는 동안 그녀는 눈물로 목이 메었고 오랫동안 참았
던 다른 사람들도 눈물을 닦으면서 흐느꼈다. 나는 나의 영적인 부
모에게 마지막 인사를 드린 뒤 시야에서 스승의 모습이 사라질 때

까지 얼굴은 그들 쪽을 향하고 뒤로 움직였다. 눈물 가득한 얼굴로 서 있는 그들을 생각하면서 다시 달려가고픈 마음이 강하게 일었 지만 모습이 보이지 않게 되자 평소의 방식으로 걸음을 옮겼고, 얼 마 후 언덕 위에 올라서서 다시 한 번 희미하게 가물거리는 그들을 볼 수 있었다. 그들과 다시 함께 살고 싶었으며, 헤어진다는 것이 너무나 괴로웠다. 나는 혼자서 생각했다. 이제 진리를 완전히 얻었 으니 이후로는 진리에 어긋나는 일은 하지 않을 것이다. 스승에 관 해서는 내가 살아 있는 한 머리 위에 계신〔후광을 두른 모습의〕그 분을 항상 명상할 수 있다.[19] 그리고 다음 생에는 우리가 신성한 영 토에서 만나야 한다고 약속하셨다. 그러나 또한 나를 낳아주신 어 머니를 잠시 동안만 보러 갔다가 다시 스승에게로 돌아올 수도 있 을 것이다.

이렇게 서글픈 마음으로 나 자신과 대화하면서 길을 걸어가 결국 곡된추도르 라마의 집에 당도했다. 여기서 우리는 서로의 기록을 충분히 비교한 결과 그가 나보다 탄트라 해석에 뛰어나지만 그 교 리에 따르는 의궤(儀軌)와 의례 및 그것들을 일상생활에 적용하는 문제라면 내가 크게 뒤지지 않고 신성한 영감이 서린 구전된 비의 (秘義)[20]들을 갖고 있기 때문에 어떤 점에서는 내가 그보다 낫다는 것을 알았다.

나는 적당한 예를 갖추어 다음에 또 만나자는 말을 남기고 집으 로 향했다. 호흡 조절 기법에 숙달되어 어느 정도 기운이 솟아나는

---

19) 의식체가 몸 밖으로 나가는 통로인 브라마의 틈새 위에 앉은 스승을 명상하는 행법이 다. 이 행법은 쿤달리니 각성을 돕는다고 한다.
20) 직역하면, '신성한 다키니 카르나 탄트라(skt. Ḍākinī Karṇa Tantra)'. (p.238 / 2 참조)

것을 느끼며 나는 사흘 뒤 고향에 도착했다.[21]

이와 같은 형태로 모든 일이 — 즉 완전한 진리 획득과 그것의 철저한 실습, 그리고 인상적인 꿈에 의한 스승과의 이별과 고향으로의 귀환이 — 이어져나갔다."

〔밀라레파의〕 네 번째 공덕〔을 다룬 이야기〕은 여기서 끝난다.[22]

---

21) 바코 씨의 주석에 의하면, 보통 걸음으로 몇 달이 걸릴 여행이지만 밀라레파는 초상적 수단에 의해 사흘 만에 끝냈다고 한다.

22) 이 장(章) 이후는 각 장의 번호를 편집자가 조정했다. 티벳어 원본에서는 이 장이 후반부의 5번째 장이다.

❖ ─── 제9장 ─── ❖
세속 생활의 포기

고향에 와서 느낀 환멸 / 금욕과 고행 및 명상을 위한 서원

레충이 다시 여쭈었다. "거룩하신 스승님, 고향에 도착했을 때 꿈이 사실이었습니까? 그리고 어머님은 살아계셨습니까?" 제쮠이 대답했다. "그 불길한 꿈은 너무나도 사실이었고, 어머니를 뵙는 것은 나의 운명이 아니었다." 레충이 다시 말했다. "집에는 어떤 식으로 들어가셨고 거기서 누구를 만났는지, 사람들은 스승님을 어떤 식으로 받아들였는지 말씀해주십시오."

그리하여 제쮠은 이야기를 계속했다. "우리 집이 보이는 골짜기의 높은 곳에서 몇 명의 양치기들을 만나 이방인을 가장하고 이곳저곳의 집과 그 소유자들의 이름을 물었더니 그들은 자세히 대답해주었다. 그런 다음 마지막으로 우리 집을 가리키면서 거기 사는 사람을 물었다. 그들은 그 집이 '사주팔각(四柱八脚)'이라 불리는 집인데 지금은 아무도 살지 않고 오직 유령들만이 드나든다고 대답했다. 어쩌다 빈집이 되었으며 거기 살던 사람들에게 무슨 일이 있었는지, 그들은 다른 데로 가버렸는지 아니면 죽었는지를 묻자 그들이 다시 대답했다. '과거에는 외아들을 둔 아주 부유한 가족이 살았

었는데 아버지가 일찍 세상을 떠나면서 유언을 잘못 남겨 아버지 쪽의 친척들이 어린 아들의 재산을 몽땅 가로챘다오. 아들이 성장하여 재산을 반환하라고 요구했다가 실패한 뒤 흑마술을 배워 저주를 내리고 우박폭풍을 퍼부어서 이 동네에 큰 피해를 입혔지요. 우리는 그 사람의 수호신들이 무서워 감히 그쪽을 쳐다보지도 못하고 그냥 저렇게 내버려두는 거요. 그래서 저 집에는 아직도 그 외아들의 어머니 시체와 악령들만이 있소. 그 사람에게는 누이동생이 하나 있었는데 어머니의 시체를 놓아두고 나가서 어디서 구걸을 하고 사는지 돌아오지 않고 있다오. 그 아들도 아무 소식이 없는 것을 보면 틀림없이 죽었을 게요. 당신이 만일 저기 간다면 집 안에 책이나 몇 권 보게 될지 모르겠구려.' 말한 사람에게 그런 일들이 일어난 지 얼마나 되었느냐고 물었더니 그는 어머니가 죽은 지 대략 8년이 지났으며 아들이 흑마술로 일으킨 우박폭풍이나 다른 재앙들에 대해서는 단지 어렸을 때의 기억밖에 없고 그 이전의 사건들은 다른 사람에게서 전해들은 것이라고 대답했다.

이런 말을 듣고 나는 마을 사람들이 나의 수호신이 두려워 나를 해치지 못할 것임을 알았다. 그러나 어머니의 죽음과 여동생의 가출에 대한 소식은 나를 절망과 슬픔의 구렁으로 밀어넣었다. 나는 사람들의 눈에 띄지 않는 외진 곳으로 가서 해가 질 때까지 목놓아 울었다. 어두워진 뒤에 마을로 가서 나는 보았다. 꿈속에서 보았던 것과 똑같은 모습의 내 집을 본 것이다! 사원과도 같았던 그 좋은 집은 대부분이 부서져 폐허가 되었고, 새어든 빗물에 젖어 곰팡이가 핀 경전들은 천장에서 떨어진 흙과 먼지로 뒤덮여 있었다. 여기는 사람 사는 곳이 아니라 새들이 둥지를 틀고 쥐들이 잠을 자는 곳

이었다. 바라보는 곳마다 파괴와 폐허가 있었으니 내 가슴은 다시 또 깊은 절망으로 빠져들었다. 바깥쪽 방들로 발길을 옮기자 흙무더기와 넝마조각이 보였고 그 위로 잡초와 풀이 무성히 자라고 있었는데 이것을 헤치니 사람의 뼈들이 나왔다. 어머니의 유골임이 분명했다. 말할 수 없는 깊은 갈망이 나를 사로잡았고, 다시는 어머니를 볼 수 없다는 생각을 견딜 수 없어 의식을 잃을 뻔하다가 스승의 가르침을 떠올렸다. 그래서 어머니의 영이나 카귀파 성자들의 영과 교신하기 위해 어머니의 뼈들을 베개로 삼고 마음을 가다듬은 뒤 삼매에 들었다. 그리하여 나는 아버지와 어머니 모두를 윤회계의 고통으로부터 구원하는 일이 실제로 가능함을 깨달았으며, 이런 상태에서 일주일 밤낮을 지낸 뒤 평상시의 의식 상태로 돌아왔다.[1]

그런 다음 지난 일을 모두 돌이켜보고 윤회계의 어떤 상태에서도 영원히 좋은 것은 얻을 수 없다는 결론에 도달했다. 나는 어머니의 뼈들을 적절한 방법으로 처리해야겠다고, 즉 그것들을 가루로 만든 뒤 점토와 섞어서 싸싸[2]라 부르는 작은 성골함(聖骨函)들로 만들어야겠다고 생각했다. 이 작업을 위한 대가는 경전들로 충당하고, 나

---

1) 탄트라 수행자는 공동묘지와 화장(火葬)이나 조장(鳥葬)이 행해지는 곳에서 명상하면서 보통 사람들이 갖는 그런 환경에 대한 혐오감과 공포심을 극복하고 세상살이의 허망함을 깨달아야 한다. 어떤 의례에서는 깊은 밤중에 요기가 송장 위에 명상 자세로 앉아 있기도 하고 또 어떤 의례에서는 송장을 베개로 삼거나 그런 자세로 잠을 자기도 한다. 제쮠은 자기 어머니의 뼈를 베개로 삼아 이런 명상을 하면서 7일 밤낮을 삼매에 들어 있었던 것이다.

이에 대해 니산카 선생은 다음과 같은 내용을 덧붙였다. "삼매 상태에서 흔히 보내는 시간이 7일인 것 같다. 고타마 붓다도 부다가야의 보리수 아래에서 7주 동안 황홀경의 축복과 열반의 축복을 7일씩 번갈아가면서 체험했다고 전한다."

2) Tib. tsha-tsha. 작은 스투파stūpa와 같은 형상으로 인도 불교의 다르마샤리라Dharma-sharīra에 상응하며, 지금도 티벳 전역에서 사용되고 있다.

제9장 | 세속 생활의 포기 257

는 닥카르타소Dragkar-Taso(말의 이빨처럼 흰) 동굴로 가서 죽을 때까지 오직 명상에만 전념하며 밤낮으로 앉아 있으려고 마음먹었다. 그리고 세속적 욕망이 조금이라도 나를 유혹하면 거기에 따르느니 차라리 그 자리에서 자살해버리겠다고 자신에게 맹세했다. 또한 내가 어떤 쉬운 방법을 택하려고 하면 일찌감치 내 목숨을 끊어달라고 수호신과 다키니들에게 기도했다.

몇 번이고 반복해서 이렇게 결심한 뒤 어머니의 뼈들을 주워모았다. 그런 다음 경전 묶음들을 덮고 있던 흙과 먼지를 털어내니 그 속의 글자들이 아직 뚜렷하게 보였다. 이것들을 등에 메고 뼈들은 옷 앞자락에 넣은 후 나는 출발했다. 말할 수 없는 고뇌가 심저(心底)를 꿰뚫었고, 앞으로 이 세상에서 나를 유혹하거나 속박할 것은 아무것도 없다는 생각이 들었다. 나는 진리를 깨닫기 위해서라면 어떤 혹독한 고행도 피하지 않겠다는 서원을 거듭거듭 세우고 또 다졌다. 거의 미친 것 같은 기분이 된 나의 입에서 이런 맹세의 시가 흘러나왔다.

오, 변함없이 자비로운 스승님
역경승 마르파여, 당신의 예언대로
고향 땅 유혹의 감옥에
사물의 덧없음을 가르치는 교사가 있으니
당신의 온정과 은총에 의하여
이 훌륭한 교사에게서 체험과 믿음을 얻게 하소서.

보이는 것과 존재하는 것, 현상계의 모든 것이

덧없고 변덕스럽고 불안정하지만
이승의 삶은 특히나
실체가 없고 영원하지 않도다.
그러니 그런 무익한 것을 구하는 대신
신성한 진리를 찾으리라.

내 아버지 살았을 때 〔자라난〕 아들 없었고
나 태어나 성장하니 아버지는 없구나.
설사 둘이 만났더라도 이득 될 것 별로 없어
그러니 신성한 진리를 얻으러 나는 가리라
닥카르타소 동굴로, 명상하기 위하여.

내 어머니 살았을 때 아들인 나 멀리 떠났고
나 집에 오니 어머니는 돌아가셨네.
설사 둘이 만났더라도 이득 될 것 별로 없어
그러니 신성한 진리를 얻으러 나는 가리라
닥카르타소 동굴로, 명상하기 위하여.

내 누이 집에 있을 때 오빠인 나는 떠났고
오빠인 내가 돌아오니 누이는 어디론가 사라졌네.
설사 둘이 만났더라도 이득 될 것 별로 없어
그러니 신성한 진리를 얻으러 나는 가리라
닥카르타소 동굴로, 명상하기 위하여.

경전들은 온전할 때 존중받지 못하다가
존중할 자 돌아오니 빗물에 썩어 있네.
설사 둘이 〔좀더 일찍〕 만났더라도 이득 될 것 별로 없어
그러니 신성한 진리를 얻으러 나는 가리라
닥카르타소 동굴로, 명상하기 위하여.

가옥이 튼튼할 때 주인은 떠났고
주인이 돌아오니 가옥은 폐허가 되었네.
설사 둘이 함께 남았어도 이득 될 것 별로 없어
그러니 신성한 진리를 얻으러 나는 가리라
닥카르타소 동굴로, 명상하기 위하여.

땅이 비옥할 때 농부는 떠났고
농부가 돌아오니 땅은 잡초만 무성하네.
설사 둘이 함께 남았어도 이득 될 것 별로 없어
그러니 신성한 진리를 얻으러 나는 가리라
닥카르타소 동굴로, 명상하기 위하여.

고향 땅, 내 집, 모든 재산
너희들이 모두 허망함을 나는 아노니
그걸 모르는 자 너희를 갖든 말든
수행자인 나는 영원한 진리를 찾아서 떠나리.

오, 자비로운 아버지, 역경승 마르파

제가 고독한 명상에 성공하도록 도와주소서.

깨달음을 갈망하면서 이런 시를 찬가처럼 읊은 뒤 맨 먼저 나의 최초의 교사였던 라마승의 집으로 갔다. 이 라마승은 세상을 떠났지만 그의 아들이 살고 있었으므로 그에게 경전들을 주고 내 어머니의 뼈를 싸싸로 만들어달라고 부탁했다. 그는 자신이 그 책들을 받으면 나의 수호신들이 자기 집에 드나들 거라고 두려워하면서 그래도 나를 위해 만들어주겠다고 부드럽게 약속했다. 내가 자발적으로 주는 것이기 때문에 나의 수호신들이 그를 괴롭히지 않을 거라고 안심시키자 '그렇다면' 하고 말하면서 책들을 받았다. 그런 다음 그는 싸싸를 만들기 시작했고 나도 그를 도왔으며, 작업이 끝난 후 봉헌식이 거행되었다. 그것들이 스투파 속에 안치되는 것을 본 다음 내가 떠나려 하자 그는 옛날이야기를 하자고 최선을 다해 대접하겠다면서 며칠 동안만 더 머물다 가라고 붙잡았다. 그러나 나는 수행을 위해 곧바로 떠나야 하며 얘기할 시간이 없다고 말했다. 그는 자신이 앞으로 내게 필요할 양식을 조금이라도 마련할 수 있도록 하룻밤이라도 함께 지내고 가라고 우겼다.

내가 여기에 동의하자 그는 이어서 말했다. '당신은 젊은 시절에 흑마술로 원수들을 몰살시켰는데 이제 성숙해서 불법에 귀의했으니 정말 대단하십니다. 나중에 성자가 되실 겁니다. 어떤 스승들을 만났고 무슨 경전들을 얻었습니까?' 그는 정말로 궁금하다는 듯이 이렇게 물었고, 그에 대해 나는 '위대한 완성'의 교의를 얻었다고 대답한 뒤 어떻게 마르파를 만나게 되었는지 설명했다. 그는 나를 축하하면서 내 집을 수리하고 제세와 결혼하여 닝마 라마로 정착하

면 어떠냐고 넌지시 권했다. 나는 마르파 스님이야 타인들에게 봉사하기 위해 결혼했지만 내가 그런 순수한 목적도 법력도 없이 그분을 모방한다면 그것은 사자가 달리는 것을 토끼가 흉내내는 것이고 스스로 파멸의 골짜기를 향해 곤두박질하는 짓이라고 대답했다. 그리고 다음과 같이 덧붙여 말했다. '나는 명상 수행 외에 아무것도 원치 않소. 세속 생활이 전혀 즐겁지 않기 때문이오. 혼자 숨어 살면서 평생을 명상에 전념하라는 것이 내 스승의 지시이니 스승의 뜻과 우리 법통의 교의를 따르면서 일체유정에게 봉사하기 위해 나는 〔카귀파 귀의자의〕 이상적인 삶을 실천할 것이오.³⁾ 그렇게 할 때 〔윤회하는 세계에서〕 내 부모를 구할 수 있고 결국은 나 자신에게도 이로울 거요. 나는 명상밖에 모르니 다른 일들에는 성공할 가망이 거의 없소. 게다가 돌아가신 부모님이 소유했던 저택과 남긴 재산들이 저 모양이 된 것을 본 뒤로 이 세상의 재보가 무가치해졌고 오직 내 목숨을 바쳐 명상하겠다는 불타는 갈망만이 있을 뿐이오. 내가 겪은 것 같은 고통을 겪어보지 못했거나 집안으로 들이닥치는 죽음과 지옥을 생각지 못하는 사람들은 인생을 안이하게 살아갈 수도 있을 것이오. 하지만 나는 지금까지 겪은 일들을 통해서 깊은 헌신과 명상이 반드시 필요함을 뼈저리게 느꼈소. 나는 목숨이 붙어 있는 한 춥고 배고프더라도, 그리고 설사 죽음이 찾아오더라도 그렇게 살다가 죽기로 결심했소.'

---

3) 깨달음을 원하는 카귀파 수행자에게는 밀라레파가 실천한 것과 같은 은둔생활이 지상에서 가장 고귀한 삶이다. 그런 삶을 통해서 그는 참다운 지혜를 얻을 수 있고, '나는 믿는다' 고 하는 지능적 상투 어구를 반복하지 않는, 진리를 실제로 체험한 공덕을 지닌 구원의 안내자로서 인간 세상에 돌아올 수 있다.

말을 마친 뒤 솟아나는 눈물을 머금고 나는 노래를 불렀다.

오, 고귀하신 마르파, 당신의 발아래 절하나이다!
당신의 은총으로 이 탁발승이 세속적 집착에서 벗어나기를.
아아, 애처롭구나
속세의 것에 집착하는 이들이여,
고뇌가 깊을수록 더 그들을 생각하게 되고
슬픔이 깊을수록 더 그들의 슬픔을 맛보네.
우리는 맴돌고 맴돌아 지옥으로 떨어지니
업에 의해 〔슬픔의〕 고통을 맛보는 이들은
진리에 귀의하는 것이 최선의 길이라네.

스승이신 도제창, 변함없는 당신,
은총으로 축복받은 이 탁발승 정적 속에 살게 하소서.
신기루 같은 허망한 이 세상
어정거리는 나그네들
그들에게 필요한 건 〔슬픔의〕 고통으로 신음하는 일

아름다운 궁탕 들판 한가운데
양과 염소와 송아지들 풀 뜯던 내 목장에
지금은 악령들이 출몰하누나.
이것은 실체가 없는 허깨비의 상
그래서 나는 명상적인 삶을 원하네.

웅장하던 내 집 '사주팔각(四柱八脚)'은
이제 보니 사자의 위턱과 같고
네 첨탑과 여덟 개 작은 첨탑, 지붕과 함께 아홉이
이제 보니 늙은 당나귀의 귀와 같구나,
이들 역시 실체가 없는 허깨비의 상
그래서 나는 명상적인 삶을 원하네.

비옥했던 내 땅 '워르마 삼각지'
이제 잡초와 풀들만 무성하고
내 사촌과 일가친척
이제〔나를〕대적하려 하누나.
이들 또한 실체가 없는 허깨비의 상
그래서 나는 명상적인 삶을 원하네.

당당하던 내 아버지 밀라쉐르걀[4]
살았던 흔적 찾을 수 없고
다정하던 내 어머니 냥싸카르겐
이제 하얀 뼈 무더기로 남았구나.
이들 또한 실체가 없는 허깨비의 상
그래서 나는 명상적인 삶을 원하네.

우리 집 주례자, 가정교사 쿤촉라붐

---

4) 밀라쉐랍걀쎈의 축약형.

이제 다른 집의 하인이 되었고

내 신성한 경전들, 불법(佛法)의 보고(寶庫)

쥐구멍과 새둥지로 바뀌었구나.

이들 또한 실체가 없는 허깨비의 상

그래서 나는 명상적인 삶을 원하네.

내 친척과 이웃과 외삼촌 융걀

이제 나의 적들과 손을 잡았고

하나뿐인 여동생 페타퀸키

어디로 갔는지 알 수 없구나.

이들 또한 실체가 없는 허깨비의 상

그래서 나는 명상적인 삶을 원하네.

오, 자비로운 이여, 변함없는 당신,

이 탄원자가 정적 속에 살 수 있도록 도와주소서.

나의 이 우울한 노래를 듣고 집 주인은 한숨을 쉬며 말했다. '훌륭합니다! 정말 옳은 말씀입니다.' 옆에 있던 그의 아내도 눈물을 흘렸다. 폐허가 된 내 집의 황량한 모습에 너무나 충격을 받아서 나는 고독한 명상으로 인생을 보내는 수밖에 달리 방법이 없음을 알렸던 것이다. 나 자신의 마음속에서도 실제로 그렇게 하겠다고 결심을 거듭하던 중이었다. 그리고 사실 세속적 목표를 위해 시간을 낭비하는 대신 그동안 명상에 정진해온 나 자신을 나무랄 이유도 없었다."

이것은 기술된 바와 같은 비참한 처지에서 어떻게 밀라레파가 열정적으로 명상 수행에 들어갔는지를 설명하는 다섯 번째 공덕이다.

❖──제10장──❖
고독한 명상 수행

외딴 산 속에서 고독한 명상을 시작함 /
새로운 체험과 그에 따른 정신생리학적 결과들 / 각각의 경우를 나타내는 그의 노래들

레충이 다시 제쮠에게, 어떤 장소들에서 고행하며 명상에 전념했는지 여쭈었다.

이에 답하여 제쮠이 말했다. "다음날 아침 옛 교사의 아들은 약간의 버터와 치즈를 곁들여 곡식가루를 비롯한 다른 식량을 한 부대 주면서 말했다. '홀로 수행하는 동안 드실 것들입니다. 우리를 위해서도 기도해주십시오.' 나는 이것을 받아들고 내 집 뒤쪽의 산기슭에 있는 어떤 널찍한 동굴로 가서 자리를 잡았다. 거기서 식량을 절약하기 위해 곡식가루를 물에 타서 먹는 정도로 이용한 결과 몸이 많이 쇠약해졌지만 수행만큼은 많은 진전이 있었다. 그리하여 이 식량으로 몇 달 동안을 버티었으나 이것이 떨어지고 나니 먹는 것 없이 오랫동안 명상할 수가 없었다. 그래서 산 위쪽의 가축을 치는 이들과 아래쪽의 농사짓는 이들에게 각각 버터와 치즈, 그리고 곡식이나 곡식가루 같은 것을 얻으러 가야겠다고 생각했다. 이렇게 해야 굶어죽지 않고 계속해서 명상할 수 있기 때문이었다.

양치기들을 찾아간 나는 야크 가죽으로 만든 어떤 천막 입구에

서서 안에 있는 사람을 향하여 수행자에게 버터와 치즈를 좀 베풀어달라고 간청했다. 그런데 무슨 악운(惡運)인지 하필이면 그것은 내 당고모의 천막이었으니 그녀는 즉시 나를 알아보고 크게 화를 내면서 자신의 개들을 풀었다. 내가 돌을 던지면서 지팡이로 그것들을 저지하고 있는데 당고모 자신이 천막의 지주를 뽑아들고 나와서 소리쳤다. '너 이놈! 고귀한 아버지의 망신거리야, 친척들의 목숨을 팔아먹은 놈! 제 고향 마을을 쑥밭으로 만든 놈아, 여기는 뭣하러 왔느냐? 고귀한 네 아버지가 너 같은 자식을 낳은 걸 생각하면!' 그녀는 자신이 할 수 있는 가장 심한 욕을 퍼부었다. 나는 그곳을 벗어나기 위해 몸을 돌렸지만 제대로 먹지 못했던 터라 비틀거리다가 돌에 걸려 물웅덩이 속으로 넘어졌고 거의 죽을 지경이 되었다. 그러나 그녀는 계속해서 마구 고함을 쳤고, 나는 필사적으로 노력해서 일어나 지팡이에 몸을 의지한 자세로 당고모를 향해 다음과 같은 노래를 불렀다.

자비로운 내 스승 마르파의 발에 절하나이다.

싸Tsa의 우울한 골짜기 불행한 집안에서
비참한 우리 셋 ― 어머니와 남매는
작대기에 맞은 콩알처럼 뿔뿔이 흩어졌네.
그것은 당신들 때문이 아니던가?
생각해보시오, 당고모와 당숙이여.

내가 탁발하면서 멀리 떠도는 동안

가난의 칼에 찔려 어머니 돌아가시고
음식과 옷가지 구걸하러 동생은 가출했네.
보고픈 마음 간절하여 떨칠 수 없어
감옥 같은 고향 땅에 나 다시 돌아왔네.

어머니 잃은 내 누이
슬픔에 차서 타향을 떠돌고
찢어지는 이 가슴 달랠 길 없네.
우리 셋이 겪는 이 슬픔과 불행
내 친척인 당신들 때문이 아닌가?

참을 수 없는 이 고통 내 삶을 신앙으로 이끌었고
외로운 산모퉁이 적막한 곳에서
내 스승 마르파의 신성한 가르침을 명상하다가
먹을 것이 떨어져 덧없는 이 몸은 견디지 못하고
무엇이든 얻기 위해 밖으로 나왔네.

죽어가는 곤충이 개미집 문전을 기웃거리듯
찾아온 곳이 내 당고모의 문전인데
그녀는 허약한 이 몸 향해 개들을 풀어놓고
맹렬하게 공격하며 자신도 합세하네.

그녀의 사나운 저주와 협박으로
내 마음의 깊은 슬픔 또다시 새롭고

그녀의 몽둥이가 사정없이 두들기니
초라한 이 몸 고통과 타박에 쫓기다가
죽을 지경을 치르는구나.

오히려 이쪽에서 화를 낼 만도 하지만
스승의 가르침에 따르면서
미움을 갖지 않으니, 오 당고모여,
이 사람의 수행에 먹을 것을 보태소서.

오, 자비로운 마르파 스승님,
당신의 법력으로 이 고통을 달래주소서.

반쯤 울음이 섞인 목소리로 이렇게 노래하자 당고모 뒤로 다가왔던 한 소녀가 눈물을 흘렸고, 당고모 자신도 가책을 받아 부끄러워진 듯 안으로 들어가서 그 소녀에게 버터 한 통과 약간의 치즈가루를 들려 보냈다.

다른 천막들을 돌면서 탁발을 했는데 나는 거기 있는 사람들을 알 수 없었지만 그들은 나를 알아보는 것 같았고, 딱딱한 눈빛으로 쳐다보면서도 제각기 약간씩의 식량을 주어 그것들을 갖고 동굴로 돌아왔다. 당고모의 행동으로 보아 당숙이 어떻게 나올 것인지 짐작할 수 있었고, 그래서 그의 집 쪽으로는 가지 말아야겠다고 생각했다. 그러나 싸 골짜기의 위쪽 농부들에게 탁발을 갔다가, 내가 몰랐던 것이 원인이지만, 당숙이 〔재앙 후에〕 이사한 그의 새 집 문전으로 들어서버렸다. 그는 나를 알아보고 달려들면서 외쳤다. '내

비록 늙어 죽을 때가 다 되었지만 너는 내가 끝내 만나고 싶었던 놈이다.' 그가 죽을힘을 다해 내게 돌을 던졌고 하마터면 나는 거기에 맞을 뻔했다. 내가 몸을 돌려 달아나자 그는 온몸의 힘을 짜내서 계속 돌을 던져대다가 나와의 거리가 조금 멀어지자 활을 들고 나와서 소리쳤다. '너 이놈, 인명을 팔아먹은 놈! 배신자 이놈! 이 동네를 쑥밭으로 만들었지? 여보시오, 사람들, 드디어 원수가 나타났소. 빨리 나오시오.' 그는 활을 쏘기 시작했고 젊은이들 몇몇이 돌을 던졌다. 그들의 분노와 보복에 희생되어버리지 않을까 두려워진 나는 흑마술로 그들을 협박해야겠다고 생각하면서 크게 외쳤다. '오, 내 아버지, 그리고 그대 카귀파 종의 스승들이시여! 오, 그대 피 마시는 수많은 수호신들이여! 수행자인 내가 적들에게 쫓기고 있나이다. 나를 도와 원수를 갚아주소서. 내가 죽더라도 그대 신들은 죽지 않으니.'

그러자 그들 모두가 두려워 떨면서 내 당숙을 붙잡았고, 나를 동정한 몇몇은 중재자로 나섰으며 돌을 던졌던 자들은 내게 용서를 빌었다. 그리고 당숙만은 동의하지 않았으나 나머지 사람들이 제각각 약간씩의 보시 물자를 내놓아서 그것을 가지고 내 동굴로 돌아왔다. 그런 다음 생각해보니 내가 여기에 계속 머물면 사람들의 감정만 자꾸 건드릴 것 같았고, 그래서 다른 곳으로 가야겠다고 마음을 정했다. 그러나 그날 밤 여기서 며칠 더 머물도록 지시하는 꿈을 꾸었으므로 그 지시에 따랐다.

내 소식을 들은 〔나와 어린 시절에 약혼했던〕 제세가 좋은 음식을 들고 찾아왔다. 그녀는 한참 동안 울다가 나를 껴안았다. 내 어머니가 어떻게 돌아가시고 동생이 어떻게 집을 나갔는지에 대한 그

제10장 | 고독한 명상 수행 271

녀의 설명을 듣고 나도 너무 슬퍼서 다시 눈물을 흘렸다. 나는 말했다. '정말 지조가 강하구려. 여태까지 결혼을 하지 않고 있다니.' 그녀가 말했다. '사람들이 당신의 수호신들을 너무나 무서워해서 아무도 제게 결혼하자고 손을 내밀지 않았고, 설사 누가 청혼을 한다 해도 저는 받아들이지 않았을 거예요. 당신이 이런 수행자의 길을 택한 것은 정말 잘한 일이에요. 하지만 당신의 집과 땅은 어떻게 하실 생각인가요?' 그녀의 뜻을 알 수 있었다. 스승의 가르침으로 세속생활을 완전히 포기한 후 나는 그녀를 위해 기도하면 충분하다고 종교적인 관점에서 생각했지만, 그녀가 세속적 차원에서 마음을 정하도록 무언가 말을 해주어야 할 것 같았다. 그래서 이렇게 말했다. '집과 땅은 내 동생을 만나거든 거기 맡겨요. 동생이 올 때까지는 당신이 이용해도 좋고, 동생이 만일 죽었다면 당신이 아주 갖도록 하구려.' 그녀가 다시 물었다. '당신은 그것들이 필요 없나요?' 내가 대답했다. '나는 들쥐와 산새들이 먹고사는 방식으로 살거요. 잘 먹지 못하고 굶주리기도 하겠지만 땅은 필요치 않소. 그리고 인적 없는 동굴 속에서만 살 것이니 집도 필요 없소. 내가 설사 이 세상을 다 갖는다 해도 죽을 때는 모든 것을 버려야 하니 차라리 지금 모든 것을 버리면 이승과 내세에서 행복할 수 있을 거라는 생각이오. 이렇게 나는 보통 사람들이 사는 것과는 완전히 반대되는 인생을 살고 있소. 내가 살아 있다고 생각하지 마시오.'

그러자 그녀가 물었다. '당신은 수행법도 다른 모든 종교인들의 그것과 반대되나요?' 나는 대답했다. '내가 반대하는 것은 명예나 권위만을 위해 승복을 입은 자들, 재산과 명성을 노리고 겨우 경전 한두 권을 암송하는 것으로 만족하는 자들, 당파심을 갖고 자기 종

파의 승리와 다른 종파의 패망을 위해 노력하는 자들이오. 그렇지만 진지한 수행자들이 있으니, 비록 종파나 교리는 서로 달라도 그들이 방금 말한 사람들이 아니라면 목적에 큰 차이가 있을 수 없고, 그래서 나는 그들 중의 어느 누구에게도 반대하지 않소. 쉽게 말해서 그들이 나만큼 진지하지 못하다면 나의 교리에 반대되는 것이오.'

다시 그녀가 물었다. '그렇다면 당신의 수행법은 왜 그렇게 혹독하고 비참한가요? 세상에서 제일 못한 거지보다도 더 초라해 보여요. 이런 경우는 본 적이 없어요. 당신은 대승불교의 어떤 특별한 교리를 따르지요?' 나는 그것이 대승불교의 가장 높은 교리이고, 한 생애 동안에 부처를 이루는[1] '완전한 포기의 길'이며, 그러기 위해서 이 세상의 소망과 목표들을 바람에 날려버려야 한다고 대답했다.

그녀가 말했다. '당신의 수행이 다른 사람들의 것과 반대된다는 것을 알겠어요. 당신의 말을 들으니 불법을 실천한다는 것이 결코 쉬운 일이 아니군요. 다른 사람들 같으면 좀더 쉬운 길을 갈 거예요.' 내가 대답했다. '속세에 미련을 갖는 수행자는 내가 갖는 진지한 수행자의 이상을 이룰 수 없소. 나는 황색 승복을 입은 진지한 수행자들도 세속적 명예에 대한 집착이 약간은 남아 있다고 생각하오. 그리고 설사 그들이 그런 집착을 갖지 않는다 하더라도〔나와

---

1) 티벳불교 특유의 가르침이다. 《티벳 사자의 서》에 의하면, 윤회하는 모든 존재의 비실재성을 깨달음과 동시에 완전한 각성이 찾아오고 불성(佛性)이 눈을 뜨며, 이런 최상의 성취는 한 생애 동안에 '크게 버리고 크게 얻는 길'을 충분히 나아간 수행자에게 가능하다고 한다. 밀라레파는 이것을 실천으로 보여주었다.

그들 사이에는〕부처를 이루는 속도와 효과 면에서 큰 차이가 있소. 당신은 아직 이해하기 어려울 거요. 어쨌든 할 수 있다면 당신도 불법에 귀의하는 게 좋지만, 그것이 마음에 들지 않으면 아까 말했듯이 내 집과 땅을 가져도 되고 집으로 돌아가는 게 낫소.' 그녀가 대답했다. '그 집과 땅은 당신이 동생에게 주어야 하는 것이니 내가 받을 수 없어요. 나도 불교에 귀의하고 싶지만 당신 같은 수행자가 될 수는 없어요.' 이렇게 말하고 돌아갔다.

내가 집과 땅에 무관심하다는 것을 알게 된 당고모는 그것들을 자신의 것으로 만들 수 있을지도 모른다고 생각하기 시작했다. 그녀는 상당량의 보릿가루와 버터, 창 등을 갖고 찾아와서 말했다. '얼마 전에 내가 무지해서 자네를 섭섭하게 대했네. 하지만 자네는 수행자이니 나를 용서할 수 있을 거야. 자네 땅을 내가 가꿔도 된다면 자네 식량을 내가 대줄 수 있을 것 같은데 어떤가?' 이 요청에 나는 대답했다. '그렇게 하시지요. 한 달에 보릿가루 두 되만 주시고 나머지는 마음대로 쓰세요.' 그녀는 기뻐하면서 돌아간 뒤 두 달 동안 약속을 지켰다. 그런 다음 다시 찾아와서 말했다. '사람들이 그러는데, 내가 자네 밭을 경작하면 자네의 수호신들이 나를 해칠지도 모른다고 하네.' 그녀를 안심시키기 위해 나는 말했다. '이제 와서 내가 왜 마법을 쓰겠어요? 당고모는 그 밭을 갈아서 지금처럼 제게 먹을 것을 대주면 오히려 공덕을 쌓는 겁니다.' 그러자 그녀가 곧바로 말했다. '그러면 내가 안심하도록 더 이상 마법을 사용하지 않겠다고 약속하게. 그렇게 해서 나쁜 일은 없을 테니.' 그녀가 무슨 마음을 먹는 것인지 알 수 없었지만 다른 사람들도 편하게 해줘야 하는 내 소명을 생각하여 그 뜻에 따랐고 그녀는 아주 기뻐하면

서 돌아갔다.

그렇게 지내면서 나는 끊임없이 명상에 몰두했지만 어찌된 일인지 발전의 증거나 황홀한 온기 같은 것을 느낄 수 없었고, 도대체 앞으로 어떻게 해야 할 것인지 알 수 없어 불안해졌다. 그러던 어느 날 밤 꿈을 꾸었다. 나는 아주 단단한 땅을 갈고 있었는데 아무리 애를 써도 땅이 갈아지지 않았다. 그래서 낙심하여 이 작업을 포기할까 생각하고 있을 때 갑자기 하늘에 나의 자비로운 마르파 스승이 나타나서 말했다. '아들아, 힘을 내서 계속 땅을 갈아라. 땅이 아무리 단단해도 너는 분명히 성공할 수 있다.' 그리고 그 자신이 직접 쟁기를 잡으니 땅이 쉽게 갈아졌으며 풍성한 결실을 보게 되었다. 꿈에서 깨어난 나는 큰 용기를 얻었다.

그리고 나서 꿈은 자기 소망의 허황된 표현이므로 어리석고 무지한 농사꾼이라도 현실로 간주하지 않으며 이런 꿈에 영향을 받는다면 나는 어떤 바보보다도 더 어리석다는 생각이 들었다. 그러나 인내심을 갖고 열심히 명상을 계속한다면 결국은 성공할 것이라는 징표로 느껴지기도 했으므로 어쨌든 즐거웠으며, 이런 기분 속에서 다음과 같은 노래를 불러 그 꿈의 참다운 의미를 내 기억 속에 명료히 새겼다.

당신께 기도합니다, 오 자비로운 스승님!
이 탁발승이 정적 속에 머물 수 있도록 도와주소서.

평온한 마음 밭에
변함없는 믿음의 물과 거름을 주고

순수한 마음의 온전한 씨앗을 뿌리니
진실한 기도가 천둥처럼 울려퍼지고
은총이 스스로 소나기처럼 내리는구나.

집중된 사고의 소와 쟁기에
이성과 〔올바른〕 행법의 보습 달았네.
현혹되지 않은 마음의 소가
흔들리지 않는 목표를 향해
열의와 인내의 회초리를 맞으며
오욕(五慾)에서 생겨난 무지의 굳은 흙을 부수고
죄 깊은 단단한 돌들을 뽑아내면서
모든 위선의 잡초들을 제거하누나.

인과율의 낫으로
고귀한 삶을 수확하네.
숭고한 진리의 열매가
개념을 초월한 곳간에 쌓이니
신들이 이 귀중한 곡식을 볶고 갈아서
진리에 굶주린 이 몸
허기진 이 마음을 먹이는구나.

이 꿈을 이렇게 해석해도
말로는 참 열매를 제시 못하고
단순한 설명은 참 지식을 낳지 못하니

수행에 몸 바친 자
명상에 모든 열의와 인내를 발휘하면서
시련을 견디고 주의 깊게 살필 때
가장 귀한 보옥이 얻어지누나.

충실히 진리를 구하는 모든 이가
자신의 길에서 장해와 유혹을 넘어서기를.

이런 노래를 부른 뒤 나는 닥카르타소 동굴로 가서 명상해야겠다
고 마음먹었다. 내가 떠나려 하고 있을 때 당고모가 보릿가루 여섯
되와 낡은 가죽옷, 좋은 천 조각 하나, 버터와 기름을 섞은 둥근 덩
어리를 들고 와서 말했다. '조카, 이웃들이 자꾸 말을 하니 이것들
을 갖고 내가 보거나 들을 수 없는 먼 곳으로 가주게. 이것들은 자
네가 땅을 잃는 데 대한 보상일세. 그들은 이렇게 말한다네. "퇴파
가는 과거에 우리에게 많은 재앙을 가져왔다. 당신이 계속해서 돌
본다면 그는 다시 해를 끼치고 어쩌면 남은 사람들까지 죽일지도
모른다. 앞으로도 이런 식으로 나간다면 우리는 당신들 둘을 죽이
겠다." 그러니 어쩌겠나? 자네가 다른 곳으로 가면 아무 탈이 없을
테고 다른 곳으로 가지 않더라도 저들이 나를 죽이지는 않겠지만
자네는 분명히 죽이려 할 걸세.'
　나는 사람들이 그런 식으로 말하지는 않았으리라는 것을 알고 있
기 때문에 그녀에게 이렇게 대답했다. '내가 나의 서원에 충실하지
않으려고만 하면 내 땅을 되찾기 위해 다시 마법을 사용할 수도 있
어요. 이런 상황에서도 사용치 않겠다고 약속한 것은 아니기 때문

이지요. 이런 마법 능력이 있으면 지금 이 자리에서 당고모를 시체로 만들어버리는 것은 식은 죽 먹기지요. 그렇지만 그렇게 하지 않는 이유는 나를 괴롭힌 사람들에 대한 인내심을 기르고 있기 때문이에요. 당고모 아닌 다른 누구에 대해서 내가 인내할 필요가 있겠이요? 만일 오늘 밤 내가 죽는다면 그 땅이나 이런 물건들이 내게 무슨 소용이 있나요? 인내는 부처가 되는 지름길이라고 하는데 당고모 당신이야말로 내가 인내해야 하는 바로 그 사람입니다. 그렇지만 당고모와 당숙은 나를 이런 〔수행의〕 삶으로 인도한 장본인이지요. 나는 두 분께 마음속으로 감사드리고 보답으로 두 분이 미래에 부처가 되도록 항상 기도할 겁니다. 그 땅만이 아니라 내 집도 가지세요.' 그런 다음 그간의 모든 일을 사실 그대로 설명하고 끝으로 이렇게 말했다. '저는 진리 탐구에 일생을 바치기로 했고 스승의 가르침 외에 아무것도 원치 않습니다. 그러니 땅과 집을 모두 갖도록 하세요.' 그런 다음 이런 노래를 불렀다.

오, 스승이여, 당신의 은총으로 수행자의 삶을 이어가나니,
당신은 나의 행복과 고뇌를 아시나이다!

윤회계 전체가 업(業)의 그물에 얽혀 있으니
그것에 붙들린 자 구원의 생명줄을 잡지 못하네.

악업을 거두느라 바쁜 중생들
지옥의 고통을 맛봄이라.

일가친척의 애정은 악마의 성(城)이니[2]
그것을 쌓음은 〔고뇌의〕 불길에 떨어지는 일.

재산 축적은 타인의 재산을 축적함이니
이렇게 모은 것을 원수가 이용하네.
술과 차를 즐기는 건 독초 즙을 마심이니[3]
그것들에 취하여 구원의 생명줄을 잊어버리네.

당고모가 가져온 땅값은 탐욕의 소산
그것을 먹는 일은 아귀(餓鬼)로 다시 태어남이라.

---

2) 자기 가족만을 중시하는 것은 가족적 이기주의이고 진정한 단 하나의 가족은 '인류'이
며 이 가족을 위해서만 보살은 노력한다. 마태복음 10장 36~7절은 이렇게 말한다. "사
람의 원수가 자기 집안 식구이리라. 아비나 어미를 나보다 더 사랑하는 자는 내게 합당
치 아니하고 아들이나 딸을 나보다 더 사랑하는 자도 내게 합당치 아니하다."

3) 불교적 관점에서 볼 때 술과 마약, 담배, 진한 차와 커피 등은 몸에 해로울 뿐만 아니라
신경계통과 마음을 자극하여 동물적 본성을 강화하고 보다 높은 차원의 정신적 영감을
방해한다. 슬픔과 고통, 절망은 윤회하는 모든 존재계가 고통과 불가분의 관계에 있어
바람직하지 못하다는 사실을 일깨우는 강력한 도구로 간주된다. 위와 같은 자극제들이
불행을 잊는 데 사용되어 이 세상에 아무 문제가 없다는 비현실적인 느낌이 생겨나면
슬픔의 영역 너머 참다운 축복만이 존재하는 초세속성의 순수한 정신 상태를 추구할 의
욕이 사라진다. 그러면 보다 높은 세계와 보다 낮은 세계의 황금 고리인 구원의 생명줄
이 끊어지고, 올림푸스로의 신성한 길은 닫혀지며 인류는 무신앙의 어둠 속에, 자기 속
에 있는 짐승의 노예로 남는다.
불교나 좀더 높은 수준의 힌두교, 이슬람의 모든 종파들과 달리 유감스럽게도 기독교는
이런 자극제들의 사용을 금지하지 않지만 고대 유대의 예언자 이사야는 이런 말로 올바
른 관점을 제시했었다. "제사장과 선지자도 독주로 인하여 옆걸음치며 포도주에 빠지
며 독주로 인하여 비틀거리며 이상(異像)을 그릇 풀며 재판할 때에 실수하나니." (이사
야 27장 7절). 또한 바울의 에베소서 5장 18절에도 이런 말이 있다. "술 취하지 말라. 이
는 방탕한 것이니 오직 성령의 충만을 받으라."

당고모의 충고는 증오와 복수의 산물
그와 같은 발언은 큰 소동과 파괴를 부르네.

집이든 땅이든 내가 가진 무엇이든
모두 가지고, 당고모여, 그걸로 행복하소서.

나는 참다운 수행으로 치욕을 벗어나니
내 열의에 신들이 기뻐하누나.

연민으로 마왕을 제압하고
바람에 모든 비난 날려버린 뒤
고개 들어 위를 바라보네.

오, 자비로운 분, 변함없는 당신
은총을 베푸소서, 내가 고독한 명상에 성공하기를.

노래를 들은 당고모는, '자네는 정말 훌륭한 수행자야, 장하네, 조카.' 이런 말을 남기고 만족해서 돌아갔다.

내 처지가 상당히 괴롭게 느껴지는 한편, 어쨌든 집과 땅의 문제에서 벗어나 기분이 가벼워지는 느낌도 있었다. 나는 닥카르타소 동굴로 가려던 계획을 곧바로 실천에 옮겨야겠다고 생각했다. 이때까지 머문 동굴은 내가 삼매(三昧)의 기반을 닦았던 곳으로, 나중에 캉쑤푹Kangtsu-Phug(礎石 동굴)이라 불리게 되었다. 다음날 아침 당고모가 가져온 것들과 약간의 남은 식량을 가지고 출발하여 닥카르

280 티벳의 위대한 요기 밀라레파

타소 동굴로 간 나는 그곳에서 상당한 안락감을 느꼈고 일단 거기에 정착했다. 딱딱한 깔개와 침구류를 펴놓고 나는 앞으로 어떤 마을이든 사람 사는 곳에 내려가지 않겠다고 다음과 같이 맹세했다.

싯디[4]에 이를 때까지 이 정적 속에 굳게 머물면서
굶어죽더라도 보시나 제사음식을 찾아가지 않으리니
그것들은 티끌로 나를 질식시킬 것임이라.[5]
얼어죽더라도 옷을 구하러 내려가지 않고
슬픔과 고통으로 죽더라도 속세의 향락을 구하지 않으며
병들어 죽더라도 약 찾아 내려가지 않으리.
세속적 목표를 위해서는 꼼짝도 하지 않고
부처를 이루는 데 몸과 말과 마음을 바치노라.

원하옵건대 스승과 신들, 다키니들이 이 서원을 지켜주시고
나의 노력을 축복하시며
다키니와 수호신들은 나의 소망을 들어주시어
필요한 모든 도움을 주소서.

〔나아가〕 이 서원을 어긴다면 ― 진리를 추구하지 않고 사느니 죽는 것이 더 나으니 ― 법을 수호하는 신성한 존재들이 즉시 내 목

---

4) 성취(成就 ; Skt. Siddhi). 초능력 또는 초월적 지식. 고타마 붓다도 부처가 되기 직전 아직 보살이었을 때 밀라레파가 여기서 한 것과 같은 결심을 했었다(cf. the Mahāpadāna Sutta).
5) 이런 음식들은 어떤 신이나 망자(亡者)에게 바쳐진 것으로, 수행자에게는 불결하다는 뜻이다.

제10장 | 고독한 명상 수행 281

숨을 끊어주시고, 내 스승과 다키니들의 은총이 나의 내세를 다시
올바른 수행으로 인도하시어 거기에 모든 장해를 극복하여 이길 수
있는 지성과 의지력을 주옵소서.

이렇게 서원을 세우고 다시 이 서원을 바치는 노래를 불렀다.

나로파를 잇는 구도자들이여,
은둔자〔인 내〕가 정적 속에 똑바로 머물기를.

허망한 속세의 향락에 유혹당하지 않고
명상의 평화가 깊어지기를.

무의식의 평온에 빠지지 않고[6]
초의식의 꽃이 피어나기를.

마음이 창조하는 갖가지 사념들로 흔들리지 않고
창조되지 않은 무성함이 내 안에 우거지기를.

은거처에서 정신적 갈등으로 괴롭지 않고
지식과 체험의 열매가 무르익기를.

---

6) 수행자가 무의식 상태에 빠지면 깨달음을 얻을 수 없다. 무의식 상태가 아닌 휴면(休眠)
이나 가사(假死) 상태도 있는데 오랜 기간 동안 이런 상태로 지내다가 깨어날 수도 있지
만 밀라레파처럼 윤회계로부터의 해방을 원한다면 이것은 바람직하지 못하다.

마라와 그의 군대에 당황하지 않고
내 〔참〕 마음의 지식 속에서 자족하게 되기를.

나의 길과 방법을 의심하지 않고
내 〔영적인〕 아버지의 족적을 따르게 되기를.

오, 자비로운 스승님, 변함없음의 화신이여,
당신의 은총으로 〔탁발승인〕 내가 정적 속에 똑바로 머물기를.

이렇게 기도하고 명상을 계속했으며, 약간의 보릿가루에 먹어도 될 만한 주변의 모든 것을 섞어먹으면서 연명했다. 나는 정신적으로는 마하무드라의 경지를 얻었지만 몸이 너무 쇠약해져 신체 조직의 풍(風)[7]들을 다스릴 수 없었으므로 황홀한 내부열을 얻지 못하고 추위에 떨어야 했다

나는 열심히 스승에게 기도했다. 어느 날 밤 꿈인지 초의식 상태의 환상인지 모를 아주 선명한 어떤 광경을 보았다. 많은 여인들이 갖가지 음식을 들고 와 나를 공양하면서 마르파 스승이 내게 육체적 실습을 가르치기 위해 자신들을 보냈다고 말하는 것이었다.

〔그렇게 지시를 받아〕 나는 삼밀(三密)[8] 수행법을 실습하기 시작했고 황홀한 육체적 온기를 발달시켰다.[9] 이와같이 하여 일 년이 흘러갔다. 어느 날 잠시 기분 전환을 하고 싶어진 나는 막 앞으로 나서

---

7) Skt. Vāyu. 어근 Vā('숨쉬다' 또는 '불다')에서 유래한 글자로, 기(氣 ; Skt. Prāṇa)를 움직이는 힘이다.
8) 몸과 말과 마음(역주).

러다가 내 서원을 상기하고 스스로에게 다음과 같은 자책의 노래를
불렀다.

　오, 마르파 형상 속의 도제찬이여!
　이 탁발승이 정적 속에 머물도록 도와주소서.

　너 이 이상한 녀석, 밀라레파야!
　나 노래하여 네게 이렇게 권하노라.

　모든 인간으로부터 초연할지니
　네게 달콤한 말을 걸더라도

　그렇다고 외로워서 오락거리를 찾느냐
　그런 것을 찾을 이유가 네게는 없노라.

　그런 마음을 내지 말고, 평온 속에 머물라
　사고가 마음을 감싸면 많은 불신앙을 원하게 되리니.

　위안을 향한 욕망에 굴하지 말고 이성을 활용하라
　유혹에 넘어가면 믿음이 바람에 흩어지나니.

---

9) M. 바코 씨의 책에서는 이 부분이 좀더 자세하다. " '여섯 개의 내부 화로' 를 닮은 웅크
린 자세로 몸의 안락을 구했고, 규칙적인 호흡으로 말의 정확성을 구했으며, 상상력을
다스리면서 마음의 평정을 구했다. 그런 다음 명상에 들었고 이어서 내부열이 발생하기
시작했다."

밖으로 나가지 말고 앉은 자리에서 만족하라
밖으로 나가면 발이 돌에 걸려 넘어지리니.

머리를 들지 말고 숙여라
머리가 들리면 경망한 헛된 것을 찾게 되리니.

잠자지 말고 명상을 계속하라
잠이 들면 오독(五毒) 중의 무지(無智)가 너를 지배하리니.[10]

이런 자계(自戒)의 노래를 부르고 나서 밤낮으로 끊임없이 명상을 계속하여 삼 년이란 세월이 흘렀다. 그동안 나는 영적으로 크게 성장하고 개선된 것을 느낄 수 있었다. 그러나 보릿가루가 완전히 바닥나 있었다. 일 년에 보릿가루 두 되만으로 거의 굶다시피 하는 식생활을 했던 것인데 이제 그것마저 떨어져버린 것이었다. 나는 부처가 되지 못하고 죽게 될 수도 있었으며, 이것은 넘어서지 못한 비통한 장해로 내 경력에 영원히 남게 될 것이었다. 세상 사람들은 한두 돈의 황금을 얻고 좋아하다가 그것을 잃으면 아쉬워한다. 그에 비기면 부처가 되기 위해 수행하는 나의 인생은 무한히 귀중한 것이었다. 온 세상이 황금으로 가득 찬다 해도 역시 부처가 되기 위해 수행하는 인생은 무한히 귀중할 것이다. 그러나 서원을 깨뜨리

---

10) 나태와 무감각은 수행자가 경계해야 하는 사항이다. 잠자지 않겠다는 서원은 부처가 실천한 12가지 고행 중의 하나이다. 그러나 여기에는 숨겨진 의미가 있으니, 수행자는 세속생활의 매력에 이끌리지 말아야 한다는 뜻이다. 그렇지 못하면 다른 많은 사람들 처럼 탐욕 · 분노 · 무지 · 자만 · 질투의 오독(五毒)에 의해 윤회계의 노예가 된다.

제10장 | 고독한 명상 수행 285

기보다는 수행하다 죽는 것이 차라리 나으리라. 이제 어떻게 해야 하나? 그때 이런 생각이 들었다. 생명을 유지하기 위해 밖으로 나가되 사람 사는 곳으로 구걸하러 가지 않으면 서원을 깨는 것은 아니다. 그리고 서원을 지키는 것은 수행을 위해서이다. 나는 닥카르타소 동굴 밖으로 나와서 그 앞을 천천히 걸었다. 그러다가 햇살과 맑은 물과 무성한 쐐기풀이 있는, 전망도 좋고 쾌적한 장소를 발견하여 그곳으로 장소를 옮겼다.

나는 쐐기풀 죽으로 연명하면서 명상을 계속했다. 몸 바깥쪽에는 걸칠 옷이 없고 안쪽에는 온전한 음식이 없었다. 내 몸은 해골과 같이 야위고 피부도 쐐기풀과 똑같은 녹색을 띠기 시작했으며 털도 녹색으로 바뀌었다.

나는 스승이 준 두루마리를 아주 소중히 간직했으며 이따금 그것을 머리 위에 올려놓고 부드럽게 쓰다듬곤 했다. 그러면 먹을 것이 없어도 배고픔을 달랠 수 있었고, 어떤 때는 〔마치 음식을 몽땅 먹은 것처럼〕 트림까지 나왔다. 두루마리를 열어서 읽어볼까 하는 생각이 한두 번 들기도 했지만 아직 그럴 때가 되지 않았다고 말하는 어떤 징후가 있어 그냥 그대로 간직했다.

그로부터 약 일 년이 지난 후, 짐승을 한 마리도 잡지 못한 사냥꾼 몇 명이 우연히 내가 있는 곳을 지나게 되었다. 키동Kyeedrong에서 온 그들은 처음에 나를 보고 부타bhūta(악령)라고 말하면서 도망쳤다. 내가 인간이며 수행자라고 말하자 그렇게 보이지 않는다고 하면서도 어쨌든 나를 자세히 보기 위해 다가왔고, 동굴 속을 구석구석 살핀 뒤 말했다. '먹을 것은 어디 두었소? 조금만 주면 나중에 넉넉히 보답할 것이고 안 그러면 당신을 죽일 거요.' 이렇게 위협하

면서 나를 한 차례 들어올렸다. 그들의 무례함을 본 나는 쐐기풀밖에 가진 것이 없지만 설사 다른 것이 있다 해도 힘으로 빼앗으면 안 된다고 말했다. 그러자 자기들은 나를 강탈하려는 것이 아니며 내게 모욕을 주어서 무슨 이득이 있겠느냐고 오히려 반문했다. 그들에게 공덕이 있을 것이라고 내가 대답했더니, 그들은 '좋다, 우리는 너를 또 들어올려야겠다'고 말한 뒤 나를 붙잡아 몇 차례 들어올렸다가 바닥에 떨어뜨렸다. 너무나 고통스러웠지만 그럼에도 불구하고 나는 진심으로 그들이 측은하게 느껴져서[11] 눈물을 흘렸다. 그들의 잔인한 짓에 가담하지 않았던 한 사람이 말했다. '이거 봐, 친구들, 이 사람은 진짜 스님인 것 같아. 설사 스님이 아니라 해도 이런 약한 사람을 그렇게 함부로 다루면 안 돼. 이 사람이 우리를 굶긴 것은 아니잖아. 그만 해.' 그리고 다시 내게 말했다. '은자(隱者)여, 이런 무례한 대우를 참고 견디다니 감탄스럽소. 나는 아무 짓도 하지 않았으니 당신이 기도할 때 나를 생각해주시구려.' 다른 사람들은 이렇게 빈정거렸다. '우리는 당신을 들어올렸으니 당신의 기도 속에 우리도 함께 넣어주시구려.' 그러자 또 한 사람이 말했다. '그래, 그래, 이 사람은 그렇게 할 거야. 그렇지만 당신은 다른 방식으로 하겠지!' 그들은 큰소리로 웃으면서 그 자리를 떠났다. 나는 저주할 생각도 의도도 전혀 없었지만 인과율이 작용했던 것인지 나중에 이 사냥꾼들이 그 지방의 통치자에게 구금되었다는 말을 들었다. 그래서 우두머리는 죽임을 당하고, 나를 모욕하지 않은 한 사람

---

11) 밀라레파는 여기서 자신의 서원에 충실한 모습을 보여준다. 자(慈)·비(悲)·희(喜)·사(捨)의 사무량심을 완벽하게 실천하는 것은 보살이 열반에 이르기 위해 반드시 필요한 자세이다.

제10장 | 고독한 명상 수행 287

을 제외한 모두가 눈알이 뽑혔다는 것이었다.

또다시 일 년이 흘렀고, 내 옷은 모두 낡아 해졌으며 당고모가 땅값으로 준 옷도 넝마가 되었으며 보릿가루를 담았던 부대만이 남아 있었다. 넝마를 이어서 누울 때 쓸 깔개로 만들까 생각한 적도 있었지만, 그날 밤에 죽으면 그런 게 다 무슨 소용인가 싶어 오직 명상을 계속하는 것이 훨씬 낫겠다고 생각했다. 그래서 너덜너덜한 가죽옷을 밑에 깔고 누운 뒤 그것을 가능한 한 위로 접어올려 하체를 덮고, 상체는 빈 보릿가루 부대로 덮었으며 나머지 누더기로 아쉬운 부분들을 메웠다. 그러나 이 모든 것이 너무 낡아서 효과를 발휘하지 못했다. 결국 이것은 지나친 자기 부정이고 넝마를 이어 붙여야 하는 것 아닌가 하는 생각이 들었다. 그러나 내게는 바늘과 실이 없었으므로 넝마 세 조각을 세 군데에서 매듭지어 몸에 두르고 끈으로 그것을 띠처럼 묶었다. 낮에는 이런 모습으로 움직였고 밤에는 낡은 부대와 너덜너덜한 가죽옷이 추위를 어느 정도 막아 주었다.

이런 식으로 또 일 년이 지나간 어느 날 사람들의 말소리가 들렸다. 밖을 내다보니 또다른 사냥꾼 한 무리가 많은 양의 고기를 들고 내 동굴 쪽으로 다가오는 모습이 보였다. 그 중 앞장선 사람들이 나를 보더니 '어, 저기 부타가 있다!' 고 외치면서 도망쳤고, 뒤따르던 사람들은 이런 대낮에 부타가 있을 리 없다면서 말했다. '다시 봐, 부타가 아직도 거기 있는지 보라구.' 그들은 아직도 있다는 말을 듣더니 뒤에서 마지막으로 올라온 나이든 사냥꾼들도 두려워하기 시작했다. 나는 부타가 아니고 은둔자이며 먹을 것이 없어서 이 지경에 이르렀다고 말했더니 그들은 사정을 확인하려는 듯 내 주변의

모든 곳을 샅샅이 살폈다. 그러나 쐐기풀 외에 아무것도 보이지 않자 모두가 존경심을 나타내기 시작했다. 그들은 자기네가 먹고 남은 음식과 상당량의 고기를 주고 떠나면서 정중하게 말했다. '이렇게까지 힘들게 수행을 하시다니 정말 용감하십니다. 우리가 죽인 짐승들을 위해서, 그리고 그것들을 죽인 우리의 죄를 위해서 기도해주시면 고맙겠습니다.'

나는 보통 사람들이 먹는 것과 같은 음식을 얻게 되어 기뻤다. 그것을 먹고 나니 몸에 힘이 나고 더욱더 열심히 수행하겠다는 즐거운 마음이 솟아나면서 과거의 어느 때보다도 더 강렬한 정신적 행복이 느껴졌다. 고독한 은둔자에게 약간의 음식을 주는 공덕이 마을과 도시에 살면서 풍요를 누리는 자에게 후한 선물을 주는 것보다 훨씬 크다는 생각이 들었다. 고기를 아껴 먹었더니 나중에 구더기가 들끓게 되었는데 구더기들을 쓸어버리고 먹을까 하다가 구더기와 고기를 놓고 싸워서 강탈하는 것은 내가 할 짓이 아니라는 생각을 했다. 그것이 아무리 좋은 음식일지언정 식사를 위해 강탈까지 할 정도로 가치 있는 것은 아니었다. 그래서 구더기들에게 고기를 맡겨두고 나는 쐐기풀 죽으로 돌아왔다.

어느 날 밤 내게 재산이 있다고 생각한 어떤 사람이 살며시 찾아와서 동굴 속의 여기저기를 살피고 더듬었다. 나는 이것을 보고 소리내어 웃으면서 말했다. '낮에 내가 아무것도 보지 못하는 곳에서 당신이 밤에 무얼 찾을 수 있는지 한번 찾아보시오.' 그 사람도 어쩔 수 없이 웃음을 터뜨리고 돌아갔다.

그로부터 약 일 년 뒤 싸에서 온 몇 명의 사냥꾼들이 짐승은 잡지 못하고 우연히 동굴 근처를 지나게 되었다. 그들은 앞서 말한 세 조

각으로 된 누더기를 걸치고 삼매에 들어앉아 있는 나를 사람인지 부타인지 알아보려고 활 끝으로 쿡쿡 찔렀으며, 내 몸과 넝마조각을 보고 부타로 믿는 것 같았다. 그들이 사실을 알기 위해 서로 따지고 있을 때 내가 입을 열어 말했다. '당신들은 내가 사람이리는 것을 분명히 확인할 수 있을 것이오.' 그들은 내 이빨을 보고 나를 알아보면서 퇴파가가 아니냐고 물었다. 내가 그렇다고 대답하자 그들은 나중에 충분히 보답하겠다면서 먹을 것을 요청했다. '여러 해 전에 당신이 집에 왔었다고 들었는데 그 이후로 내내 여기 있었소?' 나는 대답했다. '그렇소. 하지만 당신들이 먹을 음식은 여기 없소이다.' 그들은 내가 먹는 것을 자기들도 먹을 수 있다고 말했다. 그래서 불을 피우고 쐐기풀을 끓이라고 했더니 시킨 대로 했지만 그 죽에 넣을 고기나 뼈나 비계 같은 맛을 내는 재료를 기대했다가 결국 실망했고, 나는 이렇게 말했다. '그런 것들이 있다면 나도 맛있는 음식을 먹었을 거요. 나는 그런 것 없이 여러 해를 지내왔소. 맛을 내는 재료 대신 쐐기풀을 드시오.' 그들은 묽은 죽을 진하게 만들 곡식이나 곡식가루가 있는지 물었다. 나는 그런 것들이 있었더라면 영양가 있는 음식을 먹었겠지만 그런 것 없이 여러 해를 살았다고, 그런 것 대신에 쐐기풀 끝을 사용하라고 대답했다. 결국 그들은 소금이라도 있느냐고 물었고, 그에 대해 나는 다시, 소금이 있었다면 내 음식의 맛이 돋아났겠지만 그것도 없이 여러 해를 살았다고, 소금 대신 더 많은 쐐기풀 끝을 사용하라고 대답했다. 그들은 말했다. '이런 것을 먹으면서 그런 넝마를 걸치고 살았으니 당신의 몸이 이렇게 끔찍한 모양이 된 것도 이상하지 않소. 당신의 모습은 사람이 아니오. 어디 가서 머슴살이라도 하면 배불리 먹고 따뜻

하게 입을 수 있을 텐데 왜 그러시오? 당신은 이 세상에서 가장 불쌍하고 불행한 인간이오.' 내가 대답했다. '그렇게 말하지 마시오. 나는 인간의 생명을 받은 모든 이들 중에서 가장 행복한 최고의 사람들에 속하오. 나는 로닥의 역경승 마르파를 만나 한 생애 동안에 부처가 되는 진리를 얻었소. 그래서 세상사를 모두 잊고 이렇게 인가가 없는 조용한 곳에서 수행하는 중이오. 나는 내게 이익이 될 것을 영원 속에서 구하고 있으며 음식과 의복과 명예를 통해 맛보는 작은 만족을 멀리하고 이 한 생애 동안 〔무지의〕 적을 제압하고 있는 거요. 이 세상의 모든 인간들 중에서 나는 최고의 희망을 지닌 가장 용감한 사람들에 속한단 말이오. 당신들은 부처의 고귀한 진리가 널리 알려진 나라에서 태어났으면서도 거기에 귀의하는 일은 고사하고 아직 설법 같은 것도 들어본 적이 없구려. 그리고 지옥 밑바닥에서 오래오래 살 짓만 하고 있다니! 당신들은 딪과 돌로 앞을 다투어 죄를 짓고 있소! 당신들의 인생 목표가 얼마나 어리석고 잘못된 것인지 아시오? 내겐 영원한 축복의 희망과 자족(自足)의 즐거움이 있소.'

나는 그들에게 나의 '다섯 가지 편안함' 을 노래로 들려주었다.

자비로운 마르파 스승님! 당신의 발아래 절하나이다!
저로 하여금 세속적 목표를 버리게 하옵소서.
여기 닥카르타소의 가운데 동굴 안에
가운데 동굴의 이 가장 높은 꼭대기에
레파라 불리는 나, 티벳 수행자
먹고 입는 것과 이승의 목표를 모두 잊고

부처가 되기 위해 정착했네.

내 밑의 딱딱한 깔개가 편안하고
내 위의 네팔 목면(木棉) 덮개가 편안하고
내 무릎을 붙드는 한 가닥 명상 띠가 편안하고[12]
익숙해진 음식이 편안하고
현재의 집착과 최후의 목표를 분별하는 투명한 마음이 편안하니
불편은 전혀 없고 모든 것이 편안하네.

할 수 있다면 당신들도 해보시구려,
그렇지만 이런 삶의 목적을 알지 못하고
자신의 이득만을 생각한다면
어설픈 동정은 거두시구려,
나는 영원한 축복의 길을 가는 수행자이니.

마지막 햇살이 산꼭대기를 가로지르니
당신들은 집으로 돌아가시오.
머지않아 죽게 될 나는 언제 죽을지 모르고
부처가 될 일만 남았으니
무익한 대화로 소비할 시간 없어
이제 그만 다시 삼매로 들어가리다.

---

12) 명상 띠는 두 다리와 몸을 빙 돌려서 두르는 형태로 착용하여 깊은 삼매에 든 수행자가
    자세를 유지하도록 돕는다.

이런 노래를 듣더니 그들은 말했다. '모든 것이 편안하다고 노래하시는데 사실 당신은 목소리가 아주 듣기 좋구려. 우리는 당신같이 거친 생활은 할 수 없을 것 같소.' 그리고 그들은 돌아갔다.

캬가싸의 연례 축일이 되어 그들이 이 노래를 함께 불렀는데 때마침 음식을 얻으러 거기 갔던 내 누이동생 페타가 그것을 듣고 말했다. '그 노래를 부른 사람은 틀림없이 부처님이에요.' 사냥꾼들 중의 한 사람이 '하! 하! 자기 오빠를 칭찬하네.' 하고 말하자, 다른 사람이 이어받았다. '부처인지 짐승인지 어쨌든 그것은 당신 오빠의 노래요. 그 사람 굶어죽게 생겼습니다.' 이 말에 페타가, '아! 우리 부모님은 오래전에 돌아가시고, 친척들은 원수가 됐고, 내 오빠는 멀리 떠났고, 나는 거지 신세가 되었는데, 내 불행이 그렇게 즐거운가요?' 이렇게 말하고 울음을 터뜨렸다. 그때 제세가 와서 동생을 달래며 이렇게 말했다. '울지 마. 틀림없이 네 오빠일 거야. 나도 얼마 전에 오빠를 만났어. 닥카르타소 동굴로 가서 아직 거기 있는지 찾아봐. 만일 있으면 다음엔 우리 둘이 함께 가자.'

이리하여 그 말을 믿게 된 그녀는 창 한 단지와 보릿가루 한 그릇을 들고 내가 있는 닥카르타소 동굴로 찾아왔다. 동굴 입구에서 나를 본 순간 그녀는 깜짝 놀랐다. 고난과 궁핍으로 몸이 너무 쇠약해져 눈은 움푹 들어가고 뼈만 앙상한데다 청록색의 피부에 근육이라고는 하나도 없었기 때문이다. 해골 같은 형체에 청록색의 털이 나고 더부룩한 머리칼이 뻣뻣하게 흘러내려 무서운 가발을 쓰고 있는 것 같았으며 팔다리는 금방 부서져나갈 것처럼 보였다. 그녀가 보기에 전체적으로 내 모습은 귀신과 똑같은 무서운 형상이었다. 굶어죽기 직전이라는 말을 들었지만 그래도 그 형상이 정말 자기 오

빠인지 의심하다가 결국 용기를 내어 물었다. '당신은 사람인가요, 귀신인가요?' 내가 대답했다. '나는 밀라 퇴파요.' 그녀는 내 목소리를 듣고 안으로 들어와 나를 껴안으면서 '오빠, 오빠!' 하고 울음을 터뜨리더니 그대로 의식을 잃었다. 나 역시 그녀가 페타임을 알고 반가움과 동시에 비통함이 느껴졌다. 여러 가지로 노력해서 결국 의식이 돌아오게 할 수 있었지만 그녀는 양손으로 감싼 얼굴을 내 무릎에 묻고 다시 흐느끼면서 목이 메어 말했다. '엄마는 돌아가시면서 오빠를 보지 못해 너무 괴로워했어요. 우리 곁에는 아무도 없었고, 먹을 것 하나 없는 집에서 나는 너무 외로워 구걸을 하러 먼 곳으로 갔지요. 나는 오빠도 죽은 줄 알았어요. 그렇지만 혹시 살아 있다면 이보다는 좀더 좋은 상황에서 만나고 싶었는데……. 그런데, 세상에, 오빠가 이런 모습이라니! 아이고, 내 팔자야! 세상에서 우리보다 더 비참한 사람들은 없을 거예요.' 그녀는 어머니와 아버지 이름을 연거푸 부르면서 탄식했다. 위로해보려고 애를 쓰다가 결국 나도 너무 슬퍼져서 이런 노래를 불렀다.

스승님들께 절하나이다!
이 수행자가 정적 속에 머물도록 도와주소서.

동생아, 세속적인 감상에 빠져 있구나.
이 세상의 기쁨과 슬픔은 모두가 덧없어
영원한 행복만을 굳게 믿으며
혼자서 이 고난을 참고 견디니
이 오빠의 노래를 들어보거라.

바위굴 속의 명상 수행자와
그를 부양하는 속인들은
이리하여 부처가 될 기회를 얻나니
이것의 본질은 헌신이라.[23]

신성한 스승의 은총 속에서
신실한 제자의 정진 속에서
진리〔법맥〕의 정수가 이어지나니
이것의 본질은 믿음이라.[24]

축복과 법력을 수여하는 입문식으로
〔입문자의〕 열의와 성실 속에서
영적 교감이 신속히 이루어지니
이것의 본질은 은총이라.[25]

지고의 스승 도제창, 변함없는 이
이 탁발승의 행복과 불행을 당신은 아시나이다.

---

23) 명상하는 요기와 그에게 먹을 것을 세공하는 속인이 일체유정의 깨달음을 위해 상호
   협조하는 공덕에 의하여 함께 부처의 경지로 향한다. (귀의문 다음의 첫 번째 절을 참
   고하시오.)
24) 제자의 순수한 믿음과 헌신, 그리고 스승의 신성한 은총, 이 둘이 결합하여 지상에서
   보편적 진리의 법맥을 유지하는 성자들이 생겨난다.
25) 입문자에게 주어지는 은총과 깨달음을 향한 그의 열망이 결합하여 목표가 신속하게
   이루어진다. 여기서의 목표는 도제창을 원조로 한 초인 스승들과의 직접적 교류에 의
   해 얻어지는 참다운 지혜이다.

음식을 만나 양분 얻고 유지되네.

대지에서 솟아나는 생명의 원리
하늘에서 내려오는 불사의 음식
둘이 합하여 일체유정을 축복하니
수행에는 이것이 최상이로다.

부모에게 양육받은 덧없는 몸
신성한 스승의 신성한 가르침
둘이 합하여 수행의 삶 이루니
정진하는 그곳에 성취가 있네.

인적 없어 외로운 바위굴
진지하고 열렬한 명상 수행
둘이 합하여 성취의 결과를 낳으니
이것이 영적인 지식이라.

밀라레파의 금욕과 인내 속에
삼계(三界)의 거주자의 신앙 속에
보편적 유용성이 숨어 있으니
이것의 본질은 연민이라.[22]

---

22) 밀라레파의 명상 공덕과 삼계(욕계·색계·무색계) 거주자들의 신앙 공덕이 하나가
되어 윤회계 전체의 일체유정에게 이로운 정신적 영향력이 생겨난다. 이것의 정수는
'연민'이다.

인 마음의) 공성(空性)에 있음을 나는 철저히 확인했다.[20] 지금 내가 얻은 지식은 이전의 열정적인 수행에서 비롯되었으며, 이 지식은 위기의 시점에서 온전하고 영양가 풍부한 음식과 두루마리에 적힌 처방을 기다리고 있었던 것이다. 참다운 초월적 지식은 육체를 적절히 관리하되 영양가 있는 음식과 편안한 옷가지를 무조건 거부하지 않음으로써 얻어진다는 것을 깨달았고, 나는 대승 교리의 수행법에 대한 이해가 확고해졌다. 또한 나의 잠들어 있던 가능성이 마지막으로 개화되는 데 페타와 제세가 크게 기여했음을 알았다. 그래서 그들의 은혜에 대한 보답으로 영원하여 다함없는 목적을 향한 그들의 경건한 자세를 기리면서 다음과 같은 (기도의) 노래를 불렀으니, 그것은 '사건들의 상호의존성'을 나타낸 것이었다.[21]

로닥의 마르파, 스승의 발아래 절하나이다!
이 은둔자가 정적 속에 굳건히 머물게 하소서.

고결한 속인들의 자선에
그들과 나의 성공은 달렸으니
미묘하고 불안정하며 얻기 힘든 이 몸

---

20) pp.90 / 10, 92 / 17 참조.
21) 번역자인 카지 다와삼둡 라마는 여기에 다음과 같은 설명을 첨부했다. "약간 추상적으로 느껴지는 이 어투는, 내가 이해하는 한, 이 노래가 제세와 페타의 경건한 보시 공덕을 찬탄하는 헌사로서 지어졌음을 의미한다. 그들의 보시가 제쮠의 몸 안에 잠자던 가능성이 개화되는 데 큰 역할을 하여 그의 영적인 진보를 가속화시켰으므로 이들 보시물이 영원하여 다함없는 선업(善業)의 근원이 될 거라는 식이다. 제쮠은 그들의 보시를 그 자체의 가치가 아니라 그것의 결과에 의해서 평가하고 싶었다.

시키는 방법이 기술되어 있었다. 지금의 상황에서는 몸에 좋은 온전한 음식을 잘 먹어야 한다는 것이었다.[17] 그동안의 신고(辛苦)는 신경계통 전체의 내면적 변화를 위해 필요한 과정이었지만 근래에 와서 불충분한 음식이 장해가 되었던 것이다. 페타가 가져온 차을 마시고 신경섬유들이 어느 정도 흥분했는데 제세가 가져온 음식을 먹음으로써 상황이 악화된 것이었다. 결국 무슨 변화가 있었는지를 이해한 나는 두루마리에 적힌 내용들 중에서〔심신 양면에 효과가 있는〕부수적인 행법을 찾아내어 즉시 실습하기 시작했다. 그러자 내 몸 속에서 미세한 기도(氣道)들이 열리고 배꼽 아래에서 중앙 기도의 매듭이 풀리는 것을 느낄 수 있었다.[18] 이어서 모든 감각을 초월한 고요하고 맑은 의식 상태가 찾아왔다. 이것은 내가 체험했던 과거의 상태들과 비슷했지만 더욱 깊고 황홀했으며 그런 점에서 과거와 달랐다. 그리하여 이때까지 몰랐던 초월적인 지식이 나의 내부에 생겨났다. 여러 가지 장애 위를 자유로이 날면서 나는 악(惡)이〔또는 위험이〕선(善)으로 바뀌었음을 알았다. 지금까지 객관적 분별로 간주되었던 것이 법신으로 밝게 빛났다. 나는 윤회와 열반이 상호의존적이며,[19] 우주의 원인은 사심(私心)이나 편애(偏愛)가 없는 마음임을 알았다. 이 우주적 원인은 불신(不信)의〔또는 자애(自愛)의〕길로 나아가면 윤회하게 되고, 이타(利他)의 길로 나아가면 열반에 드는 것이었다. 윤회와 열반의 참다운 근원이〔초세속적

---

17) 쿤달리니 요가에서처럼 수행자는 수행 단계가 진보하면서 음식을 바꾸도록 요구된다.
18) 배꼽 심령중추는 마니푸라 차크라로 불리며 4대원소 중의 불에 상응한다. 그 아래의 스바디스타나 차크라와 물라다라 차크라는 각각 물과 흙에 상응한다. (p.89/9 참조)
19) 깨달은 자의 마음으로 이해하면 윤회와 열반은 서로 분리될 수 없는 상대적인 개념이며, 다름 아닌 마음의 상태이다. 그것은 세속적인 마음과 법신의 초세속적인 마음이다.

내 목적지로 알려질 곳 없을지라도
정적 속에서 이렇게 죽을 수 있다면
수행자인 나는 만족하리라.

원하나니 내 죽음의 이 기도가
인적 없는 이 정적 속에서 열매 맺고
원한 대로 중생에게 득이 된다면
수행자인 나는 기쁘게 죽으리라.

이 노래를 듣고 제세가 말했다. '당신의 지금 태도는 처음에 한 말 그대로이니 이 노래는 정말 감탄스럽군요.' 그러자 페타가 이어서 말했다. '오빠가 뭐라고 하든지 먹을 것도 없고 입을 것도 없는 이런 모습은 참을 수 없어요. 어떻게 해서든지 옷가지를 구해가지고 다시 오겠어요. 잘 먹고 잘 입는다고 해서 수행이 어디로 달아나는 것은 아닐 텐데 음식을 얻으러 가지 않겠다니 결국 오빠는 자신이 원한 대로 옆에 아무도 없이 이 외딴 곳에서 추위에 굶주려 죽을 것 같아요. 어쨌든 오빠가 죽으면 안 되니 옷가지를 좀 구해오겠어요.' 이렇게 말하고 그들은 돌아갔다.

좋은 음식을 먹었음에도 불구하고 나의 육체적 고통과 정신적 혼란은 오히려 더 심해져서 전혀 명상을 할 수 없게 되었다. 이런 궁지에 처하자 명상을 계속하지 못하는 것보다 더 큰 위험은 없다는 생각이 들었고, 그래서 내 스승이 준 두루마리를 열었다. 거기에는 지금의 증세를 다스리는 방법이, 즉 수행중에 나타나는 장해와 위험을 제거하고 사악함을 덕으로 변환시켜 의지력과 정신력을 증가

정적 속에서 이렇게 죽을 수 있다면
수행자인 나는 만족하리라.

썩어가는 살을 파리들이 빨아먹고
해체되는 근육 벌레들이 파먹어도
정적 속에서 이렇게 죽을 수 있다면
수행자인 나는 만족하리라.

동굴 밖에 사람의 발자취 없고
동굴 안에 피 흔적 없을지라도[16]
정적 속에서 이렇게 죽을 수 있다면
수행자인 나는 만족하리라.

내 관가에 모여드는 사람 없고
내 죽음에 탄식하는 사람 없어도
정적 속에서 이렇게 죽을 수 있다면
수행자인 나는 만족하리라.

내 간 곳 물어줄 이 아무도 없고

---

16) 이것은 시체의 팔다리를 잘라 공기 원소에 거주하는 생물들, 즉 새와 짐승들에게 제공하는 티벳의 풍장(風葬)을 가리킨다. 장소나 사망 여건 및 고인의 신분에 따라 화장터에서와 같이 불 원소에 시체를 제공하는 화장(火葬)과 강이나 호수 따위 물 원소에 제공하는 수장(水葬), 기독교도들처럼 흙 원소에 제공하는 매장(埋葬), 달라이 라마나 타쉬 라마와 같은 위대한 성자들의 경우 시신을 미라로 만드는 방법들이 티벳에서 사용된다. 《티벳 사자의 서》 pp.82~5 참조.

요.' 나는 삼악도(三惡道)[14]가 이보다 훨씬 더 비참하고 고통스러우며, 그 고통을 얻기 위해 대부분의 유정들이 진력(盡力)하고 있다고, 나는 현재의 고생에 만족한다고 대답한 뒤 나의 '만족'을 구성하는 것들에 대해 노래했다.

육화한 부처이신 내 스승께 절하나이다!
제가 정적 속에 머물도록 도와주소서.

친척들은 나의 행복 알지 못하고
원수들은 나의 슬픔 알지 못해도
정적 속에서 이렇게 죽을 수 있다면
수행자인 나는 만족하리라.

약혼자는 나의 노화 알지 못하고
여동생은 나의 질병 알지 못해도
정적 속에서 이렇게 죽을 수 있다면
수행자인 나는 만족하리라.

사람들은 나의 죽음 알지 못하고
새들조차 나의 시신 보지 못해도[15]

---

14) 육도(六道) 중에서 아래 세계인 지옥(Skt. Naraka)·아귀(Skt. Preta)·축생(Skt. Tiryaga)의 세계.

15) 파시parsee 교도(인도의 배화교도)들이 그렇듯이, 티벳의 대부분 지역에서 시체를 새들의 먹이로 주는 것이 관례이다.

없어요.' 이렇게 말하고 가져온 창과 먹을 것을 주었다. 그것들을 먹으니 기운이 솟았고, 그날 밤은 명상이 한층 더 깊어졌다.

다음날 아침 페타가 떠난 뒤 몸에 격한 혼란과 통증이 찾아왔다. 마음속에서는 경건한 생각과 불경스러운 사념들이 소용돌이쳤다. 명상하기 위해 마음을 집중하려고 노력했지만 아무리 애를 써도 소용이 없었다. 이런 상태에서 며칠이 지났을 때 제세가 잘 절여두었다가 양념한 고기와 버터, 상당량의 창과 보릿가루 등을 갖고 페타와 함께 찾아왔다. 나는 물을 길러 가다가 그들과 마주쳤는데 그들은 아무것도 걸치지 않은 내 몸을 보고 부끄러움을 감추지 못하면서도 그런 내 몰골에 또다시 눈물을 흘리는 것이었다. 그들이 가져온 창을 마시고 있을 때 페타가 말했다. '오빠, 아무리 보아도 오빠는 정상적인 사람 같지가 않아요. 보시를 얻어서라도 사람의 음식을 드세요. 옷은 내가 구해오겠어요.' 제세가 덧붙였다. '먹을 것은 보시를 받으세요. 저도 입을 것을 가져오겠어요.' 그러나 나는 이렇게 대답했다. '언제 죽을지 모르니 음식을 구걸하러 갈 필요가 없고 그런 일로 시간을 낭비할 수도 없소. 설사 얼어죽게 된다 해도 진리를 위해서이니 후회는 없어요. 올바르고 진지한 수행을 통해서만 얻어져야 하는 좋은 옷과 많은 음식과 즐거운 친구 친척들에 둘러싸여 그저 흉내만 내는 그런 수행에 나는 만족할 수 없소. 그리고 당신과 페타는 옷가지를 들고 여기 오지 않아도 돼요. 먹을 것을 구하러 가라는 충고는 고맙지만 그런 말이 내겐 들리지 않소.' 페타가 말했다. '그러면 오빠는 도대체 어떻게 돼야 만족할 수 있는 거죠? 내가 보기엔 지금보다 더 비참해지기를 원하는 것 같지만 오빠의 머리로도 이 이상 더 비참해지는 방법은 생각해낼 수 없을 것 같아

이 차가운 바위에 앉아 정진하노니
껍질을 벗기고 살을 발라낼지라도
이 몸은 안팎이 쐐기풀 같아져서
변함없는 녹색으로 바뀌었노라.

여기 이 외로운 바위 동굴 속에서
암울함은 사라질 수 없으나
영원한 부처들의 참다운 화신 스승에게
기도하는 마음은 변함없노라.

이처럼 끈질기게 명상하나니
최고의 지혜를 반드시 얻게 되고
그래서 내가 결국 성공하는 날
이승에서 번영과 행복이 찾아오고
내세에는 부처를 얻게 되리라.

그러니 사랑하는 내 동생 페타야,
슬픔과 괴로움에 굴하지 말고
너도 또한 마음 씻고 귀의하거라.

이 노래를 듣고 페타가 말했다. '오빠가 말한 대로라면 훌륭하지
만 그게 정말인지 믿기 어려워요. 그게 정말이라면 오빠만큼은 아
니더라도 어느 정도까지는 비슷한 고생을 하는 다른 수행자들이 있
겠지요. 하지만 이런 식으로 춥게 굶주리면서 하는 사람은 본 적이

일체유정이 우리의 부모이니[13]
그들에게 보답코자 몸 바쳐 수행하네.

내 거처를 보면 짐승의 거처 같아
사람들은 두려워하고

내 음식을 보면 개돼지의 먹이 같아
사람들은 구역질하며

내 몸을 보면 해골 같아
원수조차 나를 보면 눈물지으리.

동작을 보면 나는 광인 같아서
동생아, 너는 실망하여 슬퍼하지만
네가 내 마음을 볼 수 있다면 그것이 바로 보리심이니
부처님은 그걸 보고 기뻐하노라.

---

13) 상상 불가능한 긴 세월에 걸쳐서 재탄생을 통해 진화해오는 동안 일체유정은 우리의
부모였고 또 앞으로도 그럴 것이다. 여성에 대한 불교도들의 관점은 현대의 생물학 이
론에 비춰볼 때 아주 흥미 있는 이런 원리에 기반을 두고 있다.
힌두교도들도 한 생물이 인간으로 진화하기 전에 통상 8,400,000번의 재탄생을 거친다
고 말한다.《티벳 사자의 서》(p.417)는 다음과 같은 4종류의 탄생을 언급한다. ① 유기
체의 가장 낮은 형태로서 열과 습기에 의한 탄생〔濕生〕, ② 알에 의한 탄생〔卵生〕, ③
자궁에 의한 탄생〔胎生〕, ④ 초자연적 탄생〔化生〕인데, 이중 마지막 것은 보통의 죽음
을 통해서든 요가 수행에 의한 초능력을 통해서든 의식체가 인간계에서 다른 존재계
로 이동할 때와 같은 것이다.

이런 노래를 부른 뒤 명상을 계속하면서 나는 결국 〔원하는〕 어떤 형태로든 변형될 수 있고 공중을 날 수도 있게 되었음을 느끼기 시작했다. 그리하여 낮에는 이 놀라운 능력을 수없이 실습할 수 있고, 밤에는 꿈속에서 수미산[26] 꼭대기로부터 그 기슭에 이르기까지 우주의 어떤 곳으로든 이동할 수 있음을 알게 되었으며, 나는 모든 것을 분명히 보았다. 또한 〔꿈속에서〕 나 자신을 수백 개의 인격으로 나타내어 그것들에 나 자신과 똑같은 힘을 부여할 수 있었다. 나의 분신들은 제각기 불국토에 가서 그곳의 가르침을 듣고 돌아와 대중에게 그것을 설할 수도 있었다. 또한 내 몸을 빛 덩어리로, 흐르는 물이나 고여 있는 큰물로 변환시킬 수도 있었다. 〔설사 꿈속에서일지라도〕 놀랄 만한 능력이 수없이 생겨난 것을 알고 나는 자신의 성취에 만족하면서 용기를 얻었다.

이처럼 아주 즐거운 마음으로 명상을 계속하여 결국 나는 실제로 공중을 날 수 있게 되었다. 수시로 나는 민큣딥마종Min-khyüt-Dribma-Dzong(눈썹 그림자 속의 성城)으로 날아가 명상하면서 이전보다 크게 발전한 생명열을 얻었고 또 언제든지 닥카르타소 동굴로

---

26) 이 책에서 말하는 수미산은 인체의 척추를 암시한다. 척추 속에는 심령에너지의 주요 통로인 수슘나 나디가 있고, 척추 둘레에 헤르메스의 지팡이에 감긴 두 마리 뱀과 같은 두 개의 보조 통로가 있는데, 이 중 왼쪽 통로는 이다 나디Idā-nāḍī이고 오른쪽 통로는 핑갈라 나디Pingalā-nāḍī이다. 수미산 정상에는 사하스라라 파드마Sahasrāra-Padma로 불리는 천 개의 꽃잎이 달린 연꽃이 있는데 이것은 뇌(腦) 심령중추를 상징한다. 수슘나 나디의 맨 아래쪽에는 물라다라 차크라Mūlādhāra-chakra로 알려진 심령중추가 있으며 이것은 회음부에 위치한다. 수미산 정상에서 신성한 지혜를 상징하는 시바와 신성한 힘을 상징하는 쿤달리니 샥티가 만날 때 수행자는 조명(照明) 상태를 체험한다. 탄트라 문헌들은 소우주(Skt. Piṇḍāṇḍa)를 아는 것이 대우주(Skt. Brahmāṇḍa)를 아는 것이라고 가르치면서, 여기에 있는 것이 저기에도 있고 여기에 없는 것은 저기에도 없다고 말한다.

돌아올 수 있었다.

이처럼 날아다니던 어느 날 롱다Long-da라는 작은 마을 위를 지나게 되었는데, 이 마을에는 내 당숙의 집이 무너질 때 죽은 사람들 중 하나인 그의 며느리의 남자 형제가 살고 있었다. 그에겐 아들이 하나 있었으니 때마침 이들 부자(父子)가 마침 밭갈이를 하고 있다가 쟁기를 끌던 아들이 나를 보고 외쳤다. '아버지, 사람이 날고 있어요!' 일손을 놓고 나를 쳐다보는 아들에게 아버지가 말했다. '그런 것에 뭘 그리 놀라서 신기해하느냐? 냥싸카르곈이라는 아주 해로운 여자에게 밀라라는 사악한 아들이 있었는데, 저것은 너무 오래 굶어서 아무짝에도 못쓰게 된 그놈이다. 저놈 그림자에 닿지 않도록 조심해라. 어서 일을 계속하자.' 그는 내 그림자를 피하려고 몸을 낮추었다. 그러나 아들은, '사람이 하늘을 날 수 있다면 저는 상관 안해요. 하늘을 나는 사람보다 신기한 게 어디 있어요?' 이렇게 말하고 계속 나를 올려다보았다.

이제 나는 원하기만 하면 일체유정을 효율적으로 도울 수 있으니 타인들을 도와야겠다는 생각이 들었다. 그러나 내 수호신들로부터 명상에만 전념해야 한다는 지시가 있었고, 이것은 내 스승의 명령이기도 했다. 그렇게 함으로써만 불교 신앙의 대의에 봉사하면서 일체유정을 이롭게 할 수 있으니, 그것이 최상의 길이라고 하는 것이었다. 그래서 나의 한평생을 명상에 바침으로써 후대의 수행자들이 세속적 야심을 버리고 명상하도록, 그들이 불교 신앙의 대의에 이바지하면서 일체유정을 이롭게 할 수 있도록, 그들에게 본보기가 되어야 한다고 생각했다.

그리고 또 생각했다. 나는 이 장소에서 너무 오래 살았으며 몇몇

사람들의 눈에 띄어 신앙과 관련된 이야기를 했다. 이제 나는 초월적 지식과 능력을 얻었고 하늘을 날다가 사람들의 눈에 띄기도 했다. 계속해서 여기 머문다면 속인들이 자신의 손해를 막고 개인적으로 이익을 얻게 해달라는 부탁을 하려고 몰려올 것이다.[27] 이것은 천인(天人)들의 자손의 유혹을 자초하는 일이다.[28] 세속적 명예와 재산은 나의 진보를 방해하고 초월적 지식이 흐려지게 만들 것이다. 나는 랍치츄바르Lapchi-Chūbar(강들의 사이)로 거처를 옮겨 명상을 계속하기로 마음먹었다.[29] 그러나 쐐기풀을 끓이던 질그릇을 등에 메고 출발하려다가 동굴 바로 옆의 바위에서 미끄러져 넘어졌다. 이것은 오랫동안 제대로 먹지 못하고 대부분의 시간을 벌거벗은 상태로 명상해오면서 딱딱해진 발바닥 표면에 각질이 생겼기 때문이었다. 넘어지면서 손잡이가 떨어져나간 질그릇이 떼굴떼굴 굴러가는 것을 잡으려 했으나 잡지 못하고 결국 그릇이 깨어져버렸다. 그러자 깨어진 그릇 속에서 그것과 똑같은 모습의 초록색 그릇이 굴러나왔으니, 이깃은 쐐기풀 죽의 씨꺼기가 그릇 속에 눌어붙어 그와 똑같은 형태로 굳어진 것이었다. 다시 한 번 모든 것의 덧없음이 느껴져 나는 다음과 같은 노래를 불렀다.

---

27) 부처와 인도의 위대한 선인들이 반드시 필요한 경우 이외에는 기적 행위를 금하는 이유들 중 한 가지가 이것이다.

28) 이것은 제석천(帝釋天 ; Skt. Indra)의 유혹이거나 세속적 명예와 재산에 대한 유혹이다. 원래 지상의 왕자였다가 천상으로 올라간 천인(天人)들의 왕인 제석천은 고행자들이 자신과 같은 존재가 되지 못하도록 방해하기 위하여 그들을 유혹한다고 전한다.

29) 번역자는 랍치츄바르가 에베레스트 산의 이명(異名)일 수도 있다고 생각했다. 밀라레파를 따르는 수행자들은 지금까지도 이곳의 동굴들 속에서 카귀파 종의 방식으로 명상을 계속하고 있다. 에베레스트 산의 티벳 이름은 랍치캉Lapchi-Kang이며, 밀라레파가 자기 여동생에게 불러준 노래에서 이 이름이 사용된다.

질그릇조차도 한때 있었으나 이제 없음으로
모든 사물의 본성을 입증하지만
인생은 더욱 더 그러하도다.
그러니 수행자인 나, 밀라는
흔들림 없이 계속하리라.
유일한 재산이었던 질그릇 깨어져
이제 한 스승으로서[30]
덧없음을 가르치누나.

이런 노래를 부르고 있을 때 사냥꾼 몇 명이 식사를 하려고 내가 있는 쪽으로 오다가 그것을 듣고 말했다. '은자시여, 선생은 목소리가 아주 좋으십니다. 깨어진 그릇과 쐐기풀 죽이 굳어 만들어진 그릇을 놓고 무슨 일을 하고 계신가요. 몸은 어째서 그렇게 초록색으로 야위셨습니까?' 내가 야위게 된 이유를 설명하자 그들이 놀라면서 함께 식사를 하자고 권해서 나도 거기 끼였는데 밥을 먹다가 젊은 사냥꾼 하나가 말했다. '이분은 왠지 아주 건장한 사람같이 보여요. 이렇게 살지 않고 세상에 나가 일을 해서 그게 잘되면 사자 같은 말을 타고 달리면서 적들을 항복시키고 재산을 많이 모아 일가친척을 호강시키면서 행복하게 살겠지요. 아니면 장사를 하더라도 돈을 많이 벌 수 있을 거구요. 아무리 잘못돼도 머슴살이는 할 수 있을 테고, 그러면 일단 먹고 입는 것은 걱정할 게 없겠지요. 어떻게 살든 이보다는 훨씬 나을 텐데 여태까지 그걸 몰랐던 것 같아요.

---

30) "카울라Kaula 탄트라에 이런 교훈이 있다. '브라마에서 초원의 풀 잎사귀에 이르기까지 모든 것이 내 스승이다.'" ─ 아탈 비하리 고슈.

지금이라도 어서 나가세요.' 좀더 나이가 든 사냥꾼이 이 말을 듣고 있다가 말했다. '내가 보기에 이분은 아주 충실한 수행자이다. 우리 같은 세속 사람들 애기는 듣지 않을 테니 잠자코 있거라.' 그리고 나서 다시 내게 말했다. '목소리가 참 좋으십니다. 노래를 하나 불러주실 수 있나요? 선생의 노래를 들으면 우리 마음이 편안해질 것 같습니다.' 내가 대답했다. '당신들은 나를 아주 불행한 사람으로 생각하는 것 같은데 이 세상에서 나만큼 행복한 사람은 없고 또 나만큼 위대한 정신이나 성공한 인생을 자랑할 수 있는 사람도 없소. 하지만 당신들은 그것을 알 수 없어요. 내가 행복해하는 것은 이런 것들이니 한번 들어보시오.' 이렇게 말하고 나는 그들에게 '수행자의 경주'를 노래로 들려주었다.

자비로운 스승 마르파의 발아래 절하나이다!

내 몸은 깨달음의 산이니, 그 산의 사원 안에
내 가슴속에 거기 제단이 있고
내 심장 속의 꼭대기 삼각방 안에
바람 같은 말이 있어 껑충거리네.[31]

이 말을 어떤 올가미 밧줄로 붙잡아

---

31) 여기서는 모든 정신 작용이 심장에서 비롯된다고 가정한다. 정신 작용은 통제되지 않으면 야생마와 같다. 그 말을 잡아서 묶는 것이 요가라 불리는 마음 다스리기 과학의 첫 단계이다. 마음을 다스릴 수 있게 되면 고삐를 달고 안장을 얹은 말은 정신적으로 무장된 기수인 젊은 지성을 태우고 깨달음의 길을 달린다.

무슨 기둥에 묶을까?

묶인 말이 배고프고 목마를 때

먹고 마실 것은 무엇이며

추위는 무엇으로 막아줄까?

전념(專念)의 올가미 밧줄로 붙잡아[32]

명상의 기둥에 묶어두고

스승의 가르침을 먹이면서

의식의 흐름을 마시게 하라.

공성(空性)의 울타리로 추위를 막고

의지와 지성을 안장과 고삐로 하여

뱃대끈과 껑거리띠처럼 고정불변하게

굴레 장식띠와 코굴레 가죽처럼 생기(生氣)를 통과시켜라.

기수는 젊은 지성〔예리한 통찰력〕

그의 투구는 대승의 이타심

그의 갑옷은 학문과 사고와 명상

등에 둘러멘 방패는 인내

한 손에 대망의 긴 창을 들고

허리에 지혜의 칼을 찼네.

예리한 지성의 화살촉에

사무량심의 깃털 달린

---

32) 이 구절은 요가 수행을 통해 '목적의 단일성(Skt. Ekāgratā)에서 시작하여 선(禪 ; Skt. Dhyāna)과 정(定 ; Skt. Samādhi)으로 발전하는 단계들을 나타낸다.

분노나 증오가 없어 반듯한[33]

우주심의 매끈한 화살대를

영적인 지혜의 유연한 활에 메워

현명한 길의 틈새에 정법(正法)으로 고정하고

종단(宗團)의 넓이로 한껏 당겨 날리니

그 화살들이 모든 영토로 날아가서

신실한 자의 가슴에 명중하여

이기심의 요괴(妖怪)를 학살하네.[34]

그리하여 그릇된 열정이 사라지고

우리의 동족(同族)이 가호를 얻네.[35]

이 말은 드넓은 행복의 평원을 달리니

그 목적지는 모든 승리자[36]들의 나라

후미는 윤회하는 삶에서 벗어나고

선두는 해탈의 안전한 곳으로 나아가네.

이렇게 달리며 불성(佛性)을 전달하니

---

33) 대나무로 만드는 화살대는 불에 쪼여서라도 곧게 편 뒤 문지르고 닦아 매끄럽게 만든다.

34) 여기서 밀라레파는 속세를 떠난 은둔적인 삶을 권장한다. 요기가 이 세상의 무용지물이라고 생각하는 많은 속인들은 모르는 일이지만 그는 사실 가장 유용한 존재이다. 소리 없는 불가시의 화살처럼 모든 곳으로 날아간 그의 올바른 염파(念波)에 의하여 이 세상에 덕(德)과 선(善)이 유지되고 신들의 올림푸스로 향하는 길이 열린 상태로 수호되기 때문이다. 이 책의 서론 9~10장 참조.

35) 여기서 동족(同族)은 육도를 윤회하는 모든 중생이다. 성인이 이타적으로 봉사하는 영역은 인간 사회에만 한정되는 것이 아니라 우주 전체이다.

36) Skt. Jina. 승리자, 즉 부처.

당신들의 행복이 이와 같은지 비교하시라

속세의 행복을 나는 원치 않노라.

그들은 이 노래를 듣고 감동히어 신심을 강화하면서 돌아갔다.

나는 팔쿵Palkhung을 지나 츄바르로 향하다가 팅리에 도착하여 이곳의 경관을 감상하려고 길가에 누웠는데 마침 낙모Snag-mo로 가던 화사한 옷차림의 처녀들이 있었다. 나의 야윈 모습을 본 한 처녀가 말했다. '아유, 저 비참한 꼴을 좀 봐! 나는 내세에 절대로 이렇게 태어나지 않을 거야!' 그러자 다른 처녀가 말했다. '가엾어라! 나는 이런 모습을 보는 게 너무 괴로워.' 무지한 그들이 불쌍하다고 생각하면서 나는 몸을 일으켜 앉은 뒤 말했다. '아가씨들, 그런 식으로 말하지 마시오. 그 점에 대해서 당신들은 걱정할 필요가 전혀 없소. 설사 스스로 원해서 열심히 기도하더라도 나처럼 태어나지는 않을 거요. 가엾어하는 태도는 갸륵하지만 연민심과 자만심은 서로 반대되는 것이니, 이런 노래를 들어보시오.' 말을 마치고 나는 노래를 불렀다.

오, 자비로운 스승의 발아래 기도하나이다.

오, 마르파, 축복과 은총을 내려주소서!

악업에 물든 자들

자기 아닌 모든 이를 업신여기고

악업의 여인들 결혼만을 원하니

그들의 자만심 불처럼 뜨겁도다.

아, 저 현혹된 자들이 가엾어라!

칼리 유가,[37] 이 암흑의 시대에
중상 모략자가 신처럼 추앙받고
사기꾼이 황금보다 더한 상을 받으며
참다운 수행자는 길가의 돌처럼 외면당하니
아, 저 무지한 자들이 가엾어라!

화사하게 차려입은 처녀들과
이 궁탕의 밀라는
서로를 무시하면서
서로를 가엾게 여기나
상호 연민의 창(槍) 시합에서
최후의 승리자가 누구일지 볼지어다.[38]

무지한 이들의 지각없는 대화에
밀라레파가 설하는 이 진실은
물을 감로로 바꾸고
악을 선으로 되돌리노라.

---

37) Skt. Kali-Yuga. 흑철시대, 또는 암흑시대. 진리에 대한 믿음은 줄어들고 세속성이 번
창하는, 지금의 인류가 살고 있는 시대.
38) 속세의 쾌락과 속세의 포기 중에서 무엇이 참 지혜로 인도하는가를 보라는 말이다.

이 노래를 듣고 나를 가엾게 여겼던 처녀가 말했다. '이분은 저 유명한 궁탕의 밀라레파 님이야. 우리가 자만심에 차서 바보 같은 말을 했어. 이제 용서를 빌자꾸나.' 그러자 내게 함부로 말했던 처녀를 보고 모두가 그렇게 하리고 재촉했다. 그녀 역시 아주 미안해하면서 그 당시 화폐로 쓰이던 조개껍질 일곱 개를 꺼내더니 공손하게 무릎 꿇은 자세로 그것을 내게 건넸다. 그런 다음 설법을 하나 더 해달라고 간청했고, 나는 다음과 같은 노래를 들려주었다.

자비로운 스승께 기원하나이다!
진리에 관한 짧은 설법을 허용하소서.

가덴Gahdan 신들[39]의 하늘 궁전에서는
정신적 진실보다 과학적 사실이 중시되고
보다 낮은 세계인 용신[40]의 궁궐에서는
심오한 진리보다 재물이 중시되며
인간들이 사는 이 세상에서는
학자나 현인보다 사기꾼이 대접받네.

위와 쌍과 네 지방에서는

---

39) 영적이기보다는 지적인 도솔천(兜率天)의 신들.

40) 힌두 신화에서 반신(半神)인 용Nāga은 4종류가 있다. ① 천상에 살면서 천국을 수호하는 것, ② 공중에 살면서 풍우(風雨)를 일으켜 인간을 이롭게 하는 것, ③ 땅에 살면서 강과 내의 진로를 나누는 것, ④ 이 책에서처럼 숨겨진 보물을 좋아하면서 수호하는 것. 이들은 중세 철학의 '자연 원소들'과 어느 정도 비슷하며 각각 자신의 원소에 거주한다.

명상보다 설법이 중시되고
쓰레기 같은 〔암흑의〕 이 오탁악세에는
선인보다 악인이 대접받네.

화사한 젊은 여인들의 눈에는
수행자보다 도락가가 중요하고
싱싱한 젊은 처녀들의 귀에는
설법은 지루하고 연시(戀詩)만 달콤하네.

조개껍질 일곱 개의 보답으로
완전한 용서를 담아 즐겁게 노래한
진리의 시가(詩歌)일세.

그들은 이 노래를 듣고 깊은 신심을 나타낸 뒤 떠났다.

나 역시 가던 길을 재촉하여 딘Brin에 이르렀을 때 랍치츄바르와, 니마종Nyima-Dzong으로도 알려진 키푹Kyit-Phug(쾌적한 동굴)에 대해 이야기를 들은 뒤 이 둘 중에서 뒤의 것을 택했다. 여기서 몇 달을 보내며 또 많은 진보가 있었는데 딘 사람들이 예물을 들고 찾아와서 이것이 어느 정도 내게 방해가 되는 것 같았고, 계속 여기 있어봤자 좋을 게 없다는 생각이 들었다. 나는 여기에 있을 만큼 있었고 또 그만큼 발전했으니 이제 가장 인적이 드문 곳으로 가서 동굴을 찾아야 했다. 그래서 스승이 말한 랍치츄바르에 갈 생각으로 출발 준비를 하고 있는데 내 동생 페타가 다른 사람들이 남긴 모직물을 모아 만든 모포 한 조각을 가지고 찾아왔다. 그녀는 닥카르타

제10장 | 고독한 명상 수행 315

소 동굴로 갔다가 나를 발견하지 못하고 이 사람 저 사람에게 물어 가면서 여기까지 찾아온 것이었다. 쐐기풀을 먹어 쐐기벌레같이 된 어떤 은자가 팔쿵에서 라퇴로La-Töt-Lho(남향의 위쪽 구릉들)를 향해 있다는 말을 궁탕퇴Gungthang Töt에서 듣고 내가 지나온 길을 그대로 답습하면서 따라온 것이었다. 그녀는 팅리에서 천개(天蓋) 아래 오색 비단옷을 입고 높은 의자에 앉아 있는 라마승 바리로싸와 Bari-Lotsawa(위대한 역경승 바리)를 보았는데 사람들이 많이 모여 그에게 차(茶)와 창chang을 바치고 그를 둘러싼 제자들은 소라고둥을 불고 바라를 치면서 가로 세로의 커다란 금관악기들을 연주하고 있었다. 이 모습을 보고 페타는 생각했다. '다른 종교인과 신앙인들은 이런 것들을 누리며 사는데 내 오빠의 신앙은 자기 자신에겐 궁핍과 고난의 원인이고 일가친척에겐 수치의 원인이다. 이번에 오빠를 만나면 최선을 다해 이 스님의 제자가 되도록 설득해야겠다.' 이렇게 생각하면서 거기 있던 사람들에게 내 소식을 물어 내가 딘에 있다는 말을 듣고 딘으로 가서 그곳 사람들에게 다시 물어 여기 키푹으로 찾아온 것이었다. 나를 보자마자 그녀는 말을 꺼냈다. '오빠, 이렇게 벌거벗고 굶주리면서 살 일이 아니에요. 오빠는 이게 오빠의 방식이라고 하지만 이것은 수치심도 예의도 모르는 짓이에요! 이 모포로 아랫도리옷을 만들어 입고 바리로싸와 스님한테 가세요. 그분은 분명히 스님인데 오빠하고는 완전히 달라요. 천개(天蓋) 아래 비단옷을 입고 법좌(法座)에 앉아서 입술은 항상 차나 창에 젖어 있어요. 제자와 신도들이 그분을 둘러싸고 둘씩 짝을 지어 걸으면서 나팔을 불지요. 가는 곳마다 사람들을 모아서 많은 예물을 거두어 친척들에게 베푸니 가장 훌륭한 스님으로 추앙할 만한

분이에요. 나는 오빠가 그 스님의 제자가 되었으면 좋겠어요. 설사 최하의 말단 제자로 들어가더라도 이렇게 사는 것보다는 나을 거예요. 오빠의 궁핍한 수행과 나의 불행한 인생은 이 세상에서 아무런 의미도 없어요. 우리가 인생을 이렇게 살 수는 없어요.' 그녀는 크게 애통해하면서 울기 시작했다.

나는 그녀를 위로하려고 이렇게 말했다. '페타야, 그런 식으로 말하면 안 된다. 너는 내가 옷이나 덮개를 걸치지 않고 벌거벗은 몸으로 지낸다고 부끄럽게 생각하지만 나는 한 인간으로서의 내 존재를 통해서 진리를 터득했고, 거기에 부끄러울 것은 하나도 없다. 또 나는 이렇게 태어났으니, 여기에도 부끄러울 것이 없다. 죄받을 짓인 줄 알면서 죄를 지어 부모의 가슴을 찢는 자들이나, 스승과 삼보(三寶)에게 바쳐진 재물을 바라고 거짓말과 비열한 행위를 일삼으면서 자신의 이기적 목적을 이루려는 자들은 타인에게 고통을 주고 결국은 자기 자신이 상처를 입는다. 신이나 정의로운 인간들은 그런 자를 미워하고 싫어하니 그런 자가 부끄러워해야 하는 것이다. 내 몸을 보고 네가 부끄럽다고 한다면 너는 태어날 때 없던 젖가슴이 크게 불어났기 때문에 더 부끄러워해야 할 것이다. 그리고 내가 먹을 것과 입을 것을 일해서 벌거나 보시받을 수 없어서 이렇게 궁핍하게 지낸다고 생각하면 너는 아주 잘못 알고 있는 것이다. 나는 윤회하는 고통과 시련이 더 두렵다. 이 몸이 마치 산 채로 불속에 던져져 있었던 것처럼 그것이 뼈저리게 느껴진다. 재산이나 그에 대한 집착과 세속 팔풍(八風)[41]에 대해서 나는 위장병으로 입맛을 잃은 사람이 풍성한 음식을 보고 느끼는 것과 같은 구역질과 혐오감이 느껴진다. 나는 그것들이 내 아버지를 죽였다고 생각한다. 그

래서 이렇게 살고 있는 것이다. 그리고 내 스승인 역경승 마르파는 나에게, 모든 세속적 관심과 목표를 버리고 음식과 의복과 명에 없이 견디면서, 〔한 장소에만 머물지 말고〕 이곳저곳 인적 없는 장소에 살며 이승의 모든 것을 포기한 채 오직 명상에만 전념하라고 지시했다. 나는 내 스승의 지시에 따르고 있으며 이렇게 스승의 명령에 복종함으로써 이승에서 나를 따르는 이들을 편케 할 수 있을 뿐 아니라 나 자신을 포함한 일체유정을 위하여 영원한 행복을 입수할 수 있는 것이다. 언제 죽음이 내게 닥칠지 모른다는 것을 알고 나는 이승의 모든 것에 대해 관심을 끊었다. 풍요와 안락을 원한다면 나는 바리로싸와 이상으로 얻을 수 있으니 그의 최하급 말단 제자 따위 얘기는 꺼내지도 말거라. 내 목표는 이번 생에서 죽기 전에 완전한 부처가 되는 것이고, 그래서 이렇게 극단적으로 수행하고 있는 것이다. 페타야, 너도 이 세상 모든 것을 버리고 경험이 더 많은 이 오빠와 함께 랍치캉[42]으로 가서 명상하며 살자꾸나. 네가 세속적인 생각을 버리고 명상하면서 살 수 있게 되면 너의 행복은 살아서만이 아니라 죽어서까지도 태양처럼 찬란하게 이어질 것이다. 이 노래를 들어보거라.' 나는 노래했다.

일체유정의 보호자, 삼세의 부처이신 당신!
당신은 속세에 물들지 않고 남아 있으니

---

41) 또는 팔법(八法). 이(利)·쇠(衰)·훼(毁)·예(譽)·칭(稱)·기(譏)·고(苦)·락(樂), 즉 풍요·가난·무명(無名)·명성·칭찬·비난·고통·안락의 세속적 평가 기준을 가리킨다.
42) 티벳인들이 널리 이용하는 에베레스트 산의 이름.(p.307 / 29 참조)

당신의 은총으로 축복받은 이 제자는
역경승 마르파 당신의 발아래 절하나이다!

내 동생 페타야, 내 말을 들어라,
네 마음은 세속적 소망으로 가득차 있구나.

천개(天蓋) 꼭대기의 황금장식이 하나요
그 아래 아름답게 주름진 비단술이 둘이요
공작의 깃털처럼 활짝 편 그 사이의 살들이 셋이요
윤나는 붉은 티크나무 손잡이가 넷이라
이것들이 필요하면 오빠는 가질 수 있다.

〔다음 절은 합창용 후렴이다. 이어지는 다섯 절 하나하나에 이
후렴이 붙는다.〕

하지만 이것들을 나는 버렸나니
버린 탓에 내 지복의 태양 찬란히 빛나네.
그러니, 페타야, 너도 세상 모든 것 버리고
랍치캉에 가서 명상하라.
명상하러 함께 가자, 랍치캉으로.

흰 소라고둥 울려퍼지는 소리가 하나요
숙련된 나팔수의 가득하고 강력한 숨이 둘이요
곱게 흘러내린 〔고둥의〕 비단 리본이 셋이요

〔이를 보러 모인〕 승려들의 큰 집회가 넷이라
이것들이 필요하면 오빠는 가질 수 있다.

〖후렴〗

마을 바로 위의 아담하고 멋진 승원이 하나요
젊은 행자들의 유창한 말솜씨가 둘이요
중국 차(茶) 가득 들어찬 호화로운 식당이 셋이요
젊은 행자들의 바쁜 손놀림이 넷이라
이것들이 필요하면 오빠는 가질 수 있다.

〖후렴〗

강신술과 점성술로 잘 나가는 사업이 하나요
주승(主僧)의 방정하고 겸손한 태도가 둘이요
즐기기 위한 공양 의례가 셋이요
속인들을 취하게 만드는 듣기 좋은 게송(偈頌)이 넷이라
이것들이 필요하면 오빠는 가질 수 있다.

〖후렴〗

웅장하게 높이 솟은 아름다운 벽돌집이 하나요
넓고 비옥한 밭이 둘이요
넉넉한 음식과 재보가 셋이요

많은 시종과 하인들이 넷이라
이것들이 필요하면 오빠는 가질 수 있다.

〖후렴〗

강력한 말의 길게 윤나는 갈기가 하나요
황금을 입혀 보석을 박은 안장이 둘이요
화려하게 무장한 호위대가 셋이요
적을 치고 친구를 보호하는 경계 근무가 넷이라
이것들이 필요하면 오빠는 가질 수 있다.

〖후렴〗

하지만 네가 속세를 버릴 수 없고
랍치캉에 갈 수 없다면
너의 감상적인 의리는 내게 중요치 않다.
이런 세속적인 이야기는 내 명상을 어지럽히고
태어난 이상 죽어야 하며 언제 죽을지 모르는 나
명상을 미룰 만한 시간 없으니
방해받지 않으면서 수행에 전념하련다.
스승의 가르침이 마음에 이로우니
이로운 것을 생각하면서
해탈의 큰 행복을 찾을 것이고
그를 위해 랍치캉에 나는 가련다.

동생아, 너는 속세에 매달려
쓸데없는 일로 죄업을 쌓고
언제까지나 윤회계에 머물면서
삼악도에 떨어지려 애쓰는구나.

조금이라도 윤회가 두렵다면
이제는 윤회의 여덟 원인을 버리고
함께 가자꾸나, 랍치캉으로
고귀한 운명의 오누이 우리 둘이서
랍치캉의 연봉으로 함께 가자꾸나.

노래를 마치자 페타가 말했다. '세상의 부귀영화에 대한 오빠의
마음은 알아요. 사실 우리는 버릴 것도 거의 없지요. 하지만 오빠는
바리로싸와 스님같이 될 수 없다는 것을 감추기 위해 그럴 듯하게
변명하고 있을 뿐이에요. 나는 먹을 것도 없고 입을 것도 없는 랍치
캉에 갈 수 없어요. 견딜 수 없는 고통을 찾아서 랍치캉에 갈 필요
는 없잖아요. 나는 그곳이 어딘지도 몰라요. 오빠, 제발 험한 절벽
과 바위 사이로 개한테 쫓기는 짐승처럼 이리저리 돌아다니지 말고
한 곳에만 좀 계세요. 그러면 내가 좀더 쉽게 찾을 수 있잖아요. 이
곳 사람들은 오빠를 존경하는 것 같은데 여기 계속 살면 좋을 것 같
아요. 어쨌든 며칠 동안만이라도 여기 좀더 있어요. 며칠 뒤에 다시
올 테니 이 모포로 속옷을 만들어요.' 나는 동생이 원한대로 며칠
더 있겠다고 대답했고, 그녀는 먹을 것을 구하러 팅리 쪽으로 내려
갔다.

나는 동생이 가져온 모포를 잘라서 머리를 완전히 덮는 쓰개와 손가락 하나하나의 덮개와 발에 신을 버선 한 쌍, 그리고 내 성기에 씌울 가리개를 만들었다. 며칠 후 찾아와 옷을 만들었냐고 묻는 동생에게 그렇다고 대답하면서 그 가리개와 씌우개들을 하나씩 내놓았다. 그러자 그녀가 깜짝 놀라서 말했다. '세상에! 오빠는 인간이 아니에요! 수치심도 없을 뿐만 아니라 내가 어렵게 만들어온 모포까지 못쓰게 만들었어요. 언제는 명상 아닌 어떤 일도 할 시간이 없다고 하더니, 이제는 한가한 시간이 많아졌나요?' 내가 대답했다. '나는 가장 가치 있는 인간이다. 왜냐면 인간으로 태어난 귀한 기회를 최대로 활용하는 일에 종사하기 때문이다. 나는 정말로 수치스런 것이 무엇인지 알고 불법에 귀의했으며 내 서원을 엄중히 지켰다. 너는 나의 자연스런 모습을 보고 수치스럽게 생각하는 것 같지만 네가 수치스럽게 바라보는 그 부분을 잘라버릴 수는 없었고 고심한 끝에 명상 시간을 희생하면서 고생하여 만든 것이 이것이다. 그리고 내 몸에 매달린 다른 것들도 덮개나 쓰개가 필요할 것 같아서 이것들을 만들었다. 네가 가져온 모포는 부끄러운 데를 가리기 위해 사용되었으니 못쓰게 된 것이 아니라 네가 원한대로 된 것이다. 네가 너무 고상한 체하면서 나보다 더 수치심에 민감한 것 같이 말하는데, 내가 부끄러워해야 한다면 너는 더 부끄러워해야 한다. 부끄러운 부분은 계속 갖고 있는 것보다 없애버리는 것이 낫다는 것을 알면 너의 그런 부분들을 빨리 없애도록 해라.' 이렇게 말하자 그녀는 시무룩한 표정으로 말이 없었고, 나는 다시 말을 이어갔다. '세상 사람들은 부끄럽지 않은 것을 부끄러워한다. 정말로 부끄러운 것은 악행과 교활한 거짓말인데 그런 짓들을 하면서도 부끄러움

을 느끼지 않는다. 그들은 무엇이 정말로 부끄럽고 무엇이 부끄럽지 않은지 모른다. 그러니 나의 이 노래를 들어보아라.' 이렇게 말한 다음, 무엇이 부끄럽고 무엇이 부끄럽지 않은지를 분명히 알리는 이런 노래를 불렀다.

법맥의 모든 스승님들께 절하나이다!
정말로 부끄러운 것을 알게 하옵소서.

부끄러움에 묶인 사랑하는 페타야,
이 오빠의 노래를 들어보아라.

너의 수치심은 무지한 인습에서 생겨났으니
부끄러울 이유가 없는 것이 너는 부끄럽구나.
진정한 부끄러움을 아는 수행자, 나로서는
자신의 세 가지 인품[43]을 꾸밈없이 보여주는데
거기에 무슨 부끄러움이 있을쏘냐?
사람은 남녀로 태어남을 알 때
각자에게 다른 것이 있음도 아노라.

정말로 비겁하고 부끄러운 짓에
대부분의 사람들이 무관심하니
부끄러운 딸은 돈에 팔리고

---

43) 몸과 말과 마음, 즉 신(身)·어(語)·심(心) 삼업(三業) 또는 삼밀(三密).

부끄러운 아들은 무릎 위에서 응석부리네.
불신에서 생겨난 탐욕과 사견(邪見)⁴⁴⁾
악행과 기만, 절도와 강탈
신뢰하는 친구와 친척을 속이니
부끄럽고 비겁한 이런 행위들
그것을 삼가는 이 거의 없도다.

속세를 떠난 은자들
진리의 길에 들어선 자들
금강승의 신성한 가르침을 발견하고
명상하며 살기로 결심한 자들
인습의 수치 기준에 묶이지 않나니
페타야, 쓸데없는 번뇌를 키우지 말고
네 마음을 자연스레 흐르게 하라.

　노래를 마치자 동생은 시무룩한 표정으로 자신이 구걸해서 얻은 버터와 기름 등의 먹을 것을 주면서 말했다. '오빠는 내가 바라는 일들을 전혀 하지 않을 게 확실하지만 어쨌든 오빠를 버릴 수는 없으니 일단 이것들을 드세요. 먹을 것을 더 얻기 위해 나는 내가 할 수 있는 일을 하겠어요.' 이렇게 말하고 떠나려 했다. 그러나 나는 그녀가 믿음을 갖게 만들어보려고 먹을 것이 있는 동안만이라도 함께 지내자고 했다. 그렇게 함으로써 수행을 통해 굳이 공덕은 쌓지

---

44) 이것들이 창조한 에테르 공간의 염파(念波)는 지상에서만이 아니라 우주 전체의 모든 존재에 영향을 미친다.

제10장 | 고독한 명상 수행　325

못하더라도 얼마 동안 새로운 업(業)을 짓지는 않을 것이었다. 그리하여 함께 지내는 동안 나는 신앙상의 문제들과 인과율에 대해 이야기했고, 결국 그녀는 마음을 어느 정도 돌리게 되었다.

이러고 있을 때 자기 오빠를 잃은 당고모가 자기들의 잘못을 뼈저리게 뉘우치면서 야크 한 마리 분량의 물품들을 갖고 찾아왔다. 그녀는 딘에 도착하여 적당한 집에 물건과 야크를 맡긴 다음 자신이 들 수 있는 만큼 들고 내가 있는 곳까지 올라온 것이었다. 약간 높은 곳에서 당고모의 모습을 알아본 페타가 말했다. '우리는 저 잔인한 여자를 만날 필요가 없어요.' 그녀는 내 동굴 앞과 반대쪽 비탈 사이의 깊은 골짜기 위에 걸쳐놓았던 다리를 들어올려버렸다. 당고모는 반대쪽 비탈 가장자리까지 와서 말했다. '조카, 다리를 올리지 마. 나 좀 건너가게…….' 그러자 페타가 대답했다. '내가 다리를 올리는 게 누구 때문인데요?' '알아, 다 안다구. 하지만 내가 잘못을 크게 뉘우치고 이제 사과하러 왔으니 다리를 놓아줘. 그래도 못 놓겠거든 오빠한테 내가 왔다고 말이나 좀 전해줘.' 그녀가 간청했다.

그때 내가 내려가서 골짜기 이쪽의 작은 둔덕 위에 앉았다. 당고모는 저쪽에서 몇 차례 엎드려 절한 다음 자기를 거절하지 말아달라고 간절히 빌었다. 끝까지 그녀를 거절하는 것은 수행자로서 할 일이 아님을 알았지만 우선은 그녀의 잔인성과 박해 사실을 분명히 알게 해야 했으므로 나는 이렇게 말했다. '저는 친척들에 관한 생각을 모두 버렸고, 특히 당숙과 당고모에 대해서 더 그렇습니다. 당신들은 우리가 어릴 때부터 엄청난 박해를 가했고 그것도 모자라서 제가 수행자가 되어 우연히 천막에 들렀을 때까지 너무 잔인하게

내몰았기 때문에 아예 친척으로 생각지 않게 되었습니다. 그런 처지들을 회상하면서 노래할 터이니 한번 들어보세요.' 나는 그들이 가한 박해와 그것의 잔인성을 상기시키는 노래를 불렀다.

오, 모든 이를 가엾게 여기는 자비로운 스승님,
역경승 마르파, 당신의 발아래 절하나이다!
친척을 잃은 제게 친척이 되어준 분이여!

당고모여, 당신이 한 모든 일을 기억하시오?
못한다면 이 노래로 일깨워가며
귀기울여 들으시고 참회하시오.
컁가싸의 불행한 땅 그 마을에서
아버지 사라진 집 과부와 남매
모든 재산 빼앗고 박해한 당신
콩알처럼 뿔뿔이 흩어진 가족
그것 또한 당고모와 당숙 덕분이니
우리는 일가친척 모두 잊었소이다.

타향에서 떠돌던 나 고향 그리워
어머니와 누이 찾아 돌아갔더니
어머니는 백골 되고 동생은 간 곳 없네.
가슴 찢는 고통으로 신앙을 찾아
거기서 위로받고 수행을 결심했지.
먹을 것이 떨어져 음식을 구하다가

우연히 찾아간 집 당고모 집이었네.
무력한 수행자를 알아본 그녀
앙심 깊은 분노를 폭풍처럼 터뜨렸지.
개를 풀어 쫓으면서 외쳤지, 초! 초!
내가 마치 타작 앞둔 보릿단인 양
천막 지주로 사정없이 공격했네.
나는 물웅덩이에 엎어져서
소중한 목숨 잃을 뻔했지.
그녀는 나를 '인명 장사꾼'으로
'집안의 망신거리'로 불렀네.
이런 거친 말들에 가슴이 무너져
절망과 번민에 휩싸이면서
숨을 못 쉬고 말도 할 수 없었지.
그런 다음 비록 내게 필요 없지만
집과 땅도 교묘히 가져가셨네.
당고모의 몸을 한 마귀가 당신이니
당신에게 무슨 애정 남아 있겠소, 당고모여.

그런 다음 당숙 집에 이르렀을 때
죽일 뜻과 독한 말과 나쁜 짓을 만났네.
그는 '동네를 파괴한 배신자가 왔다'면서
나를 죽이려고 이웃들의 도움을 청했지.
독한 말을 내뱉으며
돌멩이를 소나기처럼 퍼부었네.

그런 다음 다시 화살을 쏘아대어
내 가슴에 불치병을 심어주었지.
또다시 나는 목숨을 잃을 뻔했네.
당숙의 몸에 백정의 가슴!
당숙을 향한 공경심은 그때 모두 사라졌다오.

내가 궁핍하고 무력할 때
친척들은 적보다 잔인했지.
내가 명상하던 언덕으로
다정한 제세 찾아와서
상냥한 말로 나를 위로했네.
그녀는 찢어진 내 가슴 달래주고
영양 많은 맛난 음식 갖다주었지.
그로 인해 아사(餓死)에서 벗어났으니
그녀의 고마움을 말할 수 없네.
그렇지만 진리를 구하지 않으니
찾아와도 만날 필요 거의 없고
당고모를 만날 필요 훨씬 더 없네.
이제 그만 돌아가시오, 왔던 길로
늦기 전에 빨리 가는 것이 나을 거요.

노래를 마치자 당고모는 많은 눈물을 뿌리면서 다시 몇 차례 절
한 뒤에 말했다. '자네가 옳으이, 조카, 모든 것이 다 자네 말대로
야. 그렇지만 조금만 더 참게. 내가 이렇게 비네.' 그러고 나서 그녀

제10장 | 고독한 명상 수행 329

는 내게 엎드려 빌기 시작했다. 나는 그녀가 진심으로 참회하면서 내 용서를 구하러 왔다는 것을 알았다. 그녀가 다시 말했다. '자네를 보고 싶은 마음 견딜 수 없어 이렇게 왔네. 제발 나를 받아주게. 아니면 여기서 죽을 수밖에 없네.' 더이상 차갑게 대할 수 없어서 다리를 내리려 하는데 동생이 나를 붙들고 귓속말로 그러면 안 된다고 여러 가지 이유를 설명했다. 그러나 나는 그냥 다리를 내렸다. 일반적으로 신의를 저버린 사람과 한 마을에 살거나 같은〔또는 한 우물의〕 물을 마시면 좋지 않다는 말이 있는데 만일 우리가 그렇게 한다면 미혹이나 오염이 있을 것이었지만 지금의 상황은 어쨌든 정신적인 문제에서 신의를 저버린 것이 아니었다. 나아가 수행자인 나는 누구든 용서하지 않을 수 없었으므로 다리를 내려놓고 그녀를 건너오게 한 뒤 인과율에 관해 몇 가지를 얘기해주었다. 당고모는 내 말을 아주 귀담아 듣고 완전히 전향하여 딴 사람이 되었으며 참회하고 명상하여 결국 해탈을 성취했다."

이때 시와외레파가 이렇게 여쭈었다. "제쭌이시여, 마르파 스승님으로부터 법을 물려받음에 있어서 스승님의 믿음과 목적이 얼마나 확고했는지, 그 혹독한 시련 속에서도 얼마나 유순하고 성실했는지, 저 고독한 산 속에서 얼마나 참을성 있게 열정적으로 명상에 정진했는지를 들으니 저희는 감히 상상할 수도 없습니다. 스승님의 그런 모습을 생각하면 저희가 하는 수행은 그저 심심풀이로 하는 오락과 같다는 생각이 들고, 이런 식으로 해서는 윤회계를 벗어나지 못할까 두렵습니다. 저희는 어떻게 해야 합니까?" 이렇게 말하면서 그는 눈물을 흘렸다.

제쭌이 대답했다. "윤회계 안에서, 그리고 지옥에서 견뎌야 하는

고통을 생각하면 나의 믿음과 열의도 그리 대단했던 것 같지 않다. 인과의 교리에 대해 한번 듣고 그것을 당연한 진리로 받아들이는 사려 깊은 사람은 비슷한 열성을 발휘할 수 있다. 그렇지만 이 교리를 말로만 이해하고 그 속에 담긴 진실을 깨닫지 못하는 사람들은 세속 팔풍(八風)에서 벗어나지 못한다. 따라서 인과의 교리를 믿는 것이 가장 중요하다. 〔뒤에 말한〕 이런 사람들은 가장 단순하고 가장 널리 받아들여지는〔또는 자명한〕 인과율조차도 믿지 않는 것 같다. 이런 사람들은 경전이나 의궤(儀軌)에 나오는 공성(空性)에 관한 여러 가지 설명을 파고들어도 공성은 좀더 미묘하고 복잡하기 때문에 더욱 더 이해하기 어렵고 믿기지 않는다. 그러나 일단 공성을 믿게 되면 공성 그 자체가 인과율의 복잡한 작용기전을 통해 드러난다. 공성의 본질을 아는 사람은 좀더 세심해져서 지극히 정밀한 인식력으로 선행과 악행을 분별한다. 쉽게 말하면 그는 좀더 세심한 차원에서 성실해지는 것이다. 모든 신앙은 인과율을 이해하고 인정하는 데 있다. 그러므로 꾸준히 경건한 자세를 유지하면서 불경스런 행위를 멀리하는 것이 무엇보다도 중요하다. 나는 처음에 공성의 본질을 이해하지 못했지만 인과율을 굳게 믿었고, 따라서 극악무도한 죄를 지었다는 생각으로 당연히 지옥의 삼중고(三重苦)를 견뎌야 한다고 믿었다. 그래서 나는 스승에 대해 가장 깊은 존경심과 신앙심을 갖게 되었고 명상하는 동안 모든 열성(熱誠)을 다 발휘했으니 내게는 다른 방법이 없었다. 나는 너희들이 엄격한 고행과 깊은 고독 속에 일생을 보내면서 교리가 가르치는 바에 따라 신성하고 신비한 진리를 명상하도록 권한다. 그러면 분명히 윤회계에서 벗어날 수 있다고 이 늙은이는 너희에게 약속한다."

그러자 겐종튐파 부디라자Ngan-Dzong-Tönpa Budhi-Rāja가 찬탄조로 이렇게 말했다. "오, 제쮠 림포체여,[45] 스승님은 이 세상의 유정들을 위해 그런 행위들을 보여주려고 인간의 형상을 취한 지금강불(持金剛佛) 바로 그분이십니다. 만일 그렇지 않다면 적어도 무수 겁(劫)에 걸쳐서 많은 공덕을 쌓고 윤회계에 다시 오지 않게 될 그런 위대한 존재의 상태에 도달했을 것입니다. 스승님은 진리를 위해 목숨까지도 바칠 각오를 하고 열성적으로 수행에 정진했습니다. 스승님의 삶에는 육화한 부처의 모든 징표가 나타납니다. 진리를 얻기 위해 마르파 스승님 밑에서 보여주신 인내와 확고한 신념, 시련 극복 등은 자기밖에 모르고 사는 저희 같은 존재들로서는 거의 상상조차 할 수 없습니다. 누가 그렇게 할 수 있겠습니까? 설사 누가 그만한 의지력과 인내심을 갖는다 해도 그의 육체가 견디지 못할 것입니다. 그러니 제쮠께서는 과거세에 보살님이나 부처님이었을 것이 분명합니다. 스승님의 얼굴을 뵙고 목소리를 듣는 저희는 너무나 행복합니다. 이렇게 은총을 입은 저희는 비록 그렇게까지 정진하진 못하더라도 해탈하게 될 것이 확실합니다. 과거세에 스승님이 어떤 보살이었는지 알려주시면 고맙겠습니다."

이 말에 제쮠이 대답했다. "내가 누구의 환생인지는 나도 잘 알 수 없다. 그러나 설사 삼악도 중의 하나에 있다가 인간으로 태어났을지라도 나를 도제창이나 다른 부처로 간주하는 사람은 그 믿음에 힘입어 그 부처에게서 은총과 축복을 받을 것이다. 개인적인 애정

---

45) '귀중한'이라는 뜻의 Rinpoch'e는 티벳에서 큰 존경심을 나타내는 용어이며, 주로 위대한 수행자나 스승들에게 붙여진다. 예를 들면 파드마삼바바는 '귀중한 스승'이란 의미로 구루 림포체라 불린다.

과 존경심 때문에 여러분은 내가 어떤 부처의 화신일 것으로 생각하지만 그것은 불법에 대해 의혹과 불신의 큰 죄를 짓는 일이고, 여러분에게 수행의 열의가 부족하기 때문에 일어나는 생각이다. 왜냐면 내가 청년기에 엄청난 죄를 짓고도 인생 후반부에 거의 무상정등각에 이를 만큼 크게 발전할 수 있었던 것은 오직 불법의 위대한힘에 의해서였기 때문이다. 그것은 인과율의 이치를 굳게 믿으면서세상과 인생에 관한 모든 생각을 버리고 그 진리에 철저히 나를 적응시켰기 때문이다. 그리고 특히, 가장 적절한 행법과 자료들을 전수하여 내가 진언승의 지름길을 통과할 수 있게 해준 완벽한 스승을 만났던 것이 행운이었다. 스승은 장식과 겉치레가 전혀 없는 진리와 그에 필요한 관정을 수여하여 올바른 방법으로 그것들을 명상하도록 했다. 누군가 다른 사람이 이것들을 얻어 지속적으로 명상했더라도 그 역시 분명히 한 생애 동안에 완전한 깨달음을 얻었을것이다. 그러나 십악(十惡)과 오역(五逆)[46]을 범하면서 일생을 보낸다면 가장 고통스런 지옥에 떨어질 것임은 추호도 의심의 여지가없다. 인과율을 믿지 않으면 수행에 열의가 없어지고 인과율을 굳게 믿으면 삼악도에서의 고통이 두려워 불과(佛果)를 얻으려는 강한 소망을 갖게 된다. 그럴 때 스승에 대한 믿음과 복종심, 진리에대한 열성적 명상, 그리고 영적으로 진보하면서 지혜를 얻게 되는

---

46) 십악(十惡)은 몸으로 짓는 살생(殺生)·투도(偸盜)·사음(邪淫)과 입으로 짓는 망어(妄語)·양설(兩舌)·악구(惡口)·기어(綺語), 뜻으로 짓는 탐욕(貪慾)·진에(瞋恚)·사견(私見)이다. 오역(五逆)은 소승의 오역과 대승의 오역이 있는데, 이중 후자는 첫째로 탑사(塔寺)를 파괴하고 경상(經像)을 불사르며 삼보의 재물을 훔치는 것으로부터시작하여 네 번째로 소승의 오역, 마지막 인과율 불신과 십악으로 끝나는 다섯 가지 무간업(無間業)을 가리킴(역주).

방법 등이 모든 관점에서 나의 경우와 같아진다. 속인이 이런 식으로 발전하게 되면 자만심이 생겨나 스스로 어떤 불보살의 화신이라고 생각하게 될 수 있다. 이것은 진언승의 지름길을 믿지 않는다는 증거이다. 그래서 인과율에 대한 믿음이 중요하다는 것이다. 옛 성인들의 전기에 보이는 엄숙한 사실들과 인과의 법칙, 윤회계 전체의 부자유와 고통, 좋은 자질의 인간으로 태어나기가 쉽지 않다는 사실, 인간의 필멸성, 사망 시기의 불확실성, 이런 것들을 생각하고 잘 분별하면서 명상해야 한다. 이런 것들이 마음속에서 분명해지면 수행에 몸을 바쳐 진언승의 교의를 실습하는 게 좋다. 나는 음식과 의복과 명성에 대한 모든 생각을 끊음으로써 영적인 지혜를 얻었다. 가슴속의 열망으로 분발하여 모든 시련을 견뎠고 의식주의 궁핍에 익숙해졌으며 가장 인적이 드문 외딴 곳에서 명상에 전념했다. 그렇게 해서 지식과 체험을 얻은 것이다. 여러분도 내가 지나온 길을 따라서 내가 했던 대로 수행하기 바란다."

이것은 제쮠의 여섯 번째 공덕으로, 그가 어떻게 세속적 안락과 명예를 포기하고 스승의 지시에 따라 인적 없는 산야에서 명상에 전념했는가를 설명하는 내용이다.

❖── 제11장 ──❖
은둔생활과 중생교화

제자들과 명상의 장소 / 제쮠에 관한 기록들

레충이 다시 여쭈었다. "스승님의 생애는 정말 파란만장하고 흥미롭습니다. 그 줄거리에 간혹 웃음이 터지긴 하지만 전체적으로 볼 때는 너무 가슴이 아파서 눈물이 납니다. 이제 무언가 웃을 수 있는 사건들을 좀더 얘기해주셨으면 좋겠습니다." 제쮠이 말했다. "내가 훌륭한 자질의 인간이나 비인간을 해탈의 길로 유도하여 불교 신앙에 이바지하게 만든 얘기보다 더 우스운 얘기를 여러분은 상상도 할 수 없을 것이다."

레충이 다시 여쭈었다. "그 첫 번째 제자들은 누구였습니까? 인간이었나요, 아니면 비인간이었나요?" 제쮠이 대답했다. "그것은 나를 괴롭히러 온 비인간들이었고, 나중에 약간의 인간 제자들이 생겼다. 그런 다음에 쎄링마Tseringma 여신[1]이 와서 여러 가지 초능력으로 나를 시험했고, 그 뒤에 다른 인간 제자들이 모이기 시작

---

1) 카일라사 산의 여신으로, 텐메(Tib. Bsten-Mas)라 불리는 티벳의 열두 수호여신들 중 하나이다. 장수(長壽)를 의미하는 쎄링마는 히말라야의 신인 시바의 아내 두르가Durgā의 한 형태일 가능성이 높다.

했다. 지금 생각하면 비인간들에게는 쎄링마를 통해서, 인간들에게는 위파뙵파Üpa-Tönpa를 통해서 내 가르침이 전파될 것 같구나."

이때 세반레파가 여쭈었다. "스승님, 랍치츄바르 동굴과 앞서 말씀하신 몇몇 은거처들 외에 또 어떤 곳에서 명상하셨습니까?" 제쮠이 대답했다. "그 외에 네팔의 욀모캉라Yölmo-Kangra가 있다. 좀더 밖으로 드러나서 잘 알려진 동굴 여섯과 〔높은 절벽의〕좀더 안쪽에 있어 알려지지 않은 동굴 여섯, 그리고 비밀의〔또는 숨겨진〕동굴 여섯, 이렇게 모두 열여덟이다. 거기다 두 개가 더 있으니 총스무 개가 된다. 그 다음 잘 알려진 큰 동굴 넷과 알려지지 않은 큰동굴 넷이 있는데 이것들은 앞에서 얘기한 것들에 포함된다. 그 외의 약간 작은 동굴들에서도 필요한 것이 어느 정도 갖추어져 있는것 같으면 얼마간씩 지냈고, 그렇게 해서 결국 명상의 대상과 명상의 행위와 명상하는 사람이 하나가 되어 이제는 명상법을 잊어버렸다.[2]

레충이 다시 아뢰었다. "스승님께서 불법의 최종 목표를 달성하고 〔그 핵심을〕철저히 규명해주신 덕분에 저희 변변치 못한 제자들은 큰 은총을 입었습니다. 아주 쉽고 감명 깊게 가르쳐주셔서 저희는 별다른 노력 없이도 진정한 의미를 파악하고, 어떤 오해의 우려 없이 확고한 믿음을 지닐 수 있게 되었습니다. 저희의 이런 안정감은 오로지 스승님의 자비와 은총에 의한 것입니다. 하지만 미래의 제자들이 〔스승님께서 명상하신 동굴들을 방문함으로써〕공덕을 쌓을 수 있도록 그들에게 어떤 지침을 남긴다는 의미에서 그 동

---

2) 밀라레파에게는 명상이 제2의 천성과 같이 되어 이제 더이상 어떻게 명상할까를 생각할 필요가 없게 되었다는 것이다.

굴들의 이름을 가르쳐주시면 좋겠습니다.”

제쒼이 대답했다.[3] “〔높은 절벽의〕 잘 알려진 동굴 여섯은 ① 닥카르타소위마종, ② 민큣딥마종 ③ 링와닥마르종, ④ 락마창춥종, ⑤ 캉펜남카종, ⑥ 닥캬도제종이고,[4] 〔높은 절벽의〕 좀더 안쪽에 있어 알려지지 않은 동굴 여섯은 ① 총룽쿵기종, ② 키파니마종, ③ 쿠죽엠파종, ④ 쉘푹추숑종, ⑤ 벡쎄되왼종, ⑥ 씩파캉티종이며,[5] 〔높은 절벽의〕 아주 비밀스런 동굴 여섯은 ① 갸닥남카종, ② 탁푹셍계종, ③ 베푹마모종, ④ 라푹페마종, ⑤ 랑노루뒷종, ⑥ 토걀도제종이다.[6] 다른 둘은 키푹니마종과 포토남카종이다.[7]

그 다음에 잘 알려진 큰 동굴 넷은 ① 냐남퇴파푹 ② 랍치뒷뒤푹, ③ 딘디체푹, ④ 티세주튀푹이고,[8] 알려지지 않은 큰 동굴 넷은 ① 캉가싸Kyanga-Tsa의 캉쑤푹(쎄이Tsayi-캉쑤푹), ② 뢴Rön의 외세푹,

---

3) 제쒼은 낭떠러지의 아찔하게 높은 바위틈에 위치한 동굴들을 ‘성채’나 ‘요새’라는 뜻을 지닌 종Dzong의 이름으로 부르고 있다. 이 문단의 장소 이름들 중 몇몇은 바코 씨의 번역을 참고했다. 각각의 이름들에는 어떤 숨은 의미가 있음직하다.

4) ① Dragkar-Taso-Üma-Dzong(말 이빨처럼 흰 중앙 바위 성), ② Min-khyüt-Dribma-Dzong(눈썹 그림자 속의 성), ③ Lingwa-Dragmar-Dzong(붉은 바위의 막힌 성), ④ Ragma-Changchub-Dzong(락마의 완전한 성), ⑤ Kyang-Phan-Namkha-Dzong(깃발 휘날리는 하늘 성), ⑥ Dragkya-Dorje-Dzong(회색 바위의 금강 성).

5) ① Chonglūng-Khyungi-Dzong(총룽쿵의 성), ② Khyipa-Nyima-Dzong(기쁜 태양 성), ③ Khujuk-Enpa-Dzong(외로운 뻐꾸기 성), ④ Shelphug-Chushing-Dzong(수정 바위굴의 파초 성), ⑤ Bektse-Döyön-Dzong(맛좋은 양배추 성), ⑥ Tsigpa-Kangthil-Dzong(바위 발바닥 성).

6) ① Gyadrak-Namkha-Dzong(두려운 상징들로 가득한 성), ② Tagphug-Sengé-Dzong(호랑이 동굴의 사자 성), ③ Bayphug-Mamo-Dzong(숨겨진 동굴의 성), ④ Laphug-Pema-Dzong(바위굴의 연꽃 성), ⑤ Langno-Ludüt-Dzong(코끼리 門의 龍 성), ⑥ Trogyal-Dorje-Dzong(승리의 금강 성).

7) Kyiphug-Nyima-Dzong(행복한 바위굴의 태양 성), Potho-Namkha-Dzong(봉우리들의 하늘 성).

제11장 | 은둔생활과 중생교화 337

③ 랄라Rala의 자웍풁, ④ 쿠탕Kuthang의 푸른풁이다.[9] 이 동굴들에서 명상하는 사람은 땔감과 물, 산채, 풀뿌리 등 생명 유지에 필요한 것을 쉽게 얻고, 법통을 이은 스승들의 영감을 받게 될 것이다. 그러니 거기 가서 명상하거라."

이와 같은 제쮠의 대답에 설법을 들으러 왔던 남녀 천인(天人)들과 인간을 포함한 모든 제자들이 깊은 감동을 받았다. 그의 이야기는 모인 사람들에게 열렬한 믿음을 심어주면서 그들의 가슴 밑바닥을 울려 명예나 재산 등에 대한 세속 팔풍(八風)을 버리게 만들었다. 그들 모두가 불법을 올바로 이해하고 신앙생활에서 완전한 만족을 발견하여 그로부터 도저히 떠날 수 없게 된 것이다. 인간 제자들 중에서 좀더 높이 진화한 이들은 신앙과 일체유정에게 봉사하는 일에 자신의 몸과 말과 마음을 바쳐야겠다고 생각하면서 인적 없는 동굴을 찾아 흔들림 없는 부동의 자세로 명상하고 참회하며 일생을 보내리라는 서원을 세웠다. 비인간 제자들은 불법을 수호하고 유지하기로 약속하고 맹세했으며, 속세의 남녀 제자들 중 가장 영성이 발달한 많은 이들이 속세를 버리고 제쮠이 어디를 가든 계속 따르면서 명상하여 '참 상태'를 깨닫게 되었다. 그들은 이처럼 저마다 요기나 요기니가 되었고, 영적인 통찰이 좀 덜한 사람들은 하다못해 몇 년이나 몇 달이라도 수행을 해보겠다고 맹세했다. 소수의 일반 신도들만이 남은 생애 동안 어떤 불경한 행위를 하지 않고 무언

---

8) ① Nyanam-Tröpa-Phug(냐남에 있는 胃모양 동굴), ② Lapchi-Dütdül-Phug(랍치에 있는 악마들이 패배한 동굴), ③ Brin-Briche-Phug(딘에 있는 암야크 혀 동굴), ④ Tisé-Dzu-Trü-Phug(카일라사 산의 기적굴).

9) ① Kangtsu-Phug(礎石 동굴), ② Ödsal-Phug(淨光明 동굴), ③ Zawog-Phug(비단 동굴), ④ Purön-Phug(비둘기 동굴).

가 공덕을 쌓겠다고 다짐했다. 그리하여 이 자리에 있던 모든 존재가 어떤 식으로든 구원을 얻었다.

　여기까지의 생애담은 전부가 제쮠 자신이 직접 말한, 자전적 이야기가 기록된 것이다. 그의 일생의 줄거리를 이루는 이런 역사적 사실들이 좀더 확대되면 그것 전체가 보통 세 부분으로 나뉘게 된다. 첫 부분은 비인간들이 악의를 품고 공격했다가 결국 패배하여 전향하는 내용이고, 두 번째 부분은 인간 제자들 중의 많은 이가 완전한 깨달음을 얻어 해탈에 이르는 내용이며, 세 번째 부분은 제쮠이 세간과 출세간의 제자들에게 여러 가지로 법을 설한 내용이다.

　확대된 생애담의 첫 번째 부분은 비인간들이 그의 영향을 입고 불법에 귀의하는 상황을 이야기한다. 그리하여 우선 닥마르총륭Dragmar-Chonglüng 동굴에서 정령들의 왕인 비나야카Vināyaka가 라마덴둑Lāma-Dren-Drug(그〔밀라레파〕가 스승의 모습을 열망하는 여섯 가지 형태)이라는 노래를 듣고 정복당한다. 그런 다음 랍치캉으로 간 제쮠은 가나파티Gaṇapati 대신(大神)을 귀의케 했는데, 여기서 랍치추장Lapchi-Chūzang의 항목이 생겨났다. 이듬해 랍치 내부로 깊이 들어간 제쮠은 대설(大雪)〔과 제쮠의 승리〕에 관한 노래를 지었으니 이것은 그가 눈길을 통과하면서 부른 노래이다. 그런 다음 망월Mangyül의 팔바르Palbar 산과 네팔의 욀모캉라Yölmo-Kangra[10]에 가려고 궁탕으로 돌아온 그는 링와Ling-wa의 바위굴에 마음이 끌려 여기서 얼마 동안 살았다. 링와 동굴의 사악한 마녀에 관한 항목은 이때의 체험에서 나온 것이다. 그 후 '락마의 완전한

―――――――――――
10) 카트만두 북쪽으로 이틀 정도 걸리는 거리에 있다.

제11장 | 은둔생활과 중생교화 339

성'이 있는 팔바르 산 부근에서 한 요정과 락마 지방 영들을 〔그들에게 계송을 읊어〕 굴복 전향시켰다. 자세한 내용은 그들의 전향을 다룬 항목에 수록되어 있다. '깃발 휘날리는 하늘 성'에 머물면서 많은 인간과 비인간을 선도한 제쮠은 다시 욀무캉라로 가서 싱갈라 Singala 숲 속 깊은 곳에 있는 '호랑이 동굴의 사자 성'에서 살았다. 역시 많은 인간과 비인간들을 선도하며 여기 머무는 동안 그는 티벳으로 가서 일체유정을 위해 명상하라는 계시를 받고 그에 따라 티벳으로 가서 쿠탕의 〔비둘기〕 동굴에 머물며 비둘기들을 위한 게송을 읊었다.

두 번째 부분은 제쮠이 제자들과 처음 만나게 된 상황을 이야기한다. 제쮠이 '회색 바위 금강 성'에서 수많은 유정들을 선도하고 있을 때 성모(聖母) 바즈라요기니[11]가 그에게 많은 제자들이 찾아올 것이며 그 중 하나〔레충도제탁파〕가 인도에서 티벳으로 다키니 탄트라[12]를 가져올 것이라고 예고하면서 그를 만나게 될 장소를 알려주었다. 그에 따라 궁탕으로 간 제쮠은 '랄라의 비단 동굴'에서 명상하던 도중 레충을 만났다. 그 후 레충은 병〔또는 나병〕을 치료하기 위해 인도에 갔다가 나아가지고 돌아와 '룐의 정광명 동굴'에서 제쮠과 함께 기거했으며, 여기에 싸푸레파Tsa-Phu-Repa가 가담했다. 그 후 '락마의 완전한 성'에서 상예캅레파를 만났으며, '냐남의 위(胃) 모양 동굴'로 가서 법을 설하고, 과거에 얼마 동안 재가 신도였던 툄파샤캬구나를 입문시켜 완성과 해탈의 길로 이끌었다. 창타고Chang-Tago로 가던 도중 그는 충기켓파레숨Chungi-Ketpa-Le-

---

11) Skt. Vajra-Yoginī ; Tib. Rdo-rje-rnal-hbyor-ma / 발음=도제네조르마.
12) 또는 카르나Karṇa 탄트라. 탄트라 요가에 관한 밀교의궤서. (p.221/8 참조)

sum에서 재가 여제자 팔다르붐Paldar-Būm을 만났고, 돌아오는 길에 예루창Yeru-Chang의 객사(客舍)에서 세반레파를 만났다. 명상하러 간 라툇Latöt의 걀기슈리라 산에서 디곰레파를 만났고, 가을에 탁발하다가 추믹궐붐Chūmig-Ngülbūm에서 시와외레파를 만났다. 침룽Chim-lūng에서 겐종레파에게 '대지팡이'라는 설법을 했고, 랍치에서 다키니들의 계시에 의해 스승의 권고를 상기한 그는 티세산[13]으로 향하던 도중 담파갸푸파를 만났고, 이 산에 가까워질 무렵 로워카라Lowo-Kara 고개에서 카르충레파Khar-Chūng-Repa를 만났으며, 겨울 안거(安居) 동안 푸랑Purang 구릉지대의 디쩨Dritse 봉(峰) 근처에서 타르마왕축레파Tarma-Wangchuk-Repa를 만났다. 이듬해 봄 제쮠은 티세〔산〕으로 가서 자신의 마법으로 〔마법사〕 나로뵌충Naro-Bön-chūng을 제압했으니, 티세〔또는 카일라사〕 산에 관한 항목은 이것을 설명하고 있다.

'회색 바위의 금강 성'으로 돌아온 그는 롱충레파Rong-Chūng-Repa를 만났고, 다키니들의 계시에 의하여 '숨겨진 동굴의 성'으로 가서 며칠 지내는 동안 양치기 한 사람을 만났는데, 이 사람은 제쮠을 따라와서 뛰어난 요기가 되었고 나중에 룩지레파Lugdzi-Repa(양치기 레파)로 알려졌다. 그런 다음 '바위굴의 연꽃 성'에서 쉔곰레파를 만났는데 이 제자는 그 후 제쮠이 '코끼리 문의 용(龍) 성'과 '숨겨진 동굴의 성'에 머무는 동안 좋은 음식과 다른 필요한 물품들을 공급했다. 그 후 제쮠은 초로디쌈Choro-Dri-Tsam으로 가려 하다가 레충마Rechungma라는 여성 제자를 만났다. 니샹구르

---

13) 티세Tisé 산은 불교와 힌두교의 성지인 카일라사 산의 티벳식 이름이다.

타라Nyishang-Gurta-La에서는 사냥꾼 출신인 키라레파를 만났는데, 이 제자를 통해서 제쭌의 이름이 네팔까지 멀리 알려졌고, 타라Tārā[14]의 계시를 받은 코콤[15] 왕이 약간의 공물을 보내왔다. 그 후 레충과 쉔곰레파의 간청에 의해 제쭌은 립지의 산기슭에 있는 넨왼Nyen-yön 동굴로 가서 머물렀고, 이듬해 총룽의 바위굴 속에서 살았으며, 그런 다음 츄바르로 가서 쩨링마에 관해 세 가지 법을 설했다.

딘Brin의 오지로 내려와 도제왕축레파Dorje-Wangchuk-Repa를 만난 뒤 제쭌과 그의 제자들이 냐남의 위(胃) 모양 동굴 속에서 살고 있을 때 인도의 위대한 요기인 다르마보디Dharma-Bodhi가 찾아와 제쭌에게 인사를 드렸다. 이런 상황으로 제쭌에 대한 세간의 존경과 숭배가 더해가자 종교적인 대화에 능한 어떤 라마승이 그를 시기하여 어려운 질문을 던졌고 이에 대해 제쭌은 자신의 지혜로 쉽게 대답했다. 이 논전을 다룬 항목도 그의 생애담의 일부를 차지한다. 요기의 방문이 계기가 되어 레충은 다시 한 번 인도로 갔는데, 레충과 티푸Tiphoo〔인도의 다른 위대한 요기〕에 관한 항목이 이것을 다루고 있다. 이 즈음 〔냐남의〕 뒷Dröt 동굴에 있을 때 메곰레파Me-Gom-Repa가 제쭌을 따르기 위해 왔고, 다시 냐남의 낙트라Nagtra에서 살레외레파Salewöd-Repa를 만났으며, '붉은 바위'의 산꼭대기 은거처로 올라갔다가 〔인도에서〕 돌아오는 레충을 보고 그를 맞이하러 내려갔으니, 이에 의하여 '야크의 뿔'이라는 항목과 '야생 당나귀'라는 게송이 생겨났다. 츄바르에서 그는 탁포의

---

14) 티벳 국가를 수호하는 중요한 불모(佛母)로서, 여러 가지 형태와 색깔로 그려진다.
15) 코콤Khokhom은 네팔의 카트만두 근처에 있는 현대의 밧가온Bhatgaon이다.

렌곰레파를 만났다.

외전(外典)에 나오는 마하푸루샤Mahā-Puruṣa(위대한 성자)를 만난 것은 딘의 토데타쉬강Trode-Tashi-Gang에서였다.[16] 그는 제쮠의 가장 큰 은총을 받은 뛰어난 제자였으며, 확실하게 승려가 될 운명을 타고난 지금강(持金剛) 유파[17]의 한 스승이자 위대한 보살이었고, 다외쇠누Dawöd-Shyönū(차오르는 달빛)라는 이름이 있었지만 탁포의 비길 데 없는 의사로 더 잘 알려졌고, 일체유정을 이롭게 하기 위해 인간의 몸으로 태어난 존재였다.

츄바르웜충Chūbar-Wom-Chūng에서 제쮠은 자신을 적대시하던 로퇸게뒨Lotön-Gedün을 개종시켜 결국 그 스스로 제자가 되었고, 딘의 데퇸타쉬바르Dretön-Trashibar는 '행복한 바위굴의 태양 성'에서 제자가 되었으며, 리코르차루와Likor-Charūwa는 제쮠의 어떤 초능력을 보고 감동하여 제자가 되었다.

다키니들은 제쮠의 인간 제자들 중에서 스물다섯 명의 성자가 나올 거라고 예언했으니, 이들은 가장 큰 은총을 입은 〔가슴의〕 아들 여덟과, 정신적인 아들 열셋, 그들의 신심 깊은 누이 넷이다. 제쮠이 이들을 각각 어떻게 만났는가에 관한 항목도 그의 좀더 자세한 생애담에 들어 있다.

생애담의 세 번째 부분은 다른 여러 가지 만남과 사건들로 이루어져 있는데 이것은 그가 숨겨진 동굴들에 머무는 동안 정신적인

---

16) 이 문장으로 판단하면 이 위대한 성자는 여러 세기를 살았다고 알려진 사람들 중의 하나이며 인도와 티벳 사람들은 그가 인류의 수호자로서 아직도 지상에 존재한다고 믿는다.

17) 지금강불(持金剛佛)을 천상의 스승으로 하는 유파, 달리 말하면 금강승(金剛乘) 유파.

아들들과 만나면서 있었던 일이고 기록은 되어 있으나 그 시기와 관련해서는 정확성이 없다. 그리고 〔제자들의〕 질문에 답한 〔형태의 기록 같은〕 것들도 좀 있다. 또한 감포파가 제쮠과 함께 기거할 때부터 시작된, 뵌포Bönpo의 신들의 노래를 기록한 항목도 있다. 또 제쮠이 냐남 사람들에게 어떻게 법을 설하고 입문의례를 베풀었는가에 관한 기록이라든가 싸르마Tsarma에서의 쉔도르모Shendormo와 레세붐Lesay-Būm에 관한 노래, 닥쳐온 죽음의 기쁨을 아름답게 표현한 노래, 레충을 동반한 랍치 행(行)과 '마왕 제압 동굴'에서의 체류, 즐거운 여행, 냐남 사람들이 냐남의 위 모양 동굴로 초대하여 거기서 자신의 생애담을 얘기했던 람딩남푹Ramding-Namphug의 노래들이 있다. 그리고 레충이 위Ü 지방으로 떠날 때와 그 뒤에 제쮠이 '사자 얼굴 여신'의 특별한 주선으로 통라Thong-La에서 담파상예Dampa-Sangyay와 만날 때의 노래가 뒤를 잇는다.

그 외에도 기록들이 있으니 다음과 같다. 레슁Lay-Shing에서 죽은 자를 불쌍히 여기고 제쮠이 거행한 장례식, 돌아가신 어머니에 대한 자식의 의무 수행, 싸르마에서 속가(俗家)의 제자들에게 남긴 유언, 츄바르로 가던 길에 팅리에서 뵌포의 의례를 행한 이야기,[18] 레충이 위 지방으로 두 번째 떠난 항목, Ḍin-Lhaḍo의 타쉬Tashi-Tseg에 사는 속인 보시자에 관한 항목, 딘닥카르Ḍin-Ḍag-Khar에서의 제세붐Zesay-Būm과 쿠죽khujug 및 다른 여제자들을 만난 일에 관한 항목, '붉은 바위'의 산 꼭대기에서 마구니〔또는 악령〕 넷을

---

18) 제쮠이 티벳의 토속 신앙인 뵌교와 친하고 거기에 공감했었다는 것은 흥미있는 일이다.

제압한 일에 관한 항목, 마법사와의 문답, 제자와 일반 신도들을 위한 초상(超常) 능력 발휘 등이다. 나아가 잘 알려지거나 거의 알려지지 않은 많은 대화가 수록된 집성물이 있다.

이런 식으로 제쭌은 수많은 사람들을 해탈의 길로 인도했으니, 그중에서 가장 진보한 자들은 완전한 [정신적] 진화를 달성하여 목적을 이루었고, 그보다 역량이 덜한 자들은 흔들림 없이 이 길을 나아갔으며, 불신하던 자들도 완전히 마음을 바꾸어 올바른 길을 향하게 되었다. 개인적인 이유로 이 귀한 은총을 받을 수 없었던 사람들조차 가슴속에 심어진 선덕을 고이 간직하고 음미했으며, 그럼으로써 스스로가 다음 생애에 천상계나 인간계의 행복을 얻을 수 있는 기회를 만들었다.

이처럼 무한한 자비와 은총을 통하여 제쭌은 불법을 한낮의 태양과 같이 빛나게 만들었고, 밤하늘의 별과 같이 많은 사람들을 슬픔에서 구했으니, 이 모든 것이 그의 구르붐Gur-Bum(十萬頌)에 자세히 수록되어 있다.

이것은 제쭌의 일곱 번째 공덕을 기리는 장(章)으로, 그가 자신의 수행 결과를 통해 일체유정의 구원에 어떻게 이바지했는가를 이야기하고 있다.

❖── 제12장 ──❖
열반

싸푸와의 아내가 독이 든 응유(凝乳)를 바침
신자들의 마지막 회합과 잇따르는 경이적 사건들 / 질병과 죽음에 관한 법문
유언적 기르침 / 싸푸와의 기의 / 미지막 소망
삼매에 들어 입적한 후 일어난 초상(超常)현상들
레충이 늦게 도착하여 기도하고 답변을 얻음
화장과 유골에 관련된 놀라운 사건들 / 제쮠의 마지막 소망을 실천함
그의 제자들에 관하여

　제쮠에게서는 앞서 말한 모든 일들이 있었고, 그 당시 딘의 안쪽 마을에 싸푸와Tsaphuwa라는 이름의 학식 있는 라마승이 살고 있었다. 그는 아주 부유하고 영향력이 있었으며 딘 사람들이 모인 자리에서는 항시 최상석을 차지했다. 이 사람은 제쮠을 높이 받드는 것처럼 굴면서도 속으로는 그를 심히 질투하고 있었으니, 자신의 지지자들이 모인 앞에서 곤란한 질문을 던져 그의 무지를 폭로하려는 마음을 품었다. 그리고 자신의 의문을 해결하기 위한 것인 양 제쮠에게 이것저것을 물었다.

　갑인년의 어느 가을날 마을에서 큰 혼인잔치가 열렸는데, 제쮠은 여기에 초대되어 하객들을 위해 마련된 맨 앞줄 최상석에 앉았고 게쒜[1] 싸푸와는 그의 다음 자리에 앉았다. 게쒜는 답례를 받을 것으로 기대하고 제쮠에게 절했으나 제쮠은 답례하지 않았다. 왜냐면 제쮠은 자신의 스승을 제외하고는 아무에게도 절하거나 답례한 적

---

1) Geshé. 학식 있는 라마에게 붙여지는 칭호로서, 인도의 학자Paṇḍit에 해당한다.

346 티벳의 위대한 요기 밀라레파

이 없었으니, 이번에도 평소의 습관을 그대로 유지했던 것이다.

단단히 모욕감을 느낀 게쉐는 속으로 생각했다. "뭐야! 나 같은 석학이 저 같은 무식쟁이한테 절하는데 감히 답례조차 하지 않다니! 내가 어떻게든 해서 너에 대한 세간의 평판을 무너뜨리리라." 그리고 철학 서적 한 권을 가져와 제쉰에게 건네면서 말했다. "제쉰 이시여, 이 책을 읽고 그 뜻을 차근차근 설명해서 저의 의문을 풀어주시면 고맙겠습니다."

이에 제쉰이 대답했다. "이런 논리적인 글을 그저 말로 해석하는 일이라면 당신은 충분히 숙달되어 있을 거요. 하지만 그것의 참다운 의미를 알기 위해서는, 세속 팔풍(八風)을 버리고 개인적 자아의 환상을 제압한 뒤 윤회와 열반을 하나로 보면서 고독한 명상을 통해 정신적 자아까지도 극복해야 하오. 머릿속에 담아두〔었다가 상대방을 논파하〕기 위한 이런 상투화된 문답식의 책과, 거기 쓰인 그저 궤변에 지나지 않은 지식들을 나는 공부한 적도 없고 거기에 가치를 두지도 않소. 그것들은 지적인 혼란만을 부추길 뿐이지, 진리를 실제로 체험하기 위한 수행을 가르치는 게 아니오. 나는 이런 언어적 지식을 모르고, 설사 알았다 하더라도 오래전에 잊어버렸소. 이제부터 내가 책 속의 지식을 잊어버린 이유를 노래로 부를 테니한번 들어보시오."[2] 이렇게 말하고 노래하기 시작했다.

역경승 마르파의 명예로운 발아래 절하나이다!

---

2) 브리하다라냐카 우파니샤드(3.5.1)에 이런 말이 있다. "학식을 버리고 어린아이처럼 되어라." 또 누가복음(18:17)에 이런 말이 있다. "누구든지 하나님의 나라를 어린아이와 같이 받들지 않는 자는 결단코 들어가지 못하리라."

내가 교리와 신조의 논란에서 멀리 벗어나기를.

이 마음 스승의 은총을 받은 이래
이깃지깃 찾아 방황한 적 없네.

자비와 연민을 명상하는 데 익숙해져
나와 남의 모든 차이 잊어버렸네.

내 머리 위의 빛나는 스승[3]을 명상하는 데 익숙해져
힘과 권위 앞세우는 모든 이를 잊어버렸네.

수호신들이 나와 불가분임을 명상하는 데 익숙해져
초라한 육신 형상 잊어버렸네.

간추려 속삭여진 진리를 명상하는 데 익숙해져
책들이 말하는 모든 것을 잊어버렸네.

보편적 학문을 공부하는 데 익숙해져
삿된 무명(無明)의 지식 잊어버렸네.

이 몸속의 삼신(三身)을 명상하는 데 익숙해져
희망과 두려움을 잊어버렸네.

---

3) p. 253 / 19 참조.

이번 생과 다음 생을 하나로 보는 데 익숙해져
태어남과 죽음의 두려움을 잊어버렸네.

혼자서 자신의 체험을 연구하는 데 익숙해져
친구와 동포의 의견을 구할 필요 잊어버렸네.

새로운 체험들을 정신적 성장에 적용하는 데 익숙해져
교리와 신조들을 잊어버렸네.

불생(不生), 불멸(不滅), 무주(無住)⁴⁾의 명상에 익숙해져
이런저런 목표의 정의(定義)를 잊어버렸네.

보이는 모든 것을 법신(法身)으로 보는 데 익숙해져
마음이 만드는 모든 명상 잊어버렸네.

창조 이전의 자유⁵⁾에 머무는 데 익숙해져
인습(因襲)과 인위의 조작을 잊어버렸네.

몸과 마음의 겸양에 익숙해져
권세의 오만과 불손을 잊어버렸네.

육신을 거처로 삼는 데 익숙해져

---

4) '열반'을 가리킴.
5) 수정 변경되지 않은 자연스런 상태의 마음, 법신(法身)의 마음 상태.

승원 생활의 안락을 잊어버렸네.

침묵의 의미를 아는 데 익숙해져
단어와 문구들의 의미를 잊어버렸네.
학자여, 이런 말들을 책에서 찾아보시게.

제쮠의 노래가 끝나자 게쉐가 말했다. "그런 얘기가 당신의 수행 신조에는 잘 들어맞을지 모르지만, 우리 철학자들의 관점에서는 통하지 않습니다〔제대로 이해되지 않습니다〕. 저는 당신을 상당히 뛰어난 사람으로 알고 인사를 올렸습니다."

그가 이렇게 말하자 사람들이〔특히 제쮠의 지지자들이〕 불쾌감을 표명하면서, 이구동성으로 말했다. "여보쇼, 게쉐 툄파, 당신이 아무리 많이 배우고 당신 같은 교사가 세상에 아무리 많더라도 당신의 전체가 제쮠 몸의 솜털만도 못하고 그 털구멍을 채울 수도 없어요. 당신은 우리 줄의 상석에 있는 당신 자리나 지키면서 이자놀이나 하는 게 더 나아요. 신앙으로 말할 것 같으면 당신에게서는 아무 향기도 맡을 수 없어요."

게쉐는 너무나 화가 났지만 모든 사람이 그렇게 말하므로 누구와 싸울 수도 없고 시무룩하게 앉아서 혼자 생각했다. "이 무식쟁이 밀라레파는 단지 남의 눈에 띄는 언행과 불교 신앙을 뒤집는 거짓말로 사람들을 속여 예물을 끌어모으는데, 학식 있고 재산 있고 이 부근에서 제일 영향력 있는 내가 나의 종교적 지위에도 불구하고 개만도 못한 취급을 받았다. 이런 상황은 어떻게 해서든 끝장을 내야 한다."

그는 이 결심을 실천에 옮기기 위해 자기 첩을 꼬여서 값비싼 터키옥을 주겠다고 약속하고 제쒼에게 독이 든 응유(凝乳)를 바치게 했다. 그녀는 제쒼이 딘다카르Brin-Dragkar에 있는 동안에 자신이 지시받은 대로 했다. 제쒼은 운명으로 예정된 제자들을 해탈과 완성으로 이끌어야 하는 자신의 의무가 끝났으므로 이제 세상을 떠날 때가 되었음을 알았지만 그 독을 먹지는 않았다. 그러나 그녀가 이번에 터키옥을 얻지 못하면 나중에는(즉, 제쒼이 응유를 먹고 난 후에는) 얻지 못하리라는 것을 미리 알고 이렇게 말했다. "당신이 주는 그것을 지금은 먹지 않겠소. 나중에 가져오면 그때 먹으리라."

제쒼이 자신의 의도를 눈치챘다고 생각한 이 여인은 아주 혼란스러운 기분이 되어 돌아가 게쒜한테 자초지종을 늘어놓으면서, 제쒼이 자신의 나쁜 의도를 투시력으로 꿰뚫어보고 독 든 음식을 거절했다고 말했다. 그러나 유혹자는 그녀의 용기를 북돋우려고 이렇게 말했다. "제쒼이 그런 능력을 가졌다면 그 음식을 나중에 가져오라고 하지 않았을 거야. 그보다는 되돌려주면서 자네더러 마시라고 했겠지. 이게 그 인간이 투시력 같은 것을 갖지 못했다는 증거라구. 지금 터키옥을 줄 테니 다시 가서 이번에는 그가 실제로 먹는 것을 꼭 확인해요." 그러나 터키옥을 받은 그녀가 말했다. "사람들은 제쒼이 투시력을 가졌다고 믿어요. 처음 갖다줬을 때 거절한 것을 보면 그게 사실인 것 같아요. 다시 갖다줘도 그가 받지 않으면 좋겠어요. 나는 당신의 터키옥을 원치 않아요. 그리고 다시 그분에게 가는 게 너무 무서워요. 이제 절대로 안 가겠어요."

게쒜가 대답했다. "무식한 족속들은 그 인간에게 그런 능력이 있다고 믿지만 경전의 내용을 몰라서 그의 속임수에 넘어가는 거요.

경전에 보면 투시력을 지닌 사람은 그 같은 인간과는 완전히 다르다고 나와 있소. 나는 그에게 그런 힘이 없다는 것을 확신해요. 당신이 다시 가서 그것을 주어 그가 먹기만 하면 — 우리는 이미 함께 살아왔고, 속담에 '큰 마을이든 작은 마을이든 마을은 마을' 이라고 하듯이 — 이제 우리는 당당히 남편과 아내로서 살게 될 거요. 그때는 이 터키옥만이 아니라, 당신은 내가 가진 모든 것의 안주인이 되고, 우리는 고락을 함께 나누게 될 거 아니겠소? 우리에게는 같은 원한이 있으니 최선을 다해서 이번 일을 잘 해내란 말이요."

게쉐의 말을 받아들인 이 여인은 다시 응유에 독을 섞어서 토데타쉬강에 있는 제쮠에게 가져가 바쳤다. 제쮠은 웃으면서 공물을 받아들었고, 그녀는 제쮠에게 투시력이 없다고 한 게쉐의 말이 맞는가보다고 생각했다. 그러나 바로 그때 제쮠이 입을 열어 말했다. "당신은 이 일을 하는 대가로 터키옥을 얻었소." 여인은 자책감과 두려움으로 떨기 시작하더니 목이 메어 흐느끼면서 자백했다. "네, 저는 터키옥을 얻었습니다." 그러고 나서 제쮠의 발아래 엎드려, 독이 든 그 음식을 들지 마시고 나쁜 짓을 한 죄인인〔자기가 먹도록〕 자신에게 돌려달라고 애원했다.

제쮠은 대답했다. "무슨 이유든 나는 이것을 돌려주어 당신이 먹게 할 수 없소. 당신이 너무 가엾기 때문이오. 내가 만일 돌려주면 나는 보살의 서원을 깨뜨리는 것이 되고, 정신적으로 큰 벌을 받게 되오. 나는 이제 살 만큼 다 살았고 할 일도 다했소. 이제 저세상으로 갈 때가 된 거요.[6] 이 음식 안에 든 독이 무엇이든 내겐 아무런 효과도 없소. 내가 처음에 이걸 거절했던 것은 당신이 이런 행위의 대가로 약속받은 터키옥을 얻을 수 있게 하기 위해서였소. 그 터키

옥이 당신 것이 되었으니, 게쉐의 욕구를 만족시키고 당신은 탐스러운 터키옥을 안전하게 소유할 수 있도록, 이제 나는 독이 든 이 음식을 먹겠소. 이번 일에 성공하면 앞으로 어떻게 하겠다는 그의 많은 약속은 당신을 실망시킬 것이오. 그가 나를 적대시하면서 말한 많은 것들에 진실은 하나도 없소. 앞으로 당신들 둘이 다 이 모든 일을 깊이 뉘우치는 때가 올 것이고, 그때가 되면 당신들은 완전히 변해서 가능하다면 고행과 헌신에 몸을 바치게 될 거요. 하지만 그렇게 할 수 없을 경우 설사 목숨이 위태롭더라도 최소한 이런 나쁜 짓까지는 하지 말고, 나와 내 제자들에게 깊은 믿음과 겸양으로 기도하시오. 당신들은 아무런 도움도 받지 못하고 수많은 세월 동안 행복과는 거리가 먼 인생을 보내면서 고통을 받게 될 것이니 이번 한 번만큼은 당신들의 악업을 내가 사면할 수 있을지 알아보려 하오.[7] 그렇지만 내가 살아 있는 동안은 이번 일을 절대로 입밖에 내지 마시오. 모든 사람이 저절로 알게 될 때가 올 거요. 당신은 지금까지 내가 한 말들을 믿지 않을지도 모르지만 이번 일이 지나고 나면 나를 믿게 될 거요. 그러니 내 말을 잘 기억하면서 기다려보시오." 이렇게 말하고 제쑨은 독이 든 음식을 먹었다.

여인이 돌아가서 이런 일들을 게쉐에게 보고하자, 그는 말했다. "당신이 들은 것이 모두가 사실인 것은 아니야. 〔속담에도 있듯이〕

---

6) 제쑨은 '저세상으로 간다'. 그러나 모든 중생이 구원을 얻을 때까지 열반에 들지 않겠다는 자신의 서원에 따라서 계속 인류를 선도하기 위해 다시 이 세상에 돌아올 것이다.

7) 악업은 사면될 수 없고, 물리학에서 서로 반대되는 평등한 힘처럼, 단지 같은 분량의 선업이나 공덕에 의해 중화 내지 무력화될 수 있을 뿐이다. 악업을 사면할 수 있을지 알아보겠다는 제쑨의 말은 후회하는 여인을 달래기 위한 것일 수 있다. 355, 357, 375쪽에 나오는 악업의 속죄에 대한 가르침을 보라.

제12장 | 열반 353

요리된 모든 것이 다 먹을 만한 것은 아니라구.[8] 그 인간이 독을 먹었으면 그걸로 충분해. 당신은 입이나 닫고 조심하도록 하라구."

제쭌은 팅리와 냐남 사람들을 포함하여 자신을 알았거나 믿었던 모든 사람들에게 야간외 예물을 들고 찾아오도록 통지했다. 그는 자신을 만나고 싶었지만 만나지 못했던 사람들에게도 같은 초청장을 보내고 자신의 모든 제자들에게도 전갈을 띄웠다. 심상치 않은 일에 무언가를 느낀 모든 사람들이 남녀노소를 막론하고 입문 여부와 면식 유무에 관계없이 랍치츄바르로 모여들어 큰 집회가 이루어졌고, 여러 날에 걸쳐서 제쭌은 그들에게 '현상계의 진리'〔인과율〕와 '실재계의 진리'〔법신〕를 설했다.

그 여러 날 동안 영적인 성향이 강한 사람들은 하늘에서 설법을 들으려고 모인 천인(天人)들을 보았다. 다른 많은 사람들은 인간과 마찬가지로 수많은 신성한 존재들이 하늘과 땅에 모여서 즐겁게 설법을 듣고 있으며, 모인 존재들 모두에게 기쁨이 스며들고 있음을 〔직감적으로〕 느꼈다. 그리고 거기 있던 사람들은 여러 가지 현상을 보았다. 청명한 하늘에 무지개가 보이고, 〔이어서 왕들이 사용하는〕 천개(天蓋) 모습을 한 다양한 색깔의 구름들이 나타났으며, 수많은 깃발과 풍부한 공물들 사이로 꽃비가 내리는가 하면 여러 가지 악기가 연주하는 아름다운 음악이 흐르고 맡아본 적 없는 향기들이 바람결에 실려왔다. 하늘을 메운 천상의 존재들과 지상에 모인 인간들, 그들 사이의 경이로운 교감과 이 자리의 모든 사람들에게 보이는 이여러 가지 상서로운 징후가 왜 일어나는지를 중간 수준의 사람들이

---

8) '들은 것을 다 믿을 필요는 없다' 는 뜻.

제쒼에게 물었다.

제쒼은 대답했다. "인간들 중에는 입문 여부에 관계없이 정신적으로 진화한 사람들의 수효가 그리 많지 않지만, 천상의 존재들은 달라서 그 중 경건한 자들이 법을 듣고 싶어 저렇게 하늘을 가득 메우고 내게 천상의 다섯 가지 공물[9]을 바치며 기쁨과 즐거움을 표현하는 것이니, 여러분이 함께 기쁨을 느끼면서 황홀해지는 것도 이상한 일이 아니오."

그들이 다시 물었다. "그러면 그 천상의 존재들이 우리〔많은 사람들〕에겐 보이지 않는 겁니까?" 제쒼이 대답했다. "천인들 중에는 불래(不來)[10]와 같은 신성한 경지에 도달한 이들이 많아서 그들을 볼 수 있으려면 깊은 통찰력과 두 가지 공덕을 확보하려는 큰 열의가 있어야 하고 또 무지에서 비롯된 두 가지 장해가 제거되어야 하오.[11] 천인들의 우두머리가 보이면 그 종자(從者)들도 보일 거요. 이런 천상의 존재들을 보고 싶으면 모든 악업을 씻을 수 있는 공덕을 쌓아야 하오. 그러면 자기 자신 속에서 모든 신들 중의〔'순수한 마음'인〕가장 높고 가장 거룩한 존재를 볼 수 있을 것이오."

설명하고 나서 제쒼은 신들을 보는 법에 대하여 다시 이렇게 노래를 불렀다.

자비로운 마르파의 발아래 절하나이다!

---

9) 오감(五感)으로 음미할 수 있는 그런 것들이다.

10) Skt. Anāgaāmi. 소승불교 사과(四果) 중의 세 번째로 더이상 지상에 다시 태어나지 않는 단계를 말한다.

11) p.88/5 참조.

제12장 | 열반 355

영적인 후손들을 축복하시어 그들이 번창하기를.[12]

수행자인 나 밀라레파에게

도솔천과 다른 불국토들에서

설법을 들으려고 천인들이 찾아왔네.

그들이 온 하늘을 메우니

〔나의 인간 제자들 중에서〕오안(五眼)[13]을 지닌 자들만이

그들을 볼 수 있고, 보통 사람은 보지 못하나

나는 방해받지 않고 모든 것을 보네.

그들은 여기 모인 모든 이들을 위하여

천상의 공물로 내게 경의를 표하는구나.

무지갯빛 광휘 가득한 하늘에서

향기로운 꽃비가 내리고

모든 이가 천상의 선율 들으니

모두에게 스며드는 사랑과 행복

카귀파 성자들의 은혜 파동 이런 것이네.

자비로운 신앙에 귀의하여

천신과 천인들을 보고 싶거든

---

12) 그리하여 카귀파 법맥이 이어지기를.

13) ① 육안(肉眼) : 중생의 육신에 갖추어진 눈, ② 천안(天眼) : 인간계와 천상계 및 여러 생에 걸친 과거와 미래를 보는 천인과 수행자의 눈, ③ 혜안(慧眼) : 과거와 미래의 수백 겁(劫)을 꿰뚫는 아라한과 보살의 눈, ④ 법안(法案) : 과거와 미래의 수백만 겁(劫)을 꿰뚫는 최상급 보살의 눈, ⑤ 불안(佛眼) : 영겁(永劫)을 꿰뚫는 부처의 눈.

나의 노래 귀담아 들어보시라.

우리는 과거세의 악업 때문에
어미 몸에서 태어날 때 죄 속에서 기뻐하고
선행과 공덕 쌓기 싫어하며
늙어가도 우리 근성 변함 없으니
악행의 과보만을 더하는구나.

악업의 중화(中和)를 원하는 이는
선(善)에 대한 욕구를 키워나가세.

그러나 알고서도 악을 행하는 자
나쁜 짓과 한 입 음식을 바꾸는구나.[14]

어디로 가는지도 알지 못하고
타인들의 안내를 자처하는 이
자신과 타인들을 모두 망치네.

고통과 슬픔을 피하려거든
남을 해치는 일을 피하세.

불보살과 스승의 발치에 앉아

---

14) 생득(生得)의 권리를 팔아 수프 한 접시를 산다고 하는 속담과 비슷하다.

모든 죄 고백하고 참회하면서
다시 악업을 짓지 않겠다고 맹세함이
지은 죗값 치르는 지름길이네.

대부분의 죄인들 꾀가 많아서
변덕스레 이것저것 찾아 즐기며[15]
즐거운 신앙생활 찾지 못하니
그게 바로 죄로 인한 바보짓이라
고백하고 참회하길 거듭할지라.

죄 없애고 공덕 쌓기 위해
열성을 다하여 정진할 때
진리를 사랑하는 천인들뿐만 아니라
가장 높고 거룩한 신도 볼 수 있으리.

자기 자신 마음속의 법신도 보고
그것을 보면 모든 것을 볼 것이니
윤회와 열반의 무한을 볼 때
마침내 업의 굴레 사라지누나.

　제쯴이 이 노래를 부르자 그 자리에 모인 천인들과 높이 진보한
인간들이 법신의〔또는 열반의〕경지를 바르게 인지했으며, 중간 정

---

15) 삶의 오락거리들에 집착하는 불안정한 마음의 사람들은 요가 수행을 통해 얻어지는
집중력이 부족하여 계속해서 윤회계에 머물 수밖에 없다.

도로 진보한 이들은 예전에 느껴보지 못했던 지복감에 휩싸여 공성(空性)을 체험하고 그것이 〔열반의〕 길로 들어서는 데 도움이 되었다. 그리고 거기에 있던 다른 어느 누구 하나도 해탈을 열망하지 않는 사람이 없었다.

제쮄이 다시 사람들에게 말했다. "나의 제자들을 비롯해서 오늘 이 자리에 모인 모든 신과 인간들이여, 우리가 이렇게 함께 있는 것은 과거세로부터의 선업의 결과이고, 이번 생에서 이렇게 만나서 더욱 순수하고 신성한 관계를 다졌습니다. 나는 이제 너무 늙었고 〔이번 생에서〕 다시 또 만날 수 있을지는 불확실합니다. 내가 여러분에게 한 이야기들을 잘 기억하여 잊지 말고 가능한 한 일상생활에서 실천하시기 바랍니다. 그렇게 하면 내가 어느 세계에서 완벽한 부처를 이루든 여러분은 첫 번째 제자가 되어 그때 내가 설하는 진리를 얻게 될 것입니다. 그러니 이것을 기쁘게 생각하십시오."

제쮄의 이 말을 들은 냐남 사람들은 그가 이 세상을 떠나 다른 세계로 가서 덕을 베풀겠다는 것이냐고 서로 물으면서, 사실이 그렇다면 그가 냐남에서 승천하든가 그게 불가능할 경우 떠나기 전에 한번 더 냐남을 방문하도록 해야 한다고 말했다. 그래서 그들은 제쮄에게로 나아가 그의 발을 붙들고 눈물어린 간절한 마음으로 그에게 청했다. 또 팅리에서 온 제자와 속인들도 마찬가지로 간청했고, 이런 요구들에 대해서 제쮄은 이렇게 대답했다.

"냐남이나 팅리까지 가는 것은 이 몸이 허락지 않으니 나는 딘과 츄바르에서 죽음을 기다리겠소. 그러니 여러분은 편안한 작별 인사를 남기고 돌아가시오. 신성한 낙원에서 모두 나를 만나게 될 거요."

그러자 자기네 마을을 방문할 수 없으면 적어도 과거에 방문했던 장소와 그를 만난 적 있는 사람들에게 특별한 은덕을 내려달라고, 그리고 그들 자신만이 아니라 온 우주의 일체 중생에게도 축복을 내려달라고 기원했다.

이런 기원에 대해서 제쭌은 말했다. "그렇게까지 나를 믿어주고 또 내게 필요한 식량과 물품들을 제공했으니 고맙기 그지없소. 나는 그 고마움에 보답하는 마음으로 항시 여러분의 행복을 기원하면서 법을 설해왔으니, 그런 상호간의 은혜를 통해 우리 사이에 유대가 맺어진 것이오. 이제 진리를 구현한 수행자로서 나는 물심양면으로 현재와 영원을 위해서 마땅히 여러분의 평화와 행복을 기원하는 바이오."

말을 끝내고 제쭌은 다음과 같은 축원의 노래를 불렀다.

오, 아버지, 중생의 보호자, 자신의 축원을 실현한 당신,
역경승 마르파, 당신의 발아래 절하나이다!

여기 모인 나의 제자들이여,
그대들은 내게 참으로 온순했고
나는 그대들에게 관대했으니
상호 협조의 인연으로 이어져
행복한 세상[16]에서 다시 만나리.

---

16) 왼가(Tib. Ngön-gah ; Skt. Amarāvatī). (p.102 / 8 참조)

이 자리에 계신 시주(施主)님들이여,
오래 살고 언제나 번창하시되
삿된 생각 마음에 품지 마시고
생각 항상 경건하여 바른 길 가소서.

이 땅에 화목한 기운 감돌고
질병과 전쟁이 사라지며
오곡이 무르익어 풍년 이루어
모두가 정의 속에 기뻐하기를.

내 얼굴 보고 내 음성 들은 모든 이
내 생애 알고 가슴에 간직하는 모든 이
내 이름 내 얘기를 듣기만 한 모든 이
행복한 세상에서 나를 만나리.

내 인생을 공부하고 거기 따르면서
명상에 몰두하는 이
내 생애를 쓰고 말하고 경청하는 이
나아가 그것을 읽고 감동하는 이
그것을 자신의 행동 규범으로 삼는 이
행복한 세상에서 나를 만나리.

명상에 뜻을 둔
미래의 모든 존재가

나의 이 고행에 힘입어

모든 장애와 실수에서 벗어나기를.[17]

정진하면서 시련을 견디는 이들은

끝없는 공덕을 쌓는 것이고

타인을 올바른 길로 인도하는 이들은

끝없는 보답을 얻을 것이며

나의 생애담을 듣는 이들은

끝없는 은총을 받을 것이라.

이 끝없는 공덕과 보답과 은총에 의해

〔내 인생〕을 듣는 즉시 모두가 해방되고

〔그것을〕 명상하는 즉시 〔참다운〕 성취가 얻어지기를.

내가 머물렀던 마을과 숙식했던 곳

내 손길 닿았던 사소한 것들 모두가

어디에 있건 평화와 기쁨으로 가득하기를.

흙과 물과 불과 공기

그것들을 포함하는 허공

그 모든 것을 내가 품을 수 있기를.

---

17) 명상 수행에는 미묘한 위험이 많이 도사리고 있어서 노련한 스승의 인도가 없으면 밀
라레파가 우려하듯이 참다운 영적 진보를 방해하는 여러 가지 장애를 겪거나 오류를
범하기 쉽다.

천룡팔부중(天龍八部衆)[18]과
각 지역의 정령 및 요정들이
아주 작은 해악도 일삼지 않고
불법 따라 이 축원을 도와주기를.

살아 있는 모든 것 벌레까지도
윤회에서 벗어나기를,
내가 힘을 얻어 그 모두를 구원하기를.

제쭌이 이제 입적하려는 것인가 걱정하고 있던 속가의 제자들은
이 노래를 듣고 아주 기뻐했으며 냐남과 팅리 사람들은 더욱더 열
심히 그의 은총과 축복을 원하면서 설법에 귀를 기울였다.

집회가 끝나고 사람들이 돌아가자 하늘의 무지개와 다른 초상
(超常) 현상들도 저절로 사라졌다.

이제 딘 사람들은 시와외레파와 다른 상급 제자들을 통해서 제쭌
의 설법을 간구했고, 이에 따라 그는 '촉각의 독'으로 알려진 바위
꼭대기의 사당에 가서 머물렀다. 이 사당은 [거기 거주하는 은자들
의 덕으로] 사악한 뱀의 영기를 제압하기 위해 지어진 것이었는데,
제쭌은 여기서 속가의 제자들에게 설법을 했으며 어느 날 이렇게
말했다. "내가 얼마나 더 살 수 있을지 모르니 자신이 받은 개인적
인 가르침에 대해서 혼란이 있거나 좀더 분명히 하고 싶은 사람은
속히 질문하거라."

---

18) 천(天)·룡(龍)·야차·건달바·아수라·긴나라·마후라가·인비인(人非人)(역주).

제12장 | 열반 363

그래서 그 자리에 모인 제자들은 공물을 수집하여 공양을 행하고 〔제쮠의 설명에 의하여〕 개인적인 가르침들을 수료했다. 이때 디곰 레파와 세반레파가 제쮠에게 여쭈었다. "스승님, 〔방금〕 말씀하신 것 때문에 저희는 스승님께서 이제 열반하시는 것이 아닌가 두렵습니다. 스승님의 삶이 다한 것은 아니겠지요?" 제쮠이 대답했다. "나는 인생도 다했고 사람들을 교화하는 힘도 이제 다 되었다. 그러니 이제 내가 이 세상에 태어난 결과를 맞이해야 한다."

며칠 후 제쮠은 병의 징후를 보였고, 겐종레파가 제자들을 대표하여 스승과 천인, 다키니들에게 바치기 위한 공물을 준비하면서 제쮠에게 약을 먹고 치료를 받도록 간청했다. 그는 필요한 준비를 마치기 위해서 제자와 신도들을 모두 소집하려 했지만, 제쮠은 이렇게 말했다. "병은 수행을 위해 당연하게 받아들여야 하는 것이니 수행자는 회복되기 위해 일부러 기도하지 않는다. 수행자는 고통이나 죽음까지도 각오하면서 병을 영적인 성장의 보조 수단으로 사용해야 한다. 나는 자비로운 스승 마르파의 은총으로 그분 특유의 방식에 따라서 병을 극복하기 위한 모든 행법을 다 터득했기 때문에 힘도 중재자도 필요치 않다. 또 나는 적들[19]을 절친한 친구로 만들었기 때문에 기도나 속죄를 위한 공물도 필요 없다. 모든 흉조와 불길한 예감들을 네 종류의 의례[20]를 돕는 수호신으로 바꾸었기 때문에 액막이 굿이나 악령과의 화해 의례도 필요 없다. 오독(五毒)에 의한 병을 오지(五智)[21]로 바꾸었기 때문에 여섯 가지 향신료[22]를 조합한 약도 필요치 않다. 법신으로부터 마음이 만들어낸 환영인 이

---

19) 신앙생활에 따르는 장해나 역경을 가리킴.
20) 식재법(息災法)·조복법(調伏法)·증익법(增益法)·경애법(敬愛法)(역주).

몸은 영적인 빛의 세계로 흡수되어야 할 때가 되었다. 이를 위해서 어떤 성별(聖別) 의례도 필요치 않다. 살아 있는 동안 악업을 쌓고 그 결과로 겪게 될 이승에서의 생로병사를 예상하는 속인들은 그 고통을 피하거나 호전시키기 위해 의약 치료나 화해 의례 같은 것을 구한다. 왕들의 권력이나 영웅의 용기도, 미녀의 매력이나 부자의 재산도, 비겁자의 도주나 화술의 달인도 '시간의 판결'을 피하거나 늦출 수 없다. 설사 주인공이 평화롭거나 고귀하거나 엄격하거나 매혹적이어도 이 변경할 수 없는 판결을 매수한다든지 중지시킨다든지 하는 방법은 없다. 정말로 그 고통이 두려워서 다시 치르고 싶지 않으며, 그래서 영원한 축복을 갈망하는 사람이 있다면, 나는 그것을 얻기 위한 비밀 행법을 가르쳐줄 수 있다."

이 말을 들은 제자 몇몇이 그 행법을 가르쳐달라고 간청하자 제쒼은 말했다. "좋다. 모든 세속적 욕망은 최종적으로 아쉬움만을 가져온다. 얻은 것은 사라지고, 쌓은 것은 무너지며, 태어난 것은 죽는다. 이런 이치를 아는 사람은 얻는 것과 쌓는 것, 만나는 것을 일찌감치 포기하고 올바른 스승의 지시에 따라〔시작도 끝도 없는〕 진리를 깨닫고자 노력한다. 이것 하나만이 최선의 행법〔또는 과학〕이다. 내겐 아직 마지막 유언이 남아 있는데, 나중에 다시 말할 것이니 그것을 잊지 말거라."

시와외레파와 겐종레파가 다시 여쭈었다. "건강이 회복되면 스승님은 더 많은 유정들을 도울 수 있으십니다. 저희들의 간청을 다

---

21) p.92 / 18 참조.

22) 사프란, 카더몬(소두구 ; 열대 아시아산 생강과의 향료 식물), 정향(丁香), 육두구, 백단, 말린 루타(Skt. ruta). (p.232 / 27 참조)

들어주시진 못하더라도 나중에 저희가 자책하지 않도록 회복을 위해 무언가 밀법(密法)을 행하고 약을 드시옵소서."

제쌘이 대답했다. "내가 떠날 때가 되지 않았다면 너희가 원하는 것을 했을 것이다. 그렇지만 타인들을 돕겠다는 이타심 없이 다만 수명을 연장하기 위해 밀법을 행한다면 그것은 마치 왕에게 바닥 청소를 시키는 것처럼 신들에게 부당한 일을 강요하는 짓이고, 그런 행위는 그 나름의 업보를 낳는다. 그러니 〔아무것도 모르는〕 이기적인 인간들은 그런 짓을 할지라도, 너희들은 절대로 세속적인 목적을 위해 그런 밀법을 행하면 안 된다. 나는 일체유정을 이롭게 하기 위해 탄트라 최고의 진리를 꾸준히 실천하면서 살아왔고, 이것은 이제 〔악을 피하는〕 종교적 의식이 될 것이다. 그와 같은 수행 때문에 내 마음은 〔삼매라고 하는〕 확고한 진리의 자리에서 벗어나는 법을 모르니, 장수(長壽)를 위한 의식은 이것으로 충분할 것이다. 마르파의 요법은 오독(五毒)의 병폐를 뿌리째 뽑아버렸으니 이것이 의학적 처방이 될 것이다. 너희들은 그저 귀의자가 되었다거나 신앙생활을 해온 것만으로는 충분치 않고, 거기서 더 나아가 시련과 고난을 수행의 방편으로 사용해야 한다. 아직 떠날 때가 오지 않은 상태에서 생명을 위협하는 어떤 문제가 생긴다면 그때는 치료나 기도에 의지해도 해가 되지 않고 수행에 도움이 될 것이다. 현세의 악은 그것을 낳은 인연의 연결 고리를 제거함으로써 피할 수 있고, 이럴 때는 그런 악 자체마저도 축복으로 바뀔 수 있다. 그래서 과거에 부처님도 자신의 미숙한 제자들을 생각하여 의사인 지바카 쿠마라Jīvaka Kumāra에게 맥(脈)을 짚게 하고 처방 약을 복용한 적이 있다. 그러나 떠날 때가 되었을 때 부처님 자신도 열반에 드셨

다. 마찬가지로 나도 이제 때가 되었으니, 회복을 위한 의술이나 기도에 의지하지 않을 것이다."

이렇게 제쮠은 자신을 위한 어떤 일도 허락하지 않았다. 그래서 이 두 수제자는 다음과 같이 그의 지시를 청했다. "정말로 스승님께서 떠나신다면 장례식은 어떻게 거행하고, 유골과 유품들을 어떻게 보존하며, 스투파와 쌰쌰는 어떻게 만들어야 합니까? 그리고 후계자는 누가 되어야 하며, 〔스승님의 열반〕 기념일 행사는 어떻게 치러져야 합니까? 또 어떤 제자가 〔가르침의〕 청취나 지적인 사색이나 〔고독한〕 명상들 중의 어떤 수행법을 따라야 합니까? 이런 문제들에 대해서 지시해주시기 바랍니다."

제쮠이 대답했다. "마르파 스승의 은덕으로 나는 윤회계에서의 일을 다 마치고 〔거기서〕 해방되었다. 나의 삼업(三業)〔즉, 몸과 말과 마음〕은 진리 그 자체가 되었고 시체를 남길 거라는 어떤 보장이 없으니 스투파나 쌰쌰는 필요치 않다. 승원 같은 것도 소유한 적 없으니 그것을 이어받을 사람을 정할 필요도 없다. 황량하고 메마른 구릉과 산꼭대기, 인적 없는 은거처 등은 너희들이 이어받아도 좋다. 너희는 육도의 일체유정을 자식이나 신도들처럼 보살펴도 좋다. 스투파를 세우는 대신 불법 전체에 대한 애정을 키우고 신앙에 의한 승리의 깃발을 세워라. 쌰쌰를 만들지 말고 매일 쉬는 일 없이 네 번씩 기도문을 암송하거라. 〔나의 열반을 기념하는〕 연례행사로는 가슴 가장 깊은 곳에서 솟아나는 열정으로 내게 기도하라. 다음은 수행의 성과에 관한 문제인데, 어떤 수행이 삿된 욕망을 부추기고 이기심을 강화한다는 것을 알면 설사 유효해 보일지라도 그것을 버릴 것이며, 어떤 행동 노선이 다섯 가지 삿된 욕망을 무력화

시키고 유정들을 돕는다면 그것을 올바른 법으로 생각하면서 설사 그런 행동이 〔인습의 관점에서는〕 죄가 되는 것처럼 보일지라도 그 길로 나아가라.

이런 권고를 들은 뒤에 그것을 따르지 않고 〔신성한〕 율법을 거슬러서 무시하고 위반한다면 그것을 아무리 잘 알고 있어도 무간지옥에 떨어질 것이다. 인생은 짧고 죽음의 시간은 불확실하니 명상에 전념하라. 목숨을 대가로 지불하더라도 악행을 피하고 애써 공덕을 쌓으라. 간단히 말하면 요지는 이렇다. 스스로 부끄럽지 않도록 행동하고, 이 원칙을 굳게 지켜라. 그러면 경전의 내용과 일치하지 않더라도 가장 높은 부처들의 지시에 어긋나는 일은 없을 것이다. 여기에 듣고 사색하기 위한 모든 지침이 담겨 있으니 너희가 잘 따른다면 이 늙은이는 만족할 것이고, 내가 만족스러우면 윤회와 열반 모두에 대한 너희들의 의무도 완수될 것이다. 그 외의 어떤 방식도, 세속적 관점에서는 아무리 좋을지언정, 내게는 전혀 바람직하지 않다." 그리고 이에 덧붙여서 유익한 것들에 관한 게송을 읊었다.

역경승 마르파의 발아래 절하나이다!

신앙으로 여기 모인 그대, 내 제자들이여
로닥[23]의 마르파의 자비와 은총으로
모든 의무를 착실히 다한

---

23) 로닥Lhobrak은 '남쪽의 바위'라는 뜻.

이 요기 밀라레파,
이 늙은 〔마음의〕 아버지, 밀라레파의
마지막 유언을 들어보아라.

만일 그대 내 제자와 신도들이
내 지시를 따르려거든 지금까지 내가 말한 대로 할지니
그래야만 바로 이번 생에서 그대들은
자신과 타인에게 크게 이롭고
지고한 부처들도 기뻐하리라.
그 외의 모든 다른 행위는
자타에게 무익하고 나를 화나게 한다.

이어지는 법통의 스승 아니면
그에게 입문해서 무엇하리오.[24]

진리가 나 자신과 부조화하면
경전을 암기한들 무엇하리오.

세간 일체 목표를 포기 못하면
교의를 명상한들 무엇하리오.

삼밀(三密)이 교리에 적응 못하면

---

24) 법맥을 통해 구전과 심령적 능력('은혜 파동')을 이어받은 스승에 의해서가 아니면 입문의례는 무가치하다.

제12장 | 열반 369

의례를 거행한들 무엇하리오.

분노를 해독제[25]로 제거 못하면
인내를 명상한들 무엇하리오.

편애와 호불호(好不好)를 버리지 않고
불보살 예배한들 무엇하리오.

가슴속에 이기심 남아 있으면
구호물자 바쳐서 무엇하리오.

육도 중생 부모로 알지 못하면
성직(聖職)에 종사한들 무엇하리오.

사랑과 존경심이 본성 아니면
스투파를 세운들 무엇하리오.

일일사시 명상하는 기량 없으면
쌰쌰를 주조한들 무엇하리오.

심저(心底)에서 간절히 원치 않으면
기념일은 지켜서 무엇하리오.

---

25) 해독제는 사랑이다.

비밀교의[26] 귓속에 간직 못하면
고통을 견뎌서 무엇하리오.

산 성인(聖人) 따르면서 믿지 않으면
유물(遺物) 초상(肖像) 관상한들 무엇하리오.

참회에 이어지는 자비 없으면
'참회하라' 말한들 무엇하리오.

자기보다 타인을 위하지 않고
말로만 '가엾어라' 쓸데없는 짓.
그릇된 모든 열망 극복 못하면
이따금 봉사한들[27] 무엇하리오.

스승의 모든 지시 이행치 않는
그런 제자 많은들 무엇하리오.

이(利) 없고 해(害)만 있는 모든 행위들
조용히 그로부터 떠날지니라.

---

26) 또는 '특별히 선별된 가르침', 즉 귀엣말로 속삭여진 은밀한 교의(敎義).

27) 이를테면 여유가 있거나 기분이 내킬 때 하는 봉사, 처음 시작만 그럴듯하게 하는 봉사, 또는 세속성의 사이사이에 나타나는 봉사정신 같은 것이다. 세상에 대한 봉사는 고요히 흐르는 깊은 강물처럼 끊임없어야 한다.

자기 사명 완수한 수행자에겐

새로운 의무가 필요 없노라.

이 게송은 제자들의 가슴에 깊은 인상을 남겼다.

그런 뒤 제쮠은 심각한 증세를 보이기 시작했는데, 이때쯤 싸푸와가 약간의 고기와 창을 들고 찾아왔다. 이것은 제쮠의 상태가 어떤가를 〔자기가 직접〕 보고 싶어서였다. 그가 제쮠에게 말했다. "당신 같은 성자 분에게 이런 심각한 병이 오면 안 되는데, 하지만 이미 왔으니 가능하다면 제자들이 나눠가져야겠군요. 그 병을 옮겨줄 방법이 있다면 저 같은 사람에게 옮겨줘도 좋은데 그것도 불가능하니 이제 어떻게 하는 것이 최선입니까?"

제쮠이 웃으면서 대답했다. "나는 이 병에 걸려야 할 이유가 전혀 없지만 이 문제에서는 선택의 여지가 없구려. 그건 아마 당신이 아주 잘 알고 있을 거요. 일반적으로 볼 때 수행자의 병은 보통 사람의 병과 차원이 달라서, 그는 병을 부수적인 것으로 볼 수도 있소. 하지만 이번의 경우 내 병은 내게 하나의 장식품이오."

이렇게 말하고 나서 제쮠은 다시 게송을 읊었다.

정광명(淨光明)의 영토에서 윤회와 열반을 보며

양손이 그들 본래의 자세[28]를 달성할 때

마하무드라가 그들 위에 날인(捺印)하고[29]

그리하여 〔내 안에〕 위대한 무관심과

---

28) 요가를 통해 달성된 이 자세는, 밀라레파처럼 세속적 목표와 일을 버리고 일체유정의 진화를 촉진하는 데 헌신함을 상징한다.

장해를 모르는 용기가 있다.

질병과 악령, 죄, 기만은
오히려 나를 아름답게 만드니
그것들은 신경과 체액과 정자의 형태로 내 안에 있도다.
예물을 나의 완벽함의 징표로 사용하니
삿된 생각의 죄가 소진(消盡)되기를.[30]
이 병은 내게 너무 잘 어울리니
그것을 옮길 수 있으나 그럴 필요가 없도다.

게쉐는 생각했다. '제쭌은 내가 독을 준 것이라고 의심하지만 그에 대해서 확신은 없다. 병을 옮겨주는 일이라면 그럴 만한 이유가 있더라도 그럴 능력은 없음이 분명하다.' 그는 말했다. "제쭌이시여, 당신의 병의 참다운 원인을 알고 싶습니다. 악령에 의한 것이라면 액막이를 할 수 있고, 체액의 불균형으로 인한 육체적인 것이라면 그것을 바로잡을 수 있을 테지만 저는 이 병을 알지 못합니다. 어쨌든 가능하다면 저한테 옮겨주십시오."

제쭌이 대답했다. "어떤 유정이 가장 나쁜 악령들 중 하나에 붙들렸는데, 그 악령은 이기주의의 악마였소. 육체의 균형을 깨뜨려 나를 병들게 한 것은 그 악마요. 그 악마를 쫓아낼 수도 없고 그 병을 치료할 수도 없소. 이 병을 당신에게 옮겨준다면 당신은 잠시도

---

29) 마하무드라 교의는 밀라레파에 이르러 꽃을 피우고, '진리의 구현'이라고 하는 열매를 맺었다.
30) 이 두 행은 게쉐가 가져온 예물과 밀라레파에 대한 그의 삿된 생각을 가리킨다.

제12장 | 열반 373

견딜 수 없을 것이니 나는 그렇게 하지 않을 거요."

게쉐는 다시 생각했다. '자기가 병을 옮겨줄 수 없다는 것을 인정하고 싶지 않아서 그것을 옮기고 싶지 않은 척하는 게로구나.' 그래서 집요하게 다시 말했다. "제발 좀 옮겨주십시오!"

제쎈이 대답했다. "정 그렇다면 좋소. 당신이 아니라 저 문에다 그것을 옮길 테니 당신은 다만 그 위력을 보기만 하시오." 이렇게 말하고 제쎈이 그것을 명상실의 문에다 전이시키자 그 문이 부서지는 소리를 내기 시작하면서 와들와들 떨다가 박살이 나는 듯했고, 그와 동시에 제쎈은 고통에서 해방된 것처럼 보였다.

게쉐는 다시 속으로 생각했다. '이것은 필시 마법적 환상이야.' 그래서 말했다. "정말 놀랍군요! 제발 그것을 제게 옮겨주십시오."

제쎈이 대답했다. "그래요? 그러면 그 위력의 일부만 겪어보시오." 제쎈은 문에서 고통을 거둬들여 오직 절반만 보낸다고 말하면서 싸푸와에게로 전이시킨 뒤 맛이 어떠냐고, 견딜 만하냐고 물었다.

게쉐는 참을 수 없는 고통에 짓눌려 거의 실신할 지경이 되었다. 제쎈이 겪고 있던 이런 심한 고통을 직접 겪고 나서야 그는 자신의 죄를 깊이 뉘우쳤으며, 제쎈의 발아래 머리를 조아리고 눈물을 줄줄 흘리면서 울부짖었다. "오, 제쎈, 거룩한 스승님, 당신께서 말씀하신 대로 이 병은 이 몹쓸 녀석이 이기심과 질투심에 사로잡혀 만든 것입니다. 바라옵건대 저의 모든 동산과 부동산을 받으시고 악한 과보가 닥치지 않도록 저를 용서해주소서."

이렇게 진심으로 뉘우쳤고 그것을 안 제쎈은 참회를 받아들여 기꺼이 용서했다. 모든 고통을 거둬들이고 나서 그는 말했다. "일생을 살아오면서 나는 집이나 재산을 한번도 소유한 적이 없소. 이제

죽어가는 마당에 더욱더 필요 없는 것들을 받을 이유가 무엇이겠소? 당신의 예물도 가져가고 앞으로는 법에 어긋나는 일을 하지 마시오. 이번 일에 대해서는 악한 과보가 닥치지 않도록, 그것 때문에 당신이 고통받지 않도록 기도하겠소." 그리고 이런 게송을 읊었다.

완성자인 마르파의 발아래 절하나이다!

〔악한 과보〕 끝없는 오역죄도
빠르게 참회하면 무력화하네.
나의 공덕과 나의 행복 나눔이
삼세의 부처의 그것과 함께
일체유정의 악업을 씻어버리니
당신이 겪어야 할 모든 고통도
나에게 접수되어 중화되기를.[31]

자기 스승이나 교사나 부모에게
해를 끼친 자도 나는 동정하나니
그로부터 연유하는 악한 과보도
나와 함께 나눠가져 줄어들기를.

바라노니 부덕한 동료를 멀리하고
미래의 모든 존재계에서

---

31) 티벳어 원문은 세 번째 절에서처럼, '나와 함께 나눠가져 줄어들기를.'

유덕한 친구 만나기를,
원하노니 그대가 쌓은 공덕
그릇된 의도에 사용되지 않기를.

바라노니 중생들이
보살심의 고결한 호의를 교환하기를.

이 노래를 듣고 마음이 편해진 게쉐는 앞으로 불경한 짓을 하는
일이 결코 없을 것이며 죽을 때까지 신앙에만 몰두하겠다고 맹세하
면서 이렇게 말했다. "과거에 제가 저지른 악행들은 재물에 대한 집
착 때문이었습니다. 이제부터는 집이나 땅, 재산, 세속적인 물건들
을 바라지 않겠습니다. 설사 제쮠께서는 제 재산이 필요 없으시다
고 해도 수행과 신앙에 뜻을 둔 제자 및 신도들이 사용할 수 있을
것이니 그것들을 받아주시기 바랍니다."

이렇게 간청했지만 제쮠은 게쉐의 재산을 거부했다. 그러나 나
중에 제자들이 그것을 받아들여 제쮠의 장례식 비용과 지금까지도
이어져오는 열반 기념일 연례행사에 충당했다. 그리고 결국 싸푸와
는 열렬한 신자가 되었다.

그리고 제쮠은 말했다. "내가 여기서 지내는 동안 완고한 죄인
하나가 참회하고 개심하여 올바른 길로 들어섰으니, 여기서 할 일
도 끝났고 더이상 속세에 머물 필요가 없어졌다. 요기가 마을에서
죽는 것은 왕이 민가에서 죽는 것과 같으니, 나는 츄바르에 가서 죽
어야 한다."

세반레파가 대답했다. "병환이 깊어서 걸어가시기 힘들 것입니

◉ 법력을 보이는 밀라레파 ◉
(설명은 도판해설 참조)

◉ 티벳의 초텐 ◉

'공물 저장소'를 의미하는 초텐(Tib. Mch'od-rten ; Skt. Dhātu-garbha)은 인도 불교의 차이트야Chaitya와 스투파Stūpa 및 스리랑카의 다가바Dāgaba에 상응한다. 라마승의 제단에 놓인 작은 초텐이나 차이트야는 금속이나 석재, 나무, 점토로 만들어지며 안에 유품이 들어 있는 경우가 많다(pp.153, 367, 392, 407~21 참조). 라마교가 우세한 모든 곳에서 초텐의 수평돌기나 특별히 마련한 벽감에 점토로 만든 작은 장례용 차이트야(Skt. Dharma-sharīra)를 놓는다(pp.257/2, 261, 367 참조). 초텐의 다른 용도는《티벳 사자의 서》(p.380/10)와 L. A. Waddell, *The Buddhism of Tibet*, pp.262~4 참조. 일반적으로 초텐은 육체가 죽은 뒤 분해되는 5대 원소를 상징한다. 정방형의 기저부는 땅의 단단함과 지(地), 그 위의 구형(球形)으로 된 부분은 물방울과 수(水), 뾰족탑처럼 가파르게 올라간 부분은 화(火), 뒤집힌 창공과 같은 초승달 모양은 풍(風), 불길 모양으로 끝이 가늘어지는 작은 공 모양은 에테르Ether 원소를 상징한다(205/10 참조). 그러나 밀교적으로 보면 초텐은 땅에서부터 13개의 천국을 거쳐 에테르 영역 너머의 열반에 이르는 '깨달음의 길'을 상징한다. 죠티Jyotiḥ(부처의 신성한 빛)라 불리는 꼭대기의 불꽃 모양은 공성(空性) 속으로 사라진다.

다. 저희가 가마를 들 테니 그걸 타고 가십시오."

이에 제쒼은 대답했다. "내게는 병도 죽음도 실체가 없다. 나는 여기서 병환의 현상을 보였고 츄바르에서 죽음의 현상을 보일 것이다. 이를 위해서 가마 같은 것은 필요 없다. 젊은 제자들 몇몇은 먼저 츄바르로 가는 게 좋을 것이다."

그래서 먼저 출발한 젊은 제자들은 제쒼이 이미 딜체Brilche(암야크의 혀) 동굴에 와 있음을 보았고, 그 뒤를 따른 좀더 나이든 제자들은 또 하나의 제쒼을 모시고 갔으며, 또다른 제쒼은 병환의 현상을 보인 '촉각의 독' 바위에 머물렀다. 독실한 신자들이 츄바르로 한 제쒼을 모셔가는 동안 다른 제쒼은 '붉은 바위'에서 대중에게 마지막 설법을 했고, 집에서 공물을 바치며 고별 의례를 치르는 사람들 한 사람 한 사람에게도 나타났다.

그래서 츄바르로 먼저 간 이들은 제쒼이 자기들보다 거기에 먼저 갔다고 말했고, 제쒼과 함께 간 나이든 제자들은 자기들이 스승을 호위했다고 말했다. 또한 뒤이어 도착한 제각각의 일행들도 자기네가 제쒼과 함께 왔다고 주장했고, 또 다른 이들은 그날 제쒼이 자신들과 함께 '붉은 바위'에 있었다고 했으며, 또 집에서 공물을 바친 사람들은 자기 집에 나타났었다고 각자가 주장했다. 이처럼 모두가 제각각 제쒼을 손님으로 모셨고 자신의 예배를 받았다고 주장하여 결론이 일치하지 않았다. 결국 뜻을 모은 한 무리가 제쒼에게 여쭙자 그는 이렇게 대답했다. "모두 다 옳다. 나는 그대들 모두와 함께 있었다."[32]

그러고 나서 제쒼은 츄바르의 딜체 동굴에 머물렀으며, 그의 병증세는 계속되었다. 이때 그의 이전 설법들에서 있었던 황홀경과

무지개 같은 현상들이 그 지역의 모든 산과 들에 충만했고 사람들은 제쮠이 곧 떠나는가보다고 생각했다.

시와외레파와 겐종레파, 세반레파 같은 수제자들이 제쮠에게 어느 불국토로 가실 것인지, 자기들은 어디를 향해서 기도해야 하는지 여쭈었다. 그리고 자기들에게 마지막으로 금하거나 권하는 사항이 있는지, 또 각자에게 개인적으로 필요한 행법이 있는지 여쭈었다.

이에 제쮠이 대답했다. "그대들이 기도해야 하는 장소나 방향은 그대들의 믿음에 따라서 결정하면 된다. 어떤 장소 어느 방향을 향해 기도하든 진지하고 열렬하면 내가 그 앞에 나타나[33] 소원을 들어줄 것이니 확고한 믿음으로 진지하게 기도하라. 지금 생각으로는 내가 갈 곳이 아촉불 국토인 괸가Ngön-gah이다. 그리고 마지막 부탁은 내가 죽은 뒤 레충이 곧바로 도착할 것이니 그에게 나의 대나무 지팡이와 이 무명옷을 주어라. 이것들은 그가 생기(生氣)를 다스리는 명상[34]에 성공할 수 있도록 하는 일종의 호부(護符) 같은 것이 되어줄 것이다. 레충이 올 때까지 아무도 내 몸을 만지면 안 된다. 마이트리의 모자와 아가루agaru의 검은 지팡이는 높은 포부를 갖고 깊이 명상하면서 신앙을 잘 유지하도록 할 것이니 위파튐파에게 주고, 나무로 만든 이 발우는 시와외에게, 두개골 잔은 겐종튐파에게, 부시와 부싯돌은 세반레파에게, 뼈로 만든 수저는 디곰레파에

---

32) 수행을 완성한 요기는 자신의 육체를 여러 곳이나 여러 세계에 무수히 복제하여 나타낼 수 있다. 편집자가 갖고 있는 자료들 중에도 이런 능력과 관련된 요가 문헌이 있다.
33) 두세 사람이 내 이름으로 모인 곳에는 나도 그들 중에 있느니라(마태복음 18장 20절).
34) 요가에 성공하기 위해 인체의 정신생리학적인 힘들을 다스리는 일.

380 티벳의 위대한 요기 밀라레파

게 각각 준다. 다른 제자들에게는 이 무명 망토를 줄 테니 나누어 갖도록 하거라. 세속적인 관점에서 보면 이것들은 별 가치가 없지만 정신적인 차원에서 제각기 축복을 담고 있다.

이제 내가 중요한 유언을 할 것인데 이것은 수제자와 신도들 외에 아무에게도 알려져서는 안 된다. 내가 살아 있는 동안 모은 황금이 이 난로 밑에 숨겨져 있고, 그것을 너희들이 어떻게 나누어야 할지에 대한 지시도 거기에 함께 있다. 내가 떠난 뒤에 그것을 꺼내어 지시대로 이행하라.

일상생활 속에서 가르침을 올바로 실천하려면 마음속에 반드시 이것을 새겨두어라. 그대들 중에 겉으로만 신성한 체하면서 실제로는 세속적 명예를 구하는 자가 있을지 모른다. 그런 자들은 선심을 쓴답시고 필요하거나 불필요한 여러 가지를 베풀면서 어떤 대가가 돌아오기를 바란다. 통찰력이 있는 사람이라면 이런 행위를 싫어하지만 그렇지 못한 이기적인 사람들은 역시 그런 짓을 계속한다. 이승의 것들을 원하면서 세상의 비판은 두려운 이런 위선은 아무리 경건해 보일지라도, 치명적인 독이 섞인 풍부하고 맛좋은 음식과 같다. 그러니 세속적 명예에 대한 욕망, 그 독액을 마시지 말고 세속적 의무의 족쇄에서 벗어나 오직 수행에만 전념하라."

제자들이 타인을 위해서 어떤 작은 세속적 의무를 이행하는 것은 어떠냐고 여쭙자 제쩬은 이렇게 대답했다. "그런 의무에 사심이 전혀 없으면 괜찮지만[35] 실제로 그만큼 초연한 태도를 갖기는 쉽지 않으며, 사심에서 완전히 벗어나지 못하면 타인을 위한 작업은 거의

---

35)《바가바드 기타》도 이승에서의 모든 행위가 아무런 사심 없이 이루어지고 그 결과는 모든 존재를 위해서 봉헌되어야 한다고 가르친다.

성공할 수 없다. 타인을 위한 일은 물론이고 자기를 위한 일도 성공하기가 쉽지 않으니, 이것은 마치 헤엄을 치지 못하면서 물에 빠진 자가 같은 처지에 있는 사람을 도우려는 것과 같다. 그러니 자기 스스로 진리를 철저히 깨닫기 전에 타인을 도우려고 너무 서두르거나 열망하면 안 된다. 그것은 소경이 소경을 인도하는 것과 같은 일이다.[36] 하늘이 있는 한 도움을 필요로 하는 유정은 수없이 많고, 그들 각자에게는 그런 도움의 기회가 온다. 그 기회가 올 때까지 나는 너희들 모두가 오직 하나의 결심을, 즉 모든 중생을 위해 스스로 부처가 되겠다는 결심만을 굳게 지니라고 권하는 것이다.

온유하고 겸손하라. 누더기를 걸치고 음식과 의복의 궁핍을 기꺼이 받아들여라. 세속적으로 알려지기를 바라지 마라. 육체적 고행과 정신적 부담을 견디어라. 그래서 체험을 통해 지식을 얻어라. 너희들의 참회와 수행이 바른 길로 나아가기 위해서는 이런 지시를 마음속에 단단히 새겨야 한다.

이렇게 말하고 제쮌은 다시 게송을 읊었다.

거룩하신 역경승 마르파의 발아래 절하나이다!

수행자로서 지혜를 원하는 그대들이
현명한 스승을 만나 섬기지 않으면
믿고 따르더라도 은총은 적으리라.

---

36) 무지한 자가 '나는 믿는다'고 외치는 것은 오직 의심과 정신적 혼란만을 낳는다. 교사는 올바른 지식에서 연유하는 신성한 힘이 있어야 하며 그는 '나는 안다'고 말해야 한다.

깊고 신비로운 비전(秘傳)을 얻지 못하면
단지 탄트라의 언어에만 묶이리라.

탄트라의 경전을 그대들의 증거로 유지 못하면
거행하는 모든 의례가 오직 함정이 되리라.

선별된 가르침을 명상하지 않으면
세속 생활의 포기는 단지 자기학대가 되리라.

그릇된 열정을 마땅한 해독제로 제거 못하면
말로 하는 설법은 오직 공허한 소리가 되리라.

미묘한 방편과 길을 알지 못하면
아무리 인내해도 얻는 결과 거의 없네.

은밀하고 미묘한 방편을 알지 못하면
열심히 수행해도 길이 멀다네.

큰 공덕 쌓지 않고 자기만을 위하면
윤회는 계속해서 이어진다네.

축적한 재보를 신앙에 바치지 않으면
아무리 명상해도 얻는 지식 거의 없네.

마음속에서 평온을 얻지 못하면
쌓아올린 재보는 타인만을 풍요롭게 하네.

내면적 평화의 빛을 얻지 못하면
외부적 안락은 고통의 근원이네.

야심의 악마를 제압 못하면
명예욕은 파멸과 소송을 부르네.

쾌락의 욕구는 오독을 자극하고
재물의 욕구는 친구를 데려가며
자기를 높임은 타인을 낮춤이네.

평온을 유지하면 소송이 일지 않고
낮은 곳을 취하면 높은 곳에 오르며
서두르지 않으면 좀더 빨리 도달하고
세속 목표 버리면 최고 목표 이루리라.

숨은 길 걸으면 지름길이 나타나고
공성을 이해하면 연민이 생겨나며
자타 분별 버리면 타인을 돕게 되고
타인 돕기 성공할 때 그때 나를 만나리니
밀라레파 만날 때 그대 또한 부처 되네.

384 티벳의 위대한 요기 밀라레파

나와 부처와 내 제자들을 구별하지 말고

하나로 생각하면서 성실하게 기도하라.

게송을 마치고 그는 말했다. "이제 나는 떠나가니 그대들은 내 가르침을 잘 지키면서 나를 따르거라."

제쮄은 고요한 삼매에 들었고, 이리하여 을묘년(A.D.1135) 음력 12월 14일 새벽에 여든넷의 나이로 입적했다.[37]

입적하면서 제쮄의 육체가 법신(法身)의 세계로 들어서는 과정이 분명히 드러났고, 이때 천인(天人)과 다키니들은 과거의 어느 때보다도 더 불가사의한 현상들을 보여주었으며, 그 자리에 있던 아주 많은 사람들이 그것을 보았다. 구름 한 점 없는 하늘이 무지갯빛으로 변하면서 기하학적인 배경 무늬가 나타나고 그 한가운데에 꽃잎이 여덟이나 넷인 여러 가지 색깔의 연꽃들이 피어났다. 연꽃의 꽃잎들에는 최고의 화가들이 그린 것보다 더 아름다운 만달라들이 있었다. 경이로운 색조를 띤 구름 같은 것들이 천개(天蓋)와 깃발, 휘장을 비롯한 여러 가지 공물의 형상으로 펼쳐진 창공에서 꽃비가 내렸고 산봉우리를 장식한 여러 색깔의 구름들이 스투파의 형태를 취하면서 그 머리를 츄바르 쪽으로 숙이는 것이었다. 성인(聖人)을 칭송하는 황홀한 선율에 맞춰 천국의 성가가 들려오고, 지상의 어떤 향수보다도 향긋한 냄새가 대기중으로 퍼져나갔다. 많은 사람들의 눈에 마치 제쮄을 환영하기 위해 찾아온 듯한 여러 가지 공물을 든 천인과 다키니들이 보였다. 더욱 놀라운 것은 벌거벗은 모습의

---

37) "고타마 붓다도 역시 여든넷의 나이로 반열반에 들었다." ─ 쉬리 니산카.

제12장 | 열반 385

천인들을 바라보는 인간들이 부끄러움을 느끼지 않았고, 천인들은 인간들의 거칠고 혼탁한 냄새를 별로 꺼리지 않는 듯한 태도였다.[38] 신과 인간들이 만나서 자연스럽게 이야기하고 인사를 나누었으니 이때 그들은 황금시대[39]로 실려간 것이었다.[40]

제쮠의 입적 소식을 듣고 츄바르로 달려간 냐남 사람들은 제쮠의 육신을 냐남에서 화장하겠다고 제자와 딘 사람들에게 제의했다가 뜻을 이루지 못하자, 자기네 지역의 독실한 신자들이 떠나간 스승을 마지막으로 볼 수 있도록 그들을 모두 데려올 때까지 화장을 연기해달라고 요청하여 동의를 얻었다. 그들은 제쮠의 육신을 강제로라도 가져가려고 힘센 남자들을 데려왔다. 논란이 발생하자 수제자들이 나서서 말했다. "냐남과 딘에 사시는 여러분! 여러분은 모두 함께 제쮠을 믿고 따르던 사람들입니다. 제쮠께서는 츄바르에서 돌아가셨으니 그 육신을 냐남에서 화장하는 것은 도리에 맞지 않습니다. 냐남에서 오신 분들은 화장이 끝날 때까지 여기 계시다가 제쮠의 사리(舍利)를 받아가시기 바랍니다." 그러나 숫자와 힘에서 자기네가 우세하다고 생각한 냐남 사람들은 우격다짐으로 시신을 가져가려 했다. 이때 하늘에 천인 하나가 보이더니 제쮠의 목소리로 이렇게 노래했다.

그대, 여기 모인 제자들이여!

---

38) 천상의 순수한 존재들은 순화되지 못한 보통 인간들의 탁하고 불결한 방사물을 아주 싫어한다고 한다.
39) 또는 사트유가(Skt. Sat-Yuga).
40) "고타마 붓다의 입멸(入滅)시에도 비슷한 현상이 있었다. 팔리어 경전의 《대반열반경》 참조." ― 쉬리 니산카.

그리고 시신 때문에 싸우는 일반 신도들이여!

나는 제쮄을 따르는 천인(天人)으로서

당신들의 화해를 위해 조언하러 왔으니

내 판단에 귀들을 기울이시게.

최상의 인간인 밀라레파는

그 마음이 본불생(本不生)의 법신과 하나가 되었고

그 마음 제외하면 참다운 형상 없으며

그 육신 또한 법신과 하나가 되었으니

참 사리(舍利)를 알지 못하고

시신을 위해 다툼은 어리석도다.

우둔한 자들만이 몸을 놓고 다투나니

싸워도 참 사리는 얻을 수 없으리라.

믿으면서 온화하게 기도하시면

가슴속 깊이에서 기도하시면

법신은 생겨나지 않을지라도

축원의 은총으로 투명한 빛[41] 비치나니

각각의 공덕에 따라서

그대들 모두가 응분의 사리를 얻으리라.

천인은 이렇게 노래를 부르더니 무지개처럼 사라져갔고, 신도들은 마치 존경하는 스승을 다시 본 것처럼 즐거운 기분이 되어 논쟁을 그만두고 기도하기 시작했다.

---

41) 법신으로부터 방사되는 것과 같은 신성한 은총(또는 자비).

그러자 수제자와 던 사람들만이 아니라 냐남 사람들에게도 시신 하나가 주어졌고, 이들은 자기네 것을 '독수리 알'이라는 바위의 랍치뒷뒤 동굴로 가져가 거기서 화장했다. 여기서도 많은 이변이 있었으니, 하늘에 무지개가 걸리고 꽃비가 내리는 가운데 랍치와 츄바르의 모든 곳에서 천상의 향기와 선율이 대기를 가득 채웠다.

츄바르의 시신은 수제자와 일반 신도들이 지키고 있었다. 그들은 그 어느 때보다도 더 열심히 기도했고, 시신은 엿새가 지날 때까지 천상의 존재들과 같은 원광을 발하면서 여덟 살 난 어린아이의 모습으로 줄어들었다.

수제자들은 말했다. "레충이 아직 오지 않았는데, 우리가 화장을 계속 뒤로 미룬다면 이 시신은 아무것도 남지 않게 될지도 모르고, 유해가 사라지면 우리가 예배할 대상도 없을 테니 지금 화장하는 게 더 나을 것 같다."

모두가 이 말에 동의했고, 제자와 신도들은 제쮠의 얼굴을 향해 마지막 인사를 드리고 나서 그가 설법했던 딜체 동굴의 환석(丸石) 위에 화장용 장작을 쌓은 뒤 시신을 그쪽으로 운반했다. 천연색으로 만달라가 그려졌고,[42] 천상의 존재들이 바치는 화장용 공물이 훨씬 더 많긴 했지만 지상의 신자들이 애써 바치는 최상급 공물들도 그 자리에 얌전히 놓여졌다. 그런 다음 동이 트기 전에 장작에 불을 붙이려 했으나 이상하게도 불이 붙지 않았다.[43] 그와 동시에 무지갯

---

42) 이것은 땅에 염색한 모래알 같은 것들을 사용하여 그리는 장례용 만달라이며, 한가운데에 연꽃의 과피와 같은 형태로 화장용 장작이 놓인다. 시킴에서는 보통 정화의 불을 상징하는 아미타불 만달라를 사용한다.

43) "고타마 붓다의 화장용 장작도 일주일 뒤 가섭Kāshyapa이 도착할 때까지 불이 붙지 않았다." ― 쉬리 니산카.

빛을 내는 구름들 사이에서 다키니 다섯이 나타나 합창을 하는 것
이었다.

롬!⁴⁴⁾ 생명력의 신성한 불을

〔그는〕 끊임없이 명상했으니,

〔이 세상의〕 불 그에게 무슨 힘 있으랴?

자기 몸을 신성한 형상으로 명상하며

오랫동안 수행해온 그에게

시신을 남길 필요 어디 있으랴?

자신의 몸 안에 잘 조성된

신성한 만달라를 지닌 그 위해

만달라를 만들 필요 어디 있으랴?

생명의 숨결로 항상 밝게 빛나면서

마음의 등불을 지킨 이에게

그대들의 작은 등불이 무슨 필요?

순수한 영약(靈藥)으로 살아온 이에게

곡물로 만든 과자⁴⁵⁾가 무슨 필요?

이중의 그림자⁴⁶⁾에 물들지 않은

순결의 옷을 걸친 그에게

신성한 항아리⁴⁷⁾를 바칠 필요 어디 있으랴?

---

44) Rom, 또는 Ram. 불 원소의 종자(種子 ; Skt. Bīja) 만트라.
45) 죽은 사람의 영(靈)에게 바치기 위해 화장용 장작에 의례적으로 놓는 공양 음식.
46) 환영과 카르마. (p.88/5 참조)
47) 정화하기 위한 성수(聖水)가 담긴 신성한 항아리.

제12장 | 열반 389

향(香) 연기의 구름과
공물 향기 하늘에 가득하니
그대들은 오늘 향을 피울 필요 없도다.

사방위(四方位)의 다키니들 노래부르고
고위(高位)의 다키니들 공물 바치니
그대들은 오늘 의례를 치를 필요 없도다.

지혜의 신들 장작을 둘러싸고
영웅들이 앞 다투어 참배하니
그대들은 오늘 거룩한 몸 만질 필요 없도다.

진리를 성취한 이의 사라질 시신은
상투적 의례가 필요 없으니, 그냥 곱게 놓아두게.

신과 인간들이 지금 참배하는 그것은
소유자가 필요 없으니, 그냥 참배하고 기도하게.

천인과 스승들이 내린 신성한 계율은
금계(禁戒)를 덧붙일 필요 없다네.

산처럼 쌓인 귀중한 보옥들 앞에서
'이건 내 것' 외치지 말고 명상하게.

스승과 부처들의 깊고 은밀한 말씀 생각하면서
입 놀려 재잘대지 말고 침묵하게.

천사들의 숨결 지닌 거룩한 가르침들
불경(不敬)으로 오염되니 정적(靜寂)을 찾아가게.

그대들이 선택한 삶은
많은 장해 찾아오니 비밀의식 거행하게.

그대들의 지고한 스승이 준 권고로부터
축복이 있으리니 모든 의심을 밀쳐두게.

그대들의 스승인 제쮠의 생애는
형식적인 예찬이 필요 없다네.

신성한 다키니들의 찬가로부터
은혜가 있으리니 온유하게 주시하게.

밀라레파의 영적인 자손들이
많은 성인을 낳으리니, 오, 지고한 운명의 그대들이여.

여기 있는 인간과 가축에게는
병이 없을 것이니, 오, 그대 하늘과 땅의 존재들이여.

오늘 여기 모인 모든 존재에게
삼악도의 탄생은 없을 것이니, 오, 그대 인간들이여.

진리의 만달라에서는
외양(外樣)과 마음이 하나이니 이원론을 쳐부수게.

제쑨이 떠나기 전에 한 마지막 말에 유념하면서
그의 명령을 따르게, 그것들은 너무도 중요하다네.

성법(聖法)을 실천하는 모든 이에게
평화와 행복이 찾아오기를.

이런 찬가가 있고 나서 겐종툄파가 말했다. "레충이 올 때까지 시신에 손대지 말라는 스승님의 명령과 다키니들의 취지가 일치하는 것 같은데, 그렇지만 레충이 올 거라는 어떤 보장도 없고 화장을 계속 뒤로 미루면 시신은 아무런 구체적인 유물도 남기지 않고 사라져버릴 것 같네."

그러자 시와외레파가 말했다. "제쑨의 명령과 다키니들의 노래와 장작에 불이 붙지 않는다는 사실은 모두 같은 것을 말하고 있으니, 레충은 곧 도착할 것이 분명해. 그때까지 우리는 기도하면서 기다리는 게 좋겠어." 모두가 이 말에 동의하고 기도했다.

이즈음 레충은 로로되Loro-Döl 승원에 머물고 있었는데, 어느 날 밤 자정이 막 지난 시각에 초의식 상태에서 꿈인지 환영인지 모를 다음과 같은 것을 보았다. 츄바르에서 그는 빛나는 수정탑(성골함)

을 보았는데 그 빛이 하늘을 찬란히 수놓는 것이었다. 자신의 동료 수행자들과 제쭌의 세속 제자들의 도움을 받아 지상과 천상의 수많은 존재들이 지켜보는 가운데 다키니들이 그것을 가져가려 하고 있었다. 하늘에서는 천인과 천녀들이 운집하여 노래하면서 공양하고 있었는데 최상급의 공물이 수없이 많았다. 그가 수정탑에 절을 하자 제쭌이 거기서 몸을 내밀고 말했다. "내 아들 레충아, 내가 오라고 했을 때 너는 오지 않았지만 어쨌든 너를 다시 만나서 반갑다. 아버지와 아들이 이렇게 만나니 정말 힘이 솟는구나. 하지만 우리가 곧 다시 만난다는 보장이 없으니 이 희귀한 기쁨을 충분히 맛보고 필요한 이야기를 해보자." 그는 부드럽고 다정하게 레충의 머리를 쓰다듬었으며, 레충은 제쭌에 대해 과거의 그 어느 때보다도 더 깊은 믿음과 부드러운 애정을 느끼면서 희한한 행복감으로 온몸이 전율했다. 여기서 현실로 돌아온 그는 제쭌의 말을 상기하고 갑자기 스승께서 입멸하신 게 아닐까 하는 생각이 들었다. 그는 깊은 믿음으로 기도하면서, 이때가 제쭌이 암시한 정확한 시기는 아니었지만, 스승을 찾아가 만나고 싶은 억누를 수 없는 갈망에 휩싸였다. 그러자 하늘에서 두 다키니가 나타나 말했다. "레충, 당신의 스승이 곧 성역(聖域)으로 떠날 것이니 지금 그분을 만나지 않으면 이번 생에서는 뵐 수 없을 거예요. 지체 말고 가세요." 그들이 이렇게 말할 때 하늘은 무지개로 장관을 이루었다.

꿈속의 환영에 깊은 인상을 받고 스승을 향한 마음이 간절해진 레충은 즉시 일어나서 로로되의 새벽닭들이 우는 소리를 들으며 출발했다.

당나귀를 타고 여행하는 보통 사람들 같으면 대략 두 달이 걸릴

거리를 레충은 스승에 대한 믿음과 호흡 조절 능력을 통해 하루아침에 통과했다. 지식(止息)으로 생겨난 힘을 이용해서 그는 화살이 날듯이 달려 해가 뜰 무렵 팅리와 딘 사이의 포젤레Pozele 고개에 도달했다. 고갯마루에서 잠시 쉬는 동안 청명한 하늘에 무지개가 걸리고 산봉우리와 하늘 전체를 수놓는 다른 놀라운 현상들이 벌어지면서 그에게 기쁨과 슬픔이 번갈아 찾아왔다. 그는 무지갯빛 광휘로 두드러진 조뵈랍장Zovö-Rabzang 봉우리를 보았다. 또한 천막 모양의 구름들과 거기서 나오는 무수히 많은 천상의 존재들을 보았고, 그들이 랍치 쪽을 향해 서둘러 공물을 바치며 예배하고 기도하는 모습을 보았다. 레충은 크게 불안해져서 천인들에게 이 모든 징후와 그들의 행위가 무엇을 의미하는지 물었다.

천녀 몇이 대답했다. "오, 인간이여, 당신은 눈과 귀를 막고 지냈나요? 이게 무슨 일이냐고 묻다니! 이것은 지상에 살았고 신과 인간 모두가 존경하는 제쮠 밀라자파도제가 좀더 거룩하고 순수한 세계로 지금 떠나가고 있기 때문이에요. 그래서 신성한 율법〔또는 백색 신앙〕을 받드는 천인들과 츄바르에 모인 인간들이 제쮠에게 예배를 드리고 있는 중이지요."

이런 설명을 듣고 레충은 가슴이 찢어지는 듯한 기분이 되어 최대한으로 길을 재촉했다. 츄바르에 가까워졌을 때 그는 수정탑의 기저부와 같은 모습을 한 환석(丸石) 위에서 자신을 기다리고 있는 제쮠을 보았다. 제쮠은 그를 반기면서 말했다. "내 아들 레충이 결국 왔느냐?" 그리고 꿈속에서 본 그대로 제쮠은 레충의 머리를 다정하게 쓰다듬었다.

제쮠이 아직 떠나지 않았음을 안 레충은 기쁨에 넘쳐서 스승의

발에 머리를 대고 기도했다. 레충의 모든 질문에 답하고 나서 제쭌은 말했다. "내 아들 레충아, 천천히 오거라. 나는 먼저 가서 너를 기다리겠다." 제쭌은 앞서 가버리고 잠시 후에는 보이지 않게 되었다.

츄바르의 동굴에 도착한 레충은 제쭌의 시신을 둘러싸고 애도하거나 예배하는 많은 제자와 평신도들을 보았다. 최근에 제자가 되어 그를 알지 못하는 몇몇이 그가 시신 곁으로 가려는 것을 막았다. 슬픔이 북받친 레충은 스승을 향해 다음과 같이 노래했다.

오, 삼세제불(三世諸佛)의 화현이며
일체유정의 귀의처인 스승이시여,
당신의 깊은 자비와 지혜 속에서
레충도제탁파의 이 슬픈 기도를
당신은 들으시나이까?

비탄과 고뇌로 당신에게 애원하나니
당신이 자비와 지혜로 지켜주시지 않으면
이 아들을 누가 지켜줍니까, 스승님?
내 아버지 보기 원하여 당신의 발아래 달려왔으나
불쌍한 이 녀석 그 얼굴 보지 못하니
자비를 베풀어 은총을 내리소서, 오, 아버지시여.

모든 것을 알고 자비로 넘치는
삼세(三世)의 부처인 당신께
탁발승인 이 몸 정성을 다해 기도하나이다.

당신의 명에 따라 당신께 예배하오니
의심과 이단의 죄업을 용서하소서.

크고 높은 당신의 업적을 찬탄하며
당신이 계속해서 밀법(密法)의 바퀴를
굴리시길 이 몸은 기원하나이다.

귀의와 명상으로 제가 쌓은 모든 공덕
당신의 행복 위해 바치옵나니
이 몸의 이 마음을 받으시옵고
당신의 모습을 보여주소서.

스승이시여, 과거에 당신의 애제자였으나
아아, 이제 당신의 몸을 볼 자격 없나이다.
비록 당신의 실제 모습 보지 못할지언정
당신의 환영이라도 보여주소서.

실제의 모습이건 환영의 모습이건
당신의 모습을 볼 수 있다면
저는 희귀하고 소중한 가르침 얻어
이원성(二元性)[48]의 의심을 극복하오리다.

---

48) 윤회와 열반.

전지자인 스승께서 자기 아들의 질문에
답하지 않는다면 누구의 질문에 답하시렵니까?

오, 아버지 은총의 갈고리 거두지 마시고[49]
불가시 영역에서 저를 굽어살피소서.
당신의 어리석은 탄원자 레충에게
삼세(三世)의 지자(知者)로서 자비를 보이소서.

오독(五毒)을 마셔버린 이 제자 레충을
오지(五智)를 갖추신 스승께서 살피소서.

일체유정에겐 폭넓은 연민을 베푸시고
이 레충에겐 특별한 연민을 베푸소서.

레충이 이렇게 열렬하고 애절한 기도를 시작하면서 그의 또렷한
목소리가 시신에 도달하자 퇴색해 있던 시신의 색깔이 다시 한 번
밝아지더니 화장용 장작에 불이 붙어 활활 타올랐다. 시와외레파와
겐종툅파, 세반레파를 포함한 다른 수행 동료 및 속세의 여성 제자
들이 그를 반갑게 맞이했으나 그는 신참 제자들의 제지로 제썬의
몸 가까이 가지 못한 것이 너무 섭섭하여 한탄의 노래를 다 마칠 때

---

49) 신의 구원을 믿는 기독교도들처럼, 티벳 불교도들도 불보살과 천상의 스승 및 지상의
위대한 요기들이 지상의 제자나 숭배자들에게 직접적으로 방출하는 은혜파동을 믿는
다. 이 은혜파동은 귀의자를 무지의 환영(또는 윤회계의 존재)에서 건져올려 해탈의
바른 길로 인도하는 '은총의 갈고리'에 비유된다.

제12장 | 열반 397

까지 움직이지 않았다. 레충의 믿음이 너무 깊고 강했기 때문에 이미 정광명(淨光明)의 상태로 들어가버렸던 제쭌은 자신의 시신을 되살려[50] 신참 제자들에게 이렇게 말했다. "오, 그대 미숙한 제자들아, 그러면 안 된다. 한 마리 사자가 백 마리 호랑이보다 훨씬 나으니, 그 사자가 내 아들 레충이다. 그를 내게 가까이 오도록 하라." 그런 다음 레충에게 말했다. "그리고 너, 내 아들 레충아, 그렇게 너무 상심 말고 네 아버지 곁으로 오너라."

그 자리에 있던 모든 사람이 깜짝 놀라 의아해하다가 이런 느낌은 곧 기쁨으로 바뀌었다. 레충은 제쭌을 꽉 붙들고 눈물을 터뜨렸으며, 너무 큰 기쁨과 슬픔이 한꺼번에 밀려와 잠시 동안 정신을 잃었다.

의식을 되찾은 레충은 모든 제자와 신도들이 화장용 사당(祠堂)[51] 앞에 둘러앉아 있음을 보았다. 이때 제쭌은 정신적인 몸과 현실적인 몸이 하나가 된 금강신(金剛身)의 형체로 몸을 일으켰다. 장작의 불길이 팔엽(八葉) 연화(蓮華)의 형태를 취했으며, 그 한가운데에 꽃의 수술과 같이 앉은 제쭌은 한쪽 무릎을 반쯤 들고 오른손을 설법 자세로 내밀어 불길을 누르면서 말했다. "이 늙은이의 마지막 유언을 들어라." 그리고 왼손을 자신의 볼에 댄 뒤 레충의 기도에 대한 응답과 제자들을 향한 마지막 가르침, 두 가지를 위하여

---

50) 제쭌은 세속적 의미에서는 숨을 거둔 것이지만, 실제로는 멸진정(滅盡定 ; Nirodha-Samāpatti) 상태에 있었고 자신의 몸을 되살릴 수 있었다. 석가모니 입멸시에도 천안(天眼) 제일의 수제자 아나율Anuruddha만이 스승의 의식체를 천국까지 따라갔다가 그것이 열반으로 사라진 뒤에 지상으로 돌아왔다.

51) 화장용 장작이 사당 안에 위치해 있는 것 같은데, 이것은 상황에 맞춰 특별히 건립한 사당인 듯하다.

'여섯 가지 기본 계율'에 관한 마지막 게송을 읊었다. 그리하여 금강신의 음성이 불길 한가운데에서 들려왔다.

오, 레충, 내 심장과 같은 나의 아들아,
나의 마지막 훈계인 이 노래를 들으려무나.

삼계(三界)의 윤회 바다에서
큰 죄인은 허망한 육신이라
음식과 의복 찾아 분주하여
세상사에선 위안을 찾지 못하니
레충아, 모든 세상사를 버릴지어다.

'허망한 물질들의 도시' 한복판에서
큰 죄인은 거짓된 마음이라
살과 피의 형상에 복종하느라
법계(法界) 본성 이해할 시간 없으니
레충아, 마음의 진성(眞性)을 분별하거라.

생각과 물질의 접경에서
큰 죄인은 자생(自生)한 지식이라
〔자신을 덮칠〕 우연의 재난에 대비하면서[52]
참 지식의 진성(眞性)을 찾지 않으니

---

52) 오감의 체험을 통해 생겨난 지식은 (에고와 마찬가지로) 올바른 지식이 없을 때 자신을 파괴할지도 모르는 불의의 사고를 항시 두려워한다.

제12장 | 열반 399

레충아, 본불생(本不生)의 안전한 요새에 칩거하거라.[53]

이승과 내세의 접경에서
큰 죄인은 자생(自生)한 의식(意識)이라
언제나 없는 형상 추구하면서
진실을 이해할 시간 없으니
레충아, 참 진리의 본성을 탐구하거라.

육도(六道) 환영(幻影)의 도시 한복판에서
요인(要因)은 악업이 낳는 죄와 미망이라
그 속에서 호불호(好不好)를 분별하면서
불이(不二)를 이해할 시간 없으니
레충아, 호불호(好不好)를 버릴지니라.

천상의 어떤 불가시 영역에서
미묘한 토론에 뛰어난 완벽한 부처가
미묘한 많은 외관상의 진실들을 제시했으나

---

53) 오감의 인상을 통해 생겨난 세속적 지식은 그것이 생겨날 때와 마찬가지로 덧없는 환영이며, 만들어진(자생한) 것은 실재(實在)가 아니다. 참다운 지식(진실)은 자연계와 윤회계, 현상계를 초월하며, 시작(창조)된 적 없는 본불생(本不生)이다.

54) 자연계(윤회계)의 모든 것에 관한 과학적 사실들은 외관상의 진실이고 현상계의 지식인바 현상계가 환영이므로 그것들은 진실이 아니다. 참 진실은 공성(空性)과 법신(法身), 열반에 관한 것이다. 이 구절에서 암시하듯이 북방불교도들의 견지에서 보면, 부처는 청중의 역량이나 필요에 따라서 여러 가지 방편을 제시했지만 그 중 어느 것도 서로 상충하지 않는다. 비밀불교도들의 견지도 똑같아서, 부처는 어떤 부류의 인간들에겐 가장 적합한 방편으로 밀교(密敎)를 제시하고 다른 부류의 인간들에겐 현교(顯敎)를 제시했다.

400 티벳의 위대한 요기 밀라레파

인간은 참 진실[54]을 이해할 시간 없으니
레충아, 미묘한 토론을 버릴지니라.

스승과 천인과 다키니들
이들을 하나의 전체로 묶어 받들라.
대망(大望)과 명상과 실천
이들을 하나의 전체로 묶어 경험을 쌓으라.
이번 생과 다음 생과 〔중간 상태[55]의〕 그 사이의 생
이들 모두를 하나로 알고 〔하나가 된〕 거기에 익숙해져라.[56]

이것은 선별된 나의 마지막 가르침이자
나의 마지막 유언이고
이 이상의 진리는 없으니, 오, 레충아
여기서 참 지식을 얻어라, 오, 내 아들아.

이렇게 노래한 뒤 제쭌은 다시 삼매에 들어 정광명 속으로 사라졌다. 그러자 화장용 장작더미가 사각형의 커다란 궁전과 같은 형태를 취하더니 네 개의 출입구와 회랑과 여러 가지 장식이 나타나고 오색 커튼이 나부끼면서 무지갯빛을 방사했다. 깃발이 펄럭이는

---

55) Tib. Bar-do. 죽음과 재탄생 사이에 존재하는 '중간 상태'. 《티벳 사자의 서》의 대주제이다.

56) 존재는 끊임없는 변화에 예속되어 있으면서 끊어지지 않는 생명의 흐름으로 간주되어야 한다. 지상에서 육신으로 존재하는 생명과 중간 상태에서 미세신(微細身)으로 존재하는 생명, 자궁의 문을 통해 다시 태어나는 생명, 이들은 사실 하나이다.

57) p.88 / 6 참조.

제12장 | 열반 401

반구형의 지붕들 위에 천개(天蓋)가 펼쳐지고 거기서 가느다란 장식 리본들이 흘러내렸다. 팔엽 연화의 형태를 취한 아래쪽의 불길들은 팔길상인(八吉祥印)[57]과 같은 다양한 형상으로 춤추듯 타올랐고, 불길의 꼭대기는 왕가의 일곱 가지 표장(標章)[58]과 같은 모습을 취했으며, 불똥들까지도 여러 가지 공물을 든 천녀들의 형상으로 날아올랐다. 불이 탈 때 나는 딱딱 소리는 현악기와 관악기, 탬버린들이 조화를 이룬 소리였으며, 무지갯빛 천개와 깃발들의 형상으로 피어오르는 연기에서는 향 연기와는 다른 종류의 감미로운 냄새가 났다. 장작더미 바로 위의 하늘에서는 천녀들이 항아리에 담긴 불사의 감로를 쏟아내고, 또다른 천녀들이 오감을 즐겁게 하는 먹고 마실 것과 연고와 향료들을 흩뿌려 그 자리에 모인 사람들을 대접했다.

거기 있던 제자들은 같은 장작더미와 불길을 보고 있었지만 유해가 제각기 다르게 보였으니, 한 사람에게는 그것이 게파도제로 보이고, 또다른 사람들에게는 뎀촉이나 상뒤, 도제파모로 보였다.[59] 그리고 모두에게 다키니들의 이런 합창이 들려왔다.

여의주(如意珠)이신 스승이 떠난다고
너무 슬퍼서 울고 기절하네.
이런 애도의 시간에

---

58) 궁전 · 예복 · 장화 · 상아 · 여왕의 귀걸이 · 왕의 귀걸이 · 장신구.

59) 카귀파 종과 티벳불교 다른 종파들의 수호존(尊)인 이 넷은 각각 호금강(呼金剛 ; Skt. He-Vajra), 승락(勝樂 ; Skt. Shamvara), 비밀집회(秘密集會 ; Skt. Guhya-Samāja), 금강저두모(金剛猪頭母 ; Skt. Vajra-Vārāhī)이다.

불길은 저절로 타올라

팔엽 연화의 형상을 취하고

여덟 길상인과 일곱 고급 표장을 만들며

여러 가지 아름다운 공물들로 변하는구나.

불길이 내는 소리는

소라고둥과 바라, 거문고

피리와 작은 북, 탬버린들이

다 함께 어우러진 선율이로다.

불길에서 튀어나온 유성 같은 불똥들은

만달라의 안팎을 나는 천녀가 되어

가장 맛난 어여쁜 공물들을 나르는구나.

피어오르는 무지갯빛 연기는

천개와 깃발들의 장식물 형상이니

팔길상인과 卍자와 행운의 도식.

매혹적인 자태의 여러 여신들

지상의 육신이 에테르 원소로 바뀐 그분의

타고 남은 뼈와 재를 하늘로 가져가니

그대들의 그분 화장 끝나는구나.

법신(法身)이신 스승은 하늘과 같아

보신(報身)의 축원들이 구름처럼 모여들고

---

60) 태양이 지상의 모든 생명체를 살아 있게 만들듯이, 자연계를 초월한 보살들의 법력만
이 일체유정의 진화와 해탈을 가능케 한다.

응신(應身)의 꽃비가 그로부터 생겨나고
그 비가 지상으로 끊임없이 떨어져서
일체 중생 보살피고 제도하누나.[60]

창조된 적 없음이 본성인 그것
법계(法界), 본불생(本不生), 공성(空性)은
시작된 적 없으니 중단도 없고
태어남과 죽음도 원래가 공성
이것이 참 진리니 의심과 염려를 떨쳐버리세.

노래가 끝났을 때는 저녁 무렵이었고, 불이 다 타서 사당 안이 텅 비었다. 많은 사람들이 이 사당을 통째로 볼 수 있었는데 그 안을 들여다본 어떤 제자들은 거기서 빛으로 만들어진 불탑을 보았고, 다른 제자들은 게파도제와 뎀촉, 상뒤, 도제파모를 보았다. 그리고 또다른 이들은 금강저와 금강령(鈴), 성수(聖水) 항아리 등이나 종자(種子) 만트라와 같은 글자들을 보았다. 또 어떤 이들의 눈에는 이 사당이 빛나는 황금과 같은 광휘로 가득하거나 맑은 물로 채워져 있었고 그것은 타오르는 불로도 보였다. 물론 아무것도 보지 못하는 이들도 있었다.

제자들은 〔재가 빨리 식도록〕 사당의 문을 열었고, 놀라운 유물들을 잔뜩 기대하면서 머리를 사당 쪽으로 두고 밤잠이 들었다. 레충은 새벽녘의 꿈속에서, 비단 옷에 뼈 장신구를 걸치고 천상의 요기니 복장을 한 다섯 다키니가 하양·노랑·빨강·초록·파랑 색깔의 많은 권속에 둘러싸여 사당을 향해 예배하는 것을 보았다. 다

404 티벳의 위대한 요기 밀라레파

섯 다키니는 사당 안에서 공 모양의 빛 덩어리를 꺼냈고, 레충은 잠시 동안 그 광경에 매료되었다. 그러다가 갑자기 이 다키니들이 사리(舍利)와 재를 가져가면 어쩌나 염려가 되어 다가가자 그들은 재빨리 달아나버리는 것이었다. 동료들을 불러 함께 안으로 들어가니 재와 뼈들이 모두 사라졌고 심지어 재나 먼지 한조각도 보이지 않았다. 섭섭한 마음을 금치 못한 레충이 인류를 위해 사리의 일부만이라도 돌려달라고 다키니들에게 말하자 그들이 대답했다. "당신네 수제자들은 진리를 얻었고 그것을 통해 마음속에서 법신을 발견했으니 이미 최상의 사리를 갖고 있는 거예요. 그것으로 부족하고 무언가가 더 필요하다면 제쓴에게 정성껏 기도하세요. 그러면 무엇이든 얻을 수 있겠지요. 나머지 인류라면 해와 달 같은 제쓴을 반딧불만큼으로도 여기지 않았으니 사리를 받을 자격이 없어요. 이것은 우리만의 특별한 재보랍니다." 이렇게 말하고 그들은 하늘에 그대로 머물렀다. 제자들은 그 말을 사실로 이해하고 다음과 같이 애원했다.

오, 주여, 당신은 스승의 발아래 머물 때
그분의 명령을 충실히 수행하여
미묘한 진리 가득한 선별된 가르침을 얻은 뒤
인연 있는 자들의 신앙 대상이 되고
일체유정의 진화에도 도움이 되어줄
신성한 유품들을 저희에게 남기셨나이다.

오, 주여, 당신은 외로운 산 속에 홀로 머물며

커다란 열의와 인내로 명상하여
놀라운 결과를 성취하고
지상의 모든 왕국에 이름을 날렸으며
당신을 보았거나 들은 모든 사람들에게
신앙과 존경의 대상이 되어줄
신성한 유품들을 저희에게 남기셨나이다.

오, 주여, 당신은 제자들과 함께 계실 때
한결같이 자비롭고 따뜻하여
예지(叡智)와 예견(豫見)으로 빛났고
연민으로 제자들 보살펴 중생을 도왔으며
당신과 인연 있는 신자들에게
신앙과 존경의 대상이 되어줄
신성한 유품들을 저희에게 남기셨나이다.

오, 주여, 당신은 대중과 함께 계실 때
자비와 연민이 흘러넘쳐
그들을 구하여 바른 길로 인도했고
슬픔에 찬 이들을 더욱 동정했으며
〔당신 같은〕 열의가 부족한 이들에게
신앙과 존경의 대상이 되어줄
신성한 유품들을 저희에게 남기셨나이다.

오, 주여, 당신은 환영의 몸 버리셨을 때

완전한 성인의 경지를 입증하시어
전(全)우주를 진리의 몸으로 바꾸시고[61]
가장 높은 다키니들의 주인이 되셨으며
여기 모인 모든 제자들에게
신앙과 존경의 대상이 되어줄
신성한 유품들을 저희에게 남기셨나이다.

그들이 이런 슬픈 노래를 부르자 다키니들의 손에 들려 있던 발광체로부터 달걀 크기의 공과 같은 찬란한 사리가 내려왔다. 그것은 빛의 선을 그리며 사당 위로 내려왔고, 제자들은 제각기 자기가 차지하려고 손을 힘껏 내밀었다. 그러자 사리는 다시 공중으로 올라가 다키니들이 갖고 있던 발광체 속으로 사라졌다. 이때 발광체가 둘로 나뉘더니 그 중 하나는 사자들이 떠받치는 연화좌로 바뀌어 그 위에 일륜과 월륜이 놓였고,[62] 또 하나는 완척(腕尺)[63] 높이의 수정탑으로 바뀌어 오색의 밝은 광선[64]을 방사했다. 각각의 광선 끝에는 천불(千佛)을 거느린 한 부처가 있었으니 이 모든 부처들과 함께 오색 광선이 수정탑을 에워싸고 있었다. 〔탑의〕 기저부를 이룬 사층

---

61) 제쭌 안에서 윤회와 열반이 법신의 마음과 하나가 되었다.

62) 연화좌와 사자 및 해와 달은 부처의 즉위 내지 영광을 상징한다.

63) cubit. 가운뎃손가락 끝에서 팔꿈치까지의 길이로 보통 43~53cm. 고대의 척도.

64) 오색은 부처의 후광을 이루는 색깔이고, 티벳불교의 다섯 가지 깃발 색이다.

65) 금강승의 길에서 분류하는 네 등급의 탄트라는 작(作 ; Kriyā)·행(行 ; Caryā)·유가(瑜伽 ; Yoga)·무상(無上 ; Anuttara) 탄트라이며, 앞의 둘과 뒤의 둘은 각각 하급과 고급 탄트라이다. 첫 번째는 의례에 관한 지시를 포함하고, 두 번째는 생활 속에서의 행법, 세 번째는 요가, 네 번째는 모든 것의 탁월한(또는 은밀한) 의미를 설명한다. 이 마지막은 아디요가Ādiyoga로 이어진다.

계단에는 네 등급의 탄트라[65] 수호신들이 서열에 따라 새겨지고, 수
정탑 안쪽에는 절하는 다키니들의 상에 둘러싸인 한 뼘 높이의 제쭌
상(像)이 있었다. 수정탑을 지키는 두 다키니가 그것을 향해 절한
뒤 노래를 부르기 시작했다.

오, 아들들아, 데바쿙Deva-Kyong과 시와외,
겐종툄파와 흰 무명천 걸친 고귀한 제자들아,
신앙과 존경의 대상으로 사리를 간구하여
그대들은 아버지의 이름을 불렀노라.

그 기도에 담긴 믿음과 열성을 통해
법신(法身)을 상징하는 하나의 발광체가
삼신(三身)의 모든 덕 담긴 한 물체를
달걀 모양의 사리로 창조했으니
보기만 해도 생사의 고리에서 벗어나고
믿는다면 부처를 이루게 만들 그것,
그것은 일체유정의 숭앙 대상이며
사사로운 소유물이 아님에도
그대들은 모두가 쟁취하려 하였으니
사유물이 된다면 그것이 어디 남을까?
그러나 지극 정성으로 다시 기도하면
그것의 은총과 축복 사라지지 않으리니
이것은 모든 부처의 성약(聖約)이라네.

부모합환(父母合歡) 수호존들, 교합한 뎀촉

무덤의 뼈 장신구 걸친 그들이

영웅과 요기니들[66]의 무리에 둘러싸여

완벽한 비밀집회로 하늘을 가득 채우고

보신(報身)의 지혜의 화현인 그들이

그들의 정신력과 재능을 선사한다네.

그러니 지극 정성으로 기도하면

그들의 은총과 축복 사라지지 않으리니

이것은 모든 다키니의 성약(聖約)이라네.

법신(法身) 그 자체인 부처의 정수(精髓) 속에서

다양한 현상들이 얻어지니

완척(腕尺) 높이의 수정 사리탑

그것을 장식하는 천불석상(千佛石像)과

네 등급의 밀교존(密敎尊)들이

기적처럼 생겨나네.

그대들이 일념으로 정성껏 기도하면

그 정수(精髓)의 덕은 사라지지 않으리니

이것은 모든 다르마팔라[67]들의 성약(聖約)이라네.

---

66) "여기서 요기니는 영웅들의 샥티이지만 좀더 깊은 의미에서는 쿤달리니 여신이며, 그보다 좀더 깊은 의미에서는 자연계 내에서 초월적인 최고의 샥티를 향해 작용하는 세력이다." — 아탈 비하리 고슈.

67) Dharmapāla. 불법(佛法) 수호존.

삼신(三身)의 화현인 스승은
법력에 의해 모든 형태로 자기를 표현하니
대수롭지 않은 수법의 작용으로
그렇게 자기를 표현함이 신기하구나.
그대들이 가슴속 깊은 곳에서
가득한 믿음으로 정성껏 기도하면
그것의 자비로운 은총 사라지지 않으리니
위대한 요기들의 성약(聖約)을 신뢰하세.

거룩한 신앙을 굳게 지킨다면
그 신앙의 덕이 은혜로 찾아오리라.

고독을 견딜 수 있다면
마트리카[68]와 다키니들이 모여들리라.

수행이 성실하고 진지하다면
그것이 요가의 빠른 성취를 보장하리라.

안락에 대한 소망이 사라진다면
그것은 사욕(邪慾)의 근절을 의미함이라.

자기와 세속 이득에 집착하지 않는다면

---

68) Mātṛikā. 모신(母神).
69) 다음 절들과 함께 팔정도(八正道)를 논하고 있다.

그것은 악령과 마귀를 정복함이라.

계급과 신조의 구분이 사라진다면
그것은 관점이 올바름이라.[69]

윤회와 열반을 모두 공성으로 볼 수 있다면
그것은 명상 역시 올바름이라.

열의와 힘이 가슴속에서 〔저절로〕 솟아난다면
그것은 행위가 올바름이라.

스승에게서 예언적인 언사를 듣는다면
그것은 신앙이 올바름이라.

일체유정에게 봉사할 힘이 있다면
그것은 결과가 올바름이라.

스승과 제자가 마음이 일치한다면
그것은 관계가 올바름이라.

성취와 신성한 은덕의 길조(吉兆)가 있다면
그것은 생각이 올바름이라.

친절과 상호 신뢰, 체험과 만족

이것이 그대들 몫의 유물이 되게 하라.

이런 노래를 부른 뒤에도 다키니들은 계속해서 수정탑을 든 채 하늘에 높이 떠 있었고 수제자들은 그것을 똑똑히 보았다. 다키니들은 수정탑을 귀금속과 보석으로 만든 옥좌에 안치하여 다른 곳으로 옮기려 했다. 그들이 떠나려 할 때 시와외레파가 다시 인류의 숭배 대상으로 수정탑을 남겨주도록 이렇게 간청했다.

오, 아버지, 타인들에게 봉사하기 위해 태어난
거룩한 수행자, 보신(報身) 계열의 한 사람
법계(法界)의 모든 불가시 영역으로 스며든 당신
오, 주여, 법신(法身)인 당신에게 기도하오니
다키니들이 지금 손에 든 저 탑을
제자인 저희에게 돌려주소서.

오, 주여, 다른 수행자들을 만날 때
황금 가득한 보고(寶庫) 같았고
비길 데 없는 귀중한 수행자였던
오, 고행자들의 스승이여, 당신께 간청하오니
지상의 저희들, 제자와 신도들에게
다키니들의 저 탑을 돌려주소서.

오, 주여, 스승에게 복종할 때
한 마리 순한 양의 양털 같았고

412 티벳의 위대한 요기 밀라레파

모든 이에게 도움이 되려 했었던
오, 연민의 주여, 당신께 간청하오니
지상의 저희들, 제자와 신도들에게
다키니들의 저 탑을 돌려주소서.

오, 주여, 속세를 버렸을 때
현명한 선인(仙人)들의 왕과 같았고
변함없는 단호한 수행자였던
오, 용감한 주여, 당신께 간청하오니
지상의 저희들, 제자와 신도들에게
다키니들의 저 탑을 돌려주소서.

오, 주여, 스승의 가르침을 명상할 때
인육을 뜯어먹는 호랑이 같고
모든 의심 놓아버린 수행자였던
오, 불굴의 주여, 당신께 간청하오니
지상의 저희들, 제자와 신도들에게
다키니들의 저 탑을 돌려주소서.

오, 주여, 황야를 가로지를 때
완벽한 한 덩어리 무쇠 같았고
언제나 변함없는 수행자였던
모든 가식 벗어버린 당신께 원하오니
지상의 저희들, 제자와 신도들에게

다키니들의 저 탑을 돌려주소서.

오, 주여, 성취의 증거를 보았을 때
사자 같고 코끼리 같았고
강력한 정신의 수행자였던
두려움을 모르는 당신께 원하오니
지상의 저희들, 제자와 신도들에게
다키니들의 저 탑을 돌려주소서.

오, 주여, 생명열과 〔실〕체험[70]을 얻었을 때
완전히 차오른 보름달같이
온 세상을 밝게 비추었던
모든 갈망에서 벗어난 당신께 원하오니
지상의 저희들, 제자와 신도들에게
다키니들의 저 탑을 돌려주소서.

오, 주여, 운명의 제자들을 보호할 때
볼록렌즈와 태양의 만남 같았고
성취한 달인들을 만들었던
오, 자비로운 이여, 당신께 간청하오니
지상의 저희들, 제자와 신도들에게
다키니들의 저 탑을 돌려주소서.

---

70) 요가를 통한 진리의 깨우침.

오, 주여, 세속 물건을 받게 될 때
땅 위를 구르는 수은 방울처럼
온갖 속된 탐욕에 물들지 않던
오, 결함 없는 이여, 당신께 간청하오니
지상의 저희들, 제자와 신도들에게
다키니들의 저 탑을 돌려주소서.

오, 주여, 큰 집회를 열게 될 때
세상 위로 떠오르는 태양처럼
모든 이를 밝게 비춰 교화했던
자비롭고 지혜로운 당신께 원하오니
지상의 저희들, 제자와 신도들에게
다키니들의 저 탑을 돌려주소서.

오, 주여, 세상 사람들이 당신을 볼 때
어머니와 아들의 만남 같아서
그들 위해 모든 일을 다했던
애정 넘치는 당신께 원하오니
지상의 저희들, 제자와 신도들에게
다키니들의 저 탑을 돌려주소서.

오, 주여, 신성한 불국토로 떠나가실 때
은혜의 보물단지처럼
모든 소망 다 들어주시던

다함없는 자인 당신께 원하오니
지상의 저희들, 제자와 신도들에게
다키니들의 저 탑을 돌려주소서.

오, 주여, 예언하실 때
손을 입으로 가져가듯
한 치도 틀림없었던
삼세(三世)를 아는 자인 당신께 원하오니
지상의 저희들, 제자와 신도들에게
다키니들의 저 탑을 돌려주소서.

오, 주여, 은혜를 베풀 때
아들에게 수여하는 아버지처럼
망설이거나 아끼지 않았던
관대한 자인 당신께 원하오니
지상의 저희들, 제자와 신도들에게
다키니들의 저 탑을 돌려주소서.

이런 기도가 끝나자 수정탑 안쪽에 있던 제쮠의 상(像)이 시와외
레파에게 찬가로 대답했으니, 이것은 비슷한 것들 사이의 상위(相
違)를 가르친 것이었다.

오, 강력한 운명과 믿음의 그대
뜨거운 열성으로 내게 기도하는 자

들어라, 흰 무명천 걸친 나의 뛰어난 제자여
만유(萬有)에 충만한 법신(法身)의
참다운 본질은 공성(空性)이니
아무도 '가졌다'거나 '잃었다'고 말할 수 없노라.
육신이 공간 속으로 흡수되었을 때
달걀 모양의 실제 유물이 아직 남았고
이것이 찬란하게 빛나는 탑이 되었으니
일체유정의 공덕 위한 의지처로다.
신성한 영토에서 그것은 영원히 존재하며
오방위(五方位)의 다키니들에게 수호되며
천인과 다키니들이 그것을 예배하나니
인간 세상에 놓이면 그것은 소멸하노라.

그대, 내 제자와 신도들도 유물을 받았으니
자기 마음속에서 법신을 깨닫게 하는 지식
그것이 사리와 재보다 거룩하도다.
이런 깨달음을 구함에 있어
잘못으로 인도하는 비슷한 것을 알아야 하니
잊지 말고 가슴속에 담아두면서
거짓됨을 피하고 올바름을 유지하라.

완전한 스승의 도움과
복 많은 어떤 이의 도움은
비슷하나 다르니, 그 둘을 혼동하지 마라.

제12장 | 열반 417

공성(空性)의 참다운 징후와
의식의 강박적 망상은
비슷하나 다르니, 그 둘을 혼동하지 마라.

명상에 의해 순수한 상태를 아는 것과
삼매의 평온한 상태를 즐기는 것은
비슷하나 다르니, 그 둘을 혼동하지 마라.

깊은 직관의 홍수와
'이것은 진실인 것 같다' 는 깊은 믿음은
비슷하나 다르니, 그 둘을 혼동하지 마라.

변경될 수 없는 마음[71]의 명료한 인식과
남에게 봉사하려는 고상한 욕구는
비슷하나 다르니, 그 둘을 혼동하지 마라.

정당한 원인의 결과로서 주어지는 정신적 은덕과
세속적 이득을 가져오는 일시적 공덕은
비슷하나 다르니, 그 둘을 혼동하지 마라.

마트리카와 다키니들의 정신적 인도와
오도(誤導)하는 요정이나 자연령의 유혹은

---

71) 이것은 세속적 행위로 변경할 수 없는 원 상태의 마음이다.

비슷하나 다르니, 그 둘을 혼동하지 마라.

수호 다키니들의 지시에 의한 좋은 일과
마라Māra의 훼방이나 유혹은
비슷하나 다르니, 그 둘을 혼동하지 마라.

〔결함 없는〕법신(法身)의 구체(球體)와
물질로 이루어진 사리(舍利)의 구체는
비슷하나 다르니, 그 둘을 혼동하지 마라.

응신(應身) 영토에서 피어난 꽃과
감각의 낙원에서 피어난 꽃은
비슷하나 다르니, 그 둘을 혼동하지 마라.

신들이 불가사의하게 창조한 수정탑과
악마들이 주조할지 모르는 수정탑은
비슷하나 다르니, 그 둘을 혼동하지 마라.

현상계 우주를 상징하는 장엄한 원광(圓光)과
〔평범한〕자연계의 무지개는
비슷하나 다르니, 그 둘을 혼동하지 마라.

과거세의 업에 의해 생겨난 신앙과
인위적 방법에 의해 생겨난 신앙은

제12장 | 열반 419

비슷하나 다르니, 그 둘을 혼동하지 마라.

가슴 깊은 곳에서 솟아나는 참 신앙과
수치감이나 의무감에서 생겨난 인습적 신앙은
비슷하나 다르니, 그 둘을 혼동하지 마라.

진리를 구하는 진지한 수행과
스승을 기쁘게 하려는 거짓 수행은
비슷하나 다르니, 그 둘을 혼동하지 마라.

스스로 성취하여 얻은 참다운 성공과
사람들이 말하는 이름뿐인 성공은
비슷하나 다르니, 그 둘을 혼동하지 마라.

신성한 마트리카와 다키니들이 소유한 이 수정탑은
삼세제불(三世諸佛)의 영역이고
영웅과 요기니들의 집회소이며
그대들의 스승인 제쮠에겐 명상처라.
이것은 이제 다키니들이 모이는
〔동방의 불국토인〕 퀸가Ngön-gah에서
뎀촉 세존(世尊)과 세자재(世自在)와
타라 불모(佛母)가 만나는
행복의 나라에서 태어나도다.
거기서, 그 축복받은 나라에서는

신성한 다키니들의 무리가 줄지어 환영하누나.

그대들이 눈물 흘리며 헌신, 성실로

온 마음 다 바쳐 이 수정탑에 기도하고

공물 바쳐 예배하고 존중하면서

예리한 지성의 꽃 흩뿌리고

맑은 가슴의 성수(聖水) 끼얹는다면

변함없는 믿음으로 보호받고 강화되리니

지혜의 힘을 선사받기 기원하면서

이 수정탑 아래 고개 숙일지니라.

찬가가 흐르는 동안 다키니들은 수정탑과 함께 움직여 수제자들의 머리 위에 머물렀고 거기서 내려온 빛이 그들 한 사람 한 사람에게 힘을 선사했다. 그 자리에 있던 대부분의 사람들이 수정탑에서 투사된 제쵠의 형상을 보았으며, 하늘에는 또한 게파도제와 뎀촉, 상뒤, 도제파모가 나타났고 그들을 둘러싼 무수히 많은 존재들이 주존(主尊)의 주변을 떠돌다가 흡수되었다.

이 모든 비밀집회는 결국 하나의 발광체 속으로 빨려들더니 이것이 동쪽을 향해서 화살과 같이 날아가버렸다. 수정탑은 다키니들이 여러 겹의 비단으로 싸서 귀금속으로 만든 상자에 넣었고, 다양한 악기들로부터 나오는 천상의 음악 속에서 동쪽으로 운송되어갔다. 이때 어떤 이들은 사방위(四方位)의 〔하양·노랑·빨강·초록〕 다키니들이 네 발을 떠받친 사자 등에 보신불(報身佛)의 복장을 하고 앉은 제쵠을 보았다. 사자의 굴레는 도제파모가 잡았으며, 많은 영웅과 요기니와 다키니들이 깃발과 천개와 장신구 및 공양물을 들었

고, 또다른 많은 천상의 존재들이 여러 가지 악기를 들었다. 또한 어떤 이들은 수정탑을 흰 비단 가리개로 덮어 동쪽으로 가져가는 흰색 다키니를 보았다. 이처럼 보는 사람에 따라 본 광경이 달랐다.

제자와 모든 신도들은 유물을 전혀 받지 못한 것에 낙심하여 큰 소리로 울고 여전히 기도했다. 그러자 하늘에서 제쮠의 음성인 것 같은 대답 소리가 들려왔다. "아들들아, 너무 슬퍼하지 마라. 구체적인 유물로서 아몰리카Amolika의 환석(丸石)에 〔초자연적으로〕 생겨난 네 글자가 있을 것이다. 신앙심을 갖고 그것을 경건하게 바라보아도 좋다. 가서 환석 아래를 찾아보거라."

화장이 치러졌던 환석을 샅샅이 살핀 그들은 글자가 보이는 곳을 발견했고, 그것으로 사리를 얻지 못한 슬픔이 어느 정도 경감되었다. 이 놀라운 바위 유적은 존숭과 경이의 대상이 되어 지금도 랍치 츄바르 승원에 그대로 남아 있다.

제쮠의 가장 뛰어난 제자들은 어쩔 수 없이 스승을 떠나보낸 것이 슬프긴 했지만 제쮠이 성불한 어떤 세계에서든 자신들이 그의 신도들 중에서 첫 번째일 수 있다는 희망을 위안으로 삼았다. 그들은 또한 제쮠의 생애와 그 실례를 통하여 종교계를 포함한 일체유정의 세계에 새로운 정신과 힘이 고취되었음을 실감했다. 나아가 그들은 자기네 각자가 완수해야 하는 개별적 가르침과 각자에게 주어진 만트라가 자신과 타인들에게 도움이 될 수 있음을 깨달았다.

이제 그들은 제쮠이 유언했던 대로 난로 밑을 찾아보아야 한다는 데 동의했다. 제쮠의 생활자세로 보아 그가 황금 같은 것을 모아두었을 것 같진 않았지만 어쨌든 그런 지시를 받은 이상 거기에 따라야 했다.

422 티벳의 위대한 요기 밀라레파

난로 밑을 파헤친 그들은 제쎤이 걸쳤던 무명천 조각을 보았다. 천 조각 속에는 단검 하나가 싸여 있었는데 손잡이의 끝이 송곳으로 되어 있고, 칼 등은 불을 켜기 위한 부시였으며 칼날은 아주 예리했다. 이 단검 외에 흑설탕 한 덩어리와 작은 종이쪽지가 있었는데, 종이에는 다음과 같은 글이 적혀 있었다. "천과 설탕은 이 칼로 자르면 결코 줄어들지 않을 것이다. 가능한 한 많이 조각내서 사람들에게 나누어주어라. 이 설탕을 맛보고 이 천조각을 만지는 사람은 모두 삼악도(三惡道)에 떨어지지 않을 것이다. 이것들은 밀라레파가 삼매에 들어 있을 때 먹고 입었던 것이며, 과거의 모든 부처와 성자들이 축복한 것이다. 한 번이라도 밀라레파의 이름을 들은 사람은 일곱 생애 동안 삼악도에서 태어나지 않을 것이고, 일곱 생애 동안 과거세를 기억할 수 있을 것이다. 과거의 부처와 성자들도 이것을 예언했다. 밀라레파가 황금을 숨겨두었다고 말하는 인간이 있으면 그 입에 오물을 처넣어라."

이 마지막 문장은 슬픔에 젖어 있던 제자들을 한바탕 크게 웃게 만들었다. 그 밑에는 다음과 같은 노래가 있었다.

삼매에 들어 있는 동안
수행자인 내가 먹은 음식은
두 가지 덕이 있으니
운 좋게 그것을 먹는 자
아귀 세계에 태어나지 않으리라.

몸이나 목에 걸치는

이 흰 무명천[72]은
생명열을 명상하는 동안
팔한 · 팔열 지옥의 문을 닫으리라.

이 자비로운 음식을 먹는 자
삼악도에서 벗어나리라.

나와 신앙의 끈으로 맺어진 자
이후로 더 낮은 세계에 나지 않고
점차로 깨달음의 목표를 달성하리라.

내 이름을 듣기만 하고
신념을 갖게 된 자
일곱 생애 동안 자기 과거의 이름과 신분을 기억하리라.

막강한 자인 나, 밀라레파에겐
온 우주가 황금으로 바뀌었으니
황금을 모을 필요가 없노라.

제자와 신도들은 내 지시를 따를지니
그를 통해 똑같은 성취가 있고
나아가 언제나 선(善)과 목표가 있으리라.

---

72) 카귀파 수행자들이 걸치는 흰 무명천은 영적인 지성의 상징이다.

제자들이 설탕을 여러 개로 잘랐더니 자른 조각들은 원래의 덩어리만큼 커졌고 원래의 덩어리는 줄어들지 않았다. 천 조각도 마찬가지였고 그래서 제자들은 이 천 조각과 설탕을 거기 있던 많은 사람들에게 나누어주었다. 이리하여 병이나 다른 문제로 고통받던 많은 사람들이 설탕을 먹고 천 조각을 호부(護符)처럼 착용했다. 성품이 나쁜 사람이나 삿된 욕망에 사로잡혀 있는 사람들이 믿음과 열의와 지성과 연민을 지닌 사람으로 바뀌어 낮은 존재 영역으로 떨어지지 않게 되었고, 이 설탕과 무명천 조각은 그것들을 받은 사람이 죽을 때까지 닳아 없어지거나 하지 않았다.

장례식 날에는 여러 가지 색깔의 꽃비가 함박눈처럼 내렸는데 그중에는 꽃 하나가 네댓 가지 색깔을 한 것도 있었다. 대부분의 꽃들이 사람의 손에 닿을 만한 높이까지 내려왔다가 다시 올라가 사라졌다. 땅에 떨어진 것들은 너무나 아름다웠지만 사람의 손에 닿자마자 녹아 없어졌다. 어떤 것들은 세 가지 색깔로, 또 어떤 것들은 두 가지 색깔로 되어 있었으며, 이것들은 꿀벌의 날개처럼 작고 가냘픈 형태였다. 츄바르 계곡에서는 이 천상의 꽃들이 발목 높이까지 쌓였고, 다른 지역들에서는 그보다 좀 덜하여 땅의 색조가 달라 보이는 정도에 그쳤다. 장례식이 끝나자 여러 가지 현상들도 더이상 보이지 않았고 하늘의 무지갯빛도 차츰 사라졌다.

해마다 열반 기념일이 되면 제쑨의 열반 당일처럼 투명 찬란한 하늘에 무지개가 서고 꽃비가 내렸으며 천상의 향기가 대기를 채우고 아름다운 선율이 모든 곳에 메아리쳤다.

여기서 비롯되어 지상의 모든 곳으로 퍼져가는 불가사의한 은덕은 너무나 많아서 길게 설명하기 어렵다. 예를 들면, 겨울에도 꽃이

핀다든지 풍성한 수확을 거둔다든지 전쟁이나 전염병이 발생하지 않는 것이다.

수행자들의 왕이라 할 수 있는 그가 청정 국토로 들어간 뒤, 다음에(이 책의 부록에) 언급하는 제자들이 그의 생애를 정리하여 남겼다.

그의 큰 은총과 축복을 통하여 그는 하늘의 별과 같이 많은 훌륭한 제자들을 뒤에 남겼고, 윤회계에 다시 돌아오지 않게 된 아나함[73]들의 수효는 지상의 모래알과 같이 많았으며, 〔아라한의〕 길[74]에 들어선 남녀는 이루 헤아릴 수 없이 많았다.

그리하여 불법(佛法)은 태양과 같이 찬란히 빛났고 일체유정이 슬픔에서 벗어나 영원한 행복을 추구하게 된 것이었다.

이것은 제쮠의 전기 중 열두 번째 〔마지막〕 장이다.

---

73) 아나함(Skt. Anāgāmin). 불래(不來), 또는 불환(不還)으로 번역됨.
74) 아라한의 길의 첫 단계는 '흐름에 들어간다' 는 뜻의 입류(入流 ; Skt. Srotāpanna)이고 이것은 예류(豫流), 또는 역류(逆流), 수다원으로 부르기도 한다. (두 번째는 일래一來, 세 번째가 불래不來, 마지막이 아라한이다. / 역자)

제쮠의 제자들에 관하여

제쮠이 시와외레파를 만날 때 꿈속에서 다키니들의 지시에 의해 알았듯이, 그의 제자들 중에서 가장 뛰어난 존재는 닥포 림포체[1]였다. 그는 태양에 비유되었고, 그보다 좀 덜한 제자는 달에 비유된 궁탕의 레충도제탁파였으며, 그 다음으로 별들에 비유되는 침룽 Chim-Lung의 겐종툅파장춥걀포와 걀톰메Gyal-Tom-mad의 시와외레파, 도타Do-ta의 세반레파, 니샹Ny-shang의 키라레파, 뮈Müs의 디곰레파, 락마Ragma의 상예캽레파가 있었으니 이들이 여덟 수제자[2]이다. 다시 좀더 낮은 서열의 제자[3]들이 열셋 있었는데 그 이름은 각각 쉔곰, 렌곰, 메곰, 싸푸, 카르충, 롱충, 탁곰레파도제왕축(여기까지는 모두 레파Repa[4]임), 조곰레파다르마왕축, 담파갸푸파, 리코루차루와, 로툔게뒨, 쿄툔샤캬구나, 데툔타시와르이다.

---

1) 닥포라제Dvagpo-Lharje이고, 제감포파Je-Gampopa로도 불린다. (58쪽 참조)
2) 글자 그대로 하면 '심장의 아들', 즉 '친아들'.
3) 글자 그대로 하면 '친척의 아들', 즉 '조카'와 같은 존재
4) 이들은 추위에 익숙하여 얇은 무명천 한 장만을 걸치고 살았다.

이들 〔스물한 명〕 중에서 닥포 림포체와 낮은 서열의 마지막 다섯 명은 요기yogī와 비구bhikṣu들이었다.

여성 제자들 중에는 총아Cho-nga의 레충마Rechungma, 냐남의 살레외Sale-Wöd, 충Chūng의 팔다르붐Paldar-Būm, 페타귄키가 있는데 마지막은 독자도 알다시피 제쮠의 여동생이다.[5]

또한 수행을 통해 높은 경지에 이른 요기와 요기니들이 스물다섯 명 있었다.

그리고 목자(牧者) 출신 지워레파Dziwo-Repa를 포함한 백 명의 아나함들과, 명상을 통해 탁월한 체험 및 지식을 얻은 백팔 명의 제자가 있었다.

다시 또 속세를 버리고 경건한 삶의 전형을 보여준 천 명의 사두sādhu와 사두니sādhunī, 요기와 요기니들이 있었다.

이 외에도 제쮠을 보거나 듣고 그와의 만남에 의해 낮은 존재계로의 문을 영원히 닫아버린 수많은 남녀 재가(在家) 제자들이 있었다.

인간보다 높거나 낮은 계층의 비인간 제자들 중에서 두르가Durgā의 다섯 자매로 알려진 선녀들과 링와Lingwa의 마녀가 있고, 불법(佛法) 수호에 헌신하기로 약속한 영적 존재들 역시 수없이 많았다.

---

5) 불교의 뛰어난 점들 중 한 가지는 종교적 관점에서 여성을 남성과 동등하게 대한다는 점이다. 처음에 고타마 붓다가 여성을 승가에 들이지 않으려 한 것은 여성이 남성보다 열등하다고 생각해서가 아니라 모든 인간이 공통으로 지니는 성적(性的)인 문제를 우려했기 때문이었다. 그러나 결국은 어느 정도 마지못해서였겠지만 비구니 승단의 설립을 수락했고, 여성도 남성과 마찬가지로 부처의 가르침을 따를 수 있게 되었다.

장례식에 참석했던 인간 제자들은 제쮠의 지시에 따라 그 후 곧바로 세상을 버리고 자기만의 은거처를 찾아가 명상하면서 살았다.

한편 레충은 〔제쮠의〕 유품들을 닥포 림포체에게 넘겨주려고 위 Ü 지방을 향해 가다가 얄룽푸샤르Yarlung-Phushar에서 그를 만났다. 닥포 림포체는 뒤늦게나마 제쮠의 지시를 상기했고, 레충은 마이트리의 모자와 아가루 지팡이를 건넸으며, 그간의 소식을 전해들은 감포파〔또는 닥포 림포체〕는 잠시 동안 정신을 잃었다.

그는 떠나간 스승에게 조의(弔意)가 담긴 많은 기도를 올렸는데 이것은 감포파 자신이 쓴 〔제쮠의〕 전기에 수록되었다.[6] 그는 레충과 함께 자기 거처로 가서 뎀촉의 카르나Karṇa 탄트라를 완전히 인계받았다.

레충은 감포파에게 배분된 유품과 가르침을 전한 뒤 로로되 승원으로 가서 명상으로 남은 인생을 보냈으며, 육신의 상태 그대로 신성한 세계에 들어갔다.[7]

같은 방식으로 시와외레파와 키라레파, 자매간인 네 명의 여성 제자와 팔다르붐, 살레외도 자신의 육체를 에테르체로 바꿔 보다 높은 세계로 들어갔고, 다른 제자들은 모두 시신을 남기는 보통의 방식으로 세상을 떠났다.

성인 제쮠 밀라레파의 행적은 세속적인 것 세 가지와 수행자로서 행한 것 아홉 가지를 합하여 모두 열두 가지로 나눠볼 수 있으며, 이들 모두가 아주 극적인 사건들로 이루어져 있다. 그리고 마지막 행적에 이르러 죽어야 할 인간이 거둘 수 있는 모든 위대한 성취 중

---

6) 본서의 전기는 두 번째 제자인 레충이 남긴 것이다.

7) 육체가 에테르 원소로 바뀌어 지상에 시체를 남기지 않았다.

에서 가장 위대한 성취에 도달하니, 그것은 한 생애 동안에 지금강(持金剛 ; Skt. Vajra-Dhara)의 오지(五智)와 사신(四身)[8]을 달성한 일이었으며, 그와 함께 모든 불국토를 왕래할 수 있는 힘으로 하늘만큼 무한한 세계들의 수없이 많은 일체유정을 가르쳐 구원한 일이었다.

영원히 커져가는 축복의 즐거운 축제 마당에서 윤회하는 모든 존재에게 언제까지나 열반의 축복을 선사하는 해방과 전지(全知)의 안내자, 밀라자파도제라 불린 위대한 요기의 생애담은 여기서 끝난다.

---

8) 삼신(三身)에 화신(化身)을 더한 것이고, 화신은 응신이 일시 변화한 것임(역주).

맺음말

인류의 큰 스승 제쮄 밀라레파
역사적 보배인 그의 찬란한 광채가
불법(佛法)을 태양처럼 빛나게 하여
일체유정의 기대와 희망을 달성했으니
이 글이 모든 부처와 성인들도 존중하는 최고의 공물이 되기를.

처음부터 끝까지 수사적인 문체로 아름답게 쓰여진 이 전기가
모든 학자와 문학 애호가들에게 기쁨의 향연이 되기를.

믿음과 겸손함으로 온몸의 털이 곤두서게 만드는 이 전기가
불법에 귀의한 모든 사람들에게 기쁨의 향연이 되기를.

듣기만 해도 저절로 믿음이 생기게 만드는 이 전기가
고귀한 운명과 선업(善業)의 인간들에게 기쁨의 향연이 되기를.

생각만 해도 속세에 대한 집착이 끊어지게 만드는 이 전기가
한 생애 동안에 전지(全知)를 달성하려는 이들에게 기쁨의 향연이
되기를.

닿기만 해도 두 가지 목적[1]을 이루게 만드는 이 전기가
불법을 옹호하고 타인을 돕는 이들에게 기쁨의 향연이 되기를.

이 전기의 이해와 실습을 통해 스승들의 법맥이 온전히 이어지리니
가르침에 따라 살면서 법맥의 영광을 유지하는 이들에게 기쁨의
향연이 되기를.

가피력에 의해 일체유정의 슬픔을 덜어주는 이 전기가
삼계의 일체유정에게 기쁨의 향연이 되기를.

푸르부Phurbu의 해, 가을 둘째 달, 여덟 번째 날
랍치캉의 성지에서[2]
뼈 장신구를 걸치고 공동묘지에 드나드는 수행자[3]

---

1) 윤회계로부터 해방된다고 하는 나의 목적과 타인들의 목적.
2) 지명을 보면 이 전기는 레충이 제쭌의 명상 수행으로 성화된 랍치캉(에베레스트산)을
순례차 방문했거나 거기 은거하는 동안에 완성된 것 같다.
3) Tib. Durṭöd-ñyul-vai-naljor-rüpahi-gyen-chan. 이런 호칭은 출가 수행자가 사용한다.
공동묘지에 자주 드나드는 것은 수행자가 윤회계의 모든 것이 덧없음을 실감하기 위한
요가 수행의 일부이다. 인골(人骨)로 만든 뼈 장신구를 걸치는 것도 역시 같은 목적을
위해서이며 단순한 상징이 아니다. 저자의 실제 이름은 제쭌의 두 번째 제자인 레충도
제탁파이다.

◉도판 해설◉

1. 권두화 : 위대한 카귀파 스승들

카지 다와삼둡 라마가 1920년 시킴의 강톡에서 티벳 승원 미술의 전통에 따라 정밀하게 그린 수채화를 실물의 절반 크기 사진으로 재현한 것이다. 편집자는 그 수채화를 스승 라마와 헤어지면서 선물로 받았다.

가장 위쪽의 인물은 신성한 스승이자 천상의 붓다이며 카귀파들Kargyüpas의 비밀지식을 맨 처음 유출한 도제창Dorje-Chang이다. 티벳의 국교에서 석가모니불의 유출자로 믿으면서 카귀파들과 함께 천상의 붓다들의 중심으로 여기는 그는 파드마삼바바의 구파(舊派)에서 모시는 본초불Ādi-Buddha과 같은 존재이다. 그는 자신이 속한 보신(報身) 계열 선정불(禪定佛)의 장엄한 의상을 걸치고 있다. 왕자 같은 그의 의상은 그가 중생과 중생의 마음을 직접적으로 관장함을 나타낸다. 그는 선행과 진리와 정의의 근원이고 충동적이지 않기 때문에 수동적인 자태와 아름다운 용모를 지닌다. 삼매에 든 평온한 상태에서 그는 금강의 자세Vajra-Āsana로 앉아 있다. 왼손에 든 금강령(金剛鈴)은 공성(空性 ; Shūnyatā)을, 오른손에 든 금강저(杵)는 방편과 법력을 상징한다. 사자좌에 앉아 있음은 그가 '변화'의 두려움을 넘어선 존재임을 암시하고, 두 마리 사자는 두려움 없음을 상징한다. 끝없는 하늘과 같은 푸른색은 불변성과 영원성을 나타낸다. 헤루카[1]들의 전형인 그는 속세를 초월하고 윤회를 벗어났다는 뜻에서 뼈로 만든 염주를 목에 걸고 있다. 그러므로 그는 헤루카와 선정불의 특성을 공유한다.

신성한 스승의 오른쪽에 보이는 것은 인도의 요기(성자)로서 인간 세상에 태어난 첫 번째 스승 틸로파이다. 그는 신성한 스승에게서 직접적인 가르침을 받았다. 그가 오른손으로 들

어울린 황금 물고기는 윤회의 바다 속에서 헤엄치는 중생을 상징하는 동시에 그들을 구원하는 틸로파의 능력을 암시한다.[2] 그의 왼손에 들린 피를 담은 두개골은 헤루카의 속성을 지닌 그가 세속적 초능력을 수여할 수 있음을 상징하는데, 그의 헤루카적 속성은 인간의 두개골과 뼈로 만든 장식물들이 달린 그의 삼중관(三重冠)에서 나타난다. 연화좌는 그가 연화부의 스승 그룹에 속해 있음을 나타내고, 연꽃잎의 붉은색은 아미타불의 세계인 서방정토, 즉 극락 Sukhāvatī을 상징한다. 왜냐면 그는 아미타불의 화신으로 믿어지기 때문이다. 무량광불(無量光佛)이면서 조명자라든가 계몽자로도 불리는 아미타불의 색깔은 모든 것을 태워서 정화하는 불 원소의 붉은색이다. 틸로파의 오라와 그림의 다른 오라들에 나타난 초록색은 평등심(平等心)과 조화, 법력(法力)을 나타낸다.

틸로파의 맞은편 연화좌에 앉은 사람은 인도의 요기(성자)로서 인간 세상에 태어난 두 번째 스승 나로파이다. 그는 틸로파 스승의 명예와 자신의 법맥이 번성하기를 원하면서 숫양의 뿔로 만든 나팔을 불고 있다.[3] 틸로파의 것과 마찬가지인 나로파의 삼중관은 헤루카적 속성을 의미함과 동시에 우주의 근본원리 내지 기반으로서의 법신(法身)을 상징한다. 틸로파와 나로파가 착용한 것과 같은 요기의 장식물은 보통 다음 여섯 가지로 구분된다. ① 두개골 삼중관, ② 완장, ③ 팔찌, ④ 나로파에게만 보이는 발목 장식, ⑤ 뼈로 만든 염주를 이어 허리띠와 앞치마를 결합한 것(이 그림에서는 보이지 않음), ⑥ 뼈로 만든 두 줄의 염주가 양 어깨 너머로 가슴에 이르러 선행과 악행을 모두 비춰준다고 하는 업(業)의 거울을 매단 것. 대개 인간의 뼈로 만들어지는 이들 여섯 가지 장식물은 보시(布施)와

---

1) 《티벳 사자의 서》에 나오는 많은 불보살들이 그렇듯이 평화롭거나 분노하는 남녀 합환상(合歡像)으로 그려진 헤루카들은 불성을 깨닫게 하기 위한 감화력의 밀교적 표현이다. 여기서는 이 감화력이 도제창의 신성한 자태를 통해 나타나며, 따라서 그의 비밀 전수자들을 통해 지상에 구현된다. 속세를 벗어난 그들은 밀교적 의미에서 헤루카파들, 즉 윤회하는 모든 것을 벗어던지듯이 옷을 벗어버린 '벌거숭이' 들이다.

2) 카타콤(초기 기독교도들의 박해 피난처) 시절에 사용된 물고기 상징은 구세주로서의 그리스도와 관련하여 비슷한 의미를 지닌다.

지계(持戒), 인욕(忍辱), 정진(精進), 선정(禪定), 반야(般若)의 육바라밀을 상징한다. 육바라밀은 불성을 깨우치고 보살로서 중생제도에 매진하기 위해 꾸준히 실천해야 하는 덕목이다. 앞의 두 스승처럼 나로파도 요가의 한 자세로 앉아 있다. 그의 자리도 붉은색의 연꽃이지만 틸로파의 연꽃보다는 색깔이 옅다. 이것 역시 극락을 상징하며, 나로파가 연화부 스승 그룹의 일원임을 나타낸다.

역경승(譯經僧) 마르파로 잘 알려진 마르파는 여러 차례 인도에 가서 탄트라 요가와 관련된 많은 문서를 가져와 그것을 티벳어로 번역한 까닭에 그림의 아래쪽 중앙에 앉아 있다. 그의 복장은 좋은 가문 태생의 티벳 속인과 라마승의 것이 반씩 섞인 모습인데 그 이유는 그가 카귀파 법맥에 속하는 중요한 스승이지만 다른

스승들처럼 가정생활을 포기한 것이 아니기 때문이다. 그 역시 세속적 초능력을 수여할 수 있는 자격과 힘을 획득했음을 나타내는 피가 담긴 두개골(라마교 의례에서 붉은색의 성스러운 물로 대치된다)을 들고 있다. 그는 금강부의 일원임을 상징하는 흰색의 연화좌에 앉아 있다. 붉은색은 서방을 나타냄에 반하여 흰색은 동방을 나타낸다.

자기 스승 마르파의 오른쪽에 보이는 밀라레파는 요기들이 요가를 실천할 때 깔개로 사용하는 영양 가죽을 깔고 동굴 속에 앉아 있다. 그는 카귀파 수행자의 복장인 한 장의 무명천을 걸치고 있는데 이것은 그가 다른 어떤 것을 걸치지 않고도 북극지방과 같은 티벳 고산 설원의 추위를 견딜 수 있음을 의미한다. 틸로파나 마르파와 마찬가지로 밀라레파도 세속적

---

3) 나로파가 태어난 인도에서는 심한 가축 전염병이 발생할 때 한 마을의 제사장이나 점성술사가 그 병을 몰아내기 위해 양각(羊角) 나팔을 불면서 돌아다니는 일이 있었다. 그와 비슷한 일로서, 유대교의 제사장 일곱 명이 법궤(法櫃)를 이끌고 각각 양각 나팔을 불면서 엿새 동안 매일 여리고 성의 주위를 돌고 일곱 번째 날에는 일곱 번을 돌았다. 일곱 개의 나팔소리가 길게 울려퍼지고 사람들이 큰소리를 지르자 성벽이 무너졌다. (여호수아 4장 4~20절) 현대의 힌두교도들이 그렇듯이 고대의 유대인들은 양각 나팔 소리를 만트라 요가의 만트라 소리처럼 마법적으로 사용했다. 그러나 이것이 밀교 수행자들에겐 좀더 깊은 의미가 있는데, 양각 나팔은 나로파의 그것처럼 세속성과 이기주의, 무지 등을 몰아내어 윤회계의 환상을 부수고 해탈의 길을 보여주는 것인지도 모른다.

초능력을 수여할 수 있음을 나타내는 피가 담긴 두개골을 들고 있다. 그는 노래를 부르고 있으며, 따라서 오른손을 자신의 귀에 대고 있다. 바라문들의 '신성한 끈'처럼 그의 앞가슴을 지나는 붉은 벨트는 티벳 요기들이 깊은 삼매에 들 때 자신의 두 다리를 고정시키려고 사용하는 것이다 (p.292/12 참조). 틸로파와 나로파도 비슷한 명상 벨트를 착용하고 있다. 동굴 입구 위쪽의 사자 형상은 그 동굴이 외진 곳을 좋아하는 산 사자의 서식처와 같이 인적 없고 황량한 히말라야의 높은 곳에 있음을 나타낸다. 밀라레파 자신이 '두려움 없는 진리의 사자'였고, 그의 동굴은 '사자굴'이었다.

마르파 왼쪽의 감포파는 카귀파 전통의 라마승 복장을 하고 법좌(法座)의 수놓은 방석에 앉아 있다. 그는 왼손에 든 티벳 성전(聖典)의 도움을 빌어 고통을 여의고 해탈에 이르는 보살의 교의를 선포한다. 감포파는 중생 제도를 위해 인간으로 태어난 위대한 스승들 중 다섯 번째이며, 천상의 스승 도제창으로부터는 여섯 번째이다. 현대의 카귀파들은 지금도 도제창이 정신감응을 통해 천상에서 직접 '은혜 파동'을 발산하여 지상의 인간들에게 영적인 축복을 내려준다고 믿는다. 밀라레파의 제자들 중에서 가장 뛰어났던 감포파로부터 오늘날에 이르기까지 카귀파 스승들의 법맥은 끊이지 않고 이어져왔다.

2. 티벳의 요기 밀라레파

여기서 밀라레파는 잘 알려진 전통에 따라, 그가 노래하고 있음을 알리기 위해 오른손을 귀에 댄 모습으로 나타난다. 한가운데의 그를 둘러싸고 지상과 천상의 많은 귀의자들이 공물을 바치면서 경의를 표하고 있다. 또한 서로 얽힌 많은 세밀화가 그를 둘러싸고 있는데 그것들은 우리가 이 책에 충실히 영역한 전기, 즉《제쮠 카붐》에 기록된 일련의 사건들을 보여준다. 이  를테면 중심의 맨 앞쪽 밀라레파 바로 아래와 그림 밑바닥의 경계 부근에 다양한 형태의 건조물이 보이는데 이것은 밀라레파가 마르파 스승 밑에서 지난 일을 참회하는 동안에 만든 것

이다(162, 205쪽 참조). 또한 밀라레파의 오른쪽으로 그림의 가장자리에 네 개의 기둥이 보이고 그 위에 제각기 다른 상징 동물들이 있으며 그것들이 큰 산을 둘러싸고 있는데 이것은 카귀파 법맥과 관련된 밀라레파의 꿈을 나타낸다(223~5쪽 참조). 앞의 그림에서처럼 밀라레파는 영양 가죽 위에 한 장의 무명천(여기서는 화려하게 수를 놓은)과 명상 벨트를 걸치고 요가 자세로 앉아 있다.

이 삽화는 티벳 전역에 걸쳐 일반 가정에서 볼 수 있는 그림을 사진으로 재현한 것이다. 이 그림은 기독교인 가정에서 기독교 성자들의 초상화를 보듯이 티벳의 불교도들에게서 자주 볼 수 있다. 이것만으로도 밀라레파 이후 근 9세기 동안 계속해서 모든 계층의 티벳 사람들이 그를 얼마나 존중해왔는지 알 수 있다.

L. A. 와델 박사의 배려로 그의 잘 알려진 저서 《티벳불교》(런던, 1895) ─ 우리는 이 책을 많이 이용했다 ─ 64쪽의 맞은편 도판을 사용했다.

3. 선정불 아촉Akṣhobhya

이 책 100쪽의 본문과 주석에 설명하듯이 부동(不動)이라는 뜻의 아촉

은 대일(大日 ; Vairochana), 보생(寶生 ; Ratna-Sambhava), 아미타 Amitābha, 불공성취(不空成就 ; Amogha-Siddhi)와 함께 비밀불교의 다섯 선정불 중 하나이다.

아촉은 두 발바닥을 위로 하여 양 다리를 고정한 자세로 앉아 있는데 이것은 명상하는 붓다들의 상(像)에 일반적으로 보이는 요가 자세이다. 무드라를 지은 그의 왼손은 무릎 위에 있고, 손바닥이

아래쪽을 향한 오른손은 손가락을 펴서 그 끝을 땅에 대고 있다. 이것은 항마인(降魔印)이라고 하여, 간다라 미술에서 마왕의 유혹을 물리친 당시의 고타마 붓다를 표현한 모습이다. 아촉의 이마 양 눈썹의 중앙에 있는 제3의 눈ūrṇā은 그의 통찰력과 예지력을 의미하고, 정수리의 육계(肉髻 ; uṣhṇīṣa)는 그의 불성을 나타낸다.

이 도판과 이어지는 도판4는 《북방불교의 신들》에 나오는 것과 같은 불상 사진들을 복사한 것이다. 이것을

사용하도록 허락해준 미스 앨리스 게티에게 감사드린다.

4. 지고의 스승 본초불 지금강
(持金剛 ; Vajra-Dhara)

쿤두최에서처럼 지금강은 선정불의 명상하는 요가 자세로 앉아 있다. 가슴 앞에서 교차한 그의 두 팔은 지고의 영원한 붓다 자세vajra-hūṃ-kāra-mudrā를 나타낸다. 그의 오른손은 밀법(密法)의 상징인 금강저를 쥐고 있는데, 금강저는 모든 번뇌를

끊고 윤회계를 넘어선 세계로 인도하는 신성한 지혜를 상징하기도 한다. 그의 왼손은 금강령(鈴 ; ghaṇṭā)을 쥐고 있다. 아촉과 마찬가지로 그도 깨달음의 상징인 제3의 눈과 육계를 지닌다.

5. 법력을 보이는 밀라레파

후광을 두른 성화(聖化)된 모습의 밀라레파가 반열반 직전 츄바르의 리체 동굴에서 수제자들과 함께 앉아 있다(376~9, 387, 394쪽 참조). 그는 불법을 통달한 징후와 상징을 보이면서 제자들에게 마지막 은총을 베푼다. 그의 머리 위에 아름다운 만달라가 있고 옆의 작은 동굴에 법륜의 상징과 지혜의 불길이 보인다. (241쪽 참조)

이 삽화는 자크 바코 씨의《르 포에트 티베탱 밀라레파》(1925년, 파리) 165쪽에 있는 '츄바르에서 은총을 구하는 수제자들' 이라는 티벳 그림을 사진으로 재현한 것이다.

6. 승리의 깃발

문장(紋章) 설명.
(p.84, 88 / 6 참조)

7. 티벳의 불탑

문장 (紋章) 설명.
(378쪽 참조)

❖── 역자 후기

즉신성불도(卽身成佛道)

위대한 성인(聖人) 밀라레파 ─ 그가 다른 성인들만큼 세상에 널리 알려지지 않은 것은 외부세계와 단절되어 있던 나라에서 태어났기 때문일 것이다. 다른 성인들과 그를 구별하게 만드는 중요한 차이는 그가 '유일신의 은총'이라든가 '과거세의 특별한 인연 공덕'에 의지하지 아니하고 밀교(密敎)의 구전(口傳)에 의지하여 스스로 노력함으로써 단 한 번의 생애 동안에 부처가 되었다는 데 있다.[1]

그가 이생에서 완전한 깨달음을 얻은 것이 과거세에 어떤 보살이나 부처였기 때문일 거라고 생각하면서 묻는 제자에게 그는 이렇게 대답한다.

내가 누구의 환생인지는 나도 잘 알 수 없다. 그러나 설사 삼악도(三惡

---

1) 단 한 번의 생애 동안에 부처가 되는 것을 일생성불(一生成佛)이라고 하는데, 이것은 진언밀교에서 주장하는 즉신성불(卽身成佛)과 같은 의미이다.

道) 중의 하나에서 인간으로 태어났을지라도 나를 지금강불(持金剛佛)이나 다른 부처로 간주하는 사람은 그 믿음에 힘입어 은총과 축복을 받을 것이다. (……) 가장 적절한 행법과 자료들을 전수하여 내가 진언승의 지름길을 통과할 수 있게 해준 완벽한 스승을 만났던 것이 행운이었다. (……) 누군가 다른 사람이 이것들을 읽어 시속석으로 명상했더라도 그 역시 분명히 한 생애 동안에 완전한 깨달음을 얻었을 것이다. (……) 속인이 이런 식으로 발전하게 되면 자만심이 생겨나 스스로 어떤 불보살의 화신이라고 생각하게 될 수 있다. 이것은 진언승의 지름길을 믿지 않는다는 증거이다.

여기서 말하는 진언승의 지름길이란 '즉신성불(卽身成佛)'을 목표로 하는 진언밀교의 수행법을 가리킨다. 즉신성불은 부모에게서 받은 육신의 상태로 불과(佛果)를 얻어 불신(佛身)을 이룬다는 뜻이다. 즉신성불에는 이구(理具)·가지(加持)·현득(顯得)의 삼종(三種)이 있으며, 각각 제법(諸法)의 본체와 현상과 작용 — 체(體)·상(相)·용(用) — 에 상응한다.[2]

먼저 이구성불(理具成佛)은 본유본각(本有本覺)의 성불이다. 일체중생의 몸과 마음에 본래부터 부처의 모든 덕이 구비되어 있으니, 몸은 지·수·화·풍·공 오대(五大) 본유(本有)의 이덕(理德)을 갖추었고, 마음은 식대(識大) 본각(本覺)의 지덕(智德)을 갖추었다. 이것은 우리가 모르고 있더라도 엄연한 사실이며, 중생이 이치

---

2) 체(體)는 지(地)·수(水)·화(火)·풍(風)·공(空)·식(識)의 육대(六大)이고, 상(相)은 대만다라·삼마야만다라·법만다라·갈마만다라의 사만(四曼)이며, 용(用)은 신(身)·어(語)·심(心)의 삼밀(三密)이다.

의 관점에서 온전히 부처를 이루었다는 뜻으로 이구성불(理具成佛)이라 불린다.

그 다음 가지성불(加持成佛)은 중생의 공덕과 여래(如來)의 가지력(加持力)[3]이 상응하여 모든 불사(佛事)가 이루어짐을 말한다. 즉 중생이 부처의 몸짓과 말짓과 마음짓을 행하여 부처와 하나가 될 때 그 자리에서 불신(佛身)을 이루고, 그 순간 심안(心眼)이 모두 열려 제법(諸法)의 실상(實相)을 깨닫는다. 그러나 삼매에서 깨어나 마음 밖으로 나오면 다시 망념을 일으키는 중생이 되니 불신(佛身)으로 상존하는 것은 아니다.

마지막 현득성불(顯得成佛)은 행자가 가지성불의 도정(道程)을 끊임없이 반복함으로써 삼밀(三密)의 묘행(妙行)이 몸에 배어 항상 삼매에 머물게 되고 행주좌와의 어느 순간에도 부처의 관상(觀想)에서 떠나지 않으면 몸과 말과 마음이 모두 부처의 그것과 같아짐을 가리킨다. 이로써 가지와 현득은 인과관계에 있다고 볼 수 있다.

즉신성불(卽身成佛)의 '즉(卽)'이란 글자를 세 가지로 적용하여 위의 삼종(三種) 즉신성불을 다 이해할 수 있는데, 첫 번째는 '몸이 바로 부처'라는 뜻으로 이해하는 것이고, 두 번째는 '몸을 따라서 부처가 된다'고 이해하는 것이며, 세 번째는 '이 몸이 즉시(빨리) 부처가 된다'고 이해하는 것이다. '진언승의 지름길'이란 말은 이 세 번째 이해 방식에 따라 생겨난 것이고, 즉신성불이 그냥 말로만 지껄이는 허언(虛言)이나 추종자를 모으기 위한 과장된 이론(理論)이 아님을 밀라레파는 보여준 것이다.

---

3) 중생을 보호하는 불보살의 신비한 힘

그러나 밀라레파의 금욕과 고행은 보통 사람이 흉내내기 어렵다. 굳이 그렇게까지 고생하면서 반드시 단 한 번의 생애 동안에 깨달아야만 하는가 생각하는 사람도 있을 것이다. 그렇지만 본시 생겨나지 않고, 말로 설명할 수 없으며, 티끌 하나 없고, 그 무엇에도 얽매이지 않은, 허공 같은, 무한한[4] 진리를 단 한 번 삼(三)만이라도 체험해본 사람은 적어도 인생의 어느 한때 그와 같은 방식의 수행에 도전해볼 수 있으리라. 어쨌거나 밀라레파에게 공감하는 사람이라면 그의 방식을 그대로 따르지는 못하더라도 거기서 중요한 많은 것을 배우고 자기도 모르는 사이에 마음가짐이나 생활태도가 바뀔 수 있다. 충분히 그럴 만큼 이 전기의 내용은 감동적이다.

이 책의 맨 앞에 수록한 화보와 그에 대한 세부 설명들은 본문의 이해를 돕기 위해 www.bremen.de/info/nepal/inhalte.htm에서 빌려온 것이다. 누락된 부분도 있긴 하지만 이를 통해 감동을 재확인할 수 있을 것이고, 사이트를 직접 방문하면 좀더 자세한 조각 그림들을 볼 수 있을 것이다.

이 전기를 통해, 불교의 꽃이라 할 수 있는 선(禪)의 전통에서 열매로 발전한 밀교(密敎)의 씨앗이 우리나라에도 뿌리내리고 그를 통해 많은 성인들이 생겨나기를 기대해본다.

2004년 천갈궁의 태양 아래

유기천

---

4) 本不生, 離言說, 無垢塵, 離因緣, 等虛空, 了義不可得 — 지수화풍공식(地水火風空識) 육대(六大)를 뜻하는 산스크리트 자모(字母) a, va, ra, ha, kha, vam에서 생겨난 진리의 여섯 가지 특성.

정신세계사의 책들

【겨레 밝히는 책들】

한단고기
사대주의와 식민사학에 밀려 천여 년을 떠돌
던 문제의 역사서/임승국 역주

天符經의 비밀과 백두산족 文化
우주의 원리가 숨쉬는 천부경의 심오한 세계
와 우리 문화/봉우 권태훈 지음

민족비전 정신수련법
우리 민족 고유의 정신수련법을 정리, 해설한
책/봉우 권태훈 옹 감수/정재승 편저

실증 한단고기
25사에 나타난 단군조선과 고구려·백제·신
라의 대륙역사를 파헤친다/이일봉 지음

우리말의 고저장단
우리말의 고저와 장단의 유기적 시스템을 완
벽하게 입증해낸 역작/손종섭 지음

숟가락
숟가락 문화를 통해 본 우리말, 우리 풍속의
역사/박문기 지음

장보고의 나라
장보고호 한중일 횡단 탐험기, 뗏목으로 바다
의 실크로드를 되살린다/윤명철 지음

아나타는 한국인
일본과 한국의 언어학자가 함께 찾아낸 일본
어의 유전자/시미즈 기요시·박명미 공저

한자로 풀어보는 한국 고대신화
한자를 통해 새로 쓰는 한국 고대사! 한자 속에
담긴 오천 년 비밀의 역사/김용길 지음

우리민족의 놀이문화
우리민족 고유의 스포츠, 놀이, 풍속의 기원
과 역사를 밝힌다/조완묵 지음

【몸과 마음의 건강서】

사람을 살리는 생채식
불치병, 난치병을 완치시키는 비방인 생채식
의 원리와 방법을 밝힌 책/장두석 지음

기와 사랑의 약손요법
한국 전래의 약손정신을 기공과 경락의 이론과
결합한 맨손 나눔의 건강법/이동현 지음

밥따로 물따로 음양식사법
10만여 독자가 그 효력을 입증하고 있는 음양감
식조절법/이상문 지음

암이 내게 행복을 주었다
암을 극복한 사람들, 그 기적 같은 치유의 기록
/가와다케 후미오 지음/최승희 옮김

자연치유
하버드 의대 출신의 의학박사가 밝히는 자연치
유의 원리/앤드류 와일 지음/김옥분 옮김

손으로 색으로 치유한다
손에 색을 칠해 병을 낫게 하는 신비의 색채 치
유/박광수 지음

박광수의 이야기 대체의학
내가 나를 치유하는 생활 속의 대체의학/박광
수 지음

사람을 살리는 사혈요법
피가 맑으면 모든 병이 물러난다. 사혈요법의
원리와 실제 치료의 모든 것/양태유 지음

건강도인술 백과
젊음과 아름다움을 지켜주는 중국 3천 년 건강
비법/하야시마 마사오 지음/김종오 편역

예뻐지는 도인술
중국 3천 년 미인 비결, 여성을 위한 생활 도인
술 모음집/편집부 엮음

【수행의 시대】

명상의 세계
명상의 개념과 역사, 명상가들의 일화를 소개
한 명상학 입문서/정태혁 지음

박희선 박사의 생활참선
과학자가 터득한 참선의 비결과 효과, 심신강
화의 탁월한 텍스트/박희선 지음

붓다의 호흡과 명상(전2권)
불교 호흡 명상의 근본 교전 《安般守意經》과

《大念處經》 번역 해설/정태혁 역해
보면 사라진다
수행인들의 생생한 체험를 통해 만나는 붓다
의 위빠싸나/김열권 지음
나무마을 윤신부의 치유명상
성직자인 지은이가 명상을 치유의 수단으로
바라보며, 그 다양한 기술들을 소개하고 있다
(명상CD 포함)/윤종모 지음
게으른 사람을 위한 잠과 꿈의 명상
티베트의 영적 스승이 들려주는 잠과 꿈을 이
용한 명상/텐진 완걀 린포체 지음/홍성규 옮김
하타요가와 명상
동식물과 자연을 표현한 요가 동작의 깊은 의
미와 목적을 명상상태에 대한 비유로 해설한
책/스와미 시바난다 라다 지음/최정음 옮김
호흡수련과 氣의 세계 (전3권)
止息과 閉氣를 제하고 들숨과 날숨만으로 이루
어진 자연호흡법의 놀라운 세계/전영광 지음
요가 우파니샤드
국내 최초의 요가 수행자가 전자는 정통 요가의
모든 것/정태혁 지음
누구나 쉽게 깨닫는다
나와 우주가 하나되는 지구점 명상. 누구나 할 수
있는 단순한 수련/김건이 지음
달라이 라마의 자비명상법
나 스스로 관세음보살이 되는 가장 쉽고 빠른 길/
라마 툽텐 예셰 해설/박윤정 옮김
붓다의 러브레터
조건 없는 사랑을 체계적으로 길러내는 자애명상
실천서/샤론 살스버그 지음/김재성 옮김

【정신과학】

宇宙心과 정신물리학
우주, 물질, 의식의 해명을 시도하는 혁명적
시각을 읽는다/이차크 벤토프 지음/류시화 ·
이상무 공역
현대물리학이 발견한 창조주
새로운 우주상을 제시한 현대물리학과 종교의
만남/폴 데이비스 지음/류시화 옮김
신과학이 세상을 바꾼다

공학박사가 밝히는 사상운동으로서의 신과학. 실
제적 연구성과가 담긴 교양과학서/방건웅 지음
마음의 여행
영혼과 사후세계의 실상을 찾아 떠나는 여행/
이경숙 지음
홀로그램 우주
홀로그램 모델로 인간, 삶, 우주의 신비를 밝힌
다/마이클 탤보트 지음/이균형 옮김
우주의식의 창조놀이
우주와 하나되는 과학적 상상 여행/이차크 벤
토프 지음/이균형 옮김
영성시대의 교양과학
전 인류를 위한 심신상관적인 지혜와 통찰로서
의 과학의 가능성과 대안/윤세중 지음

【티베트 시리즈】

티벳 死者의 書
죽음의 순간에 단 한번 듣는 것만으로 해탈에
이른다/파드마삼바바 지음/류시화 옮김
티벳의 위대한 요기 밀라레파
단 한 번의 생애 동안에 부처가 된 위대한 성
인 밀라레파의 전기/라마 카지 다와삼둡 영역
/유기천 옮김
티벳 밀교 요가
위대한 길의 지혜가 담긴 티벳 밀교 수행법의
정수/라마 카지 다와삼둡 영역/유기천 옮김
티벳 해탈의 書
마음을 깨쳐 이 몸 이대로 해탈에 이르게 하는
티벳 최고의 경전/파드마삼바바 지음/유기천
옮김
사진이 있는 티벳 사자의 서
두려움 없는 죽음을 위하여 반드시 명상해야
할 책/스티븐 호지 · 마틴 부드 편저/유기천
옮김
달라이 라마 자서전
신적인 존재로 추앙받으며 자라온 달라이 라
마의 어린 시절에서 망명정부의 지도자로서
티베트 해방을 위해 부심하는 오늘에 이르기
까지의 고뇌 어린 발자취/텐진 갸초 지음/심
재룡 옮김

티베트 역사산책
세계 최초의 티베트 역사 여행기/다정 김규현
지음

티베트 문화산책
우리 안의 티베트를 찾아 떠나는 티베트 문화
여행기/다정 김규현 지음

히말라야, 신의 마을을 가다
히말라야의 오지 속에 오래도록 지혜의 텃밭을 일
귀온 티베트인의 삶과 풍경/이대일 사진 찍고 씀

행, 사주명리의 길잡이/강진원 지음

명당의 원리
잃어버린 우리의 정신문명, 그 명당의 원리가
처음 밝혀진다/덕원 지음

알기 쉬운 역의 응용
독자 스스로 자신에게 필요한 오행을 찾게 하
는 종합 생활역학 실용서/강진원 지음

역으로 보는 동양천문 이야기
하늘, 땅, 사람을 아우르는 제왕의 학문인 동
양천문학의 소중한 입문서/강진원 지음

【자연과 생명】

식물의 정신세계
식물의 사고력, 감각과 정서, 초감각적 지각의
세계/피터 톰킨스 외 지음/황정민 외 옮김

동물은 무엇을 생각하는가
의식적이고 효율적으로 사고하는 동물의 정신
세계/도널드 그리핀 지음/안신숙 옮김

장미의 부름
시를 쓰고 우주와 교신하는 식물의 신비로운
세계/다그니 케르너 외 지음/송지연 옮긴

동물도 말을 한다
동물은 무엇을 생각하고 어떻게 느끼는가? 텔
레파시로 전해 듣는 동물의 세계/소냐 피츠패
트릭 지음/부희령 옮김

【점성/주역/풍수】

인간의 점성학
점성학의 가장 기본이 되는 인사점성학의 결
정판. 천궁도 작성CD 포함/유기천 편저

윷경
민속놀이에서 찾아보는 고대민족문화사의 보
고/심원봉 편역

주역의 과학과 道
음양으로 풀어보는 우주와 인간의 비밀/이성
환 · 김기현 공저

알기 쉬운 역의 원리
원리를 모르면 외우지도 말라! 주역, 음양오

【종교/신화/철학】

달마
오쇼가 특유의 날카로운 시각으로 강의해설한
달마어록/오쇼 강의/류시화 옮김

성서 속의 붓다
세계적인 비교종교학자 로이 아모르가 명쾌하
게 밝혀낸 불교와 기독교의 본질과 상호 영향
관계/로이 아모르 지음/류시화 옮김

알타이 이야기
알타이 사람들이 입담으로 전해주는 그들의
신화, 전설, 민담들/양민종 · 장승애 지음

샤먼 이야기
기발한 착상과 색다른 세계관이 가득한 샤먼
세상으로의 여행/양민종 지음

창조신화
인간과 우주의 기원에 관해 신화의 종교와 과
학이 알고 있는 모든 것/필립 프런드 지음/김
문호 옮김

어느 관상수도자의 무아체험
다 비워버린 내 안에서 만난 하느님! 40여 년
동안 관상기도를 해온 저자의 체험과 깨달음/
버나뎃 로버츠 지음/박운진 옮김

성전기사단과 아사신단
유럽과 중동의 중세 역사에 한 획을 그은 두
신비주의 비밀결사의 진실이 밝혀진다. / 제
임스 와서만 지음/서미석 옮김

【환생/예언/채널링】

전생여행
전생의 기억을 되살려 환자를 치료해온 김영우 정신과원장의 치료 사례집/김영우 지음

나는 환생을 믿지 않았다
두 번의 임사체험을 통해 들어나본 삶의 비밀과 인류의 미래/브라이언 와이스 지음/김철호 옮김

죽음 저편에서 나는 보았다
죽음의 문턱까지 갔다가 되돌아온 저자의 생생한 임사체험 보고/대니언 브링클리 지음/김석희 옮김

세계의 미스터리, 비밀을 벗다
세상의 모든 불가사의에 대한 도발적 질문과 충격적 해설/실비아 브라운 지음/김석희 옮김

【소설】

마니
의사이자 화가, 예언자이자 마니교의 창시자였던 마니의 일생을 그린 작품/아민 말루프 지음/이원희 옮김

타니오스의 바위
19세기 격동하는 세계정세에 휘말린 한 마을의 역사를 신화적으로 그려낸 아민 말루프의 대표작/아민 말루프 지음/이원희 옮김

사마르칸트
11세기 페르시아를 풍미했던 철학자이자 수학자이며 시인이었던 오마르 하이얌의 파란만장한 일생/아민 말루프 지음/이원희 옮김

동쪽의 계산
피압박 민족 출신으로서 인류의 근본적인 문제를 뛰어난 상상력으로 파헤친 아민 말루프의 독백체 소설/아민 말루프 지음/김남주 옮김

성자가 된 청소부
마음의 평화와 깨달음을 주는 감동의 영적 소설집/바바 하리 다스 지음/류시화 옮김

소설 기문둔갑
구한말, 풍전등화 같은 조선왕조의 국운을 놓고, 기문둔갑奇門遁甲의 이인달사異人達士들이

벌이는 목숨 건 한판 승부!/이둔 박태섭 지음

밥따로 물따로 음양식사법
밥과 물을 따로 먹는 자연 치유와 생명의 길/이상문 지음

참사람 부족의 메시지
〈무탄트 메시지〉의 저자가 소설형식을 빌려 문명인에게 건히는 참사람 부족의 멋디한 메시지들/말로 모건 지음/도솔 옮김

마법사 프라바토
실존했던 20세기 최고의 마법사, 프란츠 바르돈의 자전소설/프란츠 바르돈 지음/조하선 옮김

바다의 여사제
국내에 최초로 소개되는 진정한 마법소설/다이안 포춘 지음/유기천 옮김

나는 왜 아버지를 잡아먹었나
자기들의 진화문제를 놓고 고민한 원시인들의 이야기/로이 루이스 지음/김석희 옮김

인디언 조
캐나다 최고의 이야기꾼 W.P. 킨셀라의 단편소설집/W.P. 킨셀라 지음/김석희 옮김

【비소설】

요가난다(상 · 하 전2권)
20세기 최고의 수행자 요가난다의 감동적인 자서전/파라마한사 요가난다 지음/김정우 옮김

자유를 위한 변명
구도의 춤꾼 홍신자의 자유롭고 과격적인 삶의 이야기/홍신자 지음

밑도 끝도 없는 이야기
이슬람 문명권에서 고대로부터 널리 읽혀져 온 고전 우화집《투티 나메Tuti Nameh》의 번역판/작자 미상/채운정 옮김

바깥은 네 생각과 전혀 달라
의식이 성장해가는 3단계에 따라 마음의 굴레에서 벗어나는 동서고금의 이야기를 엮은 책/잭 콘필드 지음/나무선 옮김

영혼의 마법사 다스칼로스
영혼의 치유사 다스칼로스의 영적인 가르침/키리아코스 C.마르키데스 지음/이균형 옮김

사랑의 마법사 다스칼로스
다스칼로스와 함께한 생생한 체험과 기록/키리아코스 C.마르키데스 지음/이균형 옮김

쏟아지는 햇빛
수채화처럼 그려낸 한국 비구니 스님의 스리랑카 명상여행/아눌라 스님 지음이상문 지음

코
낌새를 맡는 또 하나의 코, 야콥슨 기관/라이얼 왓슨 지음/이한기 옮김

내가 만난 스승들 내가 찾은 자유
현대의 성자 14인과 만나는 영혼의 순례기/마두카르 톰슨 지음/손민규 옮김

우리는 명상으로 공부한다
민족사관고 수재들의 氣 살리고 성적 올리는 명상학습 비결/민정암 지음

무탄트 메시지
호주 원주민 참사람 부족이 '돌연변이' 문명인들에게 보내는 자연과 생명과 영성에 대한 메시지/말로 모건 지음/류시화 옮김

그대 여신이 되기를 꿈꾸는가
고대 그리스 여성의 일상 속으로 떠나는 고고학자의 시간여행/우성주 지음

비르발 아니면 누가 그런 생각을 해
황제 아크바르와 신하 비르발이 지혜를 겨루는 우화 54편/작자 미상/이균형 옮김

영혼의 거울
인간의 육체와 심령을 정밀하게 해부한 수십 폭의 그림 속으로 떠나는 환상여행/알렉스 그레이 지음/유기천 옮김

인도네시아 명상기행
인도네시아 섬 누스타리안, 그곳에서 일어나는 자연과 치유, 원시의 이야기/라이얼 왓슨 지음/이한기 옮김

행복한 아이 성공하는 아이
상담전문가 윤종모교수의 자녀교육 특강/윤종모 지음

세상 속에 뛰어든 신선
소설 《단》의 실제 주인공 봉우 권태훈 선생의 개인적, 사회적 행적과 일화 모음집/정재승 지음

바이칼 한민족의 시원을 찾아서
각계의 전문가들과 여행자들의 바이칼 현지 답사를 통한 한민족의 뿌리 찾기/정재승 지음

그대를 위한 촛불이 되리라
스스로를 무식한 영웅이라 칭하는 음양식사법의 창안자 이상문 선생이 숨김없이 밝히는 자신의 수행과정/이상문 지음

세계를 이끌어갈 한국 · 한국인
새롭게 한반도를 진원지로 하여 펼쳐질 생명문화의 모습과 한민족과 한반도에 부여된 21세기의 사명/이상문 지음

여자 혼자 떠나는 세계여행
'나홀로' 여성 스물두 명의 지구촌 여행기/탈리아 제파토스 외 지음/부희령 옮김

오리에게
순수에 바치는 아름다운 잠언/마이클 루니그 지음/박윤정 옮김

초인들의 삶과 가르침을 찾아서
인류에게 진리의 빛을 던져주는 불멸의 초인들, 그들이 펼치는 기적의 초인생활/베어드 T. 스폴딩 지음/정창영 · 정진성 옮김키

춤추는 사계
흑백사진, 그 흙빛에 담아낸 한국의 사계와 풍경이야기/이대일 사진 찍고 씀

도시 남녀 선방가다
선 수행와 연인들의 사랑을 접목시킨 21세기 사랑의 기술/브렌다 쇼샤나 지음/부희령 옮김

죽기 전에 알아야 할 영혼 혹은 마음
수호령, 천사, 유령, 소울메이트 등 우리와 늘 함께하는 영혼들의 이야기/실비아 브라운 지음/박윤정 옮김

세계 명상음악 순례
영적으로 가장 고양된 상태의 음악, 명상음악에 대한 개론서이자 에세이/김진묵 지음

말리도마
문명에 납치된 아프리카 청년 말리도마가 태초의 지혜를 되찾아간 생생한 기록/말리도마 파트리스 소메 지음/박윤정 옮김

라마크리슈나
노벨문학상에 빛나는 로맹 롤랑이 집필한 인도의 대성자 라마크리슈나 일대기/로맹 롤랑 지음/박임, 박종택 옮김

마음의 불을 꺼라
현대 사회의 문젯거리가 되고 있는 일상의 분노와 상처에 대처하는 능력을 키운다/브렌다 쇼샤나 지음/김우종 옮김